자기주장과 멋진대화

홍경자 저

학지사

머리말

21세기 국제화 사회에서 우리는 불과 한두 시간 안에 이웃나라를 방문하고 인터넷을 통하여 외국인과 시차 없이 대화를 나누는 삶을 살고 있다. 세상은 급변하고 있는데 인간관계나 국제관계에서는 상호 간에 오해, 적개심, 분쟁이 상존하고 갈등을 대화로 풀어 나가는 것이 아직도 쉽지 않은 것이 사실이다.

특별히 유교문화의 영향을 많이 받고 살아온 한국인들은 나이와 지위, 성별의 벽을 허물고 대등한 관계에서 곧바로 진솔한 교류를 즐기며 친구처럼 친밀한 사이로 발전하는 일에 서투르다. 아직도 많은 이들은 자신의 속마음을 표현하지 못한 채 참고 지내며 가슴앓이를 하고 한(恨)을 삼키거나, 억압된 분노를 과격하게 쏟아내는 양극적인 방식으로 대처한다. 그런 의미에서 한국인들은 자기와 상대방의 인격과 존엄성을 지키면서 자신의 생각과 감정을 허심탄회하게 표현하는 의사소통의 기술이 특히 필요하다. 이러한 기술은 주장적 자기표현이며 그런 대화기술을 훈련하는 것을 주장훈련이라고 한다.

주장훈련은 저자가 1980년대부터 한국사회에 소개하기 시작하였다. 주장적 기술은 대인관계적인 문제해결에 많은 도움을 주는 것으로 나타나 있다. 주장적 자기표현은 여러 가지 의사소통의 기술 중에서 중요한 영역에 해당된다. 보다 기분 좋은 인간관계를 유지하고 갈등을 현명하게 풀어 나가기 위해서는 문제해결적인 대화와 질적으로 풍요한 관계를 즐길 수 있는 의사소통의 기법을 익힐 필요가 있다. 오늘날 의사소통의 기술 내지 효과적인 대화의 요령은 배우고 훈련받으면 얼마든지 익힐 수 있는 것으로 알려져 있다. 그러므로 저자는 이 책에서 여러 가지 의사소통의 기술에 대한 전반적인 내용을 소개하고 이어서 주장적 자기표현을 연습하여 익혀 나가도록 하였다. 그리하여 주장훈련의 내용과 의사소통의 기술훈련을 함께 다루어 보았다. 그리고 가족과 부부간의 대화기법에 대하여 많은 지면을 할애하였다.

이 책은 대학에서 심리학, 교육학, 복지학, 유아교육학, 가족학, 아동학, 경영학, 행정학, 정신신경의학, 간호학, 상담심리학 등의 전공 학생과 대인(對人) 봉사자들을 위하여 저술하였다. 특별히 일반인들의 이해를 돕기 위해서 전문용어를 쉽게 풀어쓰려고 노력하였고 많은 예화와 그림과 만화를 삽입하였다. 아무쪼록 관심 있는 분들에게 이 책이 도움이 되기를 기대한다.

이 책이 나오기까지 양승남 선생과 민경미 선생이 원고정리에 많은 수고를 해 주었다. 이 자리를 빌려 고마움을 표시한다. 마지막으로 책을 예쁘게 만들어 주신 학지사 김진환 사장님과 직원들에게 깊이 감사드린다.

2006년 5월
무등산 자락에서
저자

차 례

인간은 다른 사람들과 한시도 동떨어져 살 수 없는 사회적 존재다. 우리는 각양각색의 사람들과 어울려 살면서 대화를 주고받으며 다양한 욕구를 충족하고 살아간다. 그 과정에서 상호 간에 원하는 바가 전달되고 수용되면 만족과 행복감을 느끼고, 그것이 묵살되거나 유린당할 때 불만족, 좌절감과 더불어 갈등적 관계와 불행감을 경험하게 된다.

대인관계에서 자기를 표현하고 욕구를 충족하는 수단은 대화다. 대화란 다른 말로 의사소통(communication)이라고도 한다. 그런데 의사소통을 통하여 이루어지는 대인관계는 대개 관련된 사람들의 성격, 성장 배경, 사회적 위치 등에 따라 어떤 일관성 있는 특징이 나타난다. 가령 직장에서 상사와 하급자, 학교에서 교사와 학생, 가정에서 부모와 자녀 간에는 보이지 않게 서열의식이 내재한다. 그러므로 하급자는 자신이 원하는 바를 상급자에게 솔직하게 표현하지 못하는 경우가 허다하다. 그러나 윗사람과 대화할 때마다 항상 서열의식을 가지고 몸을 도사리며 상대방의 눈치를 살피면서 복종하는 방식이 고착된다면 어떤 결과가 나타날까? 그에게는 만성적인 욕구불만이 쌓일지도 모른다. 또 수동적인 대인관계의 습관이 형성되면 결과적으로 지구촌 시대에서 도태되기 쉽다는 것을 우리는 잘 알고 있다. 어떤 사람들은 수줍고 말수가 적고 내향적인 성격 때문에 사람을 사귀거나 인간관계를 맺을 때 애를 먹기도 한다. 또한 엄격한 가정의 분위기에서 성장한 사람은 특히 사람들을 어려워하거나 배척하는 경향이

대인관계와
대화양식의 특징

있어서 자신의 의사, 욕구, 감정을 잘 표현하지 못한다. 한편 이와 반대로 상대방에게 너무 적대적으로 응수하여 인간관계에 금이 가는 수도 있다. 예를 들어 보자.

어물 씨는 '법이 없어도 사는 사람'이라는 평을 듣는다. 그는 친절하며 겸손하다. 회사에서 어려운 일이 생기면 직원들이 그에게 달려간다. 그래서 어물 씨는 늘 일 속에 파묻혀 지내다가 가장 늦게 퇴근하기 일쑤다. 착하고 인정 많기로 소문난 어물 씨가 자신에 대해서는 과연 만족하고 있을까?

그는 누가 사정을 하면 거절하지 못하는 성격 때문에 친지들에게 거금을 빌려 주고 되돌려 받지 못한 것이 한두 번이 아니다. 이것 때문에 가정 경제가 파탄 나서 아내와 말다툼이 잦아졌고, 아이들을 과외 공부시킬 경제적 여력도 없게 되었다. 그는 직장에서 직원들의 요청을 들어 주면서도 한편으로는 자신은 '손해만 보고 산다.'는 생각을 한다. 그러면 직원들이 미워지고 짜증이 나서 자기도 모르게 화를 내게 된다. 그리고는 그들을 원망하는 자신의 모습에 환멸감을 느낀다. 어떤 때는 상대방에게 마음에도 없는 말로 비위를 맞추려고 애쓰는 자신이 한심스럽기까지 하다.

소심 양은 타고날 때부터 내성적이고 겁이 많다. 학교에서도 급우들과 별로 말하지 않고 주로 책 속에 파묻혀 지내며 단짝 친구만 한 명 있을 뿐이다. 잘하는 것은 공부이기 때문에 대학원에 진학하여 논문을 쓰고 있다. 그녀는 어쩌다 마음이 끌리는 이성이 눈앞에 나타나

11

면 당황하여 데이트 기회를 놓치고 나서 '난 왜 이렇게 못났을까?' 하고 자책한다. 그런데 지도교수가 자기 논문의 연구 주제를 다른 방향으로 수정하도록 서너 번 지시하였다. 소심 양은 오랫동안 수집해 온 자료가 아주 귀중하게 생각되었고, 자기가 정한 방향으로 연구를 계속하고 싶은 강한 열망을 가지고 있다. 평소에 지도교수를 어렵게 느끼던 그녀는 자신의 심정을 차마 이야기할 수가 없다. 혼자서 고민하던 끝에 자신의 생각대로 열정을 다하여 장문의 논문을 체계적으로 써서 제출하면 지도교수를 감동시킬 것이라고 생각하였다. 그렇게 해서 논문을 제출하였다. 그 결과는 어떻게 되었을까? 지도교수는 소심 양에게 논문을 지도해 줄 수 없으니 다른 교수로 교체하라면서 노발대발하였다. 소심 양처럼 사람을 무시하는 제자는 가르칠 수 없다는 것이다. 자기는 언제나 공손하고 조심성 있는 사람이라고 생각했는데 사람을 무시한다는 오해를 받게 된 것이다. 깜짝 놀란 소심 양은 새파랗게 질려 있다. 그러고 보니 평소에도 소심 양은 '알 수 없는 사람'이고 '답답하다'는 말을 곧잘 들었다.

한편 도끼 군은 리더십도 있고 똑똑한데 매사에 승부욕이 강하다. 약간의 갈등이 생겨도 벌컥 화를 내고 언성을 높이기 때문에 가족과 마찰이 심하다. 자신은 인정도 있고 의리도 있는데 감정 통제가 되지 않기 때문에 어떤 사람들은 자기를 몹시 싫어한다는 것을 그는 잘 알고 있다. 도끼 군 역시 그러한 성격을 고치고 싶은데 마음대로 되지 않아 고민이다.

그런데 원형 씨는 자기의 이름처럼 비교적 원만한 성격의 소유자다. 말수가 많은 편은 아닌데 자기의 소신을 피력할 때는 확실하게 말을 하고 자기의 뜻을 관철한다. 그리고 대화할 때는 상대방을 지긋이 응시하면서 가끔씩 미소 지으며 긍정적인 신체 반응을 보낸다. 누군가가 원형 씨에게 비판을 하면 그 말을 신중하게 경청은 하지만 중립적인 입장에서 가볍게 듣는 것처럼 보인다. 감정에 동요되지 않고 비교적 단순하게 처리하므로 그의 객관적 태도에 사람들은 경탄한다. 그리고 가끔씩 싱거운 유머도 구사하고 주변사람들을 마치 어린아이 다루듯이 부드럽게 대하며 그 마음을 잘 읽어 준다. 그러니까 사람들은 원형 씨에게 '좋다'거나 '싫다'는 말을 솔직하게 할 수가 있다. 그와 의견대립이 생기더라도 끝에 가서는 기분 좋게 타협이 이루어지는 경우가 많다.

위의 예에서 어물 씨와 소심 양은 억제된 인간으로서 소극적인 성격자이고, 도끼 군은 공격적이고 다혈질의 성격자로 보인다. 원형 씨는 주장적이고 자주적인 인간으로 보인다. 위의 세 사람 모두는 원형 씨와 같은 의사소통의 능력과 대인관계의 기술을 구사하고 싶어 할 것이다.

원형 씨와 같은 대화의 특성을 심리학에서는 '주장적(assertive)'이라고 한다. 그것은 자신의 생각과 원하는 바를 상대방에게 허심탄회하게 나타내어 자기의 존엄성과 권리를 침해받지 않고 지키면서, 동시에 상대방의 인격과 권리도 침해하지 않는 대화법 그리고 더 나아가 호의적이고 친밀한 관계를 유지할 수 있는 의사소통의 특징을 포함하고 있다.

한국사회에서는 '주장적(主張的)'이라는 말이 상담심리학에서 말하는 의미와 다른 경우가 있다. 어떤 이는 상대방의 의사나 권리는 고려하지 않은 채 자신의 사상과 요구만 고집하고 강요하는 것을 주장적인 것으로 생각하기도 한다. 그러나 그러한 행동은 엄격한 의미에서 '공격적' 행동이다. 왜냐하면 자기의 입장이나 사상은 강력하게 피력했지만 상대방의 인격과 권리를 존중하지 않은 행동이므로 모독감이나 불편을 끼칠 가능성이 높기 때문이다.

바람직한 주장적 행동은 자기를 내세우되 상대방의 마음을 읽어 줌으로써 그의 인격과 권리를 동시에 존중해 주는 행동으로 나타나야 한다. 즉, 상대방의 마음에 공감해 주면서 자기를 주장하는 것이다. 이것을 '공감적 주장(共感的 主張, empathic assertion)'이라 한다.

주장적 자기표현과 관련하여 우리 한국인들이 일반적으로 보이는 행동 특성을 살펴보자.

> △△군에서는 문화 사업을 시행하려는 계획을 수립하였고, 그 책임을 K과장이 담당하고 있다. 문화관광부 산하의 S계장은 평소에 성실하고 실력이 있어서 K과장의 신임을 받고 있다.

> K과장: S계장, 우리 군청에서 실시할 문화관광 프로젝트의 구상은 어떻게 진척되고 있지요? 앞으로 2개월 후에는 관광객들이 몰려올 텐데요….
> S계장: 과장님, 걱정하지 마십시오. 제가 다른 군청에서 문화관광 프로젝트를 담당한 경험이 있는 E씨하고 정규적으로 만나고 있습니다. 제가 E씨의 아이디어를 따라서 계획을 짰고 남은 건 세부적인 배치와 홍보 문제뿐입니다.

K과장: 음. 그럼, 모든 걸 S계장에게 일임해도 되겠지요?

S계장: 네, 과장님은 다른 일로도 바쁘시니까, 이 프로젝트는 제가 E씨하고 최선을 다해 뛰겠습니다.

K과장은 새로이 개발되는 문화관광 사업의 세부 계획에 대하여 자세히 알고 싶었다. 그러나 자기가 꼬치꼬치 확인하면 똑똑한 S계장이 자기를 까다로운 상급자로 볼 것 같고, 또 부하직원을 신임하지 못하는 것으로 보일까 봐 입을 다물었다. 한편 S계장은 E씨의 자문을 받아 문화관광 사업의 프로젝트를 고안하면서 고심하였다.

왜냐하면 E씨의 아이디어가 다른 군청에서 실시하는 문화관광 사업과 대동소이하여 고유한 개성이 돋보이지 않았기 때문이다. 그렇다고 S계장 나름대로 독특한 아이디어가 있는 것도 아니다. 이런 사정을 K과장에게 말씀드리면 그 역시 특별한 소재의 프로젝트를 구안해 낼 것 같지도 않고, 자기를 신통치 않게 볼 것 같다. S계장은 말보다 실천이 앞서는 타입이다. 그리고 윗사람들을 어렵게 생각하고 조심하는 편이다.

드디어 △△군의 관광 축제가 벌어졌다.

요란한 홍보활동 덕분에 많은 인파가 몰려왔다. 그런데 군청의 직원과 참가자들이 한결같이 아쉬워하는 것은 이번 프로젝트에서 참가자가 함께 즐길 수 있는 소재나 창의성은 찾아볼 수 없고 어디서나 똑같은 먹을거리 행사에 불과했다는 것이다. 이에 K과장은 S계장을 문책하였다. 프로젝트를 구상할 때부터 끝날 때까지 왜 자기에게 수시로 세부적인 진척사항을 꼼꼼하게 보고하지 않았느냐는 것이다. 그리고 차별화된 아이디어가 생각나지 않았으면 미리 자기에게 알려 주었어야 했다는 것이다. 그랬다면 새로운 사업안에 대하여 공모를 할 수도 있었을 텐데, 일이 이미 진행된 다음에는 수정할 기회가 없지 않느냐는 것이다.

여기서 두 사람이 범한 실수를 찾아보기로 하자. 먼저 K과장은 유능한 S계장을 맹목적으로 신임하였고, 또 부하직원에게 자기가 어떤 이미지로 보일까에 너무 신경을 쓴 나머지, 감독의 임무를 소홀히 한 것이다. 다시 말해서 그의 소극성으로 인하여 자기의 직위에 부여된 권리와 책임을 정당하게 구사하지 못한 점이 실수였다. S계장은 꽤 똑똑한 사람이지만 상급자를 보면 항상 조심스럽고 부담스러운 느낌을 떨쳐 버리기가 힘들다. 그래서 수차례 보고하는 대신에 몇 번으로 나누어 개략적으로만 K과장에게 보고하였다. 그러니까 S계장은 실력으로 보나 나이로 보나 사회의 지도자급에 해당되지만 상급자 앞에 서면 자동적으로 위축되어 마치 미성년자처럼 행동한다. 정서적으로 성숙하지 못한 것이다. 사실 많은 한국인들이 S계장 같이 심리적으로는 미숙한 수준에 머물러 있기에 상급자 앞에서는 의연하게 자기를 표현하지 못한다. 그래서 브리핑의 책임에 소홀했던 것이다.

한국 비행사들의 조종기술은 매우 뛰어남에도 불구하고 한국의 항공기 사고율은 높다. 수년 전에 외국의 보고서가 그 이유를 분석한 적이 있다. 그 이유 중의 하나로 파일럿들이 관제탑과 수시로 통화를 하지 않는다는 점이 지적되었다. 많은 한국인들이 대개는 자기 나름대로 일을 알아서 처리하고 아주 중요한 대목만 문의하고 보고하는 습성이 있는 것으로 보인다.

유교적 문화의 영향을 받고 자란 한국인들은 상급자나 연장자를 존경하는 마음을 가지고 있기에, 가능한 한 그들을 번거롭게 하지 않고 스스로 알아서 일을 처리하려는 경향이 있다. 그리하여 사소한 문제를 문의하고 상의하는 일을 생략해 버린다. S계장도 예외가 아니었다. K과장을 배려하고 존경한 나머지 S계장은 독단적으로 일을 진행하였다. 그러나 문화 사업의 실패는 K과장에게 돌아갔다. 결과적으로 S계장은 임의적이고 독재적인 방식으로 일을 처리하여 K과장의 명성과 인격에 손상을 가져다준 셈이다. 최선을 다한 S계장이지만 엄밀히 따져 볼 때, 자기의 의무사항인 브리핑과 논의를 철저하게 하지 못하여 직무소홀의 우를 범한 것이다. 뿐만 아니라 그의 처사는 상급자를 인격적으로 무시하고 홀대한 행동으로 해석된다. 윗사람을 어려워하는 것은 존경이 아니다. 오히려 문제상황을 풀어 나가는 초기 시절부터 자주 만나 많은 대화를 나누고 상의하는 것이 올바른 존경이다. 또 하나의 예를 들어 보자.

엄그만 씨(75세)는 교회의 권사로 독실한 신앙인이다. 음식 솜씨와 말씨, 행동 면에서 따라갈 사람이 없을 정도로 완벽하지만 성격은 다혈질이다. 밥상 위에 반찬이 적어도 몇 가지는 되어야 영양섭취가 골고루 된다고 고집하는 엄 씨는 며느리가 대충 차리는 밥상 앞에서 크게 호령을 한다. 소심하고 순종적인 며느리가 가끔씩 반대의견을 표시하기라도 하면 온 집안에 소동이 벌어진다. 아들도 어머니를 이길 수 없다. 시름시름 앓던 며느리가 40대 중반에 심장병으로 사경을 헤매게 되었다. 오로지 자식들을 위하여 기도로 살아온 엄 씨는 며느리의 고충을 이해할 수가 없다. 이 집안이 불행으로 치닫게 된 배경을 간략하게 살펴보자.

엄 씨는 종교적으로는 열성이지만 가정에서는 아들과 며느리도 자기와 똑같이 인격적으

15

로 평등한 존재라는 것을 인정하지 않고 있다. 마음속에는 가족에 대한 지극한 사랑이 존재하지만 모든 가족에게 동등하게 주어진 자기표현의 권리와 인격적 존엄성을 허용하지 않는 그의 생활방식은 결국 며느리를 신체적으로, 심리적으로 병들어 죽게 만들고 있다. 아들은 어머니에 대한 효심 때문에 수수방관하며 한숨만 짓고 있다.

일상생활에서 가장 많이 부딪히는 사람은 아마도 가족일 것이다. 부부간, 부모–자녀 간, 형제간에는 거의 매일 의견 차이, 생활습관의 차이, 욕구나 취향 및 가치관의 차이 때문에 사소한 말다툼과 갈등이 생기기 마련이다. 그리고 그 골이 깊어질 때 분노, 증오, 폭력, 관계 단절 및 가정파탄까지 이어지게 된다. 집안에서 거의 매일 서로 이야기를 주고받으며 생활하고 있건만 도무지 '안 통한다'고 느끼는 부부들이 얼마나 많은가? 예를 들어 보자.

　김대곰 씨는 말 없이 출근했다가 말 없이 퇴근한다. 귀가하면 샤워하고 신문과 TV 보는 일이 전부다. 아내에게 하는 말은 "내 양말!" 또는 "밥 줘." 정도다. 입을 다물고 사는 남편에 대한 아내의 불만은 이만저만이 아니다. 한편 아내 이참새 씨는 동일한 말을 계속 반복한다. 그리고 사소한 일마다 좋다거나 싫다거나 하며 감정표현을 하는 성격자다. 누군가가 조금만 자기 기대에 어긋나면 토라지고 눈물을 흘린다. 조금만 기분이 좋으면 '호호, 헤헤' 한다. 또 남편이 자기를 아껴 주지 않는다고 하루에도 서너 번씩 불평을 한다. 과묵한 김대곰 씨는 이런 아내가 못마땅하다. 참는 것이 한계에 이르면 그는 불곰처럼 날뛰어 손찌검을 한다. 그리고 나서는 총알같이 쏘아대는 아내의 바가지 소리를 듣지 않으려고 집 밖으로 나가 버린다. 이런 악순환적 의사 교류에 종지부를 찍고 관계를 호전시킬 수 있는 대화기법은 어떤 것일까? 너무 감정적인 언사나 길게 푸념하는 습관, 이와 반대로 지나치게 말이 없다거나 애정과 호감을 표현하지 못하는 것도 바람직하지 못하다. 우리는 상호 간에 인격적으로 예우하며 호의와 친밀감을 적절하게 표현하는 대화기법을 익힐 필요가 있다.

한편 박달변 씨와 최오순 여사의 가정을 살펴보자.

　최 여사는 남편과 이야기해서 단 한 번도 자기의 뜻이 제대로 전달된 적이 없다고 느낀다. 책임감이 있고 유능한 사업가인 박달변 씨는 가족도 끔찍이 아끼는 성실파다. 그런 남편과 살고 있건만 아내는 남편과 대화를 하면 할수록 점점 더 자기가 무언가 잘못하고 있다는 느낌을 받게 되어 공연히 허전하고 쓸쓸하다.

박 씨는 이번 주 토요일에 가족 나들이를 하기로 자녀들과 약속을 하였다. 토요일 아침에 아이들이 단단히 다짐을 받아 냈다. "아빠! 오후 3시죠? 알았죠?" 그런데 약속한 오후 3시에 그는 나타나지 않았다. 아이들이 전화를 걸었을 때 그는 사업상 중요한 일이 생겨서 가족 나들이는 다음번으로 미룬다는 말만 하고 전화를 끊었다. 그날 저녁 늦게 귀가한 박달변 씨와 최오순 여사가 주고받은 대화를 엿들어 보자.

최 여사: "여보, 모처럼의 가족 나들이인데 어쩌면 그렇게 약속을 어겨요? 애들이 얼마나 실망했는지 알아요?"

박　씨: "사업을 하다 보면 갑자기 중요한 일이 생길 수도 있는 것 아냐? 그런 건 당연히 이해해야지. 당신도 철없는 아이들과 똑같이 구니 답답하단 말이야. 사업이 잘 되어야 우리가 잘사는 거 아니요?"

최 여사: "그래도 그렇지. 어린아이들이 그런 사정을 얼마나 이해할 수 있겠어요?"

박　씨: "그럼 앞으로는 절대로 가족 나들이 가자는 말은 안 할 거야."

최 여사: "여보, 내 말은 그게 아닌데…."

박　씨: "당신이 아이들에게 아빠 일을 잘 설명해 주어야 하는 건데 당신이 그걸 하지 않으니까 애들이 섭섭하다는 둥, 실망했다는 둥 하는 것 아니요? 당신이 잘한 거요?"

최 여사: "글쎄…, 그리고 보니…."

박　씨: "앞으로는 내가 생활비를 적게 줘도 불평하지 말아요. 알았지?"

최 여사는 말 한 마디 잘못 꺼냈다가 자칫하면 생활비까지 삭감될 처지에 몰리게 되었다. 가정적이고 성실한 남편임에도 불구하고 아내에게 공허감과 실망감만 안겨 주는 박 씨의 대화방식은 어떤 것일까? 박달변 씨는 아내가 말한 내용에 대하여 잘 경청한 다음에 그 말의 배후에 담긴 감정, 즉 아내의 섭섭한 마음을 이해해 주지 못하였다. 공감능력이 부족한 것이다. 박 씨는 공감을 표명해 주는 대신에, 논리적인 설득과 협박적인 언어를 사용하고 있다. 위협적인 말은 상대방의 마음을 얼어붙게 한다. 논리적인 설득이 효력을 발휘하게 하려면 설득에 앞서 상대방의 마음을 이해하고 수용하는 일, 즉 공감하는 일이 선행되어야 한다.

17

박달변 씨가 아래와 같은 방식으로 아내의 마음을 읽어 줄 수 있다면 최오순 여사의 가슴에 드리워진 공허감은 사라지고 그 대신에 훈훈한 수용감과 행복감으로 채워질 수 있을 것이다.

최 여사: "여보, 모처럼의 가족 나들이인데 어쩌면 그렇게 약속을 어겨요? 애들이 얼마나 실망했는지 알아요?"

박　씨: "여보, 미안해. 오랜만의 가족 나들이라 애들이 잔뜩 기대를 했는데 내가 오지 않아 크게 실망했겠지?"

최 여사: "그럼요. 애들의 부푼 꿈이 싹 사라졌죠. 꼭 가족 나들이를 취소해야 할 만큼 그렇게 중요한 일이 생긴 거예요?"

박　씨: "그랬어요. 나도 아이들이랑 당신이 몹시 실망할 것이라고 알고 참 안타까웠어요. 여보, 이것도 다 우리가 잘살자고 한 것이 아니요? 사실 나도 가족 나들이를 기다렸거든. 다음 주에 더 멋있는 곳으로 꼭 갑시다. 내가 약속할게."

이상의 예화에서 살펴본 바와 같이 우리가 일상적으로 주고받는 대화는 경우에 따라서 기능적이고 유쾌한 관계로 발전시켜 주기도 하고, 또 역기능적이고 관계를 악화시키는 결과를 가져오기도 한다.

심리학자들은 인간관계를 통한 교류를 '만남'이라고 말한다. 만남의 종류는 크게 '스침의 관계'와 '참 만남(encounter)'의 관계로 구분된다. '스침의 관계'는 상대방을 인격체로 간주하고 기본적으로 예우하는 마음가짐에서 대하는 것이 아니라 나의 욕구를 달성하는 수단으로 보는 관계를 말한다. 이런 피상적이고 역할(role)적인 만남을 마틴 부버(Martin Buber)는 '나와 그것(I-it)'의 관계라고 하였다. 또한 부버는 그에 반하여 '참 만남(encounter)'을 가식적이고 서로 게임(game)을 하는 관계가 아닌 인격적인 만남, 곧 조건 없이 진정한 마음을 나누는 만남이라고 하였다. 이는 '나와 너(I-Thou)'의 관계로 표현된다. 우리는 이러한 참된 관계 속에서 상호 간의 성장과 사랑을 경험할 수 있다.

위의 사례에서 아내가 공허감을 느끼는 원인은 남편이 자기를 아내라기보다는 단순히 어떤 역할자로만 보고 있다는 느낌 때문이 아니었을까? 아내는 기본적으로 남편에게 배려받는 존재로서 소중한 반려자라는 느낌을 확인받을 때 편안하고 행복할 수 있다. 그런 느낌이 전달되는 관계 안에서는 어떤 역할을 잘했느니, 잘못했느니 하고 평가를 받게 되어도 불평이 있을 수 없다. 그러므로 모든 대화상의 문제는 한쪽에서 상대방을 자기의 목적 달성을 위한 도구나 명령에 기계적으로 응하는 로봇으로 인지하느냐, 가슴과 가슴이 통하는 존재로 대하느냐의 문제라고 볼 수 있다. 내가 토해 낸 말이 허공에 스치고 지나가는 바람소리나 소음이 아니고 너의 귓전에 다가가 머무르는 음조(音調)가 되느냐는 이처럼 상대방을 혼과 영이 담긴 인격체로 보느냐의 여부에 달려 있다. 그러므로 인권과 민주주의의 개념은 대화를 하는 사람의 태도에 배어 있다고 하겠다.

인간은 태어나서 죽을 때까지 의사소통을 하면서 살아간다. 표정, 동작이나 몸짓 등 개인의 모든 행위는 자기의 마음과 뜻을 전달하는 행동이므로 따지고 보면 모든 행위는 의사소통의 행위다. 그러니까 인간은 자신도 모르는 사이에 무언가를 매 순간 말하고 있는 것이다.

I. 대화의 공리

대화이론을 연구한 와츠라위크와 잭슨(Watzlawick & Jackson)에 따르면 인간의 대화는 다음과 같은 공리를 나타낸다고 한다(권석만, 2005; 김선남, 1996; 김용태, 1999; 김혜숙, 2003; 설기문, 1997; 원호택, 박현순, 1999; 이형득, 1982; 한기연, 2003).

인간의 모든 행동은 대화다

우리의 일상생활에서 나타나는 거의 모든 행동은 일종의 의사소통이다. 즉, 우리는 몸으로, 행동으로 늘 말하고 있다.

예컨대, 정신분열증 환자가 보이는 괴상한 행동은 자기만의 독특한 대화방식이라고 볼 수 있다. 그러므로 언어뿐만 아니라 침묵이나 비언어적 표현도 대화의 한 방법이다.

의사소통은
어떻게 이루어지는가

모든 대화에는 내용과 관계성이 나타나 있다

대화는 내용이 곧 전달되는 정보다. 그런데 정보는 두 사람의 관계가 어떠하냐에 따라서 특정한 태도나 전달방식으로 전달된다. 가령 우리는 윗사람이 아랫사람에게 반말로 명령하듯이 지시하는 것은 익숙하게 받아들인다. 그런데 어느 남성이 처음 만나는 여성에게 마치 애인을 대하는 듯한 태도를 취한다면, 그 여성은 당황할 것이다. 대인 간의 갈등은 대화의 내용과 관계성이 불일치할 때 일어나는 경우가 있다.

사람들은 책임을 전가하는 방식으로 대화하는 경향이 있다

이것을 '구두점의 원리'라고 한다. 인간은 상대방의 이야기를 듣고 난 다음에 그것을 토막 내고 '구두점을 찍어서' 자기에게 유리한 방향으로 합리화하고 자기방어적으로 대화를 이끌어 가는 경향이 있다.

예를 들면, 아내는 "남편이 술을 마시니까, 내가 바가지를 긁는다."고 말한다. 이에 반해서 남편은 "아내가 바가지를 긁으니까, 내가 술을 마신다."고 대꾸한다.

대화 속에는 힘의 배분 방식이 들어 있다

대화의 내용을 들어 보면 힘을 나누어 가지는 관계인지, 힘의 우열이 정해진 관계인지를 알 수 있다. 두 사람이 힘을 비슷하게 나누어 가지는 관계, 곧 대칭적인(symetry) 관계에서는 경쟁적인 분위기가 형성되기도 하지만, 서로 존중하며 타협적인 의사결정을 할 수 있다. 우열이 존재하는 상보적인(complementary) 관계에서는 힘이 강한 사람이 의사결정권을 가지고 있다.

대화에는 디지털 방식과 아날로그 방식이 있다

디지털 대화는 언어로 하는 대화이며 논리적으로 전달된다. 아날로그 대화는 표정, 몸짓, 억양과 같이 신체를 통해서 전달되는 대화, 즉 비언어적 대화로 상징을 많이 수반한다. 이 두 가지의 표현이 불일치할 때 혼란이 오는데 그것을 '혼합 메시지(mixed message)' 또는 이중 메시지라고 한다.

두 사람이 대화를 주고받는 과정에서 메시지가 올바로 전달되고 또한 제대로 이해되기 위해서는 위와 같은 대화의 특징 내지 의사소통의 원리를 이해할 필요가 있다.

① 모든 행동은 곧 의사소통이다

[그림 2-1] 모든 행동은 의사소통이다

② 의사소통에는 관계성과 힘의 배분방식이 들어 있다

[그림 2-2] 의사소통 속의 관계성과 힘의 배분 방식

23

③ 책임전가식으로 대화한다(구두점의 원리)

[그림 2-3] 구두점의 원리

④ 디지털 방식과 아날로그 방식으로 대화한다

[그림 2-4] 디지털 방식과 아날로그 방식의 대화

2. 의사소통의 정의

보편적으로 '의사소통(意思疏通, communication)'이란 화자(話者)와 청취자 간의 대화를 말한다. 커뮤니케이션(communication)의 원래 뜻은 '상호 공통점을 나누어 갖는다'로, 라틴어 'communis(공통, 공유)'에서 나온 말이다. 그러므로 의사소통이란 두 사람 또는 그 이상의 사람들 사이에서 의사의 전달과 상호유통 내지 상호교류가 이루어진다는 뜻이다. 따라서 의사소통이란 전달자(송신자)가 수용자(수신자)에게 사실, 생각, 감정을 알려 주고 의사교류를 통하여 공통적인 이해를 이룩하며 수용자(청취자)의 생각, 감정, 행동이 변화를 일으키도록 영향력을 미치는 일련의 행동이라고 말할 수 있을 것이다. 자기의 의사를 표현하는 방법에는 언어적 방법과 비언어적 방법이 있다. 언어적 방법은 인간이 말이나 문자를 사용하는 것이다. 인간이나 동물이 몸짓이나 소리를 통하여 어떤 신호를 보내서 자기의 의사를 전달하는 것은 비언어적 방법이다. 그런데 의사소통에서는 비언어적인 방법이 더 큰 영향력을 미친다. 그러므로 의사소통이란 '개인이 언어적, 비언어적 수단을 사용하여 다른 인간, 동물 또는 신 등과 대화하는 행위'라고 말할 수 있다.

한편 '대화(dialogue)'란 '두 사람이 마주 보고 상호 간의 느낌과 사상을 언어로써 주고받는 행위'라고 할 수 있다. 이에 비하여 '스피치(speech)' 또는 '화술(話術)'이란 어떤 목적이나 주제를 가지고 두 사람 이상의 사이에서 이루어지는 비교적 공식적인 대화라고 말할 수 있다. 화술의 경우에는 두 가지 상황이 있다. 첫째, 화자와 청취자가 상호 대면하여 적극적인 상호작용이 일어나는 상황이다. 둘째, 라디오나 TV 연설 또는 결혼식 주례사와 같이 화자가 일방적으로 말하고 청취자는 수동적으로 듣기만 하는 비대면적인 의사소통의 상황이다.

이 책에서는 주로 일대일의 대면관계에서 개인의 감정과 생각 등을 서로 표현하며 의견 차이나 갈등을 타협하고 조절하여 풀어 나가는 의사소통, 즉 대화의 기술을 다루고 있다. 따라서 '대화'라는 용어를 주로 사용하기로 한다.

최근에 와서 대인관계를 개선하고 발전시키기 위해 의사소통의 기법을 체계적으로 가르쳐 주는 프로그램들이 개발되었다. 이것들은 의사소통훈련, 감수성훈련, 자기표현훈련, 주장훈련, 사회성훈련, 또래상담자 기술훈련 등의 이름으로 소개되고 있다. 이들 프로그램은 그 강조점에 따라 명칭을 달리하지만 다루는 내용은 중복되기도 한다.

이 책은 주로 주장훈련과 의사소통기술훈련의 내용을 중점적으로 다루고 있다.

구체적으로는 서로 이해하고 배려하며 문제해결을 위한 방향으로 대화를 이끌어 나가는 의사소통의 기술을 소개하고 있다. 상호 간에 인격적 존재로 예우해 준다는 것은 서열과 성별과 나이에 상관하지 않고 힘(power)을 균등하게 나누어 가지는 자세, 곧 상대방의 존엄성을 인정해 주는 민주적인 태도로 대하는 것을 전제로 한다. 이러한 전제하에 서로 하고 싶은 말을 무리 없이 하고 사는 기술이 주장적 표현이다. 이 책의 상당 부분은 주장적 자기표현의 기술을 소개하는 데 할애되어 있다.

『자기주장과 멋진대화』라는 책 제목에서 '멋진대화'라는 것은 무엇을 의미하는가? 독자들은 저마다 '멋진대화'에 대한 주관적인 생각을 가지고 있을 것이다. '멋진대화'라고 하면 감미롭고 시적(詩的)이며 기분 좋은 표현으로 대화하는 것이라고 생각하는 사람들이 많을 것이다.

가령 "얘들아, 조용히 해라."라고 말하는 대신에 "얘들아, 조용히 해 주면 고맙겠다."라고 표현하는 것을 멋진대화의 기술이라고 생각할 것이다. 또한 사람들은 한 씨 부인과 흐뭇한 담소를 나눈 다음에 아래와 같이 은유적인 표현을 할 수 있기를 기대할 수도 있다.

"한 씨 부인과의 대화는 빨간 사과를 한 입 물고 씹었을 때처럼 상큼하고 신선했습니다. 이야기를 나눈 덕분에 저는 오늘 하루 종일 기분이 좋을 거예요."

그렇다. 이렇게 문학적으로 표현하며 기분 좋게 대화할 수 있다면 우리의 관계는 아름답고 감동적일 것이다. 그러나 현실적으로 볼 때 문학적인 언어구사 능력이 뛰어난 사람은 그리 많지 않다. 또 감미롭고 시적인 표현으로 대화할 상황이나 상대가 많지 않은 것도 사실이다. 많은 사람들은 정작 자기가 느끼고 생각하는 바대로 자신을 표현하지 못한 채 살아가고 있다. 그러므로 자신의 감정과 생각을 솔직하게 표현하면서 동시에 상대방의 입장을 이해해 주고 예절을 갖추어 대화할 수 있다면, 그런 사람들은 멋진

대화의 기술을 연마한 사람이라고 할 수 있다. 따라서 이 책에서는 '멋진대화'를 문학적이고 감미로운 표현방식의 대화라기보다는 서로 마음이 통하고 진실한 마음을 나누는 대화라고 간주한다.

저자가 생각하는 '멋진대화' 란 다음과 같다.

멋진대화란 미사여구(美辭麗句)가 아니다.

내가 비록 천사의 말을 할지라도 사랑이 없으면 소리 나는 구리와 울리는 꽹과리에 불과하므로 멋진대화란 말 없이 말이 전달되는 대화다.

내 앞에 서 있는 그대를 부드럽게 바라보고 그저 웃어 준다든지 고개를 끄덕이며 나의 친절한 에너지가 전달되면 충분하다.

나는 조급하지 않으며 그대의 감정에 보조를 맞추어 공명한다.

그대가 슬프면 슬퍼 보인다고 말할 것이다.

나는 내 자신에게도 진실하다. 어떤 것을 원하면 그것을 솔직하게 말하는 용기가 있고. 내가 몹시 화가 나 있으면 화가 난다고 말할 것이다. 그러나 마음속으로는 그대의 가슴에 어루만짐을 보내면서.

멋진대화란 그대를 폭군이 되도록 허용하지 않으며 내가 비굴한 노예로 전락하지도 않는 의연한 자세.

우리 사이에 가끔씩 격한 언쟁이 있고 상처를 주고받는 일이 발생하더라도 끝내는 악수하고 용서와 화해로 만나는 것.

그리하여 내가 당신을 하인처럼 취급해서 미안하다고 사과하고 당신의 가치와 능력을 무시해서 미안하다고 말하는 겸손함.

우리 이제부터 함께 음악을 듣고 차를 마시며 평화의 아침을 열자고 초대하는 부드러움.

멋진대화란 그대의 표정을 보고 그 표정 뒤에 숨어 있는 그대의 진짜 모습을 볼 수 있는 제3의 눈.

그대의 이야기를 듣고 그 말 속에 담겨 있는 진짜의 소리를 들을 수 있는 제3의 귀.

그리고 그대가 인생의 소용돌이에서 떨고 있을 때 그대를 믿는다고 힘주어 말하는 입술.

비록 이 세상이 모순덩어리이고 슬프고 힘들더라도 사시사철 피는 꽃과 바람과 하늘의 별과 태양이 우리에게 빛과 향기와 현란한 색깔을 보내고 있다고 환기시켜 주

27

는 말.

그래서 그대에게 관조(觀照)의 날개를 달아 주어 높은 하늘로 비상(飛翔)하도록 인도하는 스승.

끝내는 다시 살맛 나는 세상을 힘차게 살도록 춤과 노래를 가르쳐 주는 지혜.

멋진대화란 나의 생각이 허망한 물거품처럼 증발되는 것이 아니라 그대의 가슴에 꽂히고 다시 나에게로 돌아오는 메아리.

그러므로 나의 말은 그대에게. 그대의 말은 나에게 물결의 따장처럼 제대로 전달되도록 우리는 익히고 연습할 필요가 있다.

그대와 나의 참 만남을 위하여.

그리고 우리들의 풍요한 삶과 사랑을 위하여.

대화는 기술이 아니고 예술이다.

대화가 예술로 띠어날 때. 그것이 멋진대화다.

3. 의사소통은 어떻게 이루어지는가

A씨와 B씨가 대화를 하게 되면 A, B 두 사람은 제각기 자기가 원하는 바, 즉 자신의 욕구와 상대방에 대한 신념과 자아개념 및 대화능력의 수준에 따라서 상호작용을 하

[그림 2-5] 부자간의 대화–대인동기

게 된다. 또 상대방을 대하고 막상 이야기를 끄집어 낼 때는 그 당시 상대방의 인상에서 풍기는 점에 따라, 다시 말해서 상대방을 보고 느끼는 점에 따라서 대화의 태도와 내용이 결정된다.

이런 모든 현상을 좀 더 구체적으로 살펴보면 아래와 같다.

우리는 욕구 충족을 위해서 대화를 시도한다

사람들은 어떤 욕구를 충족하려는 의도에서 상대방에게 말을 건다. 이것을 전문용어로 대인동기(對人動機)라고 한다. [그림 2-5]에서 아들은 아버지와 친해지고 싶고 재미있는 시간을 갖고 싶은 동기에서 아버지에게 말하고 있다. 아버지는 자녀를 올바로 지도하고, 아버지로서의 권위와 영향력을 행사하려는 동기나 지배 욕구를 가지고 대화하고 있다.

그런데 대인관계에서 마찰을 빚고 갈등을 초래하는 경우를 살펴보면, 자신의 욕구 충족에 대한 강도가 지나치게 강해서 상대방을 불편하게 만드는 경우가 많다. 예를 들면, 타인에게 의존만 하려는 사람이나 타인을 지배만 하려는 욕구가 지나치게 강한 사람은 타인에게 수용되기가 힘들다.

우리는 자기와 타인에 대한 신념에 의거하여 대화를 하게 된다

이것을 전문용어로 대인신념(對人信念)이라고 한다.

인간은 자기 자신에 대해 지니고 있는 생각과 신념에 따라서 다른 사람을 대하는 태도가 좌우된다. 자신은 매력 있고 유능한 존재라고 믿는 사람, 즉 긍정적인 자아개념을 가진 사람은 대인관계가 활발하고 자신감 있게 행동한다. 이와 반대로 자신이 무능하고 인기 없는 존재라고 생각하는 사람, 즉 부정적인 자아개념을 가진 사람은 사람들에게 말을 걸거나 어떤 것을 요청하는 일에 소극적이고 자신감이 결여된 행동을 보이게 된다.

한편 나하고 대화하는 상대를 어떤 사람으로 지각하는가에 따라서 내가 그를 대하는 태도와 대화양식이 달라질 수 있다.

자, 다음 그림을 살펴보자.

[그림 2-6] 모자간의 대화-대인신념

[그림 2-7] 부부간의 대화-대인신념

[그림 2-7]을 보자. 아내의 말을 들어 보면 그녀는 어떤 자아개념을 가지고 있는가? 아내는 자신을 연약하고 자신감이 없는 존재로 보고 있고, 그 결과 남편에게 의지하고 싶은 욕구가 강하다. 그녀는 남편에 대하여 어떤 생각이나 고정관념을 가지고 있는가? 그녀는 남편이 자기와는 달리 힘이 있고 자기를 도와줄 수 있는 존재라고 생각한다.

그런데 남편의 말에서 나타난 것을 보면, 남편은 자신을 연약한 사람이라고 간주하고 있고, 아내는 자기에게 부담을 주는 성가신 존재라고 생각하고 있다.

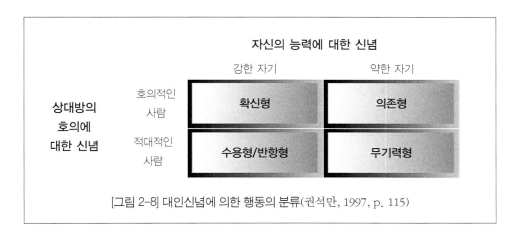

[그림 2-8] 대인신념에 의한 행동의 분류(권석만, 1997, p. 115)

이처럼 자기와 타인을 보는 관점이나 신념에 따라서 우리의 태도와 대화양식이 달라질 수 있다.

[그림 2-8]에서 나타난 첫째 유형은 확신형이다. 이런 유형은 자기는 능력이 있고 타인은 호의적이라는 신념을 지닌 사람들이다. 이런 사람은 긍정적인 자아개념을 가지고 주도적으로 대인관계를 맺어 간다. 둘째 유형은 수용형/반항형이다. 이런 사람들은 자기는 능력이 있지만 타인은 적대적이라는 관념을 지닌 사람들이다. 수용형은 대인관계의 불만을 조용히 참는 방식으로 나오지만 내면적으로는 자신감이 있다. 불만형은 적개심을 표현하는 방식으로 나온다. 이들은 대인관계에 문제가 생기면 타인을 탓하는 경향이 있다. 셋째 유형은 의존형이다. 자기는 능력이 없고 타인은 호의적이라는 신념을 지닌 사람들이다. 대인관계에서 소극적이고 수동적이다. 넷째 유형은 무기력형이다. 자기는 힘이 약하고 타인은 적대적이라는 관념을 지닌 사람들이다. 이들은 대인관계에 대해 긍정적인 기대를 거의 갖지 못하기 때문에 무기력하며 우울증이나 부적응적 증상을 보이기 쉽다.

대인관계에서 적응을 잘하지 못하는 사람들은 일반적으로 자신의 능력이나 타인의 호의에 대하여 지나치게 경직되고 왜곡된 관념을 가지고 있다.

사회적 기술의 수준에 따라 대화의 성패가 좌우된다

인간관계를 성공적으로 이끌어 갈 수 있는 기술은 대인기술(對人技術) 또는 사회적 기술이라고 한다. 이것은 자기의 의사와 감정을 표현하는 기술이다. 이러한 사회적 기술 내지 대화능력은 기본적으로 성장과정 중에 습득된다. 사회적 기술이 부족한 사람은 타인에게 호감을 주도록 자신을 표현하는 일에 서투르며 상대방에게 적절하게 반응하지 못한다. 가령 사람을 만나면 무슨 말을 해야 할지 난처해하며 화제를 찾지 못하는 사람이 있다. 또 상대방의 이야기를 진지하게 경청하지 못하고 자기 멋대로 화제를 돌리거나 부적절한 화제를 내놓기도 한다.

우리는 상대방을 보고 느끼는 바에 따라서, 곧 지각하고 사고하는 바에 따라서 대화한다

예를 들어 보자. 당신은 옛날 친구인 지웅이가 몹시 보고 싶다. 당신은 그 친구를 좋아한다. 그 친구는 사업에 성공하여 아주 잘나가고 있고 당신은 평범한 월급쟁이 신세다. 당신은 사무실에 잠깐 들리겠다고 친구 지웅이에게 미리 전화를 하고 찾아갔다. 으리으리한 사무실에서 지웅이는 심각한 표정으로 통화를 하고 있다. 지웅이는 찡그린 얼굴로 당신을 보는 둥 마는 둥 하더니 손짓으로 소파에 앉으라고 신호를 하고서도 한참을 통화한다. 당신은 이렇게 단정한다. '이 친구가 별 볼일 없는 내 모습을 보고 별로 반가워하지 않는구나. 그러면 그렇지. 출세한 사람들이 순수한 우정 같은 걸 얼마나 생각하겠어? 내가 순진한 거지.' 그래서 어떤 말을 건네게 되었을까? "어이, 나 왔네, 참 오래간만이야. 반갑네."라고 말하는 대신에 "자네 몹시 바쁜가 보군. 내가 공연히 바쁜 시간에 찾아와 방해를 해서 미안하네. 다음에 연락하세."라고 말할지도 모른다. 그리고는 자기가 이제는 더 이상 환영받는 친구가 아니라는 생각으로 쓸쓸하게 사무실 문을 닫고 나올지도 모른다.

옛날 친구 지웅이에 대한 당신의 생각은 정확한 것일까? 사람들은 타인을 바라볼 때 그 사람을 객관적으로 보는 것이 아니다. 자신의 과거 경험과 연관지어서 바라보거나 선입견이나 고정관념으로 판단한다. 그리고 만나는 사람이 보여 주는 한두 가지의 특성을 가지고 그 사람의 전체 인상으로 지각하여 판단한다. 당신의 눈과 귀는 TV 카메라처럼 어떤 특정한 이미지만을 확대하여 인상으로 받아들이고 나머지는 생략하거나

[그림 2-9] 친구 간의 대화: 대인지각에 따른 사고

최소화한다. 그리고 당신의 머리는 영상(스크린)이 되어 현실을 여과(濾過)하고 편집하여 본다. 그 영상은 가끔씩 초점이 맞지 않는다. 여기에서 오류가 발생하는 것이다.

상대방과 올바른 관계를 맺기 위해서는 상대방의 의도를 사실대로 지각(知覺)할 수 있어야 한다. 그러니까 내가 어떤 식으로 상대방을 지각하고 있는가? 혹시 판단의 왜곡현상으로 오해가 있지는 않은가? 이런 점을 잘 인식할 수 있어야 한다.

두 사람 사이에 의사소통이 일어날 때는 위에서 언급한 모든 요인들이 복합적으로 작용하여 이루어지는 것이다. 그것을 그림으로 표시하면 다음과 같다.

[그림 2-1] 의사소통의 요소

그림에서 보면 청년과 아가씨가 서로 좋아하고 있는 것으로 보인다. 청년은 호감을 느끼고 있는 아가씨를 보자마자 몹시 반가워하고 있다. 그런데 아가씨는 자기의 내심과는 달리 샐쭉한 반응을 보이고 있다. 왜 그럴까? 어쩌면 그녀는 청년이 오래전에 자기에게 전화해 주기를 기대하고 기다렸을지도 모른다. 또 우연히 부딪친 장면에서 데이트를 신청하는 행동을 보고 그가 불성실하다는 생각(신념)을 가지게 되었는지도 모른다. 그런데 그녀의 판단은 과연 정확한 것일까? 우리는 이 점을 인식할 필요가 있다.

Chapter

　내가 사람들과 관계를 맺고 대화를 주고받는 양식은 일반적으로 내가 내 자신을 어떤 사람이라고 생각하는가와 밀접한 관련이 있다. 그리고 상대방을 포함해서 세상 사람들을 보는 나의 일반적인 관점에 따라서 좌우된다. 다시 말해서, 자신에 대한 개념과 세상 사람들에 대한 관념이 대인관계적인 태도에 영향을 미치고 그것은 일정한 대인관계의 양식으로 굳어진다. 그래서 어떤 사람들의 대인관계적 양식은 매우 적응적이고 만족스러운데 어떤 사람들은 부적응적이어서 자신과 주변 사람들에게 많은 불편과 문제를 야기하는 형태를 보이기도 한다. 대인관계의 일반적인 유형을 살펴보면 다음과 같다.

I. 키슬러의 대인관계 양식

　키슬러(Kiesler)에 따르면 대부분의 사람들은 자기만의 독특한 성격이나 대인관계의 유형이 있으며 그런 특성은 일관성 있게 지속된다고 한다. 그는 대인관계의 양식을 크게 힘의 차원, 즉 지배-복종의 차원과 친밀성의 차원, 즉 친화-냉담의 차원으로 구분하였다. 그리고 이들 차원과 관련하여 지배형, 실리형, 냉담형, 고립형, 복종형, 순박형, 친화형, 사교형의 여덟 가지의 대인관계 유형으로 세분하였다

대인관계와
의사소통의 문제점

(권석만, 2005). 그 내용은 [그림 3-1]과 같다.

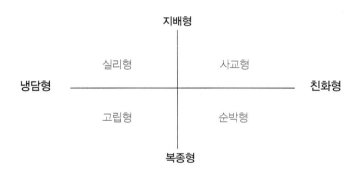

[그림 3-1] Kiesler의 대인관계 양식의 원형구조(권석만, 2005, p. 461)

　당신의 대인관계 양식은 어느 유형에 해당될까? 이에 대하여 알고 싶은 사람은 이 장의 뒷부분에 소개된 대인관계 양식 검사에 체크하고 나서, 채점 결과에 따라 그림을 그려 보면 알 수 있다.

2. 호나이의 기본적 갈등과 포용적 대처방식

개인이 보이는 대인관계의 특성이라고도 볼 수 있는 대응방식은 타고난 성격과 관련이 있겠지만, 대체 부모에게서 양육받은 경험에 따라 크게 좌우되고 형성된다.

호나이(Horney)는 유아가 부모와의 관계에서 애착과 안정감의 욕구가 충족되지 않을 때, 있는 그대로의 자기 자신은 무언가 잘못되었다고 느끼고 사랑과 인정을 받고자 애써 노력하는 상태를 '기본적 갈등(generic conflict)'이라고 하였다.

기본적 갈등을 경험한 아이는 부모, 형제를 포함한 사람들과의 관계에서 자신의 심리적 욕구를 자연스럽게 발산하거나 바람직한 관계를 형성하지 못한다. 자신의 안전에 대한 욕구가 너무 강렬하기 때문에 대인관계의 양식은 융통성이 없고 강박적인 특징을 보인다. 그는 무의식적으로 인간관계에서 느끼는 불안을 조금이나마 줄여 주고 사랑과 인정을 받으려는 욕구를 부분적으로나마 만족시켜 준 과거의 반응양식을 계속하는 경향이 있다. 그러한 불완전한 해결방식은 그의 인간관계의 특성이 되어 일생 내내 지속되기도 한다.

호나이는 이러한 부적응적 대인관계의 형태를 ① 순응적 대처방식, ② 회피적 대처방식, ③ 공격적 대처방식으로 분류하였다(홍경자, 2001).

순응적 대처방식

순응적(moving toward) 대처방식을 사용하는 사람은 겉으로는 협동적이고 친화적으로 보인다. 그러나 자기주장을 하거나, 솔직하게 의사를 표현하거나, 특히 화를 잘 내지 못한다. 아동기에 따뜻한 수용과 지지, 배려를 경험하지 못한 사람은 성인이 되어서도 타인을 기쁘게 함으로써 사람들에게서 애정과 인정을 얻어 내려고 한다. 그 대가로 자기가 진정으로 원하는 것을 희생한다.

회피적 대처방식

회피적(moving away) 대처방식을 사용하는 사람은 타인들과 친밀한 관계를 갖고 싶은 욕망이 간절하면서도 거부당할까 두려워서 가능한 한 사람들과 일정한 거리를 둔다. 자기 쪽에서 사람들을 거부하므로 대인관계에서의 욕구충족의 문제는 항상 미해결 상태로 남아 있고 삶의 반경(半徑)은 협소하다.

공격적 대처방식

공격적(moving against) 대처방식을 사용하는 사람은 대인관계에서 심하게 충돌하거나 경쟁적이며 또는 소극적으로 반항함으로써 자기와 타인을 통제하려고 한다. 이러한 행동은 타인이 자기를 거부하게 만드는 결과를 가져온다.

포용적 대처방식

적응적 인간은 갈등적인 대인관계의 상황에서 순응적이거나 회피적이거나 공격적인 형태로 일관하지 않는다. 다시 말해서, 무조건 과거의 방식으로 현재의 상황에 대응하는 것이 아니다. 적응적 인간은 자기가 원하는 것을 올바로 인식하고 말할 수 있으며 상대방의 마음 상태도 올바로 지각할 수 있다. 즉, '지금-여기'의 현실을 있는 그대로 바라본다. 이것을 지피지기(知彼知己)라고 한다. 그리고 거기에 맞추어 유연하게 대응한다. 부적응적 인간은 반응적(reactive)인 대처방식을 취하는 데 비하여, 적응적인 인간은 주도적(proactive)이고 적극적(active)인 대처방식을 취한다.

성숙한 사람은 갈등관계에 있는 상대방을 적으로 간주하여 배척하는 것이 아니라 그와 함께 씨름하면서 자기의 세계 안에 포용하고 갈등과도 하나가 되려고 노력한다. 포용적 대처방식에서는 승리와 패배의 이분적인 개념이 사라지고 그 두 가지를 모두 받아들이는 것이다. 그리하여 궁극적으로는 자신과 상대방이 모두 만족하고 양자가 모두 승자가 될 수 있는 길을 모색한다. 따라서 저자는 적응적이고 기능적인 대처방식을 '포용적(moving around)' 대처방식이라고 하였다.

포용적 대처방식이란 어떤 것을 말하는가? 가령 A와 B의 싸움에서 힘이 우세한 A가 힘이 약한 B를 제압하여 승리를 거둔다고 하자. 포용적인 자세의 A는 B를 무자비하게

39

짓밟는 승자가 아니라 관용을 베푸는 승자로 임할 수 있다. 그런데 문제는 힘이 열세인 B가 어떻게 하면 힘이 강한 A에게 함몰되지 않고서, 강한 A를 포용하여 A, B가 똑같이 승승(win-win)할 수 있을 것인가. 약자인 B가 주장적 자기표현을 할 수 있다면 그는 싸움에서 진 것을 원망하며 세상과 사람을 증오하고 자포자기만 하지는 않을 것이다. 오히려 자신의 패배를 수용하고 상대방의 승리를 용납하되, 승자인 A와 대화하려고 연구하는 자세를 취할 수 있다. 이것을 도식으로 표시하면 [그림 3-2]와 같다.

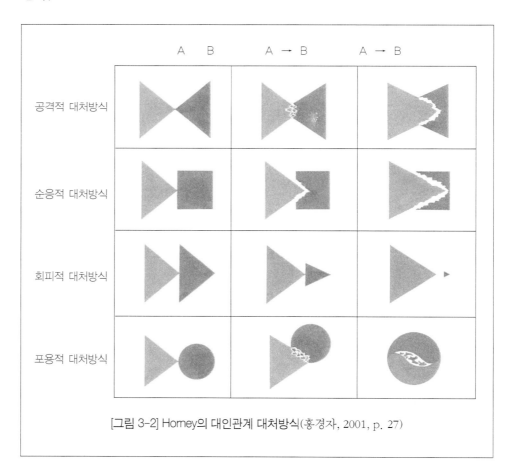

[그림 3-2] Horney의 대인관계 대처방식(홍경자, 2001, p. 27)

3. 사티어의 역기능적 의사소통 방식과 일치형의 대화

가족치료의 이론가인 사티어(Satir)는 가족 간에 보이는 부적응적 대처방식은 역기능적 의사소통의 형태로 표출된다고 하였다. 사티어에 따르면 모든 대화의 근본 메시지는 '나를 알아주세요(Validate me).'라는 것이다. 그는 가족 간의 상호작용에서 스트레스가 심할 때 오로지 자기를 방어하기 위하여 사용하는 방식이 곧 역기능적 의사소통이라고 하였다. 역기능적 의사소통은 회유형, 비난형, 초이성형, 산만형의 대화형태로 나타난다고 한다. 여기에서 회유형은 호나이(Horney)가 말하는 순응적 대처방식에, 산만형은 회피적 대처방식에, 비난형은 공격적 대처방식에 비유될 수 있다. 한편 적응적이고 기능적인 의사소통은 일치형의 형태로 나타난다. 이에 대하여 좀 더 상세하게 살펴보면 다음과 같다(김유숙, 2001; 김혜숙, 2003).

회유형

회유형(placating) 인간은 상대방을 존중해야 한다고 생각하여 자기 감정을 무시하고 상대방에게 쉽게 동의하며 순종적으로 임하는 예스맨(yes-man)이다. 자기의 욕구를 표현하지 못하고 억압하며 자기는 별 게 아니라는 생각을 가지고 있어서 자기가치감이 낮다. 그리고 중요한 타인을 통해서만 자기의 의미를 찾으려 한다.

비난형

비난형(blaming) 인간은 완고하고 독선적이며 명령적으로 군림한다. 자신의 힘과 우월성을 과시하려는 욕구가 강하고 무조건 자기의 생각이 옳다는 식의 흑백논리가 강하며 상대방을 무시한다.

초이성형

초이성형(super-reasonable) 인간은 매사를 합리적 사고에 근거하여 따지고 지나치게 상황적으로 분석하며 기능적인 면에 강조점을 둔다. 다른 사람의 실수를 인정하지 않고 냉정하다. 또 세상과 사람들을 신뢰하지 않고 권위적이며 경직되어 있다.

41

산만형

산만형(irrelevant) 인간은 어떤 갈등과 문제가 발생한 상황에서 마치 아무런 문제가 없는 것처럼 장난을 걸고 바보 같은 짓을 하며 공연히 바쁜 듯이 다른 일에 몰두한다. 그리고 초점이 없는 말을 하고 위선적이며 문제해결 능력이 결여되어 있다.

일치형

역기능적이고 부적응적인 의사소통에 비하여, 적응적이며 효율적인 의사소통의 방식은 일치형이다. 일치형 인간은 언어적, 비언어적으로 일치한(congnent) 형태로 의사소통한다. 자기 자신이 중심이 되어 다른 사람과 관계를 맺고 접촉하며 자신, 타인, 상황을 모두 고려하여 반응한다. 예를 들어, 내가 지금 당장 ○○이 필요한데 가족이 그것을 충족시켜 주지 않으면 "나는 ○○을 원한다. 그런데 내 뜻을 들어 주지 않아 몹시 섭섭하다."라며 말과 표정을 일치하여 표현할 수 있다.

네 가지의 역기능적 의사소통을 도식화하면 〈표 3-1〉과 같다.

표 3-1 Satir의 역기능적 의사소통

	회유형	비난형	초이성형	산만형
언어적 표현	"제가 잘못했어요." "난 오로지 널 위해서 산다." "당신이 없으면 큰일이에요."	"모든 게 네 잘못이다." "넌 제대로 하는 게 없다." "문제가 뭐냐?"	주어를 생략함(규칙과 옳은 것만 언급), 추상적이고 긴 설명	초점이 없는 대화, 주제가 바뀜, "그대로 놔 두라." (내버려 두라.)
정서 반응	구걸하는 느낌, 자신 없는 목소리, 자세	"내가 대장이다."	냉담한 마음, 조용하고 경직된 자세	혼란스러움, 마음은 콩밭에 있음.
행동	달래기, 변명, 양보, 우는 소리, 순교적, 모든 것 제공	공격적, 명령적, 약점 발견	권위적, 원칙주의, 의도적, 조작적	계속해서 움직이고 비스듬히 앉음, 주의 산만함, 부산함, 공연히 끼어들어 주의를 끎.
내적 경험	"난 아무 가치도 없어!"	"난 외로운 실패자다." "난 세상의 피해자다."	"나는 외롭고 상처받기 쉽다." 감정의 동요와 통제의 상실이 두렵다.	"이곳은 내가 설 자리가 아니다(무가치)." "아무것도 상관하지 않겠다(무관심)."

심리상태	신경과민, 우울증, 자기연민, 자살경향	과대망상, 일탈적 성향	강박적, 긴장되고 반사회적, 사회적 고립	혼돈, 어색함, 정신병적 경향성
신체적 증상	소화기관장애, 변비, 편두통	혈액순환장애, 고혈압, 관절염, 근육통, 천식	심장과 근육의 경직, 건조성, 암, 임파, 점액 질환	신경계통장애, 편두통, 위장장애, 메스꺼움, 변비, 당뇨
초점	자기를 무시, 상황과 타인을 중시	다른 사람은 무시, 자기와 상황은 중시	자기와 타인은 무시, 상황만 중시	자기, 타인, 상황을 모두 무시
강점 (자원)	배려와 민감성	강한 자기주장	지적 능력과 논리성	낙천성, 창의력
치료목표	① 자기 지각하기, 자신의 욕구, 감정, 경계선, 책임의 인식 ② 주장훈련 ③ 분노조절훈련	① 인지적 왜곡의 교정 ② 자기 감정의 통찰과 감정 조절 ③ 정확한 규칙의 설정 ④ 경청훈련	① 비언어적 표현에 대한 통찰력 ② 신체이완훈련 ③ 공감훈련	① 감수성훈련–감정의 인식, 신체접촉 ② 주의집중하기–명상, 정관(관조) ③ 주장훈련

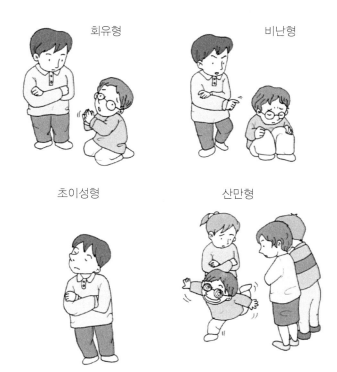

[그림 3-3] 회유형, 비난형, 초이성형, 산만형 인간

43

사티어 말하는 역기능적 의사소통의 특징을 그림으로 표시하면 [그림 3-3]과 같다.

4. 의사소통의 문제점

제2장에서 살펴본 바와 같이, 의사소통의 과정에서 서로가 만족스럽고 원만한 관계가 이루어지려면 무엇보다도 서로를 옳게 지각한 다음에 대화를 해야 한다.

어떻게 의사소통하는 것이 옳은 방법인가? 그리고 대화가 통하지 않는 것은 구체적으로 어떤 문제점이나 결함이 있는 경우인가? 이에 대하여 살펴보기로 한다.

먼저 제2장에서 소개된 개념을 다시 정리해 보자. 원만한 의사소통이 이루어지기 위하여 유념할 사항은 다음과 같다.

첫째, 우리가 보이는 모든 행동이 곧 의사소통이라는 사실을 인식하고 대화에 임해야 한다. 내가 상대방을 인격적으로 존경하는 마음과 그의 이야기를 잘 경청하려는 자세를 가지고 대할 때 상대방도 존경을 가지고 나의 이야기를 경청하게 될 것이다.

둘째, 대화하는 당사자 간의 관계성을 제대로 인정하고 그에 맞추어 대화해야 한다. 예컨대, 남편이 아내를 하녀나 노예처럼 또는 아내가 남편을 고용인처럼 취급하는 태도로 말을 하게 되면 원만한 대화가 이루어지지 않는다.

셋째, 두 사람 간의 문제와 갈등이 발생했을 때 상대방에게 책임을 전가하는 식으로 말하기보다는 서로 책임을 수용하는 방식으로 말해야 한다.

넷째, 언어적인 내용과 비언어적인 표현이 일치하는 방식으로 대화가 이루어질 때 내가 말하고자 하는 의도와 마음이 상대방에게 제대로 전달될 수 있다.

분명히 두 사람 사이에 말은 주고받았건만, 경우에 따라서는 의사전달이 잘되기도 하고 그렇지 않기도 한다. 두 사람 사이의 대화에서 발생하는 특징적인 문제점을 열거하면 다음과 같다.

말하는 사람(송신자)의 문제

① 미숙한 대인관계의 능력

어떤 사람은 자신의 가족 이외의 사람들을 무조건 부담스럽게 느끼고 관계 맺기를 회피한다. 그리고 누군가가 상냥하게 목례를 하거나 말을 걸어오더라도 로봇처럼 전혀 반응을 보이지 않는다. 이런 사람들은 성장과정에서 충분한 인간관계적 상호작용을 경험하지 못한 경우가 대부분이다. 그래서 성인이 되어서도 그 결함이 그대로 유지되고 있다고 볼 수 있다. 또 어떤 사람은 상대방의 질문에는 대답하지 않고 자기가 할 말만 되뇌는 식으로 대화하기도 한다. 그러니까 일방통행식 대화일 뿐이고 최소한의 의사교류나 상호작용이 일어나지 않는 것이다. 이런 사람과 대화하게 되면 몹시 답답하게 느껴질 것은 당연하다.

② 미숙한 메시지 전달 능력

간단명료하게 자기 의사를 전달하지 못하는 사람도 있다. 대화기술이 서투른 것이다. 독고 여사의 말을 들어 보자.

"여보, 오늘 저녁에 혹시 무슨 일 있어요? 혹시 누구하고 저녁 약속이 있는가 하고요. 나도 한 달 전부터 친구가 ○○에서 온다고 그랬거든요. 그런데 그 친구가 여태까지 소식이 없다가 오늘 전화를 했어요. 내일 만났으면 좋겠는데 내일은 할 일이 많아서 시간이 안 된대요. 기어코 오늘 저녁에 만나자고 해요. 하필이면 저녁 시간에. 그래서 내가 △△식당으로 가야 하거든요. 당신 밥 걱정 때문에 내가 부지런히 국 끓여 놓고 반찬 그릇은 쟁반에 담아서 냉장고 안에 잘 넣어 놓았거든요. 국만 데우면 되요. 밥은 전기밥솥 속에 있고…. 그러니까 내가 안 그러려고 했는데 친구 때문에 별 수 없군요. 나, 지금 곧 나가 봐야 하거든요. 아이고, 화장도 해야지, 신발도 찾아서 닦아야지, 바빠서 미치겠네. 하여튼 사정이 그렇게 되었어요. 당신이 혹시 약속이 없어서 그냥 집에 오게 되면, 그러니까 내 말은 저녁 준비가 다 되어 있으니까 걱정하지 말라는 거예요. 당신이 냉장고에서 반찬 그릇을 꺼내고 국은 데우고 밥은 전기밥솥에서 퍼서 차려 먹으면 돼요. 나 지금 곧 나가야 해요. 여보."

이 말을 끝까지 들어야 하는 남편의 고충을 생각해 보라.

독고 여사는 자기가 말을 하게 되면 많은 경우에 상대방이 눈살을 찌푸리고 못마땅한 표정으로 듣거나 자기 말을 중간에 가로채는 경향이 있다는 것을 경험하였을 것이다. 그래서 독고 여사는 남편이나 사람들이 자기를 무시한다고 하면서 섭섭해하고 화를 낸다. 그러나 독고 여사가 정작 해야 할 일은 자신의 의사소통 양식을 점검해 보는 것이다. 그녀 쪽에서 대화방식을 개선하게 되면 상대방에게서 기분 좋고 정중한 반응을 얻어 낼 수 있다.

또 어떤 사람은 도대체 무슨 말을 하는지, 의도가 무엇인지 제대로 파악할 수 없을 정도로 횡설수설하기도 한다. 불분명한 말투와 화술의 부족은 말하는 사람의 의사를 왜곡시킨다.

③ 혼합 메시지의 사용

사람들은 기쁠 때 "아유, 좋아!"라고 말하면서 기쁜 표정과 고조된 억양으로 표현한다. 그런데 "엄마가 크게 다치셨어요. 곧 병원에 가 보아야 해요."라고 말하면서 미소 짓는 사람이 있다고 하자. 그의 미소를 보고 우리는 그가 어머니가 다친 것을 과연 슬퍼하는지 확실하게 알 수가 없다. 그러므로 언어적-비언어적으로 불일치한 메시지, 즉 '혼합 메시지' 문제점을 안고 있다. 혼합 메시지를 받은 사람들은 대체적으로 전달자의 참된 의도를 비언어적 단서에 의존해서 파악한다.

대화자는 이 점을 잘 알고 있어야 한다. 그리고 사람들은 언어를 통하여 의사소통하는 것 같지만 사실은 대부분의 의사소통이 비언어적으로 이루어진다는 점에 유의해야 한다. 우리가 잘 알다시피 한 마디 말이 없더라도 눈을 껌벅껌벅한다든지 찡긋하는 것은 수신자에게 '경고'의 의미로 전달된다. 윙크하면 '너를 좋아해'로, 검지 손가락을 입에 대면 '조용히'로, 고개를 갸우뚱하면 '글쎄' 또는 '이상한데'로, 얼굴을 찌푸리면 '너를 싫어해'로, 높고 강한 목소리는 '나, 지금 화났어'로 전달된다.

④ 말하는 사람(송신자)의 오해와 편견, 즉 대인지각의 오류

의사소통의 또 다른 문제점은 송신자의 심리상태와 주관적인 견해가 오해와 편견으로 기울어 있기 때문에 메시지의 정확한 전달을 방해한다는 것이다. 예를 들어 보자.

안미라 양은 미국에서 대학을 다니고 있다. 최선을 다하여 좋은 성적을 얻고 장학금을 받으며 공부하고 있다. 그런데 스미스 교수가 가르치는 학과목은 토론과 발표가 성적의 20%를 차지하는데 그 학과목에서 B학점을 받게 되었다. 장학금을 계속 받으려면 A학점을 받아야 한다. 그녀는 자기의 성적이 월등한데 스미스(Smith) 교수가 유색인종을 차별대우하기 때문에 억울하게 불이익을 받게 되었다고 믿는다. 안미라 양은 B학점을 만회할 수 있는 기회를 달라고 요청해 보고 싶은 마음으로 스미스 교수를 찾아갔다. 미라 양이 스미스 교수에게 하고 싶은 말은 다음과 같다.

"선생님, 저는 최선을 다해 시험을 보았습니다. 그런데 B학점이에요. 제가 장학금을 받기 위해서는 꼭 A학점을 받아야 해요. 제가 동양인이라 비록 토론과 발표 능력은 미국학생들보다 떨어질지 모르지만 전 모든 것을 다 이해하고 있습니다. 공부를 많이 했어요. 저에게 별도의 과제물을 더 주셔서 제 성적을 만회하게 해 주세요. 기회를 한 번 더 주세요. 네?"

이렇게 호소했더라면 스미스 교수가 안미라 양의 요청에 응해 줄 가능성이 높았을 것이다. 그런데 미라양의 입에서 나온 말은 이렇다.

"선생님, 제가 장학금을 타려면 A학점을 받아야 해요. 저는 최선을 다해서 시험을 보았습니다. 그런데 B학점이에요. 제가 동양인이기 때문에 저의 토론과 발표 점수가 불리하게 작용한 것 같아요. 동양인이라 제가 불리할 수밖에 없겠지요? ……." 그래서……, 저…….

이렇게 뒷말을 흐리게 하고 이야기를 끝맺은 안미라 양의 호소에는 강력한 요청의 메시지가 빠져 있다. 오히려 스미스 교수의 B학점 판정이 공정하다고 미라 양도 맞장구를 치는 인상마저 든다. 이것은 스미스 교수는 유색인종을 차별대우하는 사람이며 그의 사상을 자기가 바꿀 수 없을 것이라고 미라 양이 지레짐작했기 때문이다. 그리고 내심으로는 아마 자기 요청이 틀림없이 거부되리라는 선입견을 가지고 임했기 때문이다. 카리스마를 가진 사람에게 송신자가 자기의 소신을 말하려고 말을 끄집어냈다가 결국은 강한 카리스마에 압도되어 그의 의도에 맞장구치거나 비위를 맞추는 말로 끝맺는 경우가 여기에 해당된다. 그러니까 자기의 말은 자신의 왜곡된 신념에 따라서 영향을 받는다.

듣는 사람(수신자)의 문제

듣는 사람(수신자)도 말하는 사람(송신자)과 똑같은 문제점을 가지고 있다. 몇 가지 구체적인 문제점을 열거하면 다음과 같다.

① 경청의 문제

상대방의 이야기를 들을 때 건성으로 듣거나 경청했는지조차 의심될 정도로 무성의한 태도를 보이는 사람들이 있다. 서너 차례 이야기해야 비로소 관심을 보이는 척하는 사람들과는 대화하기가 힘들다.

② 부정확한 피드백

수신자는 송신자의 이야기를 듣고 반응할 때 송신자의 의도를 정확하게 파악하지 못하는 수가 많다. 자기가 임의로 해석한 대로 반응을 보내거나 자기에게 유리한 내용만 경청한 다음에 그것에 대해서만 반응하는 경우가 있다. 이런 경우도 원활한 의사소통이 이루어지지 않는다.

남편 염소원 씨와 부인 정한나 여사의 대화를 엿들어 보자.

> 부인: "여보, 이번 달에는 지출할 것이 너무 많아요. 지석이와 지원이의 학원비도 내야 하고 또 아이들 옷도 사 주어야 해요. 계절이 바뀌니까 나도 옷을 한 벌 사 입어야지 마땅한 외출복이 없네요. 당신이 땀 흘려 일하시는 것은 잘 알아요. 고생 많이 하시죠. 그런데 어쩔 거예요. 생활비에다 과외비로 또 이렇게 돈이 더 필요해요. 당신은 나더러 무슨 돈을 그렇게 많이 쓰냐고 하시는데 보세요. 다 쓸 곳이 있잖아요. 게다가 당신은 매번 필요한 돈을 다 주지 않아서 참 힘들어요. 가령 100만 원 필요하다면 80만 원 주고 그것도 한꺼번에 주지 않고 꼭 나누어서 주어요. 물론 당신이 많이 수고하시죠. 그건 우리 아이들이랑 내가 다 잘 알고 있어요. 하지만 돈 얘기할 때마다 내가 얼마나 불편한 줄 아세요? 내가 헛돈을 쓰는 것도 아니고 꼭 써야 할 곳에 쓰는데…. 제발 지출할 돈을 한꺼번에 주세요. 당신에게 돈을 타 쓸 때마다 꼭 제 마음을 상하게 하지 말고 제발 신경 좀 써 주세요."
>
> 남편: ….
>
> 아내: "여보, 내 말 들려요?"

남편: "그래 알았어요. 그러니까 당신 말은 내가 식구들 먹여 살리느라고 고생을 많이 한다는 것 아니요?"

아내: "물론 그렇죠. 그런데 내가 그 말 뒤에 또 무슨 말을 했지요?"

남편: "글쎄, 또 돈이 필요하다는 것 아니요. 얼마 달라고? 80만 원?"

아내: "아유 참! 내 마음을 제발 알아주세요. 내 마음을… , 당신에게 돈을 타 쓸 때마다 꼭 제 속을 상하게 하지 말아요. 제발 신경 좀 써 주어요."

남편: "알았어요."

아내: "내가 원하는 것이 무엇이라고 했어요?"

남편: "요컨대 나더러 무조건 돈을 많이 달라는 것 아니요?"

아내: "내가 언제 무조건 돈을 많이 달라고 했어요?"

남편: "그런 말이 아니었던가? 그럼 됐어요. 나 이제 나가 봐도 되지? 난 당신이 또 돈타령하는 줄 알았지."

아내: (긴 한숨)

정한나 씨와 염소원 씨가 돈에 대한 이야기를 나누고 있는 것은 사실이다. 그러나 정 여사의 의도는 남편이 자기에게 돈을 많이 주어야 한다는 것이 아니었다. 남편은 아내의 마음을 헤아려 보려고 하지 않는다.

③ 듣는 사람(수신자)의 왜곡된 인지체제와 감정적 반응

송신자가 메시지를 전달할 때 자신의 선입관이나 편견을 섞어서 이야기함으로써 의사소통에 장애를 가져오는데 이와 유사한 대화장애가 수신자에게서도 발생한다. 수신자의 과거 경험에 따른 오해나 왜곡된 인지 또는 그릇된 지각 때문에 송신자의 메시지를 잘못 이해하고 수용하는 경우가 허다하다. 이것은 '지레짐작하기(mind reading)'에 해당된다. 예를 들어 보자.

진 씨는 하루 종일 운이 나빴다.

출근 시간에 가벼운 접촉사고를 당하여 중요한 브리핑 시간에 지각하였고 사장은 화를 내었다. 오후에는 유별나게 A/S 고객들의 항의 전화가 많이 쇄도하여 힘이 들었다. 집에 돌아온 진 씨는 아무와도 이야기하지 않고 조용히 쉬고 싶다. 그런데 식탁에 앉자마자 아내는

다음과 같이 말한다.

"여보, 또 뭐가 그리 맘에 안 들어요? 내가 애써 이것저것 반찬을 해 놓으면 제발 칭찬 한마디 해 주면 안 되어요? 밤낮 찡그리고 못마땅하게만 생각하니 내가 뭘 그리 잘못했단 말이에요?"

진 씨의 무표정한 얼굴과 찡그린 양미간을 보고 부인은 오해하고 있다. 부인은 자기의 감정에 의거하여 남편의 마음을 주관적으로 판단하기 때문에 이런 오류가 발생한 것이다.

5. 나의 대인관계 양식은 어떤 특징을 나타내는가

자기의 성격이나 대인관계를 잘 나타내는 정도에 맞추어 적절한 숫자에 ○표를 한다.

	전혀 그렇지 않다		약간 그렇다		상당히 그렇다		매우 그렇다
	1		2		3		4

	문 항						문 항				
1	자신감이 있다	1	2	3	4	21	온순하다	1	2	3	4
2	꾀가 많다	1	2	3	4	22	단순하다	1	2	3	4
3	강인하다	1	2	3	4	23	관대하다	1	2	3	4
4	쾌활하지 않다	1	2	3	4	24	열성적이다	1	2	3	4
5	마음이 약하다	1	2	3	4	25	지배적이다	1	2	3	4
6	다툼을 피한다	1	2	3	4	26	치밀하다	1	2	3	4
7	인정이 많다	1	2	3	4	27	무뚝뚝하다	1	2	3	4
8	명랑하다	1	2	3	4	28	고립되어 있다	1	2	3	4
9	추진력이 있다	1	2	3	4	29	조심성이 많다	1	2	3	4
10	자기 자랑을 잘한다	1	2	3	4	30	겸손하다	1	2	3	4
11	냉철하다	1	2	3	4	31	부드럽다	1	2	3	4
12	붙임성이 없다	1	2	3	4	32	사교적이다	1	2	3	4
13	수줍음이 있다	1	2	3	4	33	자기주장이 강하다	1	2	3	4
14	고분고분하다	1	2	3	4	34	계산적이다	1	2	3	4
15	다정다감하다	1	2	3	4	35	따뜻함이 부족하다	1	2	3	4
16	붙임성이 있다	1	2	3	4	36	재치가 부족하다	1	2	3	4
17	고집이 세다	1	2	3	4	37	추진력이 부족하다	1	2	3	4
18	자존심이 강하다	1	2	3	4	38	솔직하다	1	2	3	4
19	독하다	1	2	3	4	39	친절하다	1	2	3	4
20	비사교적이다	1	2	3	4	40	활달하다	1	2	3	4

※ 채점과 해석

각 유형별 문항에 대한 응답을 아래의 칸에 합산하세요. 그리고 [그림 3-4]에 자신의 점수를 ●표로 표시하고 점수들을 연결하여 팔각형을 그리세요.

팔각형의 모양이 중심으로부터 특정 방향으로 기울어진 형태일수록 그 방향의 대인관계양식이 강하다고 해석됩니다. 이 결과는 자신의 대인관계에 대하여 주관적으로 지각한 것일뿐이므로 고정관념을 갖지 않도록 유의해야 합니다.

- 지배형 (1, 9, 17, 25, 33) _____ • 실리형 (2, 10, 18, 26, 34) _____
- 냉담형 (3, 11, 19, 27, 35) _____ • 고립형 (4, 12, 20, 28, 36) _____
- 복종형 (5, 13, 21, 29, 37) _____ • 순박형 (6, 14, 22, 30, 38) _____
- 친화형 (7, 15, 23, 31, 39) _____ • 사교형 (8, 16, 24, 32, 40) _____

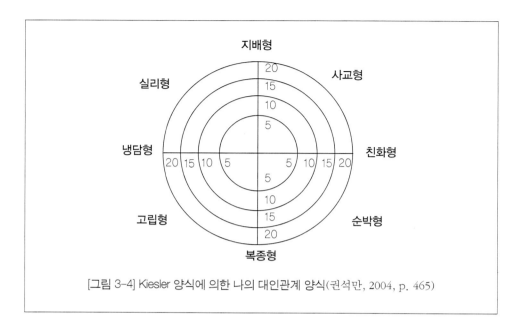

[그림 3-4] Kiesler 양식에 의한 나의 대인관계 양식(권석만, 2004, p. 465)

★ 해석하기

당신의 대인관계 양식은 어떤 특징을 보이는가?

[그림 3-4]에 당신의 점수를 표시하고 그것을 선으로 연결하면 팔각형의 모양으로 나온다. 그 팔각형이 어느 유형 쪽으로 기울어 있는가에 따라서 당신의 대인관계 유형이 결정된다. 가령 당신 점수는 실리형과 냉담형 쪽으로 기울어진 팔각형을 그리고 있다고 하자. 그렇다면 당신은 사람들과 사귈 때 거리감을 두며 실리적인 면을 중시하는 타입이라고 볼 수 있다. 당신은 그와 상반된 유형인 순박형과 친화형의 특성을 좀 더 개발하도록 노력한다면 대인관계가 훨씬 더 향상될 것이다.

키슬러의 대인관계 양식의 여덟 가지 유형은 〈표 3-2〉와 같다.

표 3-2 Kiesler의 대인관계 양식의 8가지 유형

	유 형	특 징
1	지배형	− 자신감이 있고 자기주장이 강하며 지도력 있음 − 논쟁적, 독단이 강하여 대인 갈등을 겪을 수 있음 − 타인의 의견을 경청하고 수용하는 자세가 필요함
2	실리형	− 이해관계에 예민하고 성취지향적임 − 경쟁적, 자기중심적, 타인에 대한 관심과 배려가 부족함 − 타인의 입장을 배려하고 관심을 갖는 자세가 필요함
3	냉담형	− 이성적인 의지력이 강함 − 타인의 감정에 무관심, 거리감, 피상적 대인관계 − 타인의 감정상태에 관심을 가지고 긍정적 감정을 부드럽게 표현하는 기술이 필요함
4	고립형	− 혼자 있거나 혼자 일하는 것을 선호함 − 사회적 상황을 회피, 자신의 감정을 지나치게 억제함 − 대인관계의 중요성을 인식하고 타인에 대한 비현실적인 두려움의 근원에 대해 깊이 성찰해 볼 것
5	복종형	− 타인의 의견을 잘 듣고 따름 − 수동적, 의존적, 자신감 없고 자기주장성이 떨어짐 − 적극적인 자기표현과 자기주장이 필요함
6	순박형	− 단순, 솔직, 너그럽고 겸손한 경향 − 자기 주관이 부족함 − 타인의 의도를 헤아려 보고 행동하는 신중함, 자기를 주장하는 노력이 필요함
7	친화형	− 따뜻하고 인정이 많고 자기 희생적임 − 타인의 요구를 거절하지 못함, 타인을 즐겁게 하려고 지나치게 노력함 − 타인과의 정서적 거리를 유지하려는 노력이 필요함
8	사교형	− 외향적이고 쾌활하며 대화하기를 선호함 − 인정하는 욕구가 강함, 타인에 대한 관심이 많아서 간섭하는 경향이 있고 흥분을 잘하고 충동적임 − 심리적으로 지나친 인정욕구가 있고 그 근원에 대한 통찰이 필요함

Chapter

지금까지 살펴본 바와 같이 대화를 하는 데도 고도의 기술이 필요하다는 것을
알 수 있다. 서로의 마음이 통하고 갈등과 문제점을 건설적으로 해결해 나가
는 방향으로 대화하려면 어떠한 기술이 필요할까? 효과적인 의사소통의 기법을 소개
하면 다음과 같다(권석만, 2005; 설기문, 1997; 홍경자, 1983abc).

1. 비언어적인 의사소통의 기술

사람들은 이야기할 때 얼굴 표정, 시선 맞추기, 몸 움직임과 자세, 신체적 접촉, 마
주한 거리(공간), 어조, 억양 등을 통하여 자신의 의사와 느낌을 전달한다. 이런 것들은
비언어적인 의사소통의 수단이다. 특히 한국사회는 비언어적 행동인 눈치를 보아 이
심전심(以心傳心)으로 상대방의 뜻을 헤아리고 자기 마음을 전달하는 문화권에 속한
다. 따라서 우리는 비언어적 의사소통이 뛰어난 민족이다. 그런데 이런 비언어적 의사
소통은 정확하게 하는 것이 매우 중요하다.

얼굴 표정

인간의 기본적 정서인 기쁨, 놀람, 두려움, 슬픔, 분노, 혐오 등의 감정을 나타내는

효과적인
의사소통의 기술

데는 독특한 얼굴 표정이나 얼굴 근육운동의 패턴이 있다고 한다. 감정을 나타내는 얼굴 표정은 우리의 의도와 상관없이 얼굴에 나타나게 된다. 그러나 계속 노력하고 훈련하면 얼굴 표정은 의도적으로 조절될 수 있다. 온화한 얼굴 표정과 가볍게 미소하는 습관은 노력으로 체득될 수 있다.

시선 맞추기

흔히 눈은 '마음의 창'이라고 한다. 시선 맞추기(eye-contact)는 눈빛의 강렬함과 눈을 마주치는 시간상의 길이에 따라서 송신자의 마음과 의도가 달리 전달된다. 강렬한 눈빛은 강한 감정, 즉 정열, 애정, 분노, 증오를 느끼게 한다. 상대방을 응시하지 않거나 보는 둥 마는 둥 하면 수신자는 자신을 무시하거나 냉담하게 여긴다고 느낀다.

상대방과 어느 정도로 시선 맞추기를 유지해야 하느냐는 문화권에 따라 다소 차이가 있다. 그러나 어떠한 문화권에서든 상대방과 대화할 때 적절하게 시선을 맞추는 것은 매우 중요하다.

몸 움직임과 자세

우리는 이야기를 하는 동안 손, 팔, 머리, 다리, 몸통을 곧잘 움직인다. 이런 몸의 동작과 자세는 많은 뜻을 전달하고 있다. 대화자가 상대방에게 주먹을 불끈 쥔다거나 손가락질을 하거나 목에 힘을 주는 행위를 한다면 자기가 몹시 화가 나 있거나 상대를 제압하겠다는 것을 의미한다.

강연이나 연설을 하는 사람이 어느 대목의 내용을 강조할 때는 강력한 제스처를 사용하기도 한다. 상대방과 대화할 때 호감을 나타내려면 발을 꼬거나 팔짱을 끼기보다는 이완되고 유연하게 개방적인 자세로 임하는 것이 좋다.

신체적 접촉

우리는 신체적 접촉을 통해서 상대방에 대한 감정과 태도를 표현한다. 부모는 유아를 안아 주고 쓰다듬어 줌으로써 애정을 전달한다. 사랑의 감정과 친밀감은 등을 토닥거림, 팔짱, 키스, 포옹, 애무 등과 같은 신체 접촉을 통해서 가장 효과적으로 전달된다. 상대방에게 애정과 호감을 나타낼 때는 말과 함께 적절한 신체적 표현을 하는 것이 좋다.

거리(공간)의 활용

대개 심리적으로 가까운 사람과는 물리적으로 가까이 앉거나 서서 마주 보며 대화한다. 반면에 낯선 사람과는 어느 정도의 거리를 유지한다. 그러므로 낯선 사람이 너무 가까이 다가서면 우리는 불안, 의심, 경계의 눈초리를 보내게 된다. 화자와 청취자 간에 어느 정도의 거리가 적절한가는 문화와도 연관이 있다. 상대방에 대한 물리적 거리, 바라보는 방향, 만남의 장소 등을 잘 활용하는 것도 중요한 의사소통의 기술이다.

어조, 억양 및 이야기하는 속도

비언어적 의사소통에서 가장 민감한 단서는 억양, 어조와 말의 속도다. 낮고 고른 음색으로 조용히 말하는 사람과 흥분된 음색으로 소리 높여 말하는 사람은 감정 표현에서 크게 차이가 있다는 것을 직감할 수 있다. 즉, 억양이나 어조는 대화자의 감정을 전달하는 매체다. 주저하듯이 말하는 사람을 보면 그가 자신감이 없거나 혼란을 겪고 있다는 것을 느끼게 되고, 헛기침을 하면 쉽게 말이 나오지 않거나 말하는 데 다소 부담감을 느낀다는 것을 감지할 수 있다.

2. 언어적인 의사소통의 기술

인간의 의사소통에서 주된 통로는 언어다. 우리는 대화하면서 상대방의 이야기를 잘 경청하고 질문도 하며 상대방의 이야기 속에 담긴 뜻을 다시 확인하고 그의 마음에 공명하는 반응을 보낸다. 그리고 경우에 따라서는 설명도 해 주고 칭찬, 격려, 훈계나 지적을 해 주며 자신의 개인적인 정보를 노출하여 알려 주기도 한다. 또한 유머와 농담도 가끔씩 던진다. 자기의 권리나 입장을 지킬 필요가 있다고 생각될 때는 자기를 주장하기도 한다.

여기에서는 대인관계에서 발생하는 문제점이나 갈등을 대화로 풀어 가는 데 효과적인 의사소통의 여러 가지 기법에 대해서 살펴보기로 한다. 그것은 문제해결적 대화기법이라고 보아도 좋다. 또한 상담과 심리치료에서 카운슬러가 익숙하게 사용하는 의사소통의 기술로서 촉진적 의사소통이라고도 한다.

서로 마음이 통하는 관계로 발전시키고 문제해결의 방향으로 인도하기 위해서는 다음과 같은 단계로 대화를 진행하는 것이 필요하다.

제1단계: 관심 기울이기－적극적 경청
상대방과 이야기할 때 예의를 갖추어 진지하게 경청해 주는 자세를 취해야 한다. 그것을 '적극적 경청'이라고 한다. 어떤 사람과 대화를 할 때는 그와 시선을 맞추고 그의 어조나 억양의 특징, 언어적-비언어적 표현의 불일치 여부 등에 주의를 기울이는 것이 적극적인 경청자의 태도다. 또 한 가지 중요한 것은 상대방이 이야기하는 주제나 흐름을 따라가 주는 것이다. 상대방의 이야기를 가로막는다든지 화제를 임의적으로 다른 방향으로 돌려 버리는 일은 삼가야 한다.

제2단계: 대화를 이끌어 가기

상대방과 진지한 이야기를 나눌 때는 그로 하여금 계속해서 이야기를 하도록 이끌어 준다. 그에 해당하는 기술은 다음과 같다.

① 가벼운 격려

상대방이 이야기할 때 듣는 사람이 고개를 끄덕이거나, 긍정적인 얼굴 표정으로 "음, 음." 하거나, 그가 사용한 핵심단어를 반복해 주는 것은 가벼운 격려의 기술에 해당한다.

② 바꾸어 말하기

바꾸어 말하기는 전달자가 이야기한 말 중의 일부에 대하여 청취자가 다른 말로 피드백하여 주는 것이다. 예를 들어 보자.

> A씨: "재수가 없어요. 저는 주식에 재산을 날렸는데 최근에는 친구에게 빌려 준 돈도 떼이고 아내는 가출을 했어요. 고혈압이 있는데 요즈음은 당뇨까지 생겼습니다."
>
> B씨: "그러니까 선생님은 재산손해, 가정불화, 건강악화 등 하는 일마다 최악의 운이 겹쳐서 참으로 불운하시군요."

대강 이렇게 말하는 것이 바꾸어 말하기다.

③ 요약하기

요약하기는 대화가 오랫동안 진행된 후에 전달자의 이야기를 수신자가 간단명료하게 정리해 주는 것이다. 위의 A씨의 호소를 듣고 당신이 카운슬러라면 다음과 같이 요약해 줄 수 있을 것이다. "선생님께 가정, 건강, 경제면에 시련이 한꺼번에 닥치셨군요."

④ 질문하기

질문은 상대방이 이야기를 계속하도록 고무시키기도 하고 위축시키기도 하는 효과가 있다. 청취자가 대화자에게 질문을 하게 되면 대화가 순조롭게 진행되고 대화자의 이야기 내용을 한층 명료화시킬 수 있다. 또 그가 가지고 있는 애로사항이나 문제점을 평가하고 진단해 주는 역할을 한다. 그리고 세상과 사물을 보는 관점을 그가 다른 각도에서 생각해 보도록 유도할 수 있다. 이러한 것들은 질문이 갖는 긍정적인 효과다. 그러나 질문에는 부정적인 효과도 있다. 청취자가 질문을 하는 바람에 대화자의 이야기가 일방적으로 통제될 위험이 있다. 그리고 너무 많은 질문을 하게 되면 상대방을 공격하는 듯한 인상을 주게 되어 방어적으로 나오게 할 소지가 있다. 한꺼번에 두세 가지의 내용에 대하여 대답하도록 하는 이중적인 질문은 하지 않는 것이 좋다.

한편 질문에는 닫힌(폐쇄형) 질문과 열린(개방형) 질문이 있다. 닫힌(폐쇄형) 질문은 대화자가 두어 마디의 말로 간단히 대답하거나 "예." 또는 "아니요."로 대답하게 하는 질문이다. 가령 "오늘 기분이 좋습니까?"라든지 "주소가 어디지요?"와 같은 것들이다.

열린(개방형) 질문은 대화자로 하여금 자유스럽게 이야기하도록 유도하는 질문이다. 주로 '무슨' '어떻게' '왜' '예를 들면'과 같은 단어를 사용하여 질문을 하는 것이다. 우리는 TV에서 대담을 진행하는 아나운서나 사회자가 두어 번의 개방형 질문을 사용하여 출연자에게 많은 내용의 이야기를 피력하도록 하는 것을 목격할 수 있다. 뛰어난 대화의 능력자일수록 열린 질문을 적절하게 사용한다.

⑤ 이야기의 흐름을 따라가기

우리는 상대방의 이야기를 경청하면서 부지불식간에 그 이야기의 흐름을 차단하여 이야기를 중단시킨다. 그러니까 상대방은 말을 끄집어냈다가 자기가 할 말을 다 끝마치지 못한 채 어쩔 수 없이 다른 사람이 이야기하는 것을 들어주어야 하는 경우가 있다. 예를 들어 보자.

R씨: "요즈음 만성 피곤증으로 아무것도 할 수 없었거든. 누가 내 얼굴색이 검어졌다고 하면서 병원에 가 보라고 해서 검진을 받아 보았지. 그랬더니 간의 수치가 아주 높다는 거야. 간염이라는군."
M씨: "저런… , 그래서 약은 복용하니?"
R씨: "응, 일주일 되었는데 조금 나아진 것 같아."

M씨: "얼굴이 검기로는 강민영 같은 사람도 없을 거야. 그 친구는 흑인 같아. 너 그 친구 소식 들어 보았니?"

이때에 M씨가 화제를 친구 강민영 씨의 안부로 돌리고 싶다면, 화제를 조금 바꾸고 싶다는 뜻을 먼저 표현한 다음에 자연스럽게 화제를 돌리도록 한다. M씨는 이렇게 말할 수 있다. "그런데 말이야. 이야기가 약간 다른 방향으로 흐르는 것 같기는 하지만, 얼굴이 검기로는 강민영 같은 사람도 없을 거야. 그 친구 소식 들어 보았니?"

제3단계: 상대방의 마음을 읽어 주기

상대방의 이야기를 듣고 나서 그가 느끼는 감정과 생각하고 있는 것을 듣는 사람(청취자)이 헤아려 보고 나름대로 그에게 확인시켜 주는 것을, 로저스(Rogers)는 '공감적 이해(empathic understanding)'라고 하였다. 이것은 상담 시간에 카운슬러가 내담자의 마음을 읽어 주는 기본적인 기술이다. 내담자의 호소를 경청할 때 상담자는 잠시 동안 자신의 시각은 잊어버리고 내담자의 애로점과 문제 상황을 그 내담자의 눈으로 보고 그의 가슴으로 느껴 보는 것이다. 이렇게 하여 상담자에게 비친 내담자의 마음을 마치 반사경처럼 비추어 주면서 상담자의 언어로써 공명해 준다. "선생님, 어쩌면 제 마음을 그렇게 잘 이해해 주세요."라거나 "바로 그거예요."와 같은 반응이 내담자에게서 나오면 상담자의 공감능력이 뛰어나다고 할 수 있다.

이러한 공감의 기술은 비단 상담과 심리치료의 장면뿐 아니라 거의 모든 인간관계에서 아주 중요하다. 우리에게 봉착되는 인간사는 우리의 힘으로는 다 해결할 수 없는 경우가 많다. 대가족의 가장이 갑자기 사망하여 집안 경제가 난파선처럼 좌초되었다고 할 때 상담을 통하여 그 집안의 경제를 회생시켜 주는 것은 불가능하다. 그러나 카운슬러는 역경과 위기에 처한 내담자의 고통스런 마음을 헤아려 줄 수 있다. 카운슬러에게서 격려와 공감적인 이해를 받게 되는 것 자체가 내담자에게는 힘이 되고 지지가 되는 것이다. 이처럼 공감의 위력은 대단하다.

예컨대, 당신에게 요즈음 처리해야 할 중요한 업무가 있다고 하자. 업무를 의례적으로 해결하기 이전에 당신 쪽에서 업무와 관련된 사람의 마음을 읽어 줄 수만 있다면 사무 처리는 훨씬 원활하게 될 수 있다. 그러므로 뛰어난 지도자는 뛰어난 공감의 능력자라고 해도 과언이 아니다. 대부분의 사람들이 대인관계에서 소외감, 좌절, 오해, 원망, 증오를 느끼는 것은 자기의 마음이 제대로 이해받지 못하기 때문이다. 다시 말해서, 많은 사람들은 상대방의 마음에 공명하고 공감을 표현하는 기술이 부족하다. 그러기에 부부간, 부모–자녀 간에 서로 사랑하면서도 심각한 오해가 일어나고 그 악순환의 소용돌이는 급기야 폭력, 별거, 이혼으로 몰고 가는 경우가 많다. 그것은 사랑하지만 사랑하는 방법이 서투르기 때문일 것이고 구체적으로는 공감능력이 부족하기 때문이다.

상대방의 마음을 읽어 주는 데는 감정을 반영해 주기와 생각을 반영해 주기의 기법이 있다. 이때 특별히 유념할 것은 원활한 의사소통을 방해하는 말, 즉 의사소통의 걸림돌을 사용하지 않도록 하는 것이다.

① 감정을 반영해 주기 (공감)

공감은 상대방의 이야기를 듣고 그 이야기의 배후에 깔린 마음, 즉 느낌과 감정을 잘 읽어 주는 것을 말한다. 전형적인 공감의 기술은 다음과 같이 표현된다.

> "당신이 … 할 때는(…하니까) … 한 느낌이 드는군요."
> (You feel … when … (또는 because) …)

특별히 두 사람 중에 어느 한쪽이 심각한 애로사항을 호소하거나 정서적으로 혼란해져 있을 때는 다른 한쪽에서 그의 마음에 공명하여 공감적인 반응을 보내 주는 것이 가장 큰 도움이 된다. 그런데 많은 경우에 청취자는 이 일을 수행하는 데 실패한다. 왜냐하면 대화를 주고받으면서 상대방의 긴박한 상황과 정서적 위기에 주의를 기울이기보다는 자신의 입장을 방어하려는 생각에 사로잡혀 있기 때문이다. 그래서 반응적(reactive)으로 나오는 것이다. 예를 들어 보자.

아들(고 2): "아유, 속상해 미치겠네."
엄마: "무슨 일이 생겼니?"
아들: "이번 주에 시험 본 영어, 수학 성적이 형편없어요. 엄마, 죄송해요. 엄마가 저를 위

해서 신경 써 주시는데 제가 공부를 못해서….”

엄마: “네가 공부는 안 하고 잠만 잘 때부터 알아봤다. 잘했다, 잘했어.” (빈정대기)
그래, 성적이 대학교 입학시험에 반영되는데 너 어떻게 할 작정이냐?” (심문하기)

아들: (고개를 수그리고) “죄송해요.”

엄마: “아이고 내 팔자야. 너 때문에 내가 제명에 못 죽는다. 네가 우리 집을 망쳐 놓는다니까. (탓하기-투사) 무자식이 상팔자라는 말이 맞지…. 아유, 지겨워!”

아들: (험악한 눈초리로) “그래요. 나 때문에 이 집이 망해요. 나만 없으면 되겠네요. 제가 당장 집을 나갈 테니까 앞으로 절대로 나를 찾지 마세요…. 난 있으나마나 한 자식이니까요.”

엄마: “아니, 요 녀석이! 애써 키워 놓으니까 말끝마다 대꾸해야 하겠니? 어서 냉큼 네 방으로 들어가지 못하겠니? 아유, 속상해!”

아들: 쾅!(문 닫고 자기 방으로 들어간다)

위의 예에서 정서적으로 몹시 힘든 상황에 있는 사람은 아들이다. 그런데 어머니는 아들의 마음 상태를 헤아리고 그의 감정을 읽어 주는 대신에 자신의 감정과 생각에 몰두해 있다. 그리하여 휘청대는 아들을 상대로 하여 넋두리를 한 것이다. 만약에 어머니가 다음과 같이 나왔더라면 얼마나 좋았을까?

아들: “아유, 속상해 미치겠어.”

엄마: “무슨 일이 생겼니?”

아들: “이번 주에 시험 본 영어, 수학 성적이 형편없어요. 엄마, 죄송해요. 엄마가 저를 위해서 신경 써 주시는데 제가 공부를 못해서….”

엄마: “네가 시험을 망쳐서 몹시 속이 상하였구나.” (공감하기)

아들: “네. 엄마 죄송해요.”

엄마: “그래. 엄마도 속이 상한다. 다음번에 더 잘하도록 노력하려무나. 그럼 되겠지?” (격려하기)

아들: “네.”

또한 두 사람이 대화를 나누면서 진지한 교류가 이루어지려면 자기가 존경과 온정 어린 배려를 받고 있다는 느낌이 전달되어야 한다. 그것은 상대방이 자기를 인격적으로 예우해 주며 수용해 주고 자기의 행복을 바라는 마음이 있다는 것이 직접, 간접적으로 전달될 때 가능하다. 공감적으로 반응해 주게 되면 이런 배려심이 가장 잘 전달된다고 하겠다.

공감은 엄격히 말해서 동정도 아니고 승인, 동의, 수용도 아니며 지지도 아니다. 그것은 내가 상대방의 생각이나 감정을 논리적으로는 동의하지 않지만, 심정적으로는 충분히 이해할 수 있다고 표명하는 것이다.

② 생각을 반영해 주기

상대방의 이야기를 경청한 다음에 그의 마음을 헤아려 주는 방법으로서 그가 생각하고 인식하는 바를 지적해 주기도 한다. 이를 위하여 바꾸어 말하기와 질문하기의 방법을 사용할 수 있다.

한세계 씨는 이렇게 말하였다.

"저는 미친 듯이 일하고 근검절약하며 20년을 살아왔어요. 그런데 나를 되돌아보니까 넓은 세상은 전혀 볼 줄 모르고 좁은 골목 안에서 사는 개미와 같다는 것을 깨닫게 되었죠. 그리고 저의 내면에서 자꾸만 '자유롭게 날아라. 떠나라. 널 기다리고 있는 수많은 눈망울을 찾아가라. 그리고 웃어 주어라.'라는 소리가 들려왔습니다. 그래서 잘나가는 직장을 미련 없이 버리고 세계를 여행하였습니다. 지금은 제3세계의 구호사업에 종사하고 있지요."

당신은 한 씨의 생각에 대하여 이렇게 반영(反映)해 줄 수 있다.

"선생님은 돈만 벌고 사는 일상생활에 안주하기보다는 좀 더 넓은 세상을 알고 싶었군요."

"당신의 삶의 의미랄까, 인생관은 결국 제3세계를 위해서 무언가 보람된 일을 하는 것일까요?"

③ 의사소통의 걸림돌을 사용하지 않고 배려하기

우리는 이야기를 나누다가 상대방이 어떤 고충을 털어놓으면 그를 도와주고 싶은 마음에서 상대방이 요청하지 않았는데도 불구하고 내 쪽에서 부질없이 충고하고 명령과 지시도 한다. 또한 그의 마음을 위로해 주려는 뜻에서 회유하는 발언도 한다. 그러나 이런 반응을 받게 되면 어쩐지 자신의 마음이 충분히 이해받지 못하고 있다는 느낌을 갖게 되고 상의하고 싶은 마음이 사라지기도 한다. 그러니까 선의를 가지고 보낸 나의 충고, 명령, 지시 등의 반응이 그 사람과의 교류를 방해하는 것이다. 그래서 이런 반응을 의사소통의 걸림돌이라고 한다. 특별히 해독을 끼치는 발언은 투사 내지 책임전가다. 그리고 위협적인 말과 폭력은 상호 간의 교류를 가로막는 해악을 끼치며 상대방의 인권을 무시하는 행위이고 범법행위가 된다. 상대방과 대화하기를 진정으로 원할 경우는 욕설, 폭언, 폭력의 사용은 중단하고 이야기를 시작해야 한다. 이러한 것들은 상대방을 통제하는 기제다.

일반적인 의사소통의 걸림돌은 다음과 같다.

- 명령하기: "네가 해야 할 일은… 이다." "불평은 그만해라."
- 충고하기: "넌 이렇게 하는 것이 좋다."
- 회유하기: "실제로는 그렇게 나쁜 것이 아니야." "모든 게 다 잘 될 거야."
- 심문하기(따지기): "네가 어떻게 했길래 그렇게 되었니?"
- 관심 돌리기: "그 일은 걱정하지 말아라. 잊어버리고 ○○나 하려무나."
- 심리분석하기: "네가 왜 그렇게 말했는지 아니?" "너는 지금 불안정해."
- 빈정대기: "흥, 잘하는 짓이다." "못된 송아지, 엉덩이에 뿔이 났구나."
- 해결사 노릇하기: "해결책은 아주 간단한 거야…. 이렇게 하면 되잖아."
- 도덕적 판단하기: "… 하는 것이 옳았다." "그건 나쁜 짓이야."
- 투사(책임전가, 타인귀인): "이것은 모두 다 너 때문이야."
- 욕설, 위협적인 말과 폭력: "이 망할 녀석, 너 그렇게 나가면 나는 △△할 거다…. 어디 한 대 맞아 볼래?"

④ 나의 지각을 확인해 보기

이것은 상대방의 뜻과 마음을 내가 제대로 이해하고 있는지를 내 쪽에서 확인해 보는 것이다.

의사확인의 능력을 발전시키기 위해서는 '앵무새 노릇하기(parroting)'가 좋다. 듣는 사람이 송신자의 말을 앵무새처럼 따라하는 것이다. 그리고 상대방의 제스처, 얼굴표정, 어조를 그대로 모방해 보는 것이다. 이어서 바꾸어 말하기, 요약하기 또는 공감하기의 반응을 보내고 나서 내가 제대로 지각하고 있는지를 확인해 보는 것이다. 지각확인의 기술을 다음의 대화 속에서 찾아보기로 한다.

> 철민이: "선생님, 저는 아무리 공부를 해도 성적이 오르지 않아요. 정말 미치겠어요."
> 당　신: "너는 아무리 공부를 해도 성적이 오르지 않는구나. 정말 미칠 지경이구나."(앵무새 노릇하기)
> 철민이: "네. 너무너무 힘들어요."
> 당　신: "아무리 공부를 해도 성적이 오르지 않으니까 힘들고 네 마음이 몹시 괴롭구나." (공감해 주기)
> 철민이: "네. 저는 좋은 대학에 들어가기는 틀린 것 같아요. 공부는 집어치우고 다른 방향으로 나가고 싶은데 어느 방향으로 가야할지 알 수가 없어요. 제가 잘하는 것이 무엇인지도 모르겠고…, 또 저는 직업 분야에 대해서나 취직자리 같은 것도 전혀 알지 못하거든요."
> 당　신: "그러니까 넌 공부보다는 직업 전선으로 뛰어들고 싶은데 일자리나 직업의 세계에 대해서 아는 것이 없어서 고민이라는 말이지? (요약해 주기) 내가 네 마음을 제대로 이해하고 있다고 보니?" (나의 지각을 확인해 보기)
> 철민이: "네."

내가 상대방의 이야기를 경청한 다음에는 상대방의 마음을 정확히 헤아리고 있는지를 확인해 보는 것이 의사교류를 촉진시켜 준다.

제4단계: 상대방의 욕구와 문제점을 확인해 주기

어떤 사람의 이야기를 들으면서 그가 원하는 바가 무엇이고 문제점이 무엇인지를 내 쪽에서 분명하게 확인시켜 주는 일은 당사자에게도 도움이 될 뿐만 아니라 두 사람 간의 긴장과 갈등을 풀어 주는 시발점이 된다. 이는 카운슬링의 과정에서 대략 다음과 같은 형식으로 언급된다.

"당신은 … 에 애로를 느껴 왔는데 지금부터는 … 하고 싶다는 것이지요?
(You can't … and now you want …)

자, 이제 제2장에서 소개된 [그림 2-5]를 가지고 아버지가 아들의 욕구를 확인해 주는 방식으로 대화해 보자.

아들이 "아빠 심심해요. 나하고 같이 놀아요."라고 말할 때 아버지 쪽에서 아들의 마음을 읽어 주기만 하면 원만한 관계가 이루어질 수 있다. 아빠가 아들의 욕구가 무엇인지를 잘 헤아려 주는 것은 아버지가 아들에게 천국(天國)을 선사하는 것과 같다.

[그림 4-1] 부자간의 대화-욕구를 확인해 주기(또는 공감해 주기)

제2장의 [그림 2-7]을 가지고 남편이 아내의 욕구를 확인하고 아내의 마음에 공감해 주는 방식으로 대화해 보자.

아내의 욕구를 확인해 주는 식의 대화법을 구사하는 남편은 아내에게 값비싼 다이아몬드나 사파이어 반지를 선사하는 남편보다 훨씬 더 감미로운 사람이다.

여보 이곳이 객지라 아는 사람도 없고 외로워요.

당신이 이곳에 와서 외로움을 타는 구려. 나하고 같이 나가서 기분전환하고 싶어요?

[그림 4-2] 부부간의 대화 – 욕구를 확인해 주기

상대방의 문제점과 욕구를 명료화시켜 주기 위해서 다음과 같은 질문을 던지는 것이 도움을 줄 수 있다.

"당신이 참으로 원하는 것은 무엇인지요?"

"당신의 삶 중에서 현재 무언가 부족하다고 느끼는 것은 어떤 것들입니까? 그리고 지금 당장 가장 절실하게 충족되기를 바라는 것은 그중에서 어떤 것일까요?"

앞에서 언급된 교사 – 학생 간의 대화를 보면 한쪽은 사연을 호소하는 사람이고 다른 한쪽은 이야기를 경청하고 도와주는 입장에 서 있다. 그러니까 도움을 주려고 하는 사람은 비교적 객관적인 관점에서 담담하게 상대방의 호소를 경청할 수 있다.

그런데 두 사람이 부부간이라든가, 부모–자녀 간, 친구 간, 사업상의 동료, 상사와 부하 사이처럼 상호 간에 이해상관이 있고 감정적으로 밀착되어 있는 처지에서 대화가 이루어진다고 하자. 이때 한쪽이 사연을 호소하는 사람이고 다른 한쪽은 그의 이야기를 경청하게 될 텐데 경청자가 비교적 객관적인 입장에서 담담하게 상대방의 하소연을 듣고 이해해 주기란 결코 쉬운 일이 아니다. 서로 간에 감정이 개입되어 있어서 객관적인 평가와 인식을 갖기 어렵기 때문이다.

부인 현수진 씨와 남편 조성길 씨의 대화를 엿들어 보자.

> 부인: "여보, 가을이 되니까 마음이 스산하고 쓸쓸해요. 나이 드는 것은 슬픈 일이죠. 삭신도 여기저기 쑤셔요. 사는 것이 재미가 없네요."
> 남편: "호강에 겨운 소리 좀 작작해요."
> 부인: "여보, 삭신이 아픈 것도 아픈 거잖아요!'
> 남편: "아니, 내가 언제 당신을 혹사시켰단 말이요? 밖에 나가 밥벌이하는 부인들도 있는데 그런 사람들은 아프다는 소리도 안 합디다."
> 부인: "그래요. 당신 잘났구려. 내가 집에서 살림하고 지낸 것이 그렇게도 배가 아팠어요? 내가 기어코 밖에 나가 일을 해야만 직성이 풀린다는 거죠? 나 데리고 그 흔한 해외여행이나 한번 시켜 봤나요? 어쩌면 저렇게 인정이 없을까?"

현수진 씨의 말을 남편이 듣고 부인의 마음을 헤아려 주며 그녀가 원하는 것이 무엇인가를 밝혀 줄 수 있었더라면 두 사람은 무난히 대화를 끝냈을 것이다. 그런데 남편은 부인을 공격하는 발언으로 자기를 방어하고 있다. 그러니까 아내도 지지 않으려고 남편에게 역공을 하게 된다. 이리하여 두 사람은 예고 없이 힘겨루기(power struggle)의 관계로 발전하고 있다.

남편이 다음과 같이 대꾸할 수 있다면 그는 멋진대화자다.

> 부인: "여보, 가을이 되니까 마음이 스산하고 쓸쓸해요. 나이 드는 것은 슬픈 일이죠. 삭신도 여기저기 쑤셔요. 사는 것이 재미가 없네요."
> 남편: "가을이 되니까 마음도 쓸쓸하고 삭신이 아파서 당신이 서글픈 감정이 드는 모양이군요." (감정을 반영해 주기-공감)
> 부인: "네, 그래요. 재미가 없어요."

남편: "당신이 쓸쓸한 마음을 떨쳐 버리고 어디 재미있게 사는 길이 없는가 궁금하다 이 말 아니에요?" (욕구와 희망사항 확인하기)

부인: "네 맞아요. 여보, 우리가 크게 돈 들이지 않더라도 가끔씩 즐겁게 지낼 방법이 없을까요?"

남편: "글쎄…, 어디 한번 생각해 봅시다."

공감적 반응이나 욕구의 확인 반응이란 상대방의 희망사항에 응해서 그 소원을 곧바로 들어준다는 뜻이 결코 아니다. 그러니까 부인이 '쓸쓸하다.'고 호소할 때 남편이 '그럼, 우리 둘이서 여행 갑시다.'라는 처방을 내리고 그 부인의 욕구대로 곧바로 응해 주어야 한다는 뜻이 아니다. 대부분의 사람들은 바로 이 점을 오해하는 것이다. 그런데 문제는 감정에 얽혀 있는 부부 사이에서 어느 한쪽의 배우자가 마치 카운슬러나 가족치료자처럼 상대방에게 공감해 주거나 요약해 주기가 쉽지 않다는 점이다.

그럼에도 불구하고 아주 중요한 일을 논의해야 하거나 심각한 가족갈등이 만성적으로 지속될 때는 가족 중 어느 한쪽이 리더십을 발휘해야 한다. 리더십은 공감의 기술과 상대방의 문제점과 욕구를 확인하는 기술을 통해서 발휘될 수 있다.

현수진 씨와 조성길 씨의 사례로 다시 돌아가 보자.

남편과 아내 중에 정서적으로 욕구충족을 절박하게 갈망하는 쪽은 아내다. 그러므로 남편 쪽에서 아내의 마음을 읽어 주는 역할을 자연스럽게 담당하도록 남편의 자세가 준비되어야 하겠다. 남편은 자기의 처지나 감정을 일단은 접어두고 우선은 아내의 호소를 경청해 주어야 한다. 그래서 아내의 공허한 느낌에 공감해 주는 역할과 아내가 원하는 바를 확인하는 역할을 해 주는 것이다. 현수진 씨는 자기의 쓸쓸했던 마음이 남편에게서 이해받고 수용되었다는 것 자체만으로도 충분히 흡족하게 여길 수 있다.

만약 현수진 씨가 남편에게 불만이 많고 남편 조성길 씨는 여러 가지 사정으로 아내의 고독감을 풀어 줄 만큼 시간적, 경제적 여유가 없는 상황이라고 하자. 이런 처지에 있더라도 남편은 무조건 자기방어하기보다는 일단은 아내의 말을 경청해 주는 것이 필요하다. 그리고 난 다음에 자기의 입장을 밝히면 되는 것이다. 이것이 성숙한 대화자의 태도다.

자, 이들 부부의 대화를 이제는 남편 쪽에서 아내의 마음을 이해해 주면서 동시에 남편 자신의 생각도 피력하는 방식으로 이끌어가 보자.

> 부인: "네, 맞아요. 여보, 우리가 크게 돈 들이지 않더라도 가끔씩 즐겁게 지낼 방법이 없을까요?"
> 남편: "글쎄⋯, 어디 한번 생각해 봅시다."
> 부인: "여보, 우리가 앞으로 산다면 얼마나 더 살겠어요? 당신은 허구한 날 일 속에 파묻혀 살고, 나는 항상 외톨이고⋯."
> 남편: "당신도 알다시피 내가 하는 일이 늘 그렇지 않소! 아침부터 저녁까지 현장을 떠날 수가 없어요. 게다가 내가 평소에 여행이나 놀러 다니며 살아온 것도 아니니까, 논다는 것이 나에게는 익숙하지가 않거든. 당신은 시간이 많지만 내가 시간이 없어요."
> 부인: "그럼 난 항상 외톨이로 지내란 말이에요? 이제는 당신 건강도 챙기고 가정도 챙길 나이예요."
> 남편: "알았소. 앞으로는 시간을 내서 가까운 곳에 함께 놀러갈 수 있는지 한번 생각해 봅시다."

제5단계: 해결방안을 탐색하고 실천하도록 도와주기

두 사람이 대화하면서 한쪽이 고민을 털어놓으면 상대방은 즉각적으로 충고를 하거나 어떤 해결방안을 제시하는 것이 한국인의 일반적인 관례다. 유교적인 영향을 받고 자란 한국 사람들은 누군가가 자기에게 상의하며 도움을 요청하게 되면, 자기는 곧바로 속 시원한 해결방안을 제시하거나 충고 내지 훈계를 해 주는 것이 마땅한 도리라고 생각한다.

그런데 내가 누군가를 정신적으로 도와준다든지 조력한다는 것은 내 쪽에서 그 사람의 문제를 담당하여 해결사 노릇을 해 준다는 것을 의미하진 않는다. 참된 의미에서 조력활동이란 그로 하여금 자신이 처한 상황과 자신의 세계를 확실하게 인식하여 문제해결에 대한 여러 가지 방안을 찾아내게 하고 자율적으로 문제해결할 수 있는 능력을 길러 주는 것이다. 다시 말해서 상대방이 자기이해와 자기관리의 능력을 터득하여 발전하도록 옆에서 지켜보며 도와주는 것이다.

70

문제해결의 방안은 브레인스토밍(brainstorming)의 과정을 통하여 탐색된다. 그리고 두 사람 간의 갈등을 해결하기 위해서는 포용적 대처방법이 시도될 수 있다. 이에 대한 자세한 설명은 이 장의 후반부에 소개되어 있다.

제6단계: 자신과 세상에 대한 관점을 확장시켜 주기

당신은 누군가와 진지하게 당신 문제를 상의하거나 전문적인 심리상담을 받고 나서 지금까지 자신이 살아온 인간관계나 문제해결 방식이 너무도 융통성이 없었다는 것을 발견한 적이 있을 것이다. 누군가가 당신의 조언을 구할 때 당신 쪽에서 상대방의 인식이나 세상에 대한 시야를 넓혀 주도록 인도할 수 있다면 당신은 매우 유능한 대화자라고 할 수 있다.

자신과 세상에 대한 조망(眺望)을 확장하도록 도와주는 기술로는 피드백 보내기, 직면화하기, 해석해 주기, 다른 관점에서 바라보기 등이 있다.

① 피드백 보내기

피드백(feed-back)이란 상대방에게서 어떤 반응이 일어난 직후에 내 쪽에서 상대방을 어떻게 지각하고 있는지에 대하여 알려 주는 언어 반응이다.

이진기(중3)는 아버지에게 구타당한 후에는 습관적으로 무단결석하고 가출해 버리는 학생이다. 이진기 학생은 보름 만에 학교에 출석하였다. 당신이 담임이라고 할 때 다음과 같이 피드백하여 줄 수 있다.

> "진기야, 네가 이번에도 가출은 하였지만 또다시 학교에 왔구나. 내가 보기에 넌 집이 싫고 학교도 싫지만 또 한편으로는 학교에 오고 싶은 마음이 강했던 것 같구나."

교사나 부모가 자녀의 행동에 대하여 그리고 기업체에서는 관리자가 부하직원에 대하여 피드백을 보내는 경우가 허다하다. 이때는 '잘했다'거나 '잘못했다'고 하는 피드백, 즉 평가적인 피드백을 하게 된다. 그러한 평가적인 피드백을 하게 될 때도 가능한 한 객관적인 증거를 제시하면서 담담한 어조로 실행해야 한다. 그리고 부정적 피드백(비난과 처벌)의 횟수보다 긍정적인 피드백(칭찬)이나 강점을 지적해 주는 횟수가 더 많도록 해야 한다. 또한 피드백을 할 때는 사실 자체 또는 행동 자체에 대하여 진술하되 그의 인간 됨됨이를 평가하지는 않도록 조심해야 한다. 예를 들면, "넌 형편없는 인간이야."라고 하지 않고, "네가 거짓말을 한 것은 잘못된 행동이야."라고 지적해 주도록 한다.

② 직면화하기

직면화 내지 맞닥뜨림(confrontation)은 상대방의 사고, 행동이나 이야기 내용에서 모순점이 발견될 때 그 점을 지적해 줌으로써 그가 모순점을 자각하도록 도와주는 것이다. 그러나 직면화는 자칫 '도전' 또는 '비난'으로 오해될 소지가 있고 상대방이 방어적으로 나오도록 만들 수 있다. 직면화를 할 때는 상대방이 보이는 불일치나 모순점을 객관적으로 서술하되 담담한 어조로 지적해 주어야 한다.

그 방법은 다음과 같다.

> "한편으로는 XX(경계와 현실)를 소중히 여기고 또 한편으로는 XX(방랑과 자유)를 소중히 여기는군요. 이 두 가지 모순된 면을 어떻게 통합시키겠습니까?"

> "당신은 아버지가 돌아가셨다고 말씀하시면서 미소를 짓고 있네요. 슬픈 감정을 표현할 때 웃는 것이 내겐 이상하게 보입니다. 혹시 아버지의 별세가 당신에게 후련하다는 느낌을 주는 건가요? 아니면 평소에도 당신은 슬픈 내색을 억제하고 감추는 편입니까?"

③ 해석해 주기

해석해 주기는 대화자의 이야기를 듣고 그와 전혀 다른 견해나 그가 미처 깨닫지 못한 자기 행동의 역동성(力動性)에 대해서 설명해 주는 것이다.

예를 들어, 평소에 아주 예의 바르고 친절하고 겸손한 도 씨는 잠꼬대가 심하다. 잠꼬대를 하면서 욕설과 주먹질을 하여 아내를 치기도 한다. 이때 당신은 카운슬러와 같이 가설적인 문장 형태를 사용하여 해석해 주기를 시도할 수 있다.

> "당신의 폭력적인 잠꼬대를 이런 관점에서 바라본다면 어떨까요? 혹시 당신은 사람들에

대한 섭섭함이나 원망, 분노를 평소에 너무 강하게 억누르기 때문에 잠꼬대로 나타나는 것
은 아닐까 하고요. 이건 어디까지나 하나의 가정에 불과합니다."

또한 어떤 부정적인 사건에 대하여 상대방이 줄곧 생각해 온 방향과는 전혀 다른 각
도에서, 즉 긍정적인 관점에서 해석해 줄 수 있다. 이것이 재해석하기(reframing)다. 재
해석하기는 부정적 상황 속에서도 내담자가 희망과 자신감을 얻을 수 있도록 새로운
가치와 의미를 발견하게 도와주는 기능을 한다.

예를 들어 보자. 일생 동안 남편에게서 지극한 사랑을 받으며 행복하게 살고 있던
Y씨의 남편이 갑작스럽게 사망하였다. Y씨는 자기 인생은 끝장이라고 단정하고 슬
픔 속에 잠겨 있다. 이때 당신은 '남편의 사망＝내 인생의 끝장'이라는 그녀의 공식
을 다른 공식으로 바꾸어 보도록 촉구할 수 있다.

"물론 Y씨께서는 얼마나 슬프고 절망하셨겠습니까? 하지만 이렇게 생각해 보면 어때요?
지금까지는 주어진 복을 받기만 하고 수동적으로 살아왔다면, 앞으로는 내 쪽에서 인생을
개척해 가는 적극적인 삶을 살아가야 하겠지요. 내가 행복을 만들어 가는 인생 말입니다. 그
러니까 '남편의 사망＝내 인생의 새로운 시작이요, 도전'이라고 보면 어떨까요?"

④ 다른 관점에서 바라보기

몇 달 전에 바람이 나서 두 명의 자녀와 가정을 팽개치고 먼 곳으로 도망가 버린 아
내를 맹렬하게 비난하는 T씨의 이야기는 다음과 같다.

지난 10년간 T씨는 가난한 처가를 도와주면서도 가끔씩 그 문제를 가지고 아내를 멸시하
였다. 아내는 1년 전부터 어떤 사람과 영업을 하기 시작하여 자주 집을 비우고 서울과 여러
도시를 왕래하게 되었다. T씨는 네까짓 게 돈을 벌면 얼마나 버느냐는 식으로 아내를 무시
하고 생활비도 일정하게 주지 않았다. 그리고 예쁘게 생긴 아내를 정신적으로 괴롭히는 것
에서 쾌감을 느끼던 T씨는 다른 여자와 잠깐씩 연애도 하였다. 그러다가 갑자기 아내가 가
정을 버리고 도망간 것이다. 두 자녀 때문에 아내와 이혼할 수도 없고 또 자기는 그래도 진
심으로 아내를 사랑하고 있다는 것이 T씨의 말이다. 그가 아내에게 분노하는 것은 자기가
처가를 10년간 도와주었다는 것, 남자가 잠시 동안 외도한 것쯤은 아내가 눈감아 주어야 한

다는 것 또 아내가 자기를 하늘처럼 공경하지 않았기 때문에 아내의 관심을 끌기 위해서 잠시 연애를 한 것이며 자기는 결코 가정을 버리지 않았다는 것, 그런데 아내는 가정을 버렸다는 것이다.

이때 당신은 T씨로 하여금 이 문제를 다른 각도에서 바라보도록 도와줄 수 있다. 먼저 당신은 T씨의 마음을 충분히 공감해 준 다음에 조심스럽게 아래와 같이 질문함으로써 T씨가 다른 조망(眺望)을 갖도록 도와줄 수 있다.

"부인이 선생님에게 입버릇처럼 말한 불만의 내용이나 불평거리는 무엇이었죠? 본가나 처가의 식구들은 부인을 어떻게 보는가요? 부인의 친구들은 무어라고 하던가요?"

이것은 아내의 외도를 T씨의 관점뿐만 아니라 다른 사람의 입장과 환경적 영향을 이해하는 관점에서 바라보도록 유도하는 질문이다.

우리는 T씨의 사고방식에 많은 오류와 편견이 있고 그것이 이들의 부부생활에 끼친 악영향이 지대하다는 것을 알 수 있다. 만약에 T씨가 자기의 애로사항에 대하여 진지하게 상의하고 싶어 한다면, 당신은 그의 왜곡된 사고방식 내지 그릇된 인지양식을 지적해 줄 수 있을 것이다. 당신은 그에게 상담심리학의 이론 중에서 합리적, 정서적 행동치료나 인지치료의 이론을 소개해 줄 수 있다. 그리하여 자신의 잘못된 사고방식 내지 인지체계를 올바르고 합리적인 것으로 교체하도록 대화로 인도할 수 있다. 이때 당신은 그를 정죄(定罪)하거나 윤리적으로 책망하고 비난하지 않아야 한다.

자기가 취한 행동과 문제에 대한 통찰을 얻도록 우리는 비교적 객관적인 입장에서 조심스럽게 대해야 한다. 다른 관점에서 자신의 행동과 문제를 바라보도록 질문하는 것이나 직면화를 위한 질문은 모두가 상대방의 자기이해를 돕기 위한 것이다.

우리는 T씨에게 자신의 역기능적 관계양식을 깨닫도록 자극하며 변화를 촉구하도록 다음과 같이 질문을 하여 맞닥뜨려 줄 수 있다.

"T선생님은 결코 가정을 버리지 않으며 아내를 사랑하고 계신다고 말씀하셨지요? 선생님은 가정과 아내를 소중하게 지키기 위해서 어떤 행동을 취해 왔습니까?"

"T선생님께서 처가를 무시하고 아내에게 생활비를 주었다 안 주었다 하셨고 또 일부러 아내 앞에서 다른 여자와 사귀기도 하셨군요. 그렇게 한 행동이 가정을 지키고 부부생활을 원만하게 하는 데 도움이 되었나요?"

"지금 T선생님은 부인을 맹렬하게 비난하고 증오하시는데 그렇게 하면 부인께서 T선생님에게 다시 오리라고 생각하십니까?"

"만약에 T선생님 쪽에서 변화하고 싶다면 어떻게 되고 싶습니까? T선생님이 변화한다면 부인과 처가와 본가에서 T선생님을 어떻게 바라볼까요? 무슨 일이 일어나리라고 생각하십니까? 어떤 계획을 짜 보겠습니까?"

위와 같은 직면화는 현실요법(reality therapy)에서 상담자가 자주 사용하는 WDEP의 질문기법이다. 먼저 그의 욕구(W: Want)를 알아보고, 그가 취하는 현재 행동(D: Doing)을 알아보며, 그가 취한 행동의 효과성에 대하여 평가(E: Evaluation)해 보도록 하는 것이다. 마지막으로 이런 상황에 근거하여 새로운 계획(P: Planning)을 수립하도록 원조한다.

가족치료에서 사용하는 순환질문법도 유용하게 사용될 수 있다. 순환질문법은 대략 다음과 같다.

"T선생님이 처가를 경제적으로 도와주시는 동안에 부인에게 가끔씩 무시하는 듯한 말씀을 하게 되셨군요. 그것이 부인에게 어떤 영향을 끼쳤을까요?"

"그래요. 부인이 내심으로는 T선생님께 감사한 면도 있지만 자존심이 몹시 상하게 되어 T선생님께 잘해 드리지 못하는 결과를 초래했군요."

"부인이 T선생님을 홀대하고 무시하니까, T선생님에게 복수심이랄까 그런 감정을 불러일으켜 주었군요. 그 결과로 다른 여자와 연애를 하게 하는 작용을 했군요. 그것은 또 부인에게 어떤 영향을 주었다고 보십니까?"

위와 같은 순환질문법은 문제의 발단 내지 역기능적 부부관계의 악순환적인 관계성을 T씨가 깨닫게 해 주는 데 큰 도움이 될 것이다.

75

이상에서 소개된 방법을 당신이 모두 구사할 수만 있다면 대인관계 면에서 당신은 뛰어난 지도자요, 훌륭한 조정자가 될 수 있다. 이런 기술은 심리상담 전문가들이 카운슬링을 이끌어 가면서 곧잘 사용하는 전문적인 기술이기 때문이다.

인간관계의 문제와 갈등에 봉착한 사람에게 당신 쪽에서 마치 노련한 카운슬러처럼 위와 같은 대화기술을 구사하기는 현실적으로 매우 어려울 수도 있다. 그러나 당신이 어떤 문제를 진지하게 풀어 나가려고 할 때 여기에서 소개된 의사소통의 기술을 적용하게 되면 마치 마술과 같은 효력을 창출할 수 있을 것이다. 위에서 소개한 여섯 단계 중에서 다섯 단계까지 차근차근 숙지하면 상당히 뛰어난 대화자가 될 수 있다.

당신이 대화자의 이야기를 들어주는 입장에서 촉진적 의사소통을 하는 단계는 다음과 같다.

- 1단계: 관심 기울이기―상대방에 대하여 존경심을 가지고 그의 이야기를 잘 경청한다.
- 2단계: 대화를 이끌어 가기―상대방과 대화할 때 "음, 흠." 하며 수긍하고, 요약도 해 주고, 바꾸어 말해 주며, 적절한 질문을 던지고, 이야기의 흐름을 임의로 차단하지 않고 따라가 준다.
- 3단계: 상대방의 마음을 읽어 주기―이것은 모든 인간관계에서 가장 중요한 기술이다. 상대방의 감정과 생각에 공감해 주고 자신이 상대방의 의사와 감정을 제대로 지각했는지 확인해 보도록 한다.
- 4단계: 상대방의 욕구와 문제점을 확인해 주기―상대방이 말하는 동기, 즉 그가 원하는 바가 무엇이며 문제가 무엇인가를 확인시켜 줌으로써 대화를 문제해결적 방향으로 이끌 수 있다. 그리고 쌍방 간에 욕구나 견해의 차이가 있을 때 우선적으로 공통점에 초점을 맞추고 합의점을 찾게 하여 두 사람 모두 승승적 관계가 되도록 인도할 수 있다.
- 5단계: 해결방안을 탐색하고 실천하도록 도와주기―하나의 문제에는 여러 개의 해결방안이 있을 수 있다. 문제를 제기한 사람 쪽에서 해결적 대안을 다각적으로 탐색해 보고 그중에서 가장 현명한 것을 선택하여 계획을 짜도록 브레인스토밍

(brainstorming)의 기회를 준다. 그리하여 자율적으로 성장, 발전하도록 도와준다.

　그런데 두 사람이 모두 감정적으로 혼란한 상황에서는 노련한 카운슬러처럼 문제해결적인 대화방식으로 그 상황을 잘 풀어가기란 거의 불가능할는지도 모른다. 일단 두 사람이 흥분된 감정을 가라앉힌 다음에 자기들이 처한 상황에 대하여 약간은 구경꾼이 된 듯한 자세로 초연하게 임하려고 노력한다면 효과적인 대화기술을 구사할 수 있다. 두 사람은 먼저 문제 속에 휘말려 있는 자신들의 모습을 관조하는 태도가 요청된다. 그리고 나서 서로가 자신의 감정, 욕구, 견해 등을 공평하게 이야기해야 한다. 이어서 두 사람 사이에 나타난 차이점과 공통점을 발견해 내고 그 차이점을 어떻게 타결해 나갈지에 대하여 함께 대안을 탐색해 보도록 한다. 마지막으로 쌍방이 만족할 수 있는 합의점이나 타협안을 도출해 내도록 한다.
　두 사람이 상호 간에 문제해결적 의사소통을 하는 단계를 다시 한 번 요약하면 다음과 같다.

- 1단계: 흥분된 마음을 가라앉히고 조용히 각자의 모습과 문제점을 관조(觀照)해 본다. 따라서 서로 감정이 격해 있을 때는 그 상황에서 잠시 벗어나 있도록 한다.
- 2단계: 상대방과 대화를 시작한다. 이때는 존경심을 가지고 그의 이야기를 잘 경청해 주며 그의 마음을 다음과 같이 헤아려 준다.

　"○○의 상황에서 당신은 ○○한 감정을 느꼈군요. 그리고 당신은 ○○○하기를 바라는군요."

- 3단계: 자기 자신의 감정과 욕구를 담담하게 말한다.

　"○○○의 상황에서 나는 ○○한 감정을 느꼈습니다. 그리고 나는 ○○하기를 원합니다."

- 4단계: 두 사람이 가지고 있는 욕구나 소망사항의 차이점과 공통점을 찾아낸다.

77

그리고 그것을 확인한다.

"당신은 ○○을 원하고 있고 나는 ××를 원하고 있어서 그것이 우리 두 사람 사이에 나타난 커다란 차이점이군요. 내 견해가 맞습니까? 그러나 우리 두 사람은 기본적으로 ~하게 지내기를 바란다는 점에서 서로 뜻을 같이 하는 것이지요. 맞습니까?"

• 5단계: 기본적으로 두 사람이 서로 뜻을 같이 하는 목적 안에서 그들이 가지고 있는 욕구나 생활습관 등의 차이를 어떻게 조절하고 해결할 수 있는지에 대하여 피차간에 여러 가지의 대안을 탐색해 본다. 이것은 브레인스토밍의 과정이다.

"자, 우리 둘은 원칙적으로 '~하기로' 뜻을 같이 하지요? 그런데 당신은 ××의 방식으로 그 문제를 해결하고 싶어 하고 나는 ○○방식으로 해결하고 싶어 하는군요. ××방식과 ○○방식을 어떻게 조절할 수 있을까요? 그것에 대해서 함께 아이디어를 찾아봅시다."

• 6단계: 두 사람이 합의점이나 타협안을 도출해 낸 것을 다시 한 번 확인하고 그에 따라 실천하기로 결정한다.

"자 우리가 △△△하기로 합의했지요. 오늘부터 당신은 ××하고 나는 ○○하는 겁니다. 그리고 우리 둘이는 ★★하면서 함께 이 문제를 같이 풀어 나가도록 합시다."

3. 문제해결을 돕는 방안들

브레인스토밍을 촉구하기

하나의 문제에는 여러 개의 해결방안이 있을 수 있다. 심리적 고민에 싸여 있는 사람들은 그 순간에 여러 각도에서 해결적 대안을 생각해 볼 겨를이 없다. 그러므로 두 사람 중 한쪽이 문제를 제기한 당사자에게 다양한 문제해결적 대안을 탐색해 보도록 중지수렴(衆智收斂), 곧 브레인스토밍의 기회를 제공할 수 있다.

상대방에게 브레인스토밍의 기회를 줄 때 고려할 사항은 두 가지다.

첫째, 어떤 문제를 해결하기 위한 대안을 다양한 각도에서 탐색해 보도록 촉구하기 위하여 질문자가 엉뚱하고 기발한 한두 가지의 대안을 먼저 제시하여서 대안 탐구에 대한 동기와 호기심을 유발시킨다.

둘째, 상대방이 도출해 낸 대안에 대하여 좋다, 나쁘다는 평가를 일체 하지 않는다. 도출한 대안에 대하여 평가적 발언을 하게 되면 다양한 아이디어의 산출이 위축되기 때문이다. 도출된 대안들 중에서 현실적이고 유익하고 실용 가능한 것을 선택하는 일은 최후에 이루어질 수 있다.

상담을 인도하는 카운슬러는 대략 아래와 같이 브레인스토밍을 촉구한다.

"자, 선생님께서 ××의 애로점을 풀어 나가기 위해서는 어떤 방안이 있을까요? 우리 함께 생각해 봅시다. 우선은 ○○의 면을 검토해 보고 나서, 다음번에는 ○○의 면을 생각해 볼까요?

(Now, let us think about how to solve the problems. The first thing is to …
And the second thing is to …)

예를 들어 보자. 직장 여성인 조혜진 씨는 경제적으로 큰 어려움은 없는데 아들(3세)이 아토피성 피부염을 앓고 있다. 유치원에 다니기 전까지 가정에서 키우는 것은 사회성 발달에도 좋을 것이 없다고 판단하고 서너 달 후에는 아들을 어린이 집에 보내고 싶어 한다. 그런데 어린이집에서 아이들에게 주는 과자와 음료 등이 문제다. 이 문제를 가지고 조혜진 씨가 당신에게 이야기를 한다.

조혜진 씨: "제가 어린이집에 가서 보았는데요. 글쎄 방부제가 들어 있는 과자와 음료를 얼마나 많이 주는지요. 저는 돈은 더 비싸게 받더라도 좋은 음식으로 간식을 해 주는 곳에 보내고 싶은데 큰 걱정이에요. 교회의 탁아실도 마찬가지예요. 예배 드리는 시간 내내 엄마들이 모두 과자 봉지를 꺼내놓고 아이들은 한 시간 내내 해로운 과자만 먹고 있어요. 우리 아들의 건강 때문에 걱정이에요. 무슨 좋은 방법이 없을까요?"

이때 당신에게 좋은 아이디어가 많이 있다고 하더라도 곧바로 당신의 아이디어를 제시하지 말고 잠시 유보할 줄 아는 현명함이 필요하다. 그 대신에 당신은 조 여사 쪽에서 여러 가지로 대안을 찾아보도록 탐색적인 질문을 던지도록 한다. 즉, 브레인스토밍을 촉구하는 것이다. 당신이 가지고 있는 아이디어는 나중에 제시하는 것이 효과적이다.

당신: "아들의 건강을 위해서 해로운 과자나 음료는 피하고 몸에 좋은 간식을 만들어 주는 어린이집이라든지 적절한 육아 방안을 찾아보고 싶다는 것이지요? 어떻게 아들을 건강하게 키울 수 있을까요?"

조 여사: "글쎄요…. 우리 아파트에 어린이집이 있는데 그곳은 안 되겠어요. 웰빙(well-being)으로 신경 써 주는 어린이집이 있다는 소리는 못 들어 보았어요."

당신: "아무튼 우리끼리 기상천외한 방법도 한번 생각해 봅시다. 일단은 모든 아이디어를 찾아보고 나서 그중에서 가장 바람직하고 현실성 있는 것을 선택하는 일은 그 다음에 하면 될 것 같네요. 가령 아들을 어린이집에 보내지 않고 파출부 겸 베이비시터를 채용하여 댁에서 키우는 것도 한 방법이겠지요. 그리고 또 혹시 아토피질환 아동의 치료기관에 탁아시설이 있는지 알아보고 그곳에 보낸다든지요. 아무튼 여러 가지로 생각해 보는 것이 좋거든요. 또 어떤 방법이 있을까요?"

그리하여 조혜진 씨는 여섯 가지의 아이디어를 생각해 냈다. 당신이 제시한 것과 그녀의 아이디어는 다음과 같다.

① 베이비시터 겸 파출부를 채용하여 집에서 키운다.
② 아토피질환 치료기관에서 운영하는 탁아소를 알아보고 그곳에 보낸다.
③ 생활정보신문에 난 광고를 통해서 좋은 어린이집을 알아보고 마땅한 곳이 없으면 광고를 낸다.
④ 직장 동료들에게 정보를 구한다. 그리고 여의치 않으면 같은 동료 몇 사람끼리 직장 주변의 어린이집을 방문하여 원장과 논의한다. 그곳에서 무공해 간식을 주는 조건으로 하여 동료 여럿이서 그곳에 자녀를 맡기도록 타협해 본다.

⑤ 친구들이나 동료와 합자하여 자그마한 웰빙(well-being) 어린이집을 운영하도록 계획한다. 소문이 나면 이 사업도 잘 될 수 있을 것이다.

⑥ 아파트 주변의 어린이집 중의 한 기관에 가서 자모들과 원장을 만나 협상한다. 처음 한 달 동안 웰빙 간식거리 중 절반가량을 자신이 제공하겠으니 경험해 보고 차차 개선해 나가자고 제의한다. 그리고 아들은 3일은 집에서 또 3일은 어린이집에서 지내도록 한다.

⑦ 직장의 사장에게 직원 가족의 복지를 위하여 탁아시설을 마련해 줄 수 있는지 타진해 보고 건설적으로 건의해 본다.

⑧ 아들을 치료해 주는 병원에 협조를 구하여 아토피성 아동들의 연락처를 알아낸다. 그리고 그 자모들과 공동으로 하여 어린이집을 운영할 수 있는지 알아본다.

이렇게 여러 가지의 해결방안을 함께 찾아본 다음에는 도출된 아이디어 중에서 가장 현실적이고 현명한 것을 선택하도록 도와줄 수 있다. 조 씨가 선택한 방법은 ⑥, ④, ⑧, ⑤의 순서였다.

당신이 만약 카운슬러나 조력자라면 내담자에게 현명한 대안을 선택하는 것을 도와주는 것으로 대화를 끝마치지는 않는다. 당신은 상대방이 선택한 대안을 가지고 어떻게 실천에 옮길 것인지를 생각해 보도록 계속해서 질문을 던지는 것이다. 다시 말해서 계획의 수립과정까지 원조한다. 따라서 조혜진 씨에게 이렇게 말할 수 있을 것이다.

"정말 멋진 아이디어들이 많이 나왔네요! 그런데 말이에요. 앞으로 3~4개월 안에 탁아소 문제가 일단락되려면 내일부터 선생님이 계획을 짜서 행동에 옮겨야 하겠지요? 먼저 선생님 아파트 주변의 어린이집들을 몇 군데 방문해서 원장을 만나 의견을 나누어야 하겠네요. 이 일은 언제쯤 착수하실래요?"

조 씨는 2주 안에 서너 군데의 어린이집 원장을 만나 보겠다고 하였다. 그리고 ⑥번의 아이디어대로 잘 진척되지 않으면 한 달 안에 ④번과 ⑧번의 아이디어를 따라 실천해 보겠다고 하였다. 이쯤 되면 당신은 아주 효과적으로 그녀를 도와준 셈이다.

81

한두 달이 지난 다음에 당신은 조 씨가 계획을 수립한 대로 잘 진척시키고 있는지를 확인해 볼 수 있다. 그것이 추후지도(follow-up)다.

합의하기-포용적으로 대처하기

조혜진 씨의 사례처럼 한쪽은 도움을 구하는 입장이고 다른 쪽은 도움을 제공하는 입장에서는 대안탐색의 과정이 비교적 쉽게 이루어진다. 그런데 이야기를 주고받는 두 사람 사이에 이해상관과 욕구가 서로 다른 경우에 쌍방이 모두 만족할 만한 해결방안을 찾아가도록 대화를 이끌어 가기란 쉽지 않다.

현수진 씨와 조성길 씨의 사례에서 살펴본 바와 같이 두 사람이 문제해결의 방안을 찾아보기는 고사하고 엉뚱하게 서로를 비난하고 말다툼으로 발전되는 경우가 비일비재하다. 각자의 욕구와 가치관이 다를 때 서로 만족할 만한 해결방안을 모색하고 합의를 이끌어 내는 데는 그만큼 성숙한 인격과 고도한 의사소통의 기술이 필요한 것이다.

자, 이제 현수진 씨와 조성길 씨가 문제해결적인 방향으로 대화를 시도하려고 한다. 과연 이들이 대안탐색의 과정까지 대화를 잘 해 낼지 엿들어 보자.

> 부인: "그럼 난 항상 외톨이로 지내란 말이에요? 이제는 당신 건강도 챙기고 가정도 챙길 나이예요."
>
> 남편: "알았소. 앞으로 시간을 내서 가까운 곳에 우리 함께 놀러갈 수 있는지 한번 생각해 봅시다."
>
> 아내: "그래요. 오래간만에 참 반가운 소리를 하네요. 다음 달에 중국으로 가는 여행패키지가 신문에 났어요. 4박 5일이고 여행경비도 저렴해요. 여보, 우리 거기 한번 가 봅시다."
>
> 남편: "우리 두 사람의 경비에다가 내가 일을 못하게 될 때의 손해나 사고 같은 것을 생각해야 돼요. 글쎄…, 그건 힘들 것 같은데…."
>
> 아내: "아이고. 그래요. 당신이 그렇게 나올 줄 알았어요. 매일 돈타령이지요. 그 정도의 돈은 우리가 쓸 수 있잖아요. 왜 그렇게 쩨쩨하세요?"
>
> 남편: "당신은 왜 그리 속이 없소. 당신 나이가 몇 살인데 아직도 마음이 쓸쓸하다느니 처량하다느니 하는 소리나 하고 사는 거요? 그럴 돈 있으면 난 차라리 고기나 사서 배불

[그림 4-3] 힘겨루기 식 대화

리 먹고 2~3일간 설악산에 등산이나 가겠소. 당신은 혼자 알아서 하든지 말든지…,
아니면 날 따라오든지….”

아내: “여보! 내 다리가 관절염으로 쑤시는데 당신 따라 설악산으로 등산 가자고 해요? 당
신은 어쩌면 그리 인정머리가 없어요? 그만둡시다. 그만둬요. 내 팔자가 그렇지.”

이들 부부의 대화를 살펴보면 처음엔 남편이 아내를 억누르고 승자의 위치에 서 있
었다. 그 뒤에 아내가 남편을 역공하고 비난하자 아내가 승자의 위치에 서 있는 것처럼
보인다. 그러니까 두 사람은 승패(勝敗)의 관점에서 대화를 하고 있다. 결국 힘겨루기

83

서로의 욕구를 표현한다

서로의 차이점과 공통점을 밝힌다

공통점에 근거하여 문제해결적 대안을 탐색한다

합의점에 도달한다

[그림 4-4] 포용적인 대화

(power strupple)로 대화를 끝내고 만 이 부부는 해결방안을 탐색해 나가는 대화방법을 잘 모르고 있는 셈이다.

이들 부부의 과오를 살펴보면 두 사람이 서로 간의 차이점에만 주의를 집중하고 있는 것이다. 설령 두 사람 사이에 차이점이 있다고 하더라도 그들이 공유하는 삶의 목적, 우선순위와 욕구가 무엇인지를 망각하지 않아야 한다. 그리고 공통의 목적을 달성하기 위하여 서로 다른 생활양식, 취미, 가치관을 조정하도록 노력해야 한다. 이것은 두 사람이 상호 창조적으로 갈등을 풀어 나가는 행위이며 포용적으로 대처하는 것이다. 포용적 대처방식은 아내와 남편이 모두 승자가 되도록 하는 승승적(win-win) 대화 방식으로서 구체적으로는 두 사람이 합의하는 과정을 거치는 것이다.

두 사람이 합의점을 찾는 대화방식이란 진지한 이야기를 통하여 두 사람의 견해, 욕구, 감정상의 차이점과 더불어 자신들이 가지고 있는 공통점을 찾아내는 것이다. 그것은 아래와 같이 표현될 수 있다.

안건 부부가 함께 시간을 보낼 수 있는 일을 찾아본다.

• 두 사람 간의 갈등 또는 욕구의 차이점 찾기
 ─남편: 2∼3일간 설악산을 등반하여 적은 비용으로 실속 있는 휴가를 보내고 싶다.
 ─아내: 관절염으로 등반은 할 수 없으므로 4박 5일 중국 여행을 가고 싶다.

• 두 사람 간의 욕구의 공통점 찾기
 ─즐겁고 건강하게 노년의 부부생활을 보내고 싶다.
 ─아내와 남편이 서로 뜻을 맞추며 살아가고 싶다.

• 가능한 해결책─합의점 찾기
 ─부부가 가끔씩 함께 여가를 보내는 것에 합의한다.
 ─그러나 지금은 설악산 등반이나 중국 여행에 합의하지 못하고 있다. 조금 더 생각해 보는 시간을 가질 필요가 있다.

85

-따라서 우선은 친구 부부들과 함께 가까운 산에 한두 시간씩 산책하기로 합의한
다. 설악산은 두어 달 후에 친구 부부들과 같이 2~3일간 다녀오자는 계획을 짜
보도록 한다. 이때 건강한 사람은 등반을 하고 유약자들은 온천욕을 즐기기로
결정할 수 있다.
-그리고 해외여행은 여행 경비나 남편의 사업적인 당면 문제를 충분히 조처한 다
음 1년 후에 이루어질 수 있도록 계획한다.

합의를 도출하기 위한 대화 이끌기

문제해결적으로 대화를 시작하여 두 사람이 비교적 만족스러운 합의점을 도출해 내
기까지는 피차간에 상대방의 이야기를 잘 들어 주고 그의 마음을 잘 이해하려는 자세
가 필요하다. 그리고 자신의 생각과 감정도 똑같이 표현하는 권리가 존중되어야 한다.
이를 위해서는 다음과 같은 사항을 준수하도록 한다.

① 대화의 시간을 정한다

어떤 문제를 논의하기 전에 상대방과 내가 마음을 안정시키고 생각해 볼 시간을
갖는 것이 현명하다. 그러므로 문제가 발생하면 곧바로 그 자리에서 해결하려 하기
보다는 먼저 피차간에 대화할 의사가 있는가를 확인하고 나서 대화의 시간을 정해야
한다.

② 상대방에게 자기의 소신과 감정을 피력할 기회를 준다

상대방이 말할 때는 그의 이야기를 진지하게 경청해 준다. 그리고 이야기 도중에 말
을 중단시키거나 끼어들지 않도록 한다. 상대방의 말을 듣고 그것을 비평하거나 자기
본위로 해석하거나 '위선자, 거짓말' 등의 말로 비난하지 않도록 한다. 그리고 당신
이 상대방의 이야기를 제대로 이해하고 있다는 것을 알려 주도록 한다. 그것은 '앵무
새 노릇하기'의 기법을 사용하는 것이다. 또 "내가 당신 말을 제대로 이해했나요?"와
같은 지각확인의 질문을 하도록 한다.

③ 자기 자신의 심경을 표현한다

우리는 상대방이 매일 접하는 가족이니까(또는 친구이니까) 나에 대해서 내가 일일이 말해 주지 않아도 잘 알고 있을 것이고 내가 요구하기 전에 자기 쪽에서 알아서 잘 응대해 줄 것이라는 기대를 갖기 쉽다. 이것은 매우 비현실적인 기대다. '사랑하는 사람의 마음은 눈빛만 보아도 다 알 수 있다.'는 것은 사실이 아니다. 그러므로 자신의 생각과 느낌을 반드시 알려야 한다. 이때 조심할 사항은 다음과 같다.

- 차분한 태도와 안정된 목소리로 말한다.
- 작은 문제를 그때그때 말한다.
  오랫동안 참고 지내다가 어느 날 모든 문제와 갈등을 한꺼번에 말하게 되면 상대방은 그 사실을 기억하지 못하는 수도 있다. 그러므로 사건이 발생하면 그날 전후로 가까운 시간(또는 시일) 안에 그 문제를 짚고 넘어가도록 한다.
- 한 번에 한 가지 주제만 이야기하도록 한다.
- 고함, 위협, 폭력은 사용하지 않는다. 이것은 상대방의 인권을 무시하는 위법적(違法的)인 처사이며 협박적인 상태에서는 정상적인 대화가 이루어질 수 없다.
- 극단적인 단어 사용을 자제하도록 한다.
  예를 들어, '항상' '절대로'라는 말 대신에 '대부분' '되도록이면'이라는 표현으로 대체하도록 한다.

④ 두 사람의 공통점과 선의(善意)를 확인하고 마무리한다

제아무리 심각한 갈등상황에 처해 있다 하더라도 일단 대화를 시작하게 되면 그의 인간적 가치를 존경해 주는 입장에서 마무리하도록 한다. 그리고 가능한 한 공통점을 찾아 합의점에 이르게 하며 대화에 응한 사실에 대하여 감사를 표시하는 것으로 마무리하도록 한다.

임숙희 씨의 아들 지만(초 5)은 친구들과 밖에 나가 놀기를 좋아하고 공부와는 담을 쌓고 있다. '공부하라' 는 말만 들어도 얼굴부터 찡그린다. 공부 문제를 놓고 모자간에 날마다 신경전을 벌이는 이들은 마음 편할 날이 없다.

한편 민승희 씨의 딸 아영(중 3)은 유난히도 식성이 좋은 비만아다. 체중이 70kg 이다. 아영이는 태어날 때부터 우량아였다. 이 집안의 내림이 장사 집안이라 아버지와 큰아버지도 한때는 시골에서 씨름선수로 이름을 날렸고 황소 한 마리를 상품으로 타 온 적이 있다. 어머니는 딸을 레슬링선수로 만들 수는 없는 일이니 모델처럼 예쁘고 날씬하게 키워 좋은 곳에 시집을 보내야 한다고 믿고 있다. 아영이에게 체중을 조절하라고 성화인데 아영이는 음식 조절이 잘 되지 않는다. 거금을 들여 다이어트 치료도 받게 해 주었는데 처음 몇 달간은 체중이 10kg 이상 빠졌다. 그런데 두어 달 만에 다시 원래대로 되었다. 어머니는 어떻게 아영이를 지도해야 할지 난감해하고 있다.

임숙희 씨나 민승희 씨를 비롯하여 모든 사람은 문제를 가지고 있다. 한 가지 문제가 해결되면 또 다른 문제가 대두되고, 그렇게 문제 속에서 사는 것이 인생이다. 이런저런 문제가 발생할 때 그 문제를 해결하고자 여러 가지로 노력을 하게 되는데 그것은 크게 두 가지로 대별된다.

문제해결적 접근

I. 일차원적 변화를 모색하기-함께 서기

임숙희 씨는 아들이 처한 현재 상황을 개선하여 성적이 향상되도록 힘쓰고 있다. 이처럼 대응적이고 상식적인 방법으로 변화를 시도하는 방식은 일차원적인 변화를 모색하는 접근이다. 그것은 문제행동을 중단하고 새로운 행동을 증가시키는 것으로서 양적(量的)인 변화를 모색하는 것이다.

여기서는 아들의 변화를 위하여 어머니가 주도적으로 아들을 이끌어 가는 것이지만, 본질적으로는 어머니와 아들이 함께 노력하는 것이다. 그러므로 저자는 일차원적 변화를 모색하는 접근을 '함께 서기'라고 명명해 보았다. 문제가 발생하면 대부분의 경우에 사람들은 일차원적인 변화를 먼저 모색하려고 시도한다.

임숙희 씨가 아들 지만이를 잘 타이르고 또 스스로 숙제를 할 때마다 칭찬해 주며 아들이 좋아하는 간식거리를 주어 강화시킨 덕분에 지만이의 성적이 다소 향상되었다고 하자. 이것이 우리네 부모가 한결같이 자녀에게 기대하는 것이다.

2. 이차원적 변화를 모색하기-홀로 서기

그런데 지만이는 어머니의 '공부해라' 라는 말만 들어도 얼굴을 찡그리고 밖으로 나가 버린다. 책을 보고 있다가도 "얘야, 너 숙제할 시간이 아니냐?"라고 다그치면 책장을 덮어 버린다. 어머니가 열심히 지도할수록 더 반항하게 되고 더 공부하기 싫어하는 것이다. 그러한 반항심은 지만이도 어찌할 수가 없고 어머니도 그 이상 어떻게 지도를 해야 할지 알 수가 없다. 합리적인 방법이나 의지적으로는 어떤 변화를 전혀 기대할 수 없을 때 우리는 그런 행동을 '증상행동'이라 한다. 이러한 한계 상황에 처하여 어머니가 취할 방도는 오직 한 가지뿐이다. 그것은 역설적으로 접근하는 것이며, 이차원적 변화를 모색하는 것이다. 첫째로, 지만이의 행동과 지만이의 현재 상황을 변화시키겠다는 어머니의 생각 자체를 변화시키는 것이다. 어머니가 지금까지 가져 왔던 고정관념 내지 참조의 틀(frame of reference)에서 벗어나는 것이다. 둘째로, 아들에게 '역설적 지시'를 하는 것이다. 어머니는 아들에게 다음과 같이 역설적 지시를 할 수 있다.

"지만아. 이제부터 나는 네 공부에 일체 간섭하지 않겠다. 너는 공부하지 말고 네가 원하는 대로 마음껏 놀아라. 네가 알아서 네 인생을 사는 거다."

'공부하지 말아라.' 라는 지시는 '변화하지 말라.' 는 뜻이고 아들의 증상행동을 더 부추기는 지시다. 이것은 '역설적 지시' 다. 역설적 지시는 만성적인 증상행동이나 상황에 대하여 이차원적 변화를 모색하는 접근이다. 그것은 아들의 호기심과 반항심리를 이용하여 아들 스스로 변화하고 공부하도록 촉구하는 효과가 있다.

역설적 지시를 하는 요령은 두 가지다. 첫째, 변화하게 되면 부정적인 결과가 나타날 수 있다고 알려 준다. 어머니는 지만이에게 이렇게 덧붙이는 것이다.

"얘야. 네가 죽어라 공부하게 되면 네 몸만 축나고 성적은 조금밖에 오르지 않을 수도 있거든. 그러면 기분이 나빠질 거야. 그러니까 애써서 공부할 필요가 없지."

90

둘째, 긍정적인 관점에서 증상행동을 해석해 줌으로써 상대방의 체면을 세워 준다.

"지만아. 놀기 좋아하는 사람들이 사업도 잘하더라. 엄마, 아빠 동창들을 보면 공부 잘했던 친구들은 기껏해야 교사, 공무원, 판검사 정도라 돈이 별로 많지 않거든. 그런데 학교 다닐 때 공부도 지지리 못해서 선생님한테 야단만 맞던 친구들이 사장이 되고 돈도 많더라. 또 낙천적으로 놀기도 잘하니까 사람들에게 인기도 있고…, 그러니까 놀며 사는 것이 좋은 것이다."

이차원적 변화를 모색하는 것은 어머니가 아들을 변화시키겠다는 생각 자체를 바꾸는 것이다. 그것을 '변화에 대한 변화' 또는 '한층 높은 차원의 변화(meta-change)'라 하며 '질적(質的)인 변화'라고도 한다. 이차원적인 변화를 모색하는 것은 아들의 협조를 얻어 낼 수 없을 때 어머니 혼자서 자기 나름대로 처신하는 방식이다. 그러므로 저자는 이차원적 변화를 모색하는 접근을 '홀로 서기'라고 명명하였다.

이차원적인 변화의 모색은 일차원적인 변화를 시도하는 것에 실패하였을 경우 사용하는 것이다.

3. 현명한 선택을 하기

자, 다음의 그림에서 아내가 코고는 남편과 함께 자는 문제를 어떻게 해결하는지 살펴보기로 하자.

① ② ③

[그림 5-1] 코고는 남편과 함께 사는 아내

①의 상황은 아내가 코고는 남편을 변화시키려고 적극적으로 조처한다. 그런데 코고는 증상은 생리적인 현상이기 때문에 남편이 수면 중에 의지적으로 통제할 수 있는 성질의 행동이 아니다. 따라서 아내의 조처가 효과를 보기는 매우 힘들다.

②의 상황은 코고는 남편을 변화시키려는 노력을 포기하고 아내는 그 상황에 순응하고 있다. 따라서 문제는 해결되지 않은 채 아내는 몹시 불편하고 불만스럽게 지내야 한다. 이것은 수동적이고 비효율적인 대처방식이다.

③의 상황은 아내가 남편의 코고는 증상을 고쳐 보겠다는 생각을 접어 버린다. 마음을 바꾸는 것이다. 그 대신에 자기가 변화를 시도한다. 자기 쪽에서 알아서 잠자는 문제를 해결하고자 다른 방으로 가는 것이다.

그러니까 ①과 ②는 주어진 현재의 상황을 개선하려고 노력하는 것으로서 일차원적인 변화를 모색하는 것이다. 이에 비해서 ③은 현재의 상황은 그대로 두고 아내가 자신의 참조의 틀을 바꾸어 버리는 것으로서 이차원적인 변화를 모색하는 접근이다.

우리의 힘으로는 도저히 변경시킬 수 없는 환경적 여건이라든지 지능, 체력, 수면습관, 성(sex), 음식의 기호 등과 같이 다분히 생득적(生得的)이고 기질적인 현상은 일차원적 변화를 시도하는 것이 매우 불합리하고 불가능한 것들이다.

민승희 씨의 딸 아영이는 유전적으로 비만인자를 가지고 태어났고 식성이 좋은데 모델처럼 날씬해지도록 계획한다면 실패할 가능성이 높다. 어머니는 딸을 변화시키겠다는 생각 자체를 바꾸는 것이 마음도 편안하고 딸도 행복할 수 있다. 그러니까 딸에게 이렇게 말하면 좋을 것이다.

> "너는 타고난 대로 살아라. 통통하고 건강한 모습이 여유 있고 복스럽다. 다 자기 복대로 사는 거야. 네가 정말 체중을 줄이고 싶거든 그저 2~3kg만 줄이겠다고 생각하고 그 이상은 아예 꿈도 꾸지 말아라. 마음 편한 것이 좋은 거야."

그리하여 어머니가 체중 조절 문제를 가지고 딸과 벌였던 전쟁에 종지부를 찍는 것이 가장 빠른 문제해결이 될 수 있다.

당신이 어떤 갈등적 상황을 풀어 나가고 싶다면 맨 처음에는 일차원적인 노력을 하게 될 것이다. 그런데 당신이 노력할수록 문제가 악화되거나 만성적으로 고질화될 때는 일단 멈추어 서서 그 상황을 잘 성찰한 다음에 동일한 방식으로 노력하기를 중단해야 한다. 그리고 필요하다면 이차원적인 변화를 모색하도록 해야 한다.

니이버(Reinhold Nieber)는 다음과 같이 말하였다.

> "신이여, 내가 변화시킬 수 없는 것은 조용히 수용하게 하는 침착함을 주시고 내가 변화시킬 수 있는 것은 끝내 변화시킬 수 있는 용기를 주시옵소서. 그리고 변화시킬 수 없는 것과 변화시킬 수 있는 것을 분별하는 지혜를 주시옵소서."

우리가 취할 태도는 니이버의 기도 내용과 동일하다.

4. 자기의 마음을 알아차리기-거울을 들여다보기

자, 이제 당면 문제를 해결하는 방법에 대하여 고찰해 보자.

위의 그림에서 ①의 경우에 아내는 남편을 흔들어 깨워서 코고는 행동을 중단시키려고 노력한다. 아내가 할 일은 "여보, 코 좀 골지 마세요."라고 말하는 것이다. 여러 번 아내가 그렇게 말했지만 남편은 여전히 코를 곤다. 이때 아내는 화가 나서 남편을 비난하기 쉽다. "아이고, 지겨워 죽겠네. 당신 때문에 잠을 잘 수가 있어야지. 여보, 제발 코를 골지 말라니까요." 이렇게 말하면서 잠이 든 남편을 깨워 언쟁을 벌이게 되면 아내는 기분이 더 나빠지고 점점 잠을 잘 수 없게 된다. 그러니까 비효과적인 방법을 사용하고 있는 것이다.

②의 경우도 아내가 코고는 남편에 대하여 투덜거리고 불평하고 있기 때문에 쉽사리 잠을 청하기가 힘들게 되어 있다. 어떤 문제가 발생하면 우리는 일차원적인 노력을 시도해 보고 그것이 효과가 없을 때는 통상적으로 상대방을 비난하거나 자기 신세를 한탄하기 쉽다. 그런데 이런 것들은 오히려 사태를 악화시킬 뿐이다.

다음의 그림을 보자.

[그림 5-2] 가정폭력: 탓하기 도사

아내는 늦은 밤에 남편이 귀가하지 않으니까 몹시 걱정하고 있다. '행여나 무슨 일이 있으면 어떻게 하지?' 하는 두려움이 걱정으로 변한 것이다. 그런데 남편을 보자마자 아내는 자기의 진술한 마음(일차적 감정)을 표현하지 않고 갑자기 분노를 폭발하고 있다. 남편의 신변을 걱정하던 아내가 왜 갑자기 화를 내는 행동을 하게 되는가? 그것은 남편에 대해서 걱정하고 있는 자기를 조금도 배려하지 않은 채 새벽 1시까지 술만 마시는 남편의 행동이 이기적이라고 생각하면서부터 화가 끓어오르게 되었기 때문이다. 그러니까 분노의 감정은 '나(ego)'를 중심으로 하여 사건을 조명할 때 발생한다. 따라서 분노는 이차적인 감정이다. 분노는 아내가 원래 느꼈던 진술한 감정과는 다소 거리가 먼 정서다. 그러기에 아내가 분노를 터뜨리면 남편에게 아내의 마음이 제대로 전달되지 않는다. 오히려 아내의 격렬한 감정 폭발은 남편을 격노하도록 부추기는 효과를 낳을 뿐이다.

이 만화 속에서 남편도 자기의 진실한 마음을 표현하지 않고 엉뚱하게 '구두점의 원리'를 적용하여 무고한 아내를 비난하고 있다. 그래서 한바탕 가정폭력의 쇼를 벌인다. 이때 두 사람 중 적어도 한 사람만이라도 자기의 감정을 제대로 인식하고 표현할 수 있다면 문제점은 훨씬 쉽게 명료화될 수 있었을 것이다. 그리고 나서 상대방의 마음을 올바로 들여다보고 그것을 상대방에게 보여 줄 수만 있다면 문제는 훨씬 용이하게 해결될 수 있었을 것이다. 대부분의 경우에 사람들은 자신의 마음을 들여다보고 진실한 자기의 마음 상태를 알아차리지 못하기에 인간관계에서 어려움을 겪고 있다.

위의 그림에서 아내가 맨 먼저 할 일은 자기가 무슨 독백을 하고 있는가를 귀 기울여 보고 그 속에서 자기의 마음을 발견하는 것이다. 그리고 나서 자기 독백 속에 담겨 있는 진실한 마음을 그대로 남편에게 보여 주는 것이다. 이런 기술은 어떻게 해서 익혀질 수 있을까? 그것은 자기 앞에 커다란 거울이 있다고 상상하고 그 거울 속에 비친 자기의 모습을 바라보는 것이다. 그러므로 저자는 '자기의 마음을 알아차리기' 작업을 '거울을 들여다보기'라고 명명하였다.

자, 이제 거울이 있다고 상상해 보자.

거울 속에서 아내는 무엇을 보고 있는가? 자기의 찌푸린 얼굴과 두 손을 벌리고 불안정하게 앉아 있는 자세를 통하여 자신이 몹시 불안해하고 있다는 것을 알 수 있다.

거울 작업을 통하여 부인은 자신의 근본적인 마음(일차적인 감정)을 알아차리게 되면 그것을 스스로 독백하도록 한다. 그리고 나서 귀가한 남편에게 자기의 일차적인 감정을 표현하는 것이다.

"응. 너는 남편의 신변을 몹시 걱정하고 있구나. 그래서 안절부절못하지?"
"조금만 기다려 봐. 남편이 돌아오면 네 마음을 그대로 이야기하렴."

[그림 5-3] 거울을 들여다보기

그리하여 현관에 들어서는 남편에게 다음의 그림과 같이 말할 수 있다.

[그림 5-4] 자기 마음을 알리기

제4장에서 언급한 문제해결적 대화의 제3단계가 바로 여기에 해당된다.

"나는 ○○의 상황에서 …한 감정을 느꼈습니다."
(I feel … when ……)
"그리고 나는 ○○하기를 원합니다."
(And I want ……)

5. 상대방의 마음에 공감해 주기-거울이 되어 주기

그 다음에 아내는 남편의 마음을 들여다보고 남편이 느끼고 생각하는 바를 짚어 주는 것이다. 그렇게 되면 남편과 곧바로 진솔한 대화를 나눌 수 있게 된다. 그것은 아내 자신이 마치 커다란 거울이라고 상상해 보고 그 거울에 비친 남편의 얼굴과 행동에서 남편의 마음을 발견해 내는 것이다. 그리고 나서 아내는 마치 반사경처럼 남편에게 그것을 다시 반영(反映)해 주는 것이다. 이것을 로저스(Rogers)는 '공감적 이해(empathic understanding)'라 하였고 그것은 상대방의 감정을 반영(reflection of feeling)하는 행위로써 이루어진다고 말하였다. 이것을 후대의 학자들은 '반영적 경청' 또는 '적극적

[그림 5-5] 거울이 되어 주기(공감해 주기)

경청'이라고도 말하였다. 그것은 내 쪽에서 상대방의 거울 역할을 하는 것과 유사하다. 따라서 저자는 상대방의 마음에 공감해 주는 역할을 '거울이 되어 주기'라고 명명하였다.

이제 그림의 장면으로 다시 돌아가 보자.

아내의 가슴은 투명한 거울이 되어 남편의 흥분된 모습과 고조된 목소리와 투덜거리는 독백을 고스란히 비쳐 준다고 상상한다. 그리하여 아내는 이렇게 말할 수 있을 것이다.

> "여보. 당신이 X사장과 Y과장 때문에 오늘도 또 속이 많이 상하셨군요."
>
> "당신은 Y과장의 모함에서 벗어나서 사장에게 제대로 실력을 인정받고 싶고 즐겁게 직장생활을 하고 싶겠지요."

그것은 제4장에서 소개한 문제해결적 접근의 제2단계에 해당한다.

> "당신은 … 의 상황에서 ○○한 감정을 느꼈군요."
> (You feel … when …)
> "그리고 당신은 ○○하기를 원하는군요."
> (And you want ……)

이 장에서는 아내가 자기 마음을 남편에게 먼저 표현하였고 그 뒤에 남편의 마음을 헤아려 공감해 주는 순서로 묘사되었다. 그러나 순서는 바뀔 수 있다. 아내는 남편에게 먼저 거울이 되어 주고 나서 그 이후에 자기의 마음을 전달할 수 있다. 두 사람 중에서 누가 더 혼란되어 있고 심리적으로 긴박한 상태에 있는가를 살펴야 한다. 정서적으로 몹시 혼란되어 있는 배우자에게 다른 배우자가 먼저 거울이 되어 주고 그 마음을 읽어 주는 역할을 하는 것이 좋을 것이다.

6. 자기가 할 일의 우선순위를 결정하기

현명한 사람은 감정이 이끄는 대로 무턱대고 행동하지 않는다. 문제가 발생하면 잠깐 멈추어 서서 무슨 조처를 취하는 것이 좋은가를 먼저 생각해 본다. 그러고 나서 행동으로 옮긴다.

그림의 경우에서 아내가 당장 착수해야 할 일은 무엇인가?

첫째, 남편의 음주 습관 때문에 불안해하는 아내 자신의 문제를 다루어야 할 것인가?

둘째, 남편의 만성적인 직장 스트레스의 문제를 심도 있게 논의해야 할 것인가?

셋째, 늦은 밤에 만취하여 귀가한 남편을 쉬게 하는 것이 급선무인가?

이 중에서 가장 시급한 것은 세 번째일 것이다. 그러므로 아내는 남편의 속을 진정시킬 음료수와 간단한 요기를 준비해야 할 것이다. 그러고 나서 첫째와 둘째의 문제는 다음에 적당한 기회를 보아 거론하도록 한다.

만약에 아내는 첫째와 둘째 문제를 남편과 논의하고 싶어 하는데 남편 쪽에서는 그

[그림 5-6] 우선순위… 먼저 남편을 진정시킨다

[그림 5-7] 멋진 자기(아내)

럴 의사가 없는 것이 나타나면 진지한 대화가 이루어질 수 없다. 그렇게 되면 아내는 그 문제를 다음 기회에 다시 거론하도록 조처해야 한다. 대화와 논의란 두 사람 사이에서 이루어지는 것이기 때문에 한쪽에서 대화할 의사가 없을 때는 상호작용을 기대할 수 없는 것이다. 보다 자세한 문제해결적 대화 기술에 대해서는 제13장 '가족 간의 의사소통'과 제14장 '바람직한 부부간의 대화기법'을 참고하기 바란다.

이제 그림 속의 아내가 위에서 소개한 대화기술을 잘 활용하여 만취한 남편과 이야기를 주고받는 장면을 살펴보기로 하자. [그림 5-7]의 경우 아내는 훌륭한 리더십을 발휘하는 리더인 것이 분명하다. 흥분된 감정을 가라앉히고 문제 중심으로 대화를 이끌고 갈 수 있는 사람은 리더십이 있는 사람이다.

Chapter

06

인간사회에는 어디에나 견해와 생활 방식의 차이, 욕구의 차이, 문화의 차이 등이 존재한다. 그런 차이 때문에 삶은 다양성을 띠고 재미가 있다. 그러나 그런 차이에서 오는 갈등과 불편함 또한 대단하다. 대인관계에서 겪게 되는 차이, 오해, 갈등을 경험할 때 상대방에게 눌려서 자기가 하고 싶은 말을 하지 못하고 원망하는 사람이 있다. 이와 반대로 불같이 화를 내고 위협하여 상대방에게 피해를 주는 사람들도 있다. 이 장에서는 자기에게도, 상대방에게도 인격적으로 피해를 주지 않으면서 허심탄회하게 할 말을 하고 사는 방법에 대하여 소개하기로 한다. 그것은 제1장의 끝부분에서 간략하게 소개한 바 있는 '주장적 자기표현'의 방법이다.

I. 사례: 공격적, 소극적, 주장적으로 응대하기

당신은 모 회사의 사장이다. 사회지도계층으로 성공한 오늘날 당신의 아버님은 아직도 당신을 어린 아들처럼 생각한다. 그래서 일일이 간섭하고 명령하신다. 당신이 어릴 때부터 아버지는 강압적이고 전제적이었다. 당신은 자라면서 그런 부모에게 몹시 반항하게 되었고 지금도 감정이 좋지 않다. 아버지는 요즈음도 당신에게 곧잘 전화를 하신

하고 싶은 말을 시원하게 말하기-주장적 자기표현

다. 아버지의 사업체를 아들에게 물려준 지 십여 년이 지났건만 당신이 아버지에게 일에 대해 소상하게 알리지 않으면 아버지는 지금도 노발대발하신다.

그럴 때면 당신은 어떻게 하는가? 아버지의 호통 소리를 듣게 되면 자동적으로 혈압이 올라서 당신의 얼굴은 험악해지고 목소리는 거칠어진다. 그래서 아버지에게 불손하게 나온다. 당신이 큰소리로 아버지를 제압하고 나면 기분이 통쾌하다. 그러나 그것도 한순간일 뿐이고 당신의 눈치를 살피며 위축되어 있는 아버지의 표정을 보면 죄송스런 생각이 들어서 마음이 괴롭다. 당신의 승리에는 무언가 잘못이 있다. '사회의 지도자가 되어 가지고 연로한 아버님께 불손하게 공박하다니 어디 제대로 된 인간인가?' 당신이 정당한 이유를 가지고 승자가 되었음에도 불구하고 이렇게 자신을 질책하는 것이다. '그래, 아버님이 산다면 얼마나 더 사시겠는가? 부모님의 마음을 상해드리지 말고 내가 참고 양보하자.' 이렇게 결심한다. 그래서 단단히 결심한 후 아버지의 지시에 "네, 네." 하며 응하자, 아버지의 요구는 점점 더 당신의 생활을 구속한다. '도대체 내 나이가 몇 살인데…, 아버지는 내가 죽을 때까지 애기 노릇을 하라는 것일까? 미치겠네.' 이렇게 투덜거리며 직장에서 다른 직원에게 짜증을 부리고 집에서는 가족들에게 스트레스를 준다. 결국 당신이 양보하면 매번 아버지에게 끌려다니게 된다. 그러니까 순응한다는 것은 당신이 패자가 된다는 뜻이고 그것은 심리적으로 견딜 수 없는 불편감을 준다. 드디어 당신은 회피적인 조처를 취하기로 한다. '되도록이면 아버지하고 상종하지 않는 것이 최상책이다.'라는 판단을 내린다. 그리고 '일체의 대꾸도 하지 말고 어디로 멀리 도망가 버리자.'고 결심한다. 그러나 가정의 대소사가 수시로 생길 것인데 아버지를 영구히 대면하지 않고 살 수 있을 것인가? 시간이 갈등을 해소시켜 주거나 문제를 해결해 주지는 않는다. 아들 쪽에서 공격적으로 나오면 부자관계가 파괴된다. 그렇다고 아들 쪽에서 계속하여 양보하게 되면 그는 언젠가는 고혈압 환자가 되거나 위장에 구멍이 뚫릴지도 모른다. 그렇다면 우리는 공격도 아니고 양보나 회피도 아닌 행동방식을 취해야 할 것이다. 대화할 때 위협적이거나 훈계적인 말은 상대방의 자존심을 상하게 하므로 본능적으로 거역하고 싶은 심리를 발동시킨다. 애원조의 말은 화자(話者)의 무력함이 은연중에 전달되어 상대방의 무시와 유린을 불러일으키는 효과가 있다.

그렇다면 당신은 지금부터 아주 색다른 방도를 취해야 할 것이다. 과거에 당신은 외부 상황(아버지)에 따라 당신의 기분과 행동이 좌우되었다. 그러므로 당신은 수동적이고 반응적이었다. 이제부터는 당신 쪽에서 주도적으로 되어 외부 상황(아버지)을 이끌어 가고 조정하며 변화시키도록 새로운 형태의 의사소통을 구사해야 한다. 그것은 당신이 아버지를 누르고 이기는 것도 아니고 아버지가 당신을 억누르게 허용하는 것도 아니다. 두 사람이 각자의 희망사항과 느낌을 털어놓고 조율하여 서로를 인격적으로 존중해 주는 것이다. 그리고 당사자들이 인간적으로 향유할 존엄성과 권리를 침범당하지 않는 범위 안에서 확실한 경계선을 긋고 정면으로 맞서는 것이다. 다시 말해서 건설적인 싸움을 하는 것이다. 건설적으로 싸운다는 것은 당신이 자기를 주장하되 상대방도 포용하면서 대화를 주도한다는 뜻이다.

부자간에 심각한 갈등을 겪고 있는 당신은 아버지에게 다음과 같이 말할 수 있을 것이다.

"아버지께서는 제가 직장에서나 사회에서 실수하지 않고 성공적으로 생활해 나가기를 바라시지요? 그런 마음에서 아들이 매사를 잘 처리해 나가고 있는가를 확인하고 싶어서 제가 하는 일을 일일이 알아보고 싶으신 것 아닙니까? 아버지의 그런 마음은 참으로 고맙습니다.

아버지 눈에는 제가 어리게 보일지 모르지만 제 나이가 벌써 40이 넘었어요. 이제는 누구의 지시를 받을 나이가 아니고 저 나름대로 노하우(know-how)와 전문성이 있습니다. 저는 아버지를 닮아 꽤 똑똑하거든요. 저를 믿어 주세요. 게다가 제 성격은 아버지를 닮아 독립심이 강해서 간섭받는 것을 제일 싫어합니다. 저를 누가 간섭하면 성질이 고약해져요. 그래서 아버지가 좋은 뜻으로 질문하시더라도 신경질이 나거든요. 신경질이 나면 아버님께 감사하는 마음과 효도하고 싶은 마음이 일시에 사라져 버려요. 이것이 저의 문제입니다. 아버지가 도와주세요. 게다가 요즘 기업문화나 세계정세는 아버지 세대와 전혀 다르거든요. 과거 같으면 아버님의 충고가 다 옳겠지만 21세기의 기업풍토에선 오히려 해로울 수도 있습니다. 아들을 위하는 마음에서라도 저를 내버려 두세요. 그 대신에 부탁이 하나 있어요. 회사 일이나 사회생활 일 이외에 아버님이 저에게 원하시는 것을 가끔씩 말씀해 주세요. 그리고 "이렇게 하여라."고 명령식으로 하지 말고 "…에 대하여 네 의견은 어떠니?"라고 물어보아 주세요. 그러면 제가 얼마든지 아버지와 의논할 겁니다. 저도 아버지를 기쁘게 해 드리고 싶습니다. 아버지를 존경하거든요."

위의 대화 내용을 분석해 보자.

당신은 먼저 아버지의 마음을 이해하고 충분히 공감해 주었다. 그리고 나서 당신이 느낀 감정을 피력하고 이어서 당신이 원하는 것을 명료하게 요청하였다. 마지막으로 부자간에 다 같이 만족할 만한 요구사항을 구체적으로 부탁하였고 끝으로 아버지의 자존심을 부추겨 주어 존경을 표시하였다. 다시 말해서 당신은 아버지의 인격과 욕구를 존중하되 당신의 소망사항을 확실하게 주장함으로써 당신의 인격과 욕구를 존중받는 방식으로 대화하였다. 이것이 건설적인 싸움을 하는 것이다. 그것은 또 다른 말로 표현하자면 '나-전달법'의 기술을 활용한 주장적 행동이며 구체적으로 당신은 '공감적 주장'을 한 것이다.

또 하나의 예를 들어 보자.

순돌이는 고등학교 2학년으로 학교 성적이 중위권이다. 그는 공부에는 별로 취미가 없지만 건강하고 사회성이 좋아서 친구들과 어울려 놀기를 좋아한다. 장래의 꿈은 사업가가 되는 것이다. 부모님은 순돌이가 공부를 하지 않는다고 성화인데 특히 어머님의 감시와 질책이 이만저만이 아니다. '공부' 문제를 놓고 순돌이는 매일 어머니와 언쟁에 휘말린다.

107

　모든 면에서 부모보다 미숙한 순돌이가 과연 부모와 인격적으로 대등한 입장에서 대화가 가능할까? 그리고 미성년자인 순돌이가 성인인 부모를 설득하여 서로가 만족할 만한 해결점을 찾아내는 방식으로 대화할 수 있을까? 이것은 대단한 설득력과 리더십을 요구한다.

　자, 여기에서 순돌이가 우리 주변에서 흔히 볼 수 있는 십대처럼 나온다고 가정해 보자. 순돌이는 두 눈을 험악하게 치켜뜨고 어머니에게 대항할 것이다. "엄마는 자나 깨나 공부만 하라고 하니 미쳐 버리겠어요. 엄마가 그렇게 한번 공부해 보실래요? 어림도 없지요. 난 공부 못해도 좋아요. 내 인생은 내 맘대로 살 테니까 제발 간섭하지 마세요. 난 공부는 절대로 안 할 거예요." 그리고는 밖으로 뛰쳐나가 친구들과 어울려 놀고 책과 담을 쌓는다. 어머니가 더욱 강력하게 순돌이를 질책하자 순돌이는 위협을 한다. "난 이 집에 없는 자식이에요. 날 찾지 마세요. 소리 없이 나가서 죽어 버리고 사라져 버릴 것입니다." 이런 협박조의 말에 깜짝 놀란 어머니는 순돌이를 야단도 칠 수 없다. 속으로 애만 타면서 아들의 눈치를 보며 아들이 원하는 대로 달라는 용돈은 다 주고 '공부하라'는 말은 끄집어내지 못한다. 순돌이는 자기에게 꼼짝못하도록 자기가 부모님을 조종할 수 있는 능력이 있다는 것을 발견하고 통쾌감을 느낀다. 그래서 집에 돌아오면 점점 더 횡포를 부린다. 이것은 공격적 대처방식이다. 이와 반대로 고분고분한 순돌이라면 어머니 말씀에 순종하여 책상에 앉아 있을 것이다. 그러나 자발적인 학습 동기가 없고 자기 인생에 대한 계획이나 신념도 없다. 어머니와 언쟁하는 것이 지긋지긋하고 언쟁해 보았자 이길 수도 없으니까 마지못해 어머니의 지시를 따르는 것이다. 내심으로는 강압적인 부모님이 몹시 증오스럽고 공부를 잘하지 못하는 자신에 대한 열등의식으로 가득 차 있다. 순돌이는 겉으로는 순응하지만 책상 앞에 앉아 공부는 하지 않고 혼자서 투덜거리며 시간만 보내고 있다. 이것은 소극적-공격적 대처방식이다. 또 순돌이는 꾀를 부릴 수도 있을 것이다. 그는 부모와 마찰을 피하는 최상책은 자기 쪽에서 부모님과 담을 쌓고 가족과의 상호작용을 일체 회피하는 것이라고 결론을 내린다. 부모님과 눈도 마주치지 않고 말대꾸도 하지 않고 용돈이 필요하면 청구서를 쪽지로 써서 식탁 위에 올려놓는다. 밥은 자기 방에서 혼자 먹고 자기 혼자서 씩 웃으며 은둔생활을 할 것이다. 이것은 회피적인 대처방식이다.

[그림 6-1] 공격적인 대처방식

[그림 6-2] 소극적-공격적인 대처방식

[그림 6-3] 회피적인 대처방식

[그림 6-4] 주장적인 대처방식

그런데 우리가 아는 순돌이는 다행히도 위와 같은 행동을 하지 않는다. 순돌이의 가정은 비교적 민주적인 분위기다. 그는 어려서부터 아버지와 어머니 사이에 의견대립이 생길 때면 큰소리로 싸우시더라도 끝내는 부모님이 서로 타협점을 찾는 것을 많이 목격하였다. 그런 가정의 풍토에서 자란 순돌이는 평소에도 자기표현을 잘하고 설득력이 있다.

순돌이는 이렇게 어머니에게 요청한다.

"엄마, 저도 공부 잘해서 좋은 대학에 들어가고 싶어요. 엄마 마음은 잘 알아요. 그런데 아무리 공부를 해도 잘 모르겠고 아무리 애를 써도 학교 등급을 올릴 수가 없어요. 저는 어디를 한바탕 쏘다니거나 실컷 운동을 하고 나면 마음이 안정되어요. 하루 종일 책상에 앉아 있으면 미쳐 버릴 것 같다니까요. 공부가 전혀 안 된단 말이에요. 저도 답답해 죽겠어요. 엄마가 원하는 대로는 안 되거든요. 그러니까 지금부터는 저에게 맞는 공부방법과 저에게 가능한 수준의 점수대를 정해 놓아야 할 것 같아요. 그렇지 않으면 공부가 너무 힘들어서 도중에 포기할 것만 같아요. 제가 공부에 취미를 붙이도록, 그래서 제가 할 수 있다는 자신감이 생기도록 엄마가 연구해 주세요."

이것은 주장적인 대처방식이다. 우리는 경우에 따라서는 약자의 입장이 되어서 강자와 갈등 상태에 놓여 있을 수 있다. 그러나 비록 약자의 위치에 처해 있을지라도 우리는 의연하게 강자와 대면하여 당당하게 우리의 소신과 입장을 피력할 수 있다. 그리고 강자에게서 협조와 타협을 이끌어 낼 수 있다. 순돌이처럼 말이다. 그것이 멋진대화의 기술이다.

앞에서 살펴본 바와 같이 대인관계에서 나타내는 표현양식을 인격적인 존중과 권리의 면에서 구분하자면 크게 공격적 표현, 소극적 표현, 주장적 표현 방식으로 구분된다.

2. 주장훈련에 관한 연구와 그 효과

자신의 정신건강과 인격적 성장을 도모하고 인간관계를 개선하기 위하여 최근 효과적인 의사소통의 기술을 훈련하는 프로그램들이 소개되고 있다. 그중에서 특히 자신이 원하는 바를 허심탄회하게 말하는 기술을 체계적으로 가르쳐 주는 훈련을 주장훈련(assertiveness training)이라고 한다.

월페(Wolpe)는 1958년에 최초로 주장훈련의 필요성을 역설하고 주장훈련의 프로그램을 개발하였다. 월페는 사람들이 주장적으로 행동하지 못하는 것이 심리적인 불안때문이라고 하였다. 그래서 월페와 이후의 학자들은 불안을 감소시키기 위한 이완훈련을 주장훈련의 일부로서 채택하였다. 그 뒤 라자루스(Lazarus)가 구체적인 주장훈련의 프로그램을 만들어 최초로 실험 연구하였다. 한편 아이슬러와 헤르센(Eisler & Hersen)은 사람들이 주장행동을 잘하지 못하는 것은 자기주장하는 방법을 잘 알지 못하기 때문이라고 하였다. 그 후에 많은 학자들은 주장행동에 필요한 기술을 훈련시켜 주는 것이 중요하다고 강조하였다(Albertli & Emmons, 1978; Fensterheim & Baer, 1975).

또한 여러 학자들은 주장행동을 잘하지 못하는 것은 그 개인의 사고(생각)와 관련되어 있기 때문에 사고의 변화를 위한 훈련이 주장훈련에 포함되어야 한다고 강조하였다(Jakubowski & Lange, 1980).

따라서 주장행동은 개인의 성격(불안), 사고(비합리적 신념체제), 행동(소극성)과 관련되어 있음을 알 수 있다. 그런데 학자에 따라서는 주장적 행동을 개인의 성격 변인으로 보는 학자도 있고 사회적 기술 변인으로 보는 학자도 있다. 성격적 변인이든 사회적 기술 변인이든 간에 주장적 행동은 훈련이나 교육으로 비교적 쉽게 배울 수 있다는 것이 판명되었다(Albertli & Emmons, 1978; Back & Goldberg, 1994; Bloom, Coburn, & Pearlman, 1985; Bower & Bower, 1991; Fensterheim & Baer, 1975; Galassi, Galassi, & Litz, 1974; Jakubowski & Lange, 1980).

112　　오늘날 주장훈련은 유 · 아동, 청소년, 일반인, 주부, 정신과 환자, 직장인 등을 대

상으로 하여 광범위하게 적용되고 있다. 특히 수줍고 소극적인 성격을 가진 사람과 공격적인 언동을 하는 사람에게 매우 효과적인 것으로 판명되었다.

한국사회에서는 김성회와 저자가 1980년대부터 주장훈련을 소개하여 주로 대학생과 중·고등학생들에게 프로그램을 실시하였다. 저자는 '주장한다'는 말의 뉘앙스가 한국사회에서 부정적으로 지각될 가능성이 있기에 '주장훈련'을 '자기표현훈련' 또는 '자기발표력훈련'이라는 용어로 소개하고 대학생들에게 적용하였다(최웅, 유재만, 홍경자, 1980; 홍경자, 1981; 홍경자, 노안영, 1984; 홍경자, 1988, 1993; Hong, 1982; Hong & Cooker, 1983).

김성회는 '주장훈련' 또는 '자기주장훈련'이라는 용어로 한국의 고등학생에게 주장적 기술을 훈련하였고 대학생들을 대상으로 하여 주장행동의 요소, 주장훈련의 효과 등에 대하여 광범위한 연구를 체계적으로 시행하였다(김성회, 1980, 1984, 1991, 1993; 변창진, 김성회, 1980; 하영석, 김성회 외, 1983).

또한 김인자(2001), 조증렬, 조영희(1997) 등이 주장훈련과 관련된 역서를 소개하였다. 그 이후에 많은 연구자들이 주장훈련의 효과성을 보고하였다. 대표적으로 몇몇 학자들의 연구결과를 살펴보면 다음과 같다.

이경선(2003)은 대학생들을 상대로 주장훈련을 실시하여 주장훈련이 대학생의 분노억제, 분노표출, 분노감소에 효과가 있음을 보고하였다. 또 초등학교 학생들에게 주장훈련 프로그램을 실시하여 아동의 자기표출 능력이 향상되었고 대인불안을 감소시키는 효과가 있었다는 연구가 보고되었다(김창은, 1990; 석난자, 2002; 신현규, 2001; 최명심, 2000).

초등학교 학생들에게 놀이중심 주장훈련을 실시하여 그 효과성을 검증한 연구에 따르면 놀이중심 주장훈련 프로그램이 초등학생들의 수줍음 수준을 감소시키고 주장성을 증가시키며 사회성을 증가시키고 아동의 교우관계를 개선시키는 등의 긍정적인 효과가 있었다고 보고하였다(박희량, 2004; 이소현, 2004; 전지현, 1995).

안영숙(2004)은 초등학생을 대상으로 성적(性的) 자기주장훈련 집단상담 프로그램을 실시한 결과, 과학적인 성지식과 남녀 차별 없는(양성평등적) 성의식과 성역할을 함양하는 데 효과가 있음을 증명하였다. 중·고등학생들에게도 주장훈련은 상태불안과 특성불안을 감소시키고 자기존중감을 향상시키는 것으로 나타났다(손영재, 2001; 신태상, 2001). 또한 정신질환자들에게 주장훈련을 실시한 결과, 불안이 감소되고 주장행동이 향상되었다는 보고도 있다(손영주, 1992; 김연화, 1994; 배경희, 2005).

주장훈련 프로그램

오늘날 한국사회에서 실시되고 있는 주장훈련은 대부분 집단훈련의 형식으로 7, 8~14, 15명의 대상에게 5, 6회~12, 13회(1회는 2~3시간 소요)에 걸쳐 실시되고 있다. 체계적인 훈련은 상담심리 분야의 전문가에게서 지도받을 수 있다. 그러나 자기 혼자의 힘으로 주장적 표현을 익히고 싶은 사람은 서적을 통하여도 훈련할 수 있다.

주장훈련 프로그램의 내용은 크게 네 가지의 영역으로 구분될 수 있다.

첫째, 주장성의 개념과 주장적 행동을 잘하지 못하는 이유, 주장행동의 요소와 효과성에 대하여 숙지한다.

둘째, 주장적 행동을 하는 데 필요한 구체적인 기술을 가르쳐 준다. 이를 위해서는 행동주의적 접근이 시도된다. 그것은 지도자의 시범(示範, modeling)을 관찰하고 역할연기(nole-playing)와 행동연습(behavior rehearsal)하기, 구성원 간의 피드백 주고받기, 녹음테이프와 녹화(비디오)테이프를 사용하여 전문가에게서 코치받기, 행동과제(homework)를 부과하기 등으로 이루어진다.

셋째, 주장적 행동을 촉구하도록 개인의 사고과정을 검토하고 수정한다. 이것은 엘리스(Ellis)의 합리적, 정서적 행동치료(REBT)나 벡(Beck)의 인지치료이론을 적용하여 주장적 행동을 방해하는 비합리적 사고(신념체제)를 발견해 내고 그것을 합리적 신념체제로 대치시키는 것이다.

넷째, 심리적인 불안 때문에 주장적 자기표현이 힘든 사람에게는 이완훈련과 자기독백의 기술을 터득하게 함으로써 불안을 극복하도록 도와주고 있다. 주장적이고 긍정적인 자기독백은 우리의 사고를 관장하는 신경회로에 새로운 명령체제를 전달하는 것과 같다고 볼 수 있다. 그런 의미에서 자기독백은 신경언어 프로그래밍(NLP)의 원리를 이용하는 것이다. 주장행동에 수반되는 불안은 합리적인 사고를 하거나 자신감이 생기면 줄어드는 것으로 나타났다.

주장훈련 프로그램은 대부분의 사람들이 주장적 자기표현이 어렵다고 느끼고 있는 장면을 선정하여 집단적으로 실시되는데 경우에 따라서는 개별적인 훈련을 받게 하는 수도 있다. 그 내용은 상대방에게 요청하기(부탁하기), 거절하기, 칭찬하기와 칭찬받기, 비평하기와 비평에 대처하기, 데이트 신청하거나 친구 사귀기와 같은 사교적 행동을 연습하기 등으로 되어 있다. 그리고 상대방의 친숙도에 따라서 각기 적절한 주장행동을 하는 요령을 익히게 된다. 집단으로 실시하는 주장훈련이 끝난 다음에 개인은 각자가 자기주장하기 힘든 상황에 대하여 개별적으로 심도 있는 훈련을 받을 수도 있다. 다시 말해서 집단지도와 개별지도를 병행할 수 있다.

그동안 김성회와 저자가 실시한 주장훈련 프로그램의 절차에 대하여 관심 있는 독자는 [부록 1], [부록 2]를 참고하기 바란다.

주장훈련과 관련된 용어들
주장훈련과 관련된 용어를 정의하면 다음과 같다.

• 주장적 행동: 상대방의 인격과 권리 등에 피해를 주지 않으면서 자신의 욕구, 감정, 생각들을 표현하는 행동이다. 이 책에서는 주장행동을 '자기주장' '주장적 자기표현' 또는 '주장적 발언' 등의 용어로 표현하였다.
• 비주장적 (또는 소극적) 행동: 상대방을 배려한 나머지 자신이 나타내고자 하는 바를 충분히 표현하지 못하여 자신의 권리와 인격에 손해를 가져오는 행동이다.
• 공격적 행동: 자신의 욕구, 감정, 생각 등을 표현하되 상대방의 인격과 권리 등을 배려하지 않고 피해를 주는 행동이다. 욕설과 협박 등의 언어폭력은 공격적 행동에 해당된다.

적절하게 주장행동을 하지 못하는 사람들, 다시 말해서 소극적(비주장적)으로 또는 공격적으로 자기표현을 하는 사람들은 그 원인이 다양하다. 앞에서 설명한 바와 같이 그들은 다음과 같은 특징을 가지고 있다.

첫째, 주장행동을 방해하는 비합리적 사고에 익숙해 있다.

둘째, 불안이나 두려움 때문에 자기주장에 방해를 받고 있다.

셋째, 자기주장하는 기술을 잘 알지 못하고 있다.

이 밖에도 더 고려되어야 할 사항은 다음과 같다.

넷째, 문화적, 환경적 원인이 주장행동을 방해한다. 유교문화권에 속하는 한국사회에서는 전통적으로 젊은이나 하급자가 윗사람에게 자기가 하고 싶은 말을 솔직하게 피력하면 불손한 사람으로 취급되었다. 그러한 사회적 인습은 개인의 주장행동을 방해한다. 또 남성은 감정표현을 자제하도록 교육받아 왔다. 한국의 남성들 중에서 자녀나 배우자에게 부드러운 대화와 애정표현을 하는 데 서투른 사람들이 상당히 많이 있다. 남편의 역할과 아버지의 역할 수행에 서투른 사람들은 이러한 문화적 영향이 지대하다고 볼 수 있다.

다섯째, 개인이 처한 특수한 상황적 여건이 주장행동을 금하게 한다. 어느 개인이 특정 상황에서 주장행동을 하지 못하게 되는 데는 그 상황에서만은 자기가 비주장적으로 처세하기를 선택했기 때문에 그렇게 된 경우도 있다. 직장에서 상사의 요구나 군대에서 상급자의 뜻에 반하여 자기가 원하는 바를 피력하게 된다면 자신의 장래 진로에 치명타를 초래할 수 있다. 그러니까 이때의 '아니요(no)'는 용기 있는 처사가 아니라 매우 위험한 모험일 수 있다. 주장적 자기표현의 기술을 익힐 때는 이 점을 유의해야 한다.

소극성, 공격성, 주장성을 변별하기

앞에서 언급했듯이, 대인관계에서 자기를 표현하는 양식은 대체로 소극적(비주장적), 공격적, 주장적인 양식으로 구분될 수 있다. 이들의 차이점을 비교하면 〈표 6-1〉과 같다.

| 표 6-1 | 비주장적, 공격적, 주장적 표현의 행동특징, 감정, 결과 |

	비주장적(소극성) 자기표현	공격적 자기표현	주장적 자기표현

행동
특징
	• 타인의 입장만 배려함
	  타인이 자기의 욕구와 인권을
	  침해하도록 허용함
	• 자기의 욕구와 권리를 솔직하
	  게 표현하지 못함(자기부정적)
		• 자기의 입장만 배려함
		• 타인의 욕구와 인권을 무시하
		  고 희생시킴
		• 자기의 욕구를 성취하기 위하
		  여 과격한 표현을 함(자기본
		  위적)
			• 자기의 입장을 배려하되 타
			  인의 권리와 인격을 존중함
			• 자기의 욕구를 성취하되 타
			  인의 권리를 침해하지 않음
			  (자기향상적)

감정	• 자신에 대한 실망과 자책 • 상대방에 대한 원망과 증오	• 처음엔 승리감, 우월감 다음에 죄의식	• 자기존중감
결과	• 자기의 욕구를 성취하지 못함 • 대인관계가 소원해짐	• 자신의 욕구를 성취함 • 상대방에게 분노, 복수심을 심 어 주고 관계가 파괴됨	• 자신의 욕구를 성취함 • 상호 존경

예를 들어, 당신 친구가 바쁘다고 하면서 자기의 숙제를 대신 해달라고 한다고 가정
해 보자.

소극적(비주장적) 자기표현	공격적 자기표현	주장적 자기표현
…에, 글쎄… 별 수 없군. 그래, 해 줄게.	야, 너 정신이 있는 거니? 그런 속없는 소리를 하다니 네가 대학생이냐? 어림없다.	남의 숙제를 대신하는 것은 법에 어긋나는 것이 라서 내가 해 줄 수가 없구나. 아무리 바쁘더라도 네가 해야 할 거다. 우리 다음 번에 만나자.

아래의 상황은 주장적인지, 공격적인지 또는 비주장적(소극적) 행동인지를 평가해
보고 그 이유를 생각해 보자.

표 6-2 주장적, 공격적, 비주장적 행동에 대한 변별검사

상 황	당신의 반응	(소), (주), (공)
1. 친구와 전화로 한참 동안 통화를 하였다. 당신은 이제 전화를 끊고 싶다.	"정말 미안해. 부엌에서 저녁밥이 타고 있으니 전화를 끊어야겠어. 괜찮겠지?"	
2. 어떤 맹인이 가까이 와서 물건을 사 달라고 요청한다. 그때 당신은?	"당신들은 눈이 안 보인다고 해서 꼭 물건을 사 줘야 한다고 그러는데 난 절대로 안 사겠어요."	
3. 이번 명절에 특별히 입으려고 세탁소에 맡긴 양복을 찾으러 갔다. 그때 당신은 양복에 구멍이 난 걸 발견했다.	"오늘 저녁에 입어야 하는데 어떻게 해. 당신들은 좀 책임 있게 일을 못하겠소?"	
4. 7인의 남자와 한 명의 여자로 구성된 어떤 모임에서 회장이 당신에게 서무를 하라고 한다. 그때 당신(여성)은?	"싫어요. 단지 내가 유일한 여자라고 해서 서무가 되는 것에는 진절머리가 나요!"	
5. 당신이 팀티칭(team teaching)에 가담했는데 사실은 계획, 교수, 토론, 평가를 도맡아 하고 있다. 그때 당신은?	"우리가 팀티칭을 하기로 되어 있는데 내가 모든 일을 하는 것으로 안다. 역할을 분담해야겠다. 토의 시간을 정하자."	
6. 학생이 수업 시간에 세 번째 지각했다.	"내 강의가 시작될 때 안 오면 강의의 일부를 다시 되풀이해야 하니 번거롭다. 네가 늦은 것이 나한테는 불편하다."	
7. 당신이 어떤 사람과 데이트를 한 번 했는데 이젠 그에게 흥미가 없다. 그가 또 데이트를 요청할 때….	"전 이번 주 너무 바빠요. 이번 토요일 저녁은 시간이 없겠어요."	
8. 학교 도서관에서 빌려간 적도 없는데 책을 반환하라는 연락이 왔다. 그때 당신은?	"무슨 소리를 하고 있죠? 당신은 기록을 똑바로 해 둬야겠어요. 내가 빌려간 적도 없는데 그걸 배상하라는 말이에요?"	

9. 부모가 자녀에게 방을 치우지 않았다고 꾸지람을 하고 있다.	"너희들 하여간에 형편없구나. 애비 노릇이 이렇게 힘들 줄 알았다면 자식을 절대로 안 낳았을 것이다."	
10. 윗층 세 사는 사람이 음악을 크게 틀어놓아서 신경질이 난다. 그때 당신은?	"여보세요. 음악소리가 너무 커서 내게 방해가 되어요. 소리를 좀 줄여 주시겠어요?"	
11. 당신은 월요일 오후 4시에서 5시까지를 개인적인 일을 처리할 시간으로 정해 놓았다. 그 시간에 누가 당신에게 만나자고 한다. 그때 당신은?	"월요일 4시라고요? 예…, 좋아요! 그 시간이 당신에게 틀림없이 좋은 시간이죠?"	
12. 아내가 말을 않고 침묵만 지킨다. 그때 당신은?	"또 묵비권이야? 말 한 번 뱉어 내면 누가 죽냐?"	
13. 남편이 당신 친구 앞에서 당신의 외모를 헐뜯었다. 그때 당신은?	"당신이 다른 사람 앞에서 내 외모를 헐뜯으면 나는 정말 속이 상해. 할 말이 있거든 제발 우리가 외출하기 전에 집에서 이야기해 주세요."	
14. 당신이 알고 있는 중학생이 고백을 했다. 그녀가 어느 남학생과 성관계를 맺었다고 한다.	"그래. 못된 송아지 엉덩이에 뿔 난다는 말이 맞는 것 같구나."	
15. 적은 돈을 항상 빌려가고 갚지 않는 친구가 또 얼마의 돈을 빌려 달라고 한다.	"오늘 나 점심 사 먹을 돈밖에 없는데…."	

3. 의사소통의 관점에서 본 주장적 자기표현

제3장에서 소개된 키슬러(Kiesler)의 인간관계 양식을 주장적 자기표현의 관점과 비교해 보면 지배형은 공격적 표현과 유사점이 많다고 하겠다. 그리고 복종형과 고립형

119

은 비주장적(소극적) 표현과 유사점이 많다.

한편 호나이(Horney)가 말하는 부적응적 대인관계의 형태 중에서 순응적인 대처방식과 회피적인 대처방식은 키슬러의 복종형과 고립형에 해당되는 개념이다. 그것은 비주장적인 표현과 일치하다고 볼 수 있다. 그리고 호나이가 말하는 공격적 대처방식은 주장훈련에서 말하는 공격적인 표현과 같은 개념인 것을 알 수 있다.

사티어(Satir)가 소개한 역기능적인 의사소통의 형태 중에서 회유형과 산만형은 비주장적인 표현의 방식과 일치하는 모습을 보이고 있다. 비난형의 방식은 공격적인 표현과 유사한 개념이다. 저자가 강조한 바 있는 '포용적 대처방식'이나 사티어가 강조한 '일치형' 의사소통 방식은 주장적 표현의 개념과 매우 유사하다.

우리는 자기의 성격과 기질에 때라 사람들과의 관계 속에서 대개 주장적으로, 비주장적으로 또는 공격적으로 자기표현하기 마련이고 그것이 자신의 고유한 대인관계의 양식으로 굳어지는 경향이 있다. 그런데 내가 비주장적으로 임하게 되면 상대방이 승자가 되고 자신이 패자가 되는 쪽을 어쩔 수 없이 선택하는 셈이다. 그리고 나서 나는 상대방에 대한 원망과 자기혐오의 감정을 갖게 될 소지가 많다.

이와 반대로 내가 공격적으로 임하게 되면 내가 승자가 되고 상대방이 패자가 되도록 몰아붙여서 나는 처음에는 우쭐한 감정을 느낄 수 있다. 그러나 끝내는 두 사람의 관계가 악화되어 두 사람이 모두 패자가 되는 경우가 허다하다. 결국 비주장적(소극적)인 표현도, 공격적인 표현도 패자의 쓴맛을 보게 한다.

그러므로 의견 대립이 생길 때 서로 할 말을 허심탄회하게 피력하면서 인격을 존중해 주면 강제적으로 어느 한쪽이 패자가 되었다는 느낌을 갖지 않고서 만족스럽게 갈등을 풀어 갈 수 있다. 이러한 승승적(win-win) 관계는 주장적인 자기표현의 기술을 서로가 구사할 수 있을 때 가능하다.

그런데 문제는 주장적인 자기표현을 잘해 내기가 그리 쉽지 않다는 것이다. 특히 자신감이 부족하고 불안이 심한 사람이 어떻게 상대방의 눈치를 보지 않고 의연하고 담담하게 자기의 심정을 말할 수 있을까? 또 자기 본위의 생각에 사로잡혀 걸핏하면 큰 소리로 상대방을 위협하고 화부터 내는 사람이 어떻게 차분하게 마음을 가라앉히고 편안한 어조로 말할 수 있을까? 공격적인 성향의 인간은 분노감정을 통제하는 기술이 필수적이다. 불안감이나 분노 감정을 관리하는 데 필요한 기술은 제9장과 제10장에서 자세히 다루고 있다. 그리고 자기주장적 표현을 하는 요령은 이 장의 후반부에서 자세하게 다루고 있다. 여기에서는 주장적 자기표현을 할 때의 기본 자세만을 정리해 보기로 한다.

예를 들어 보자.

녹두 씨는 사업차 해외여행 일정을 잡고 비행기 예약을 해 두었다. 공항에 가서 탑승수속을 하려는데에 여행사의 착오로 녹두 씨의 좌석이 이중으로 예약되어 녹두 씨는 그 시간에 비행기를 탑승할 수 없음을 알게 되었다. 이런 상황에서 안절부절못한 녹두 씨가 어떻게 대응할지를 그림으로 살펴보자.

[그림 6-5] 비주장적, 공격적, 주장적 진술

4. 주장적 행동을 하는 요령

어떤 방식으로 자기를 표현하는 것이 주장적인가? 공격적인 표현도 아니며 비주장적 표현도 아닌 방식은 구체적으로 어떤 요소를 포함한 행동을 말하는가?

주장행동의 기본 요소

주장행동이란 '상대방에게 피해를 주지 않으면서 자신의 욕구, 느낌, 감정 등을 솔직하게 나타내는 행동'이라고 정의되었다.

위의 정의에서 밝혀진 바와 같이 주장행동은 자기에게 주어진 권리를 행사하되 상대방의 권리를 침해하지 않아야 한다. 이와 같은 인권(人權)의 개념은 일찍이 알버티 등(Alberti & Emmons 1970, 1982)과 보우어 등(Bower & Bower, 1996)이 강조해 왔다. 이런 개념에 근거하여 주장적 행동의 기본 요소를 살펴보면 아래와 같다.

- 상대방에 대해 예절을 지키며 상대방의 말을 잘 경청한다.
- 먼저 상대방을 공감적으로 이해한다.
- 자신이 주장하는 이유를 ('나-전달법'과 더불어) 간단히 설명한다.
- 서로가 받아들일 수 있는 타협안을 제시한다.
- 자신의 마음속에 있는 바를 정직하게 참지 않고 가급적이면 대화의 초반에 상대방에게 직접 나타낸다.
- 상대방과 대화할 때 서두르거나 횡설수설하지 않는다.
- 상대방과의 거리(약 50~100cm)를 적절히 유지한다.
- 상대방이 알아들을 수 있도록 또렷하고 큰 소리로 단호하게 그리고 자연스러운 억양으로 말한다.
- 시선을 적절하게 맞춘다.
- 진지한 표정과 몸짓과 이완된 자세로 말한다.

주장행동을 할 때 고려해야 할 상황적 요소

위와 같은 주장행동의 기본적 요소는 개인이 표현하고자 하는 내용, 대하는 상대 및 상대방과의 친숙도에 따라 실제 행동으로 나타날 수도 있고 그렇지 못할 수도 있다. 그러니까 주장행동은 상황이나 장면에 따라서 크게 영향을 받는다. 구체적인 상황적 요소는 다음과 같다.

첫째, 상대방의 조건에 따라서
- 상대방의 성(性)   • 상대방의 연령   • 상대방의 사회적 지위

둘째, 상대방과의 친숙도에 따라서
- 형식적 관계(예: 판매원)
- 반복적인 중요한 관계(예: 담임교사)
- 친밀한 관계(예: 친한 친구)

셋째, 대화의 내용에 따라서
- 부탁하기   • 거절하기   • 칭찬하기   • 칭찬받기
- 비평하기   • 비평에 대처하기   • 데이트 신청과 거부 등

주장적 행동을 하는 순서

비주장적인(소극적) 성향이 있는 사람들이 주장적으로 되기 위한 자세는 다음과 같다.

- 자기의 인간적 권리와 존엄성을 확실하게 인식한다.
- 상대방의 눈치를 보고 기가 죽어 움츠러들려고 하는 자신의 표정, 자세, 목소리에 주의를 기울인다.
- 마음속으로 자기의 권리를 인정하는 말을 독백한다. 그리고 다음과 같이 자기암시한다.

'음. 너는 강한 ○○ 앞에서 저절로 주눅이 들어 있구나. 목소리도 가느다랗게 작아지고…. 네가 큰 잘못을 범한 죄인이 아니니까 절대로 비굴하게 굴 필요가 없어. 너는 지금 네

123

권리를 침해받고 있는 피해자야. 그러니까 당당하고 의젓한 자세로 네가 하고 싶은 말을 또 렷하고 간결하게 말해야 해. 그래서 너의 존엄성과 인간적 권리를 네가 지켜야 해. 그렇지 않으면 상대방이 너를 유린하도록 방관하고 허용하는 꼴이란다. 그 뒤에 너는 그 사람을 두 고두고 원망하고 미워하게 될 거야. 그리고 무능한 네 자신을 혐오하게 되고 화병이 날 수도 있고 또 일생 동안 한(恨)을 가지고 살아갈지도 몰라. 그래서는 안 되겠지?"

- 마음속으로 강한 자기가 되기로 단단한 각오를 한다. 지금부터는 본의 아니게 남 의 눈치를 살피고 비위를 맞추면서 손해와 양보하는 쪽을 스스로 택하지 않겠다 고 결단하는 것이다. 그리고 위엄과 품위를 지키며 남들에게서 정당한 예우를 받 기로 작정하고 그렇게 되도록 자신에게 기합을 넣는다.
- 거울 앞에 서서(또는 거울 앞에 서 있다고 상상하고) 자기가 할 말을 주장적으로 표 현하기를 연습해 본다. 이때 길게 중언부언하거나 변명하지 않는 말로 간결한 문 장을 준비한다. 그리고 자기의 목소리와 자세를 다양하게 변화시켜 가면서 연습 한다.
- 실제 장면에서 주장적으로 자기의사를 표현한다.
- 그 결과 성공적으로 자기주장했는지 그리고 유익한 소득이 있었는지의 여부에는 일체 신경 쓰지 않기로 한다. 자신이 주장행동을 새로이 시도해 보았다는 사실 하 나만으로도 이미 성공한 것이며 대인관계의 양식에 새로운 변화가 시작되었다고 굳게 믿고 자기를 칭찬, 격려, 강화하도록 한다.

한편 공격적인 성향의 사람들이 주장적으로 되기 위한 자세는 다음과 같다.

- 성급하고 화부터 내는 기질이 자기의 인격 완성에 해가 되며 가까운 주변 사람들 에게도 심리적인 상처를 준다는 점과 그것이 궁극적으로는 자기 인생에 커다란 손해를 가져다준다는 점을 확실하게 인식한다.
- 상대방과 대화할 때 자기도 모르는 사이에 도발적이고 강렬한 눈빛과 위협적인 말로 상대방을 제압하고 지배하려는 자세를 취하고 있는 자신의 모습에 관심을

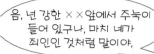

음, 넌 강한 ××앞에서 주눅이 들어 있구나, 마치 네가 죄인인 것처럼 말이야.

'넌 당당하고 의젓하게 할 말은 하고 사는 거야.' 그래야 네 권리와 존엄성이 지켜지거든.

신체이완하고 기합 준다, 그리고 의연하게 말하기를 연습한다.

[그림 6-6] 소극적인 사람의 주장적 자기표현 연습하기

넌 마치 전쟁터의 군인처럼 으름장을 놓는구나.

너그러운 태도로 말하면 상대방이 널 인격자로 존경하게 될 거야!

음, 네가 그렇게 나오면 고약한 성격이 굳어지겠지?

신체이완한다, 그리고 부드럽게 말하기를 연습한다.

[그림 6-7] 공격적인 사람의 주장적 자기표현 연습하기

125

기울인다. 그리고 그것을 알아차린다.
- 기존의 신념과는 다른 생각으로 대치하고 나서 다음과 같은 자기암시의 독백을 한다.

'그래. 너는 조그마한 일을 가지고도 누가 너의 자존심을 건드리면 크게 화를 내고 상대 방을 위협하는 기질이 있구나. 너는 인생을 마치 전쟁터인 것처럼 지각하고 전투태세를 갖춘 군인처럼 행동하는구나. 그래서 네가 원하는 것을 기어이 얻어 내는 데 성공하지. 그렇지만 상대방에게 상처를 주게 되고 그 결과 상대방이 너를 몹시 혐오하게 되지. 또 네 자신도 곧 후회와 자기혐오로 고통받게 되고… 지금부터 넌 생각을 바꾸어야 해. 상대방이 다른 의견을 제시하는 것은 너를 싫어하고 부인하는 것이 아니고 다만 너하고는 다른 생각과 욕구가 있다는 것을 표현하는 것이라고…. 그러니까 넌 공격적이고 전투적인 태도를 버리고 온화한 태도로 그의 이야기를 경청해 주고 그의 마음을 공감해 주는 거야. 그렇게 해서 너는 여유 있고 너그러운 사람이라는 것을 보여 주는 거야. 네가 인격적으로 존경받으면서 너에게도 유익이 되는 길은 이렇게 상대방을 수용하고 존경하는 가운데 네가 하고 싶은 말을 담담하게 피력하는 것이란다. 그게 세련된 사람의 매너야. 알았지?'

- 마음속으로 온화하고 품위 있는 자기가 되기로 각오한다. 지금까지 공격적으로 상대방을 제압하여 우위의 세력을 확보하고 살았던 방식이 사실은 이득이 아니며 사람들로부터 존경과 신뢰를 얻지 못하는 행위라는 것을 잘 인식하고 그런 태도는 앞으로 지양하겠다고 작정한다.
- 거울 앞에 서서 자기가 할 말을 부드럽고 담담하게 표현하기를 연습해 본다. 온화한 눈빛으로 상대방을 지긋이 바라보며 친절하고 낮은 목소리로 천천히 말하는 것을 연습하는 것이다.
- 실제 장면에서 품위 있는 신사와 숙녀의 매너로 자기의사를 표현한다.
- 새로이 변화된 부드러운 자신에 대하여 만족하며 자기강화하도록 한다.

이제 다음과 같은 상황에서 소극적, 공격적, 주장적 자기표현을 하는 방식은 어떤 것인가를 간략하게 살펴보면서 이 장을 정리해 보기로 한다.

종다리 사장의 발언은?.......... 소극적(   )

                                                   공격적(   )

                                                   주장적(   )

[그림 6-8] 팬션 사업 동업하기

5. 사례

사례 1 까다로운 직장 상사 다루기

질문: 저의 부서의 팀장은 평소에도 별로 긴급하지 않은 일을 가지고 보고서를 미리 제출하도록 독촉하고 까다롭게 구는 상사입니다. 이번에도 충분한 시간을 주지 않고 무리하게 어떤 안건에 대한 브리핑을 파워포인트(power point)로 작성해 내라고 요구합니다. 하필이면 감기와 몸살에다 가정사가 겹쳐서 제가 기일을 맞추기가 대단히 힘들게 되었는데, 어떻게 말해야 할까요?

대답: 당신은 소극적으로, 또는 공격적으로, 또는 주장적으로 당신의사를 표현할 수 있겠지요. 그 예를 들어보면 아래와 같습니다.

자존감을 가지고 의젓하게 자신을 표현하는 것은 물론 주장적 발언이지요.

- 소극적(비주장적) 발언: (머리를 긁적이며 기어들어가는 목소리로 고개를 수그린 채) 팀장님, 저어… 실은… 제가 브리핑을 신속하게 작성하려고 하는데요. 실은… 제가 몸살이 났어요. 꾀병이 아니고 실은 그게 사실이거든요. 어떻게 해요? 기일을 조금만….

- 공격적인 발언: (강렬하게 쏘아보며 약간 화가 나고 짜증스런 말투와 심각한 얼굴로) "팀장님, 제가 몸살이 났습니다. 이번뿐만 아니라 그 전에도 저희 팀의 업무가 사실상 너무 과중한 것 같아요. 팀장님도 그렇게 생각하시지 않습니까? 제가 몸살이 났지만 이번에도 사실은 브리핑 시간을 너무 촉박하게 요구하시니까 그게 문제입니다. 우선 기일을 좀 늦춰 주셔야 할 것 같아요.

- 주장적 발언: (예의를 갖추어 공손하게 부드러운 시선으로 바라보면서) 팀장님, 저는 팀장님의 기대에 맞추어 멋있는 브리핑을 하려고 노력하고 있습니다. 그런데 하필이면 요즈음 제가 몸살감기에 걸렸고 가정사까지 겹쳤습니다. 기일을 조금 연장

해 주신다면 회복된 다음에 팀장님의 마음에 들도록 최선을 다하여 멋있는 보고서를 제출하려고 합니다. 사실을 말씀드리자면 이번에는 기일이 너무 촉박해서 전 직원들이 스트레스를 느끼고 있어요. 그 점도 고려해 주시면 팀원들의 사기가 올라가고 팀장님의 인기도 '짱'일 것이라고 생각해요.

사례 2 자기를 무시하고 놀리는 동료 다루기

질문: 저는 회사에서 같이 일하는 사람들에게 가끔 무시를 당할 때가 있습니다. 저는 말재간이 없으니까 속으로는 억울해도 당하고만 지냅니다. 얼마 전에 직원들이 같이 모여 식사할 기회가 있었습니다. 아내나 여자친구를 데리고 가는 자리였습니다. 저만 보면 놀리는 직원이 한 명 있습니다. 그 직원이 또 저를 무시하는 말을 했습니다. 저의 여자친구 얼굴이 '별로'라고 해요. 그리고 제가 여자를 고르는 취미가 이상하대요. 이럴 때는 무슨 말로 대답해 주어야 할지요?

대답: 짓궂은 동료에게서 놀림을 당하고 몹시 자존심이 상하셨겠군요. 당신을 무시하는 사람에게 화를 내고 험한 말을 하는 것도 미성숙한 대처방법입니다. 마음이 여리고 자기표현이 적은 당신이 화를 내고 나서 그 다음 상황을 어떻게 수습해야 할지 몰라 난감해질 수 있습니다. 그렇다고 불쾌한 내색을 하지 않고 번번이 참게 되면 당신은 속이 상하여 고통스러울 것입니다. 또 상대방에 대한 원망과 증오가 누적되어 그를 혐오하게 되고 그와의 관계가 악화될 수 있습니다. 이보다 더 심각한 문제는 상대방이 당신을 호락호락하게 보고 당신을 놀리거나 괄시하는 행동이 계속될 가능성이 높다는 점입니다. 그러므로 당신은 공격적으로 응수하지도 않고 소극적으로 참고 지내지도 말고, 당당하게 할 말을 해야 합니다. 첫째, 당신은 직원에게 할 말을 미리서 종이에 적어보고 그것을 읽으면서 거울 앞에서 소리 내어 연습하십시오. 둘째, 가능하다면 친한 친구에게 이 문제를 상의하고 도움을 구하십시오. 친구에게 그 직원의 역할을 잠시 담당해 달라고 부탁하고 나서 당신이 할 말을 친구와 함께 역할놀이로 연습하도록 하십시오. 셋째, 그 다음에는 그 직원에게 직접 이야기하도록 하는 것입니다. 직원에게 먼

129

저 '조용히 할 말이 있으니 약 2~3분간 시간을 낼 수 있느냐?'고 말하세요. 그러고 나서 정한 시간에 당신이 하고 싶은 말을 하는 겁니다. 그 요령은 다음과 같습니다.

- 냉수를 마시고 복식호흡을 하고 나서 신체를 이완시킨다.
- 마음이 편안해지면 잠시 생각할 시간적 여유를 가지면서 속으로 기합을 넣는다. 그리고 상대방 눈을 똑바로 바라보면서 낮고 조용하나 명확한 소리로 천천히 말하도록 한다.
- 자기 생각과 느낌을 간결하게 말하고 결코 변명하거나 설명하지 않는다. 그리고 상대방에게 원하는 바를 구체적으로 요청한다.

G형, G형이 평소에 나를 놀리시는 데 나는 몹시 자존심이 상하였습니다. 악의 없이 장난으로 말씀하신다고 생각할지 모르지만 여러 사람 앞에서 나를 무시하는 말을 하였습니다. 그래서 나는 불쾌하고 화가 나 있습니다. 지난번에도 내 여자친구가 못생겼다고 하셨고 내가 여자를 고르는 눈이 없다고 말씀하셨지요. G형은 외모로 사람을 판단하고 여자를 고르시는 모양인데 내가 보기에 G형은 아직도 어리고 유치하다고 생각됩니다. 나는 외모로 여자친구를 고르지 않습니다. 내가 어떤 여자와 사귀든지 그것은 내 인생의 문제입니다. G형이 간섭할 사항이 아닙니다. 부탁드리겠습니다. 앞으로는 여러 직원 앞에서 나에 대하여 놀리거나 웃기는 행동을 절대로 하지 말아 주세요. 그리고 나를 대할 때 예의를 갖추어 대해 주십시오. 앞으로 저를 인격적으로 대해 주시고 저에게 친절하게 대해 주신다면 G형을 원망하지 않겠습니다. 그 대신에 G형을 따르고 존경하겠습니다.

그것은 '나-전달법'의 형태나 '사-감-구-상'의 형태로 표현될 수 있다. 구체적인 요령은 제16장에 소개되어 있다.

운동경기에서 승리하려면 먼저 경기의 규칙을 잘 알고 있어야 한다. 그러고 나서 민첩하게 달리거나 공을 정확하게 던지는 기술이 있어야 한다.

자신의 대화방식을 개선하고 보다 세련된 의사소통의 기술을 습득하기 위해서도 동일한 원리가 적용된다고 하겠다. 먼저 의사소통에 대한 지식이 있어야 한다. 그러고 나서 자기 자신의 특성을 점검한 후에 대화기술을 숙달해야 한다. 이것을 좀 더 설명해 보자.

첫째, 자신의 대인관계적 특성과 대화양식의 특징에 대한 이해가 필요하다. 예를 들면, 나는 남들에게 자신을 공개하는 편인가? 다른 사람들의 이야기를 잘 경청하는 편인가? 나의 자아개념과 사람들에 대한 신념이 나의 대화방식에 어떤 영향을 미치고 있는가? 이런 부면에 대하여 검토해 보아야 한다.

둘째, 의사소통의 일반적인 원리와 효과적인 대화기술에 대한 지식을 습득해야 한다. 예컨대, 대화자와 수신자의 욕구, 신념, 대화기술, 지각, 감정 등이 상호 간의 교류에 어떤 영향을 미치는가? 나의 지각-인지과정에서 발생하는 오류와 왜곡된 신념은 어떤 것들인가? 갈등상황을 현명하게 풀어 나가는 대화법은 어떤 것인가? 원활한 대화를 방해하는 분노감정을 통제할 수 있는가? 상대방의 감정을 건드리지 않고 내가 하고 싶은 말을 허심탄회하게 피력할 수 있는 방법은 무엇인가? 이런 것들에 대하여 숙지할 필요가 있다.

멋진대화를 위한 준비-나의 자기표현 수준과 자아개념 이해하기

셋째, 자기의 대인관계 양식과 대화방식을 긍정적이고 적극적인 방향으로 개선하려고 결단하고 실천하도록 노력해야 한다. "천리 길도 한 걸음부터"라는 속담이 있듯이 대인관계를 잘 맺고 자기를 표현하는 기술에 대한 지식이 있다 하더라도 이것을 실제 생활에서 실천하여 그 효과를 몸으로 터득한 사람만이 성격개선과 풍요로운 인간관계의 소득을 얻을 수 있다. 그러므로 먼저 이 분야에 대한 지식을 습득한 다음에 실천 가능한 계획을 수립해야 한다. 그리고 나서 작은 단위의 목표를 향하여 하나씩 하나씩 실천해 보고 작고 알찬 성공을 여러 차례 경험하는 일이 중요하다. 꾸준히 노력한 결과로 인하여 새로운 행동이 자기에게 하나의 습관으로 정착되면 당신의 성격과 대인관계가 점차적으로 개선될 수 있다. 대인관계와 대화기술의 개선을 위해서는 구체적으로 다음과 같은 단계를 밟아 나가야 하겠다.

- 1단계: 대인관계와 대화기술을 개선하기로 결단한다.
- 2단계: 나의 대인관계와 대화기술의 특징을 알아본다.
- 3단계: 내가 가지고 있는 강점과 매력을 찾아보고 또 개선이 필요한 영역과 그 원인을 체계적으로 알아본다.
- 4단계: 새로운 행동의 계획, 즉 내가 가지고 있는 강점의 신장과 약점의 개선에 대한 계획을 수립하고 실천한다.

133

- 5단계: 실천한 행동의 결과를 평가한다.
- 6단계: 계속해서 노력하여 긍정적인 변화를 다져 나간다.

I. 나는 인간관계 속에서 얼마나 자기를 표출하는가

여기에서는 자신의 자기공개 내지 자기표출의 수준을 파악해 보기로 한다.

"지피지기(知彼知己)면 백전백승(百戰百勝)"이라고 한다. 먼저 내 자신에 대하여 객관적으로 잘 알고 있고 이어서 상대방에 대하여 잘 알고 있으면 우리가 원하는 바를 거의 확실하게 이루어 낼 수 있다. 그러므로 여기에서 당신이 현재 맺고 있는 대인관계와 대화양식의 실상을 면밀하게 살펴보기로 한다.

조해리의 '마음의 창'에 비친 나의 특성

인간관계에서 나 자신을 다른 사람에게 내보이는 일은 매우 중요하다. 이를 자기표출 또는 자기공개(self-disclosure)라고 하는데 이것은 인간관계를 심화시키는 중요한 요인으로 알려져 있다. 또 인간관계에서 다른 사람들이 나에 대해 어떻게 느끼고 있는지를 잘 아는 일도 중요하다. 이것은 내가 타인에게서 피드백을 얻는 행동이다. 타인은 나를 비쳐 주는 '사회적 거울'이라는 말이 있듯이, 다른 사람들이 나에 대해 어떻게 느끼고 있는지에 대하여 듣게 됨으로써 객관적으로 자기를 보는 눈이 생기고 자신의 행동에 대한 조절능력이 커진다.

자기공개와 피드백의 측면에서 우리의 인간관계를 진단해 볼 수 있는 방법이 조해리의 '마음의 창(Johari's window of mind)'이다. '조해리의 창'은 심리학자인 조세프 루프트(Joseph Luft)와 해리 잉검(Harry Ingham)이 개발하였으며 두 사람의 이름을 합성하여 조해리(Joe + Harry = Johari)의 창이라고 명명되었다. 조해리의 창을 이용하여 자신의 인간관계를 살펴보도록 하자. 먼저 다음 물음에 대해 자신을 평가해 보자.

134 • 자기공개적 수준: 나는 사람들에게 내 자신을 잘 나타내 보이는가? 나는 다른 사람

에게 나에 관한 이야기를 잘하는가? 나는 다른 사람에게 속마음을 잘 내보이는가? 이러한 물음에 대해서 자신의 상태를 아래의 기준에 따라 적당한 숫자를 택한다.

• 타인의 피드백을 청취하는 수준: 나는 다른 사람들이 나에 대해 어떤 생각을 가지고 있는지를 알아보려고 노력하는가? 나는 다른 사람이 나를 어떻게 평가하고 있는지 알고 싶어 하며 나에 관해서 하는 말에 귀를 기울이는가? 이러한 물음에 대해서 자신의 상태를 아래의 기준에 따라 적당한 숫자를 택한다.

이어서 위의 두 물음에 대하여 당신이 체크한 숫자를 적용하여 [그림 7-1]과 같이 정사각형을 4분면으로 분할한다. 첫 번째 물음에 대한 평정점수는 자기공개의 점수다. 그것은(예: 3점) 사각형의 수직축을 분할점으로 하여 왼쪽에서 오른쪽으로 선을 긋도록 한다. 두 번째 물음에 대한 평정점수는 피드백 점수다. 그것은(예: 7점) 수평축을 분할점으로 하여 위에서 아래쪽으로 선을 긋도록 한다. 분할점에 따라 상하 좌우로 선을 그으면 사각형은 4개의 영역으로 분할된다. 이것이 '나의 마음의 창'이다.

조해리의 창은 개인의 자기공개 수준과 피드백을 구하는 수준에 대하여 네 개의 창으로 표시된다. 네 개의 창은 공개된 영역, 무지(無知)의 영역, 숨겨 놓은 영역, 미지(未知)의 영역을 보여 준다.

첫째, 공개된 영역(open area)은 나도 알고 있고 다른 사람에게도 알려져 있는 나에 관한 정보다.

둘째, 무지의 영역(blind area)은 나는 모르지만 다른 사람은 알고 있는 나의 정보를

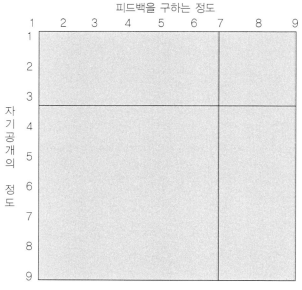

[그림 7-1] '나의 마음의 창' 을 만들기

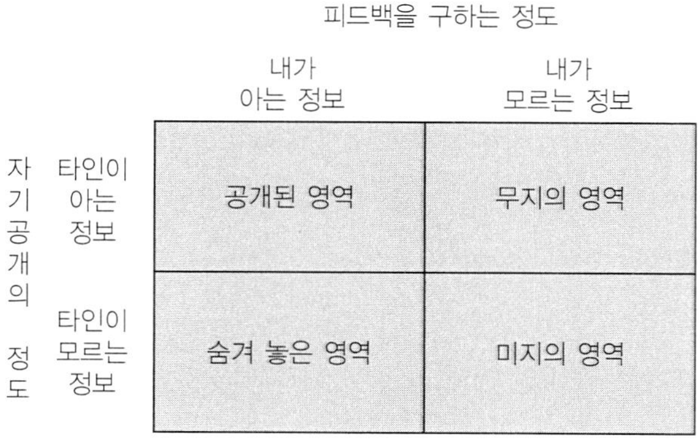

피드백을 구하는 정도

	내가 아는 정보	내가 모르는 정보
자기공개의 정도 타인이 아는 정보	공개된 영역	무지의 영역
타인이 모르는 정보	숨겨 놓은 영역	미지의 영역

[그림 7-2] 조해리의 '마음의 창'

뜻한다. 나의 이상한 행동 습관, 특이한 말버릇, 독특한 성격에 대해서 '남들은 알고 있지만 자신은 모르고 있는 부분'이 있는데 이를 무지의 영역이라고 할 수 있다.

셋째, 숨겨 놓은 영역(hidden area)은 나는 알고 있지만 다른 사람에게는 알려지지 않은 나의 정보를 의미한다. 달리 말하면, 나의 약점이나 비밀처럼 다른 사람에게 숨겨 놓은 나의 부분을 뜻한다.

넷째, 미지의 영역(unknown area)은 나도 모르고 다른 사람도 알지 못하는 나의 부분을 말한다. 이것은 심층적인 무의식 세계로서 남도, 나도 잘 모르는 영역이다. 그러나 자신의 행동과 감정에 대한 지속적인 성찰을 하게 되면 미지의 영역은 자기에게 의식화될 수 있다.

'마음의 창'에 비친 자기의 특성을 이해하기

사람마다 마음의 창 모양이 다르다. 개인이 인간관계에서 나타내는 자기공개와 피드백의 정도에 따라 마음의 창을 구성하는 네 개 영역의 넓이가 달라진다. 이렇게 다양하게 나타나는 창 모양은 어떤 영역이 가장 넓은가에 따라 [그림 7-3]과 같이 네 가지 유형으로 구분될 수 있다.

첫째, 개방적 인간은 공개된 영역이 가장 넓은 사람이다. 개방형은 대체로 인간관계가 원만한 사람들이다. 이들은 적절하게 자기표현을 할 뿐만 아니라 다른 사람의 말도 경청할 줄 아는 사람들이다. 그리하여 다른 사람에게 호감과 친밀감을 주므로 인기가 있다. 그러나 지나치게 공개된 영역이 넓은 사람은 말이 많고 경박한 사람으로 비쳐질 수 있다.

둘째, 독선적 인간은 무지의 영역이 가장 넓은 사람이다. 이들은 자신의 기분이나 의견을 잘 표현하며 나름대로 자신감을 가지고 있고 시원시원한 사람일 수 있다. 그러나 이들은 다른 사람의 반응에 무관심하거나 둔감하여 때로는 독선적인 모습으로 비쳐질 수 있으므로 다른 사람의 말에 좀 더 진지하게 귀를 기울이는 노력이 필요하다.

셋째, 신중한 인간은 숨겨 놓은 영역이 가장 넓은 사람들이다. 다른 사람의 이야기는 잘 경청하지만 자신의 속마음을 잘 드러내지 않는 크렘린 형의 사람으로서 계산적이고 실리적인 경향이 있다. 신중형은 적응은 잘하지만 내면적으로 고독감을 느끼는

137

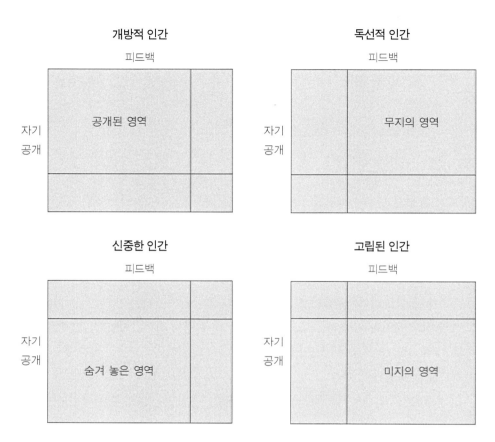

[그림 7-3] 네 가지 마음의 창에 따른 인간유형

경우가 많으며 현대인에게 가장 많은 유형으로 알려져 있다. 신중형은 조금 더 자기개방을 하여 다른 사람과 깊이 있는 교류를 시도할 필요가 있다.

넷째, 고립된 인간은 미지의 영역이 가장 넓은 사람이다. 이들은 인간관계에 소극적이며 혼자 있는 것을 좋아하는 사람들이다. 다른 사람과 접촉하는 것을 불편해하거나 무관심하여 외톨이로 지내는 사람이다. 이런 유형 중에는 고집이 세고 주관이 지나치게 강한 사람이거나 심리적인 고민이 많으며 부적응적인 삶을 살아가는 사람들이 많다. 고립형은 인간관계에 좀 더 적극적이고 긍정적인 태도를 가질 필요가 있다. 인간관계의 개선을 위해서는 미지의 영역을 줄이고 보다 더 자기를 공개하는 일이 요청된다.

나는 자기공개의 측면에서 어떤 유형에 속하는가? 나는 다른 사람에게 나의 모습을 잘 내보이는가? 또 다른 사람이 나에 대해서 어떤 생각을 가지고 있는지를 알아보려고 하며 잘 알고 있는가? 이 자리를 빌려 당신의 그러한 특성을 파악해 보면 매우 유익할 것이다.

2. 나는 하고 싶은 말을 얼마나 허심탄회하게 하고 사는가

대인관계에서 자기 자신을 잘 표현하며 살고 있다고 자처하거나 만족스럽게 여기는 사람은 많지 않을 것이다. 설령 자기표현력과 리더십이 뛰어난 사람이라 할지라도 언제, 어디서나 확실하게 자기 심경과 원하는 바를 표현하며 살아가는 것은 아니다. 우리는 경우에 따라서 자기표현을 잘할 때도 있고 소극적으로 임할 때도 있고 공격적으로 될 때도 있다.

이 책에서 당신에게 도움을 주고자 하는 것은 당신이 거의 모든 상황에서 확실한 자기표현을 하도록 안내하는 것이 아니다. 다만 일상생활 중에 당신이 대체적으로 애로를 경험하는 특정 상황에서 건설적이고 문제해결적으로 대처할 수 있는 대화기술을 익히도록 안내하는 것이다. 이번에는 당신의 주장적 자기표현의 수준을 평가해 보기로 한다.

주장성 검사

아래의 문항은 당신이 대인관계에서 자신을 어느 수준만큼 나타내는가를 알아보는 것들이다. 각 문항에 대한 정답이나 오답은 없다. 점수로 나타난 것은 당신이 자신에 대하여 평가한 수치일 뿐이므로 솔직하게 답하도록 한다.

0점   결코 없다/ 1점   어쩌다, 가끔씩/ 2점   대개, 보통/ 3점   상당히, 많이/ 4점   항상

1. 누군가가 당신에게 몹시 불공평하게 대하면 당신은 그것을 그냥 넘기기보다는 그 점을 거론합니까?

2. 당신은 가족이나 친구에게 반가운 제스처로 당신 마음을 잘 표현합니까?

3. 당신은 사람들의 생각, 견해나 행동에 대해서 비평합니까?

4. 당신이 줄을 서 있는데 누가 새치기를 하면 그것을 지적합니까?

5. 당신은 사람들 속에 어울리는 것이 두려워서 피합니까?

6. 당신은 주말에 꼭 할 일이 있는데 친구가 자기와 어디를 함께 가자고 고집하면 거절할 수 있습니까?

7. 당신은 가정에서 배우자도 공평하게 집안일을 분담해야 한다고 주장합니까?

8. 당신은 벌컥 화부터 내는 타입입니까?

9. 당신이 원하지 않는 물건을 세일즈맨이 사 달라고 강청하면 거절하기가 어렵습니까?

10. 당신보다 늦게 온 사람이 먼저 접수되는 상황이 벌어지면 그 점을 거론합니까?

11. 당신은 토론 시간에 자기의견을 발표하기를 꺼려 합니까?

12. 누가 당신에게서 돈(책, 의복, 기타 귀중품)을 빌려간 후에 갚지 않으면 당신은 돌려 달라고 말을 합니까?

13. 당신은 누군가와 언쟁을 해서 일단락이 되었는데도 불구하고 계속 논쟁합니까?

14. 당신은 대개 당신의 감정을 표현합니까?

15. 당신은 칭찬받는 일이 몹시 쑥스럽고 부담스럽습니까?

16. 누가 당신에게 '멋지다'고 찬사를 보내면 당신은 사실상 그렇지 않다고 하면서 반박하는 경향이 있습니까?

17. 당신은 사람과 대화하면서 상대방에게 시선을 응시하기가 어렵습니까?

18. 식당에서 당신이 주문한 대로 음식이 나오지 않았을 때 제대로 해 달라고 요청합니까?

19. 구매한 물건에 하자가 있을 때 당신은 수리해 달라고 반환합니까?

20. 당신은 화가 날 때 욕설과 폭력을 사용하여 표시합니까?

21. 당신은 사교적 모임에서 무슨 말을 할 줄 몰라 불안합니까?

22. 당신은 동료와 멋진 아침인사를 주고받을 때 먼저 그분의 멋진 모습을 말씀해 주십니까?

23. 당신은 자주 다른 사람의 일에 참견합니까?

24. 당신은 사랑과 애정을 잘 표현할 수 있습니까?

25. 당신은 친구에게 도와달라고 요청할 수 있습니까?

26. 당신은 항상 올바른 대답이 준비되어 있다고 생각하십니까?

27. 당신은 윗사람이 당신을 비판하면 다소곳이 그 말을 경청하고 수용하는 편입니까?

28. 친구가 부당한 요청(예: 숙제를 자기 대신 해 달라)을 할 때 당신은 거절할 수 있습니까?

29. 당신은 사람들을 칭찬하기가 쑥스럽습니까?

30. 당신 옆에서 담배를 피우는 사람이 있어서 불편할 때 그 사람에게 그 점을 말할 수 있습니까?

31. 당신은 원하는 바를 얻기 위해서는 언성을 높이고 위협적인 행동을 하는 편입니까?

32. 당신은 다른 사람이 말하는 도중에 끼어들어 가로채는 편입니까?

33. 당신은 신체적으로 폭력을 행사하는 편입니까?

34. 누가 당신을 평가하는 이야기를 하면 당신은 당황하여 얼버무립니까?

35. 모르는 사람을 만나면 당신이 먼저 자기를 소개하고 말을 거는 편입니까?

(Alberti & Emmons, 1978, pp. 40-41)

먼저 당신이 애로를 경험하는 것은 대체적으로 어느 영역인지 알아보기로 한다.

해당 문항

요청하기 ···································· 4, 7, 10, 12, 18, 19

거절하기 ···································· 6, 9(역산), 28

칭찬하기 ···································· 22, 29

칭찬받기 ···································· 15, 16

애정을 표현하기 ······················ 2, 24

사회적 대화(친구 만들기) ··········· 35, (5, 11, 17, 21은 역산)

비평하기 ···································· 1, 3, 23

비평 받아들이기 ······················ 27, 34

공격성(분노의 통제) ·················· 1, 20, 31, 33

(* 역산법: 0은 4점, 1은 3점, 4는 0점)

총점(역산문항은 역산해서 합한다)이 주장성을 나타내는 지표가 된다.

자기주장이 어려운 상황과 대상

위의 35가지 문항 중에 당신이 매우 애로점을 느끼는 것은 어떤 것들인가? 그리고 그것들에서 발견되는 공통적인 것은 어떤 것인가? 이들을 적어 나가다 보면 당신이 개선하고 싶어 하는 대인관계의 영역과 문제점이 무엇인지 명확하게 나타날 수 있다. 다음의 난에 그것들을 적어 보도록 하자.

• 주장적 자기표현이 어려운 상황들 (①, ②, ③, ④)

• 공통적으로 발견되는 특성 (   )

• 그중에서 내가 개선하고 싶은 상황과 문제들 (   )

• 자기주장하기 어려운 대상

  (당신이 자기주장하기가 힘든 대상은 주로 어떤 사람인지 체크해 보기로 한다).

시부모, 친부모, 교수, 교사, 직장 상급자, 공공기관원, 의료진, 세일즈맨, 낯선 사람, 친구, 동료, 이성, 배우자, 애인, 어린이, 하급자, 부하직원

3. 나는 나 자신에 대하여 어떤 개념을 가지고 사는가

나는 일반적으로 사람들에게 인기가 있으며 매력 있는 인간이라고 보는가? 아니면 무능하고 매력이 없으며 사람들이 나를 별로 신통하게 생각하지 않을 것이라고 보는가?

자신에 대한 개념을 확인해 보기 위해서 자아개념검사를 받아 보고 그 결과에 대한 해석을 청취하는 것도 유익하다.

자아개념의 실상

자기에 대한 개념은 과연 객관성이 있고 정확한 것일까? 자아개념 또는 자기개념은 어려서부터 부모가 자기에 대하여 보내준 피드백에 따라서 형성되고 그것을 내 자신이 내면한 것이다. 또한 자아개념은 인물이 뛰어나다거나 공부를 잘한다거나 집안이 좋다거나 친구가 많다거나 하는 한두 가지의 요인에 따라서 결정되는 것이 아니고 여러 가지 요소가 복합적으로 작용하여 형성된다. 게다가 자기 자신에 대하여 과도하게 높은 수준을 부과하거나 부모나 주변 사람들이 지나치게 높은 기대를 갖게 될 때에 실제 능력은 탁월하지만 그것과 무관하게 열등감과 부정적 자아개념을 가지기 쉽다. 그러므로 자아개념도 주관적으로 느끼는 자기평가의 개념으로서 다분히 부정확한 측면이 많이 포함되어 있는 것이다.

현실적인 자기 수준에 비하여 자신이 이상으로 추구하는 수준을 지나치게 높게 책정한 경우는 좌절감, 실패감과 자기환멸감을 느끼게 된다. 또 부모나 주변 사람들이 자기에게 지나치게 높은 요구 수준을 가지고 대하면 정신적인 부담감과 불안감이 높아진다. 그리고 자기의 능력을 실제 이하로 평가하게 되면 자기존중감이 상실되고 만성적인 우울과 불안감에 시달릴 수 있다. 이러한 자기 개념이 우리의 대인관계와 대화 양식에 영향을 미치게 된다.

당신의 자아개념

여기서는 간략하게 자기에 대한 개념을 살펴보기로 한다.

- 현실적인 나의 수준(현재의 나)에 대하여 평가하시오. 당신은 아래의 여러 가지 측면에 대하여 현재 어느 정도로 우수하다고 생각합니까?

  그것을 판단하기 어려운 때는 동료나 친구들과 비교해서 상대적으로 평가하시오. 우수하다고 생각되는 정도에 따라서 해당하는 숫자에 ☆를 하고 표시한 숫자를 이어 선으로 그래프를 그려 보시오.
- 이상적인 나의 모습에 대하여 평가하십시오. 당신은 아래의 다양한 자기요소에서 어느 정도로 우수하기를 원하십니까? 우수하기를 원하는 정도에 따라서 해당하는 숫자에 ■표를 하고 표시한 숫자를 이어 점선으로 그래프를 그려 보시오.

		매우 부족	약간 부족			보통			약간 우수		매우 우수
		0	1	2	3	4	5	6	7	8	9	10
물리적 측면	외모 및 신체적 매력										
	신체건강 및 체력										
	가족의 재산										
심리적 측면	성격 및 성격적 매력										
	자기통제 능력										
	지적 능력										
	대인관계 능력										
	지식 수준										
	인생관 및 가치관										
사회적 측면	친구관계										
	가족관계										
	사회적 지위-신분										

- 강요된 나의 이미지에 대하여 평가하십시오. 당신의 주변 사람들(예: 부모, 배우자, 선생님, 친구)은 당신이 어느 정도로 우수하기를 원한다고 생각하십니까? 주변 사람들이 당신에게 기대하는 정도에 따라서 해당되는 숫자의 위치에 ⊙표를 하고 표시한 숫자를 이어 점선으로 그래프를 그려 보시오.
- 가능한 나의 이미지에 대하여 평가하십시오. 당신이 앞으로 열심히 노력한다면 아래의 요소에서 어느 정도 우수해질 수 있다고 생각하십니까? 나는 우수해질 수 있다고 생각되거나 그렇지 않다고 생각되는 정도에 따라서 해당하는 숫자에 ▲표를 하고 숫자를 점선으로 이어 그래프를 그려 보시오.

해석: 현실적인 자기 수준에 비하여 자신이 이상으로 추구하는 수준을 지나치게 높게 책정한 경우는 좌절감과 실패감, 자기환멸감을 느끼게 됩니다.

해석: 현실적인 자기개념과 주변 사람들이 강요한 자기개념 간의 차이를 비교해 보세요. 부모나 주변 사람들이 자기에게 지나치게 높은 요구 수준을 가지고 당신을 대하면 당신의 정신적인 부담감과 불안감이 높아질 수 있습니다.

해석: 가능한 자기이미지와 현실적인 자아개념을 비교해 보십시오. 현실적인 자기의 능력을 실제 이하로 평가하게 되면 '나는 할 수 없다.'는 생각을 가지게 되어 자기존중감이 낮아지게 됩니다. 그리하여 만성적인 우울과 의욕상실, 불안감에 시달릴 수 있습니다.

긍정적 자아개념과 자기존중감 만들어 가기

자신을 긍정적으로 지각하는 사람은 남들에게 쉽게 다가가서 유익하고 유쾌한 만남을 맺는 경향이 있다. 그러니까 자신감이 있는 사람은 높은 행복지수를 가지고 있고 사회적 기술이 뛰어나다고 볼 수 있다.

모든 사람들은 가끔씩 열등감을 느끼기 마련이고 특히 자기보다 약간 더 뛰어난 주변 사람들과 자신을 비교하는 경향이 있다. 그러나 긍정적인 자아개념이 있는 사람은 자기의 실제 능력이나 앞으로의 전망에 대해서 다소 과대평가하는 경향이 있는 것으로 밝혀졌다. 이런 긍정적인 착각 현상(modest self-enhancing illusion)은 행복감과 만

145

족감을 지속시켜 주는 효과가 있다. 이런 사람들은 자기 스스로를 좋아하며 낙천적인 태도와 개인적인 통제감을 소유한다.

만약 자기의 능력, 외모, 재산, 지위 등과 같은 외적인 준거에 따라서 개인의 긍정적 자아개념과 자존감의 수준이 좌우된다면 이 세상에서 자기에 대하여 만족감을 느끼고 자신감 있게 살 수 있는 사람이 얼마나 될 것인가?

우리는 실력이 부족하거나 어떤 장애를 가지고 있더라도 그러한 외적 조건에 구애됨이 없이 자신은 사랑스럽고 귀한 존재라는 생각을 가질 수 있다. 내가 내 자신의 삶의 의의와 목적을 어디에 두며 세상을 어떤 시각으로 보는가에 따라서 나는 긍정적인 인간이 될 수 있고 사람들과 진실하고 애정 어린 관계를 맺을 수 있다. 결국 행복하다고 느끼는 사람이 행복하기 때문이다. 그러므로 이 자리에서 당신이 마지막으로 고려해 볼 사항은 자기에 대하여 지나치게 비현실적이지 않은 한도에서 어느 정도는 자신을 과대평가하고 미화시킨 자기이미지를 가지고 살도록 하는 것이다. 앞에서 살펴본 자아개념은 당신에게 외적인 준거만 제시하였을 뿐이다. 외적 준거에 따라서 내 자신을 평가한다면 많은 경우에 비관적이고 운명론적인 가치관을 가지고 살 수밖에 없다. 이 세상의 수많은 인간은 모두가 각기 다른 고유성을 가지고 자기만의 삶을 펼쳐 나간다. 어느 누구와도 비교될 수 없는 고유한 삶을 아름답고 소중하고 기쁘게 살기 위하여 존엄성과 자존감을 잃지 않아야 한다. 개개 인간의 가치는 그의 인격과 영혼에 의하여 평가되는 것이다. 우리는 자기만의 주관적 가치관과 철학을 가지고 자기 인생을 긍정적으로 살아갈 필요가 있다. 그러므로 이 자리에서는 스스로가 자기를 세워 주고 강화하기로 한다.

부모에게서 강요된 나의 이미지와 내가 이상으로 추구하는 나의 이미지는 대개가 부정적인 자아개념을 심어 주어 나의 자존감을 좀먹게 한다. 혹시 "너는 이 수준으로는 안 되겠다. 너는 좀 더 ○○을 잘해야만 해!"라는 말을 나는 곧이곧대로 수용하여 내 자신을 가혹하게 평가하지는 않는가? 그것은 내 '마음의 얼굴'을 일그러지게 만든다.

내가 내 자신을 좋아하고 소중하게 여기는 면은 어떤 것들인가? 이것을 아래의 칸에 적어 나가 보자. 그리고 현실적으로 평가된 점수와 내 자신이 주관적으로 좋게 평가하여 부과한 점수를 비교해 보자. 나에 대한 주관적인 평가가 중요하다. 우리는 자기에게 관대할 필요가 있다.

〈새로운 나의 강점 찾기 (주관적인 자기긍정)〉

나의 외모 및 신체적 매력 ·······················( )

신체건강 및 체력 ·······························( )

가족의 재산·····································( )

성격 및 성격적 매력 ····························( )

자기통제 능력··································( )

지적 능력······································( )

대인관계 능력··································( )

지식수준 ······································( )

인생관 및 가치관 ······························( )

친구관계 ······································( )

가족관계 ······································( )

사회적 지위─신분 ······························( )

4. 나의 성격은 어떻게 형성되었는가

나는 어떤 성격을 가지고 있는가? 나의 성장과정은 나의 성격 형성에 어떤 영향을 미쳤는가? 내가 보다 밝은 성격으로 변화할 수는 없는가? 이런 점에 대한 통찰을 얻는 것이 나의 대화양식과 대인관계를 개선하는 데 큰 도움이 될 것이다. 이를 위하여 다음과 같은 노력을 경주할 필요가 있다.

자기의 성격적 특성을 다른 사람과 비교하여 객관적으로 알아본다

나는 명랑하고 개방적이며 자기표현을 잘하는가? 나는 수줍고 움츠러들며 하고 싶은 말을 표현하지 못하는 편인가? 이를 판단할 수 있는 여러 가지 인성검사가 있다. 그

147

런 검사나 성격유형검사를 받아 보고 검사 결과에 대한 해석을 청취하는 것이 당신에게 도움이 될 것이다.

나의 성격이 형성된 배경에 대하여 곰곰이 살펴보도록 한다

먼저 나는 명랑한 성격의 유전인자를 가지고 태어났는가? 아니면 신경이 예민하고 울적한 기분의 아이로 태어났는가를 알아본다. 다시 말해서 어머니가 나를 임신한 기간 동안 태중에서 어머니의 정서 상태가 나에게 어떤 영향을 미쳤는가를 알아보는 것이다. 이어서 나의 유·아동 시절에 나는 어떻게 양육되었는가? 또한 초·중·고등학교 시절에 부모는 나에게 어떤 기대를 걸며 지도하였는가? 특별히 놀라고 슬픈 경험, 충격적인 사건은 없었는가? 부모나 교사, 친구와 주변 사람들이 나를 계속 '멍청이'라고 불렀던가? "너는 자라서 큰 인물이 될 거야." "너라면 할 수 있어." "넌 참 사랑스럽구나."라는 소리를 듣고 자랐는가?

만약에 내가 사람들을 두려워하고 혼자 있기를 좋아한다면 그것은 어린 시절의 어떤 경험과 관련이 있는가를 곰곰이 헤아려 보고 그 원인을 발견해야 한다. 성격 형성의 배경을 이해하게 되면 당신은 그런 영향에서 벗어날 수 있다. 내향적인 성격이라고 해서 사람들과 관계 맺는 일이 서투르고 대화를 하는 데 부담을 느끼는 것이 결코 아니다. 말수가 적고 내향적인 성격자 중에는 편안하고 기분 좋은 사람들이 오히려 많이 있다. 그리고 이런 사람들은 조용한 가운데 진실한 친구들과 질적인 관계를 유지하며 행복하게 살 수 있다. 내향성, 외향성의 차원보다 더 중요한 성격적 요인은 낙천성, 긍정성, 주도성, 사람에 대한 호의 및 신뢰와 같은 변인들이다.

148

인간은 평소의 습관대로 대인관계를 맺고 유지한다. 그러다 보면 일정한 형태의 양식으로 굳어지기 마련인데 정형화된 형태는 어느 쪽으로 편파되는 경향성이 있다. 따라서 어떤 면으로는 보충하거나 개선할 영역이 있기 마련이다. 이 부분을 발견해서 보다 더 세련되고 충만한 인간관계를 누리도록 노력할 때 매력적인 인간이 될 수 있을 것이다.

예를 들어, 당신은 사람들과 관계를 맺기보다는 혼자 지내는 것이 더 편하다고 생각하며 평소에 사람들을 회피하고 살아왔다고 하자. 당신이 그런 생활철학을 가지고 있다면 사교성과 대인관계를 중시하는 가치관으로 굳이 선회할 필요는 없다. 그렇지만 일생 내내 은둔적으로 살아온 당신 자신에 대하여 흡족하게 여길 것인가? 조금만 더 우정의 세계를 가꾸어 나간다면 이후의 삶이 더 풍요롭게 되지 않을까?

혹시 당신은 소수의 사람들하고만 질적으로 깊이 있는 관계를 맺고 살고 그 외의 사람들은 당신 세계 안에서 제외하고 있는가? 당신은 혹시 강한 사람에게 의지하기를 좋아하는가? 아니면 다른 사람 위에 군림하기를 선호하는가? 어떤 계기가 있어서 대인관계가 자연스럽게 이루어지면 따라가는 편인가? 아니면 당신 쪽에서 먼저 연락을 취하고 관계 맺기를 좋아하는가? 이런 부면에서 당신의 특성을 찾아보고 나서 약간만 더 개선하고 발전시키고 싶은 영역을 정할 필요가 있다.

멋진대화기술을
익히기 위한 계획

I. 내가 원하는 대인관계와 대화방식을 확실히 알기

어떤 이는 성공과 출세에서 대인관계가 대단히 중요하다고 믿고 있다. 그런 사람은 인맥 내지 네트워크(network)의 형성에 신경을 쓰고 그것을 십분 활용하려고 노력한다. 또 어떤 이는 사람들과의 관계보다는 실력이 더 중요하다고 믿는다. 그리하여 인간관계보다는 성취와 업적을 쌓는 일에 많은 시간과 에너지를 투자한다. 어떤 이는 인간이란 이기적이고 변덕스러운 성향이 있기 때문에 대인관계에 많은 시간을 투자하는 것은 낭비라고 생각한다. 그래서 사람들과는 적당한 거리를 두고 지내면서 필요할 때만 교류하기를 선호한다. 그런가 하면 자기 행복의 조건을 우정과 애정생활에 두고 친구관계와 가족관계를 가장 중요시하는 사람도 있다. 당신은 이 중에서 어느 부류에 속하는가?

대인관계의 영역을 크게 나누어 보면 가족관계, 교우관계, 이성관계, 직장의 동료관계로 볼 수 있다. 이 네 영역 중에서 나는 어느 영역을 가장 중요시하는가? 혹시 직장의 인간관계가 내 생활의 전부를 차지하다시피 하여 친구들과는 담을 쌓고 지내는 편인가? 또는 교우관계에 큰 비중을 두고 사는가? 그리하여 친구가 도움을 요청하면 어떠한 희생도 기꺼이 감수하여 친구들에게는 큰 신임을 받지만 가족들의 불만이 쌓여 있지는 않는가? 그와 반대로 가족과는 잘 지내지만 다른 영역의 인간관계는 도외시하고 있는가?

　내가 원하는 대인관계와 대화양식은 어떤 것인가? 이런 면에서 자기를 성찰해 볼 필요가 있다. 아래의 영역 중에서 당신은 어떤 영역에 관심을 가지고 멋진대화의 기술을 개발하고 싶은가를 한번 체크해 보기 바란다.

(1) 말이 없고 수줍은 성격 　· 대화를 시작하고 유지하는 기술 　· 편안하게 호감을 표현하기 　· 친구를 사귀는 기술 　· 이성교제의 기술	(2) 부부간의 대화 　· 부부간에 잘 대화하고 애정을 표현하기 　· 의견 차이, 갈등 해결의 기술
(3) 윗사람의 역할을 수행하기 　· 효율적인 자녀지도의 기술 　· 학생들이 잘 따르도록 지도하는 대화법 　· 직장 부하를 다루기	(4) 어른들과의 관계 다루기 　· (시)부모와의 관계 　· 직장 상사와의 관계 　· 친척들과의 관계
(5) 사회적, 사업적 관계 다루기 　· 효과적인 설득, PR, 판매기술 　· 고객의 불평 다루기 　· 성희롱, 성폭력(양성평등)에 대응하기 　· 취업 면접 기술 　· 이웃과의 갈등 다루기	(6) 국제생활의 적응기술 　· 해외 유학생활 　· 해외 취업생활과 자기의 권익 찾기 　· 현지인(외국인) 사귀기
(7) 기타	

2. 대화에 애로를 느끼는 구체적인 사항을 점검하기

당신이 어떤 외국어를 배우려고 한다면 먼저 그 외국어 구사 능력을 어느 정도의 수준으로 숙달하고 싶은지를 결정한다. 이와 비슷하게 당신은 어느 영역의 대인관계를 다루고 싶은지 그리고 거기에 필요한 대화기술은 무엇인지를 결정하고 어느 수준까지 숙달하고 싶은지를 정한다. 다시 말해서 목표를 설정하는 것이다.

'주장적 자기표현과 멋진대화'의 영역에서 목표를 세울 때 고려할 사항에 대하여 사례를 가지고 살펴보기로 한다.

> '멋진대화'의 세미나에 참석한 정예순(43세) 씨는 15년간 시부모님과 한 집에서 살고 있다. 정 씨는 성격이 여리고 부드럽고 애정적이다. 그런데 시부모님은 다혈질이고 독선적이어서 매사에 그녀의 의견을 묻는 법이 없다. 남편은 말이 없고 이런 갈등을 방관한다. 상처를 입는 쪽은 정 여사다. 그녀는 신경성 위장장애로 고생하고 있다. 정 여사가 원하는 것은 남편이 협조해서 자기를 대변해 주며 자기도 시부모님께 할 말을 다소나마 하고 사는 것이다.

우리는 정 여사가 꾸준히 대화하는 기술을 연습한 다음에 남편이나 시부모의 태도와 성격이 변화되기를 기대한다. 그러나 과연 그렇게 될까? 어쩌면 남편과 시부모는 영원히 변하지 않을지도 모른다. 그러므로 정예순 씨는 상대방의 행동이 변하는 것에 목표를 두지 않도록 유념해야 한다. 그 대신에 그녀 자신이 자기의 감정과 생각과 행동을 변화하도록 노력하는 것에 목표를 두어야 한다. 그러니까 정 여사가 원하는 대로 일이 이루어지든, 이루어지지 않든 그것은 상관할 필요가 없다. 오직 그녀 쪽에서 어느 수준만큼 대화능력을 향상시키느냐에만 관심을 두어야 한다.

또 한 가지 고려해야 할 점은 자기의 한계점을 인식하는 것이다. 당신이 학생 또는 교육자의 신분이라면 새로운 외국어를 습득하기로 할 때 그 수준을 높여서 책정할 것이다. 그런데 당신은 어학에 뛰어난 자질이 있는 것도 아니고 공부와 거리가 먼 직종의

153

직장인이라면 외국어 구사 능력의 수준을 기초과정의 수준으로 책정하는 것이 현실적인 목표설정이 될 것이다.

이와 마찬가지로 당신이 여리고 소극적이고 겁이 많은 성격이라면 아집과 통제 욕구가 강한 시어른과의 관계에서 당신이 원하는 것을 한꺼번에 다 얻어 낼 수 있는 수준으로 강력한 주장과 설득력을 구사하기는 매우 힘들 것이다. 그러므로 당신의 강점 및 특성과 더불어 당신의 약점이나 한계점도 인식하고 나서 적정 수준으로 목표를 설정할 필요가 있다.

이제 구체적으로 당신이 경험하고 있는 대화문제를 성찰해 보기로 한다. 당신의 애로점은 구체적으로 누구를 대상으로 하여, 어떤 주제(문제)를 가지고, 어떤 방식으로 이야기할 때 경험하는지 아래 사항에 체크해 보도록 한다. 아래에 체크된 사항이 곧 당신이 향상하고자 하는 대화기술의 영역이 될 것이다.

먼저 당신에게 해당되는 부분에 체크하되 각 영역별로 가장 절실하게 필요성을 느끼는 것에 한하여 ①②③④의 순서를 매기도록 한다. 그러고 나서 그 영역에서 당신이 느끼는 불편감의 수준을 1~5점으로 표시하도록 한다.

- 5점은 대단히 위협적인 장면으로서 거의 매일 당신에게 분노나 무력감을 느끼게 하는 사건이다.
- 3점은 상당히 위협적인 장면으로서 대략 일주일에 한 번 꼴로 당신을 짜증스럽고 무력하게 느끼게 하는 사건이다.
- 1점은 약간 위협적인 장면으로서 한 달에 한 번 꼴로 당신을 꺼림칙하게 느끼게 하는 사건이다.

대상

웃어른(부모, 교사, 사장, 기타), 어린이, 동료, 직원, 친구, 동아리 회원, 이웃, 친지, 수리공, 파출부, 베이비시터, 세일즈, 보험회사원, 식당 종업원, 세무사, 배우자, 동거자(roommate), 낯선 사람 등이 있다.

상황

당신은 어떤 상황에서 자기표현하기가 어려운가?

칭찬해 줄 때, 칭찬받을 때

다른 의견을 개진할 때

면접에 임할 때

당신 의견을 개진하거나 아이디어를 제시할 때

상대방이 고집을 부릴 때

사생활(당신의 경계선과 권리)을 방어할 때

불쾌한 감정을 표시할 때

호감을 표시할 때

지시하거나 명령할 때

집단토론에 끼어들 때

데이트 약속 또는 만나자고 제의할 때

도움을 청할 때(시간, 돈, 노동력, 정보 등)

인격적으로 무시당하며 항의할 때

격앙된 감정을 노출할 때

괴롭힘을 당하기 싫다고 말할 때

부당한 비난과 힐책에 대응할 때

부당한 폭력에 대응할 때

구매한 상품을 반환할 때

요청을 거절할 때

윗사람에게 어떤 부탁을 할 때

날 인정해 달라고 요청할 때

잘 모르는 것에 대해 좀 더 설명해 달라고 부탁할 때

화해하기를 제의할 때

당신 자신에 대한 솔직한 피드백을 구할 때

기타…

주제

당신은 어떤 주제에 대하여 이야기하기가 어려운가?

사회적으로 성공한 지도계층 중에는 자기의 업적에 대하여 말하기를 힘들어 하는 사람도 많다. 이런 점을 인식하면서 다음 사항에 체크해 보라.

155

당신의 업적에 대하여	취미
타인의 업적에 대하여	결혼관, 생활양식
신체 기능	의학적 문제
예술적 소질	당신이 범한 실수
육아법	타인의 실수
직업, 진로	외모(자기, 타인)
타인의 죽음과 질병	정치
기호의 차이(음식, 음악, 건축 등)	편견과 인종 문제
이혼, 별거	취미, 여가활동
학력, 공부, 실력	종교, 철학적 관점
경제, 금전 사용	성(sex)
세대 차이	사회문제(범죄, 약물, 주거, 인구과잉,
여성의 권리, 남성의 권리	빈곤, 세금, 실업, 복지, 빈곤 등)
사생활(자기 물건, 자기 공간)	

대상의 수

한 명의 잘 아는 사람	한 명의 낯선 사람
많은 수(집단)의 아는 사람들	많은 수(집단)의 낯선 사람들

거의 대부분의 사람들은(아마도 90% 이상) 많은 군중 앞에서 강의나 연설을 한다든지 전문가 집단 앞에서 의견을 발표하게 될 때 긴장하기 마련이다. 대중 앞에서 발표할

156

때 매우 불안해하는 경우를 '사회공포증' 이라 한다. 사회공포증은 혼자의 힘으로 극복하기보다는 전문가의 도움을 받는 것이 더 효과적이다. 그리고 대중 연설을 잘하려면 이 책에 소개된 내용을 숙지하는 것과는 별도의 훈련과 실습이 필요하다.

위에서 살펴본 것을 정리해 보자. 당신이 불편감을 가장 많이 느끼고 있는 사항을 1～3개 선택해 본다면 어떤 것들일까? 아래의 난에 적어 보도록 한다.

- 대화에 가장 크게 불편을 느끼고 있는 영역

  대상 _____

  주제와 상황 _____

  언제, 어디서 _____

- 두 번째로 불편을 느끼고 있는 영역

  대상 _____

  주제와 상황 _____

  언제, 어디서 _____

- 세 번째로 불편을 느끼고 있는 영역

  대상 _____

  주제와 상황 _____

  언제, 어디서 _____

당신의 신체, 정서, 사고, 행동의 특징

위와 같은 경우에 당신은 어떻게 반응하는가를 체크해 보기로 한다.

▪ 당신의 신체가 보이는 반응은 어떤 것인가?

얼굴이 창백해진다.	가슴이 조마조마해진다(간이 콩알만 해짐)
맥박이 증가한다.	얼굴이 붉어지고 흥분된다.
비위가 뒤틀린다.	얼굴과 몸이 굳어진다.
몸이 떨린다.	기운이 쏙 빠진다.
진땀이 난다.	가슴이 뛴다.
입이 탄다.	기타( )

▪ 당신은 어떻게 행동하는가?

기어들어가는 목소리로 말한다.	횡설수설한다.
침묵한다.	얼굴, 주먹, 턱 근육을 긴장시킨다.
말을 더듬거린다.	울음을 터뜨린다.
욕설을 하고 물건을 내동댕이친다.	눈을 부릅뜨고 큰소리를 낸다.
눈을 응시하지 못한다.	두런두런 불평을 늘어놓는다.
움츠러든 자세를 취한다.	기타( )

▪ 그 당시에 당신은 주로 무슨 생각을 하게 되는가?

"나는 바보야." (부정적 자아개념)

"내가 달리 행동했어야 하는 건데… 모두 내 잘못이야." (자기귀인)

"상대방은 반드시 내가 원하는 대로 응해 주어야 한다." (당위적 사고)

"그들이 내 말을 들어 주고 사랑해 주지 않으면 세상은 너무 끔찍하다." (과장된 사고)

"그들에게서 인정받지 않으면 나는 무가치한 인간이다." (자기가치 비하)

"내가 사랑받지 못하고 있는 것은 참을 수 없다." (낮은 인내성)

"다른 사람들이 나를 어떻게 볼까? 아유 창피해!" (타인의식)

"상대방 때문이야." (타인귀인)

기타 (   )

▪ 그 당시에 당신은 주로 무슨 감정을 느끼게 되는가?

상대방에 대한 두려움 _____   분노 _____   원망 _____
환경과 운명을 한탄하고 서러워함 _____
자신에 대한 수치심 _____   열등감 _____   연민 _____   죄의식 _____

▪ 이 사건이 장기화될 때 일어날 수 있는 효과는?

(   )

3. 멋진대화기술을 습득하기 위한 계획 짜기

이제 당신이 개선하거나 발전시키기를 원하는 대화문제에 대한 윤곽이 확실해졌다. 지금부터는 대화기술 향상을 위한 실천 계획을 수립할 단계다.

어떤 과업을 성공적으로 수행하기 위해서 우리는 그 과업 달성에 필요한 행동 목록과 일정을 구체적으로 하나씩 하나씩 설정해 나가는 작업이 필요하다. 이를 위해서는

159

당신이 좀 더 향상시키고 싶은 대인관계의 영역과 문제점을 다시 한 번 꼼꼼하게 검토해 볼 필요가 있다.

행동수정을 위한 7단계

새로운 의사소통의 기술을 익히기에 가장 적합한 접근은 행동주의적인 방법을 채택하는 것이다. 행동주의적 접근에서는 어떤 행동이 일어나게 되는 과정을 자극-반응의 연합관계로 이해한다. 그리고 특정 행동을 수정하는 데는 조작적 조건형성의 원리에 입각하여 개인이 자발적으로 바람직한 행동을 하도록 환경을 조작한다. 그리고 행동의 주체자 쪽에서 자발적 행동이 일어났을 때 그 행동이 지속되도록 강화해 주는 절차를 따른다. 그리고 변화되기를 기대하는 행동을 객관적으로 관찰할 수 있는 행동적 용어로 서술하고 그 효과도 또한 객관적으로 평가한다. 이러한 접근을 행동수정(behavior modification)이라 한다. 행동수정의 과정은 다음과 같은 7단계를 거친다.

- 목표행동, 곧 표적행동(target behavior)을 정한다. 이는 변화시킬 행동을 행동적 용어로 서술하는 것이다.
- 기초선(beseline), 곧 평소 행동을 조사한다.
- 원하는 목표행동의 최저 수용 수준인 목표량을 정한다.
- 목표행동이 일어날 수 있도록 상황을 배열한다.
- 내담자에게 강화가 될 수 있는 자극과 사건, 곧 강화물을 정한다.
- 원하는 목표행동을 실천한다.
- 목표행동으로의 변화를 기록함으로써 훈련의 효과를 평가한다.

그런데 지금까지 한 번도 해 본 적이 없는 새로운 행동을 익히려고 할 때는 조형(造形) 또는 조성(造成, shaping)의 방법이 효과적이다.

조성이란 개인이 어떤 새로운 행동이나 기술을 습득하기 위하여 그 목표행동에 이르는 과정을 단순한 여러 개의 단계로 쪼개어 하나씩 순차적으로 학습해 나가는 것을 말한다. 조성의 기법을 시행할 때도 다음과 같은 절차를 따르는 것이 요구된다.

- 목표행동, 즉 최종적으로 성취되기를 바라는 행동을 구체화한다.
- 시발점행동, 곧 목표행동을 향하여 점진적으로 접근할 수 있는 첫 단계의 행동을 선택한다.
- 시발점행동에서 목표행동에 이르는 중간 단계를 조성단계로 설정한다.
- 적절한 강화물로서 피험자가 좋아하는 물건이나 활동을 선정한다.
- 수립한 계획을 실천한다.

사례: 행동계획

행동계획을 수립하는 요령을 숙지하기 위해서 정예순 씨의 사례로 돌아가 보자.

그녀가 가장 큰 불편을 느끼고 있는 영역은 시부모를 대상으로 하여 다른 의견을 개진하고 협조를 요청할 때이며 특히 자녀지도와 사생활의 권리(자기 공간과 시간)를 방어하는 데 애로를 겪는 것으로 나타났다. 그리고 이 문제 때문에 남편에게 원망과 분노의 감정이 쌓여 있는 것이다. 좀 더 정확한 정보를 얻기 위해서는 과거에 곧잘 봉착하였던 사건을 머릿속에 떠올려서 시나리오를 작성해 보는 것이 큰 도움이 된다. 저자는 정 여사에게 이렇게 말하였다. "자, 최근에 일어났던 사건 중에서 당신이 몹시 불편을 겪었던 일을 떠올려 보세요. 언제, 어디서, 무슨 일로, 당신은 누구와 갈등을 겪었는지요? 그것을 마치 TV 드라마의 한 장면처럼 묘사해 보세요." 정 여사는 다음과 같이 말하였다.

요 며칠 전에도 시어머님은 밤 12시가 다 되었는데 저희 침실에 노크도 없이 불쑥 들어오셔서 수면제를 찾아달라고 하시는 거예요. 남편이 제발 노크 좀 하고 들어오시라고 말씀드렸지만 소용이 없어요. 그리고 요즈음 직장 여성들이 얼마나 바쁘고 스트레스가 많은지는 전혀 모르세요. 걸핏하면 주말에 친척들을 불러요. 나는 술상을 차리고 밥하고 전 지지고 쉴 수가 없다니까요. 남편은 닭 쫓던 개처럼 그저 멍하니 서 있다가 슬그머니 문 닫고 들어가 버리죠. 마이동풍이에요. 답답해서 죽겠어요. 시부모님은 아이들을 무척 귀여워하시죠. 그런데 애들이 밤늦도록 TV를 보든 컴퓨터를 보든 전혀 상관을 하지 않아요. 내가 아이들을 야단치면 내가 너무 혹독하게 군다고 애들 앞에서 저를 비난하니까 내 체면이 뭐가 되겠어요? 아이들이 내 말을 무시하게 되지요.

161

"그때 당신이 반사적으로 느꼈던 신체 반응과 감정은 무엇이지요?"

"또 당신은 어떤 생각과 소원을 가지게 되었지요?"

"당신이 보여 준 행동은 무엇이지요?"

"당신은 앞으로는 어떻게 달리 행동하고 싶으세요?"

"구체적으로 하나씩 하나씩 짚어 봅시다."

정 여사는 매우 사실적으로 묘사하였기 때문에 우리는 문제해결을 위한 행동계획을 수립하기가 매우 쉬웠다. 그러므로 정 여사의 목표행동은 주장적 자기표현이며 구체적으로는 다음 세 가지의 과제를 다루어야 한다.

• 시어머님께서 밤늦은 시각에 부부의 침실에 허락 없이 들어오지 않도록 남편에게 중재해 달라고 요청하거나 그에 대하여 적절한 대응 조처를 취하는 것이다.
• 주말에 예고 없이 시부모님이 손님을 초대하는 문제에 대하여 거론하고 그 문제 역시 먼저 남편의 협조를 얻어서 시부모님께 말씀 드리고 타협하는 것이다.
• 자녀 지도상의 차이점에 대하여 언급하고 자녀 훈육의 일차적 책임과 권리를 정 여사 부부가 담당하도록 하는 것이다.

여기서 정예순 씨가 시급하게 시정해야 할 것은 남편에 대하여 누적된 원망으로 남편을 비난하고 화를 터뜨리는 행동이다. 그러므로 어떻게 하면 남편에 대한 분노감정을 통제하고 담담하게 대화할 수 있는가를 연구하는 것이 가장 중요하게 고려되어야 할 사항이다.

정 여사는 구체적으로 다음과 같은 문제점을 안고 있다.

• 남편에 대한 원망과 분노감정과 비난하는 습관
• 소극적이고 회피적인 남편의 협조를 얻어 내기

162 그리하여 정 여사는 멋진대화를 익히는 순서를 다음과 같이 배열하였다.

첫째, 남편에 대하여 분노감정이 일어나는 자신의 마음을 정관(靜觀)하여 객관적으로 관조한다. 그리고 생각-감정-행동의 순환과정을 바라보고 자신의 사고 내용을 바꿈으로써 분노를 통제한다.

둘째, 문제해결적 대화와 주장적 자기표현을 남편에게 담담하게 하는 것을 글로 써 보고 거울 앞에서 연습한다. 그리고 친한 친구 앞에서 연습해 보거나 카운슬러에게 코치를 받는다.

셋째, 남편에게 실제로 주장적 발언을 한다. 그래서 남편이 시부모님께 의견을 개진하겠다는 동의를 얻어 낸다.

넷째, 남편과 함께 시부모님과 한 번에 한 가지씩 대화하여 결국 세 가지의 문제에 대한 타협안 내지 합의점을 도출해 낸다.

제일 먼저 정예순 씨는 야간에 시어머님이 부부 침실을 출입하는 문제에 대하여 아래와 같이 주장행동의 계획을 수립하였다.

- **목표행동**: 시어머님께서 밤늦게 부부 침실에 들어오지 말아 달라고 남편에게 부탁한다.
- **기초선 조사**: 평소에 이런 상황이 벌어지면 정 여사는 남편에게 화내고 불평을 터뜨렸다. 일주일에 한 번 꼴로 이런 일이 벌어졌다.
- **목표량**: 1주간 연습 후 남편에게 1회 부탁한다. 그리고 남편의 협조를 얻을 수 없으면 1주 후에 한 번 더 부탁하기를 계속하여 1개월간 네 번 시도한다.
- **시발점행동-조성단계의 설정**: 분노를 조절하는 여러 가지 기법을 익힌다. 남편에게 담담하게 말하는 요령을 글로 써서 읽어 보고 혼자서 소리 내어 연습한다. 그 뒤에 남편에게 진지한 태도로 협조해 주기를 부탁한다. 그리고 남편이 설령 응하지 않더라도 화를 내지 않으려고 노력한다.
- **강화물**: 실천한 다음에는 친구에게 전화하고 커피를 마신다.
- **계획의 실천**: 두 달간
- **기록**: 일지에 실천 여부를 적어 나가면서 자기강화한다.
- **조성의 단계 설정**: 복식호흡하기, 생각 바꾸기와 분노조절의 요령을 익힌다.

163

→ 남편에게 주장적 자기표현을 한다.

→ 남편이 시부모님께 말씀 드리겠다는 약속을 받아 낸다.

→ 남편과 함께 시부모님 방에 비치해 둔 약상자에 큰 글씨로 설명문을 부착한다.

→ 그것을 가지고 부부가 시부모님께 말씀 드리면서 침실 출입의 자제를 요청한다.

→ 시부모님의 실천을 지켜보고 선물로 강화해 준다. 그리고 남편에게도 감사의 표시를 한다.

[그림 8-1] 거울 앞에서 대화 연습하기

Chapter

우 리는 제2장에서 우리의 자아개념이 긍정적인가, 부정적인가에 따라 우리가 사람들에게 스스럼없이 다가가는지의 여부가 좌우된다는 점을 알게 되었다.

또 내가 평소에 다른 사람들에 대하여 일반적으로 어떤 생각을 가지고 있느냐에 따라, 즉 대인신념(對人信念)에 따라서 나의 대인관계도 달라진다는 것을 살펴보았다. 다른 사람들이 나를 호의적으로 보고 있을 것이라고 생각하느냐, 적대적으로 대할 것이라고 믿느냐에 따라서 내가 그들을 자신감 있게 대하는가, 눈치를 보거나 은근히 적대감을 가지고 임하는가가 결정된다. 그런데 나의 대인신념이라는 것은 상대방과 사귀어 본 경험에 따라서 갖게 되는 신념이 아니다. 그것은 막연히 추상적으로 갖게 되는 선입견이기 때문에 많은 오류가 개입되어 있다.

또 어떤 이를 만나 이야기를 주고받을 때도 그가 보여 주는 한두 가지의 행동적 단서나 인상에 의거하여 그가 어떤 사람일 것이라고 단정을 내리게 되고 그 인상에 맞추어 우리의 태도가 결정된다는 사실도 살펴보았다. 다시 말해서 상대방을 지각하는 바에 따라서 우리의 언어행동이 달라진다. 그런데 우리의 지각적 판단과정은 과연 정확한 것인가? 여기에도 편견과 오류가 개입될 소지가 많다는 것을 알 수 있다. 결론적으로 우리는 사람을 제대로 보지 못한다.

나는 지금 마주하고 있는 이 사람을 대하면서 그와는 관련성이 없는 내 자신의 과거 경험과 연관을 지으면서 그를 평가한다. 그리고 그 사람이 나에게 어떻게 대해 줄 것

생각을 바로잡기

인지를 기대하면서, 곧 미래의 희망과 연관해서 상대방을 판단한다. 그래서 그 사람의 현재 행동을 나는 과거의 세계 안에서 바라보거나 내가 기대하는 미래의 세계 속에서 바라보는 것이다. 달리 표현하면, 나는 과거와 미래라는 두 개의 초점을 가진 색안경을 끼고 내 나름대로 세계를 채색한 상태에서 그 사람을 대하는 것이다. 그러고 나서는 상대방이 좋다거나 싫다고 말한다. 우리는 이 점을 분명하게 인식해야 한다. 우리의 육안은 부정확하다. 우리는 부정확한 안경을 끼고 착각 속에 빠져서 살고 있는 것이다.

혹시 당신은 사람들과 친하고 싶은데 대화에 부담을 느끼고 사람들을 신임하기가 어렵다고 느끼지 않는가? 그리고 어떤 갈등과 오해가 있어서 그것을 해결하고 싶지만 상대방이 나를 적대시하고 부정적으로 대할 것이라고 미리 단정하여 주저하거나 두려워하지는 않는가? 이런 경우에 내가 가지고 있는 생각이 과연 객관성이 있고 사리에 맞는 신념인지를 면밀하게 검토해 볼 필요가 있다. 다시 말해서 나는 어떤 안경을 끼고 상대방을 바라보고 있는가를 먼저 인식해야 한다.

만약 나의 지각과 사고(인지)과정에 오류가 있다면 수정해야 할 것이다. 나의 비논리적이고 편파적인 신념을 합리적이고 객관적인 신념으로 수정하고 대체할 때 내가 만나는 사람들을 제대로 보고 판단할 수 있게 된다. 그리고 올바른 지각에 입각해서 대화하게 될 때 참다운 교류가 이루어질 수 있다.

167

그런데 지각과정에서 이루어지는 우리의 사고와 감정과 언어행동은 거의 반사적으로 이루어진다. 이것이 문제다. 우리는 어떤 사람을 보자마자 그 사람의 인상에서 느낀 대로 판단하고 행동한다. 그래서 그가 나를 홀대한다고 생각함과 동시에 샐쭉한 표정을 짓는다. 이렇게 반사적으로 일어나는 생각을 벡(Beck)은 '자동적 사고'라고 하였다. 그런 지각과정은 대개가 부정확하고 부정적이다. 부정적으로 왜곡된 인지과정은 우리가 세상과 자신을 오로지 부정적인 시각에서 바라보도록 각인시켜 주는 효과가 있다. 생각에는 힘이 있기 때문이다. 생각은 마치 흘러 내려가는 물줄기와 같다. 물줄기를 따라 빗물이 자꾸만 흐르다 보면 골짜기를 파고 들어가 깊은 수로를 만들어 놓듯이 반복적인 생각도 그렇게 엄청난 힘을 발휘한다.

정신건강과 행복한 삶을 살기 위하여 먼저 착수해야 하는 일은 우리의 생각의 방향을 바로잡는 일이다. 여기서는 우리의 사고과정을 체계적으로 검토하고 변경하는 방법을 소개하기로 한다.

1. 사고-정서-행동의 회로

당신은 내향적이고 수줍고 다른 사람들의 반응에 매우 민감하며 사람들을 두려워하는 성격이라고 하자. 그리고 자의식이 강하고 열등감, 불안감도 많다. 당신이 어려서 사귀었던 단짝친구는 먼 곳으로 이사 간 후에 연락이 두절되었고 현재는 친한 친구가 거의 없다. 주변에서 호감이 가는 사람들이 눈에 띄지만 선뜻 다가서지 못한다. 스스로를 바라볼 때 당신은 인물도 초라하고 어느 방면에 뛰어난 실력도 없는 사람이다. 그래서 다른 사람들에게 별로 호감을 줄 만한 조건을 갖추지 못하였다고 생각한다. 당신은 적극적인 사람이 되려고 의도적으로 노력도 해 보고 다짐도 하건만 어느새 소극적인 자세로 방관하는 자신의 모습을 자주 발견하게 된다. 어떻게 할까?

이 문제에 대한 해결책은 맨 먼저 자기 자신의 사고 내용과 자아개념을 알아보는 것이다. 그리고 자기의 사고(생각) 내지 인지가 자신의 정서(감정)와 행동에 어떤 영향을 미치고 있는가를 성찰하는 것이다. [그림 9-1]에서 나타난 바와 같이 자신의 부정적 사고와 자아개념은 정서와 행동에 부정적인 영향력을 미치고 그 결과 대인관계를 회피하는 현상이 나타난다. 그리고 이것은 다시 자기의 부정적 이미지를 더욱 강화시키는 작용을 하고 있다.

그렇다면 자신감 있게 사람들에게 다가가기 위해서는 어떤 조처를 취해야 할 것인가? 그것은 첫째로 자기에 대한 개념과 사고가 과연 타당한 것인지를 면밀하게 검토해 보아야 한다. 우리는 어떤 일에 한두 번 실패한 경험을 갖게 되면 거의 모든 일에 자신감을 상실하고 새로운 도전을 두려워하기 십상이다. 또 남들에게서 받은 부정적인 평가를 곧이곧대로 수용하여 그대로 나에게 적용한다. 그러나 부모, 교사, 친구 등이 나에 대해서 평가하는 기준이 과연 '나' 라는 사람의 인간적 가치와 존엄성을 올바로 가늠하는 기준인가? 그런 가치관을 나도 옳은 가치관으로 받아들이고 그에 의거해서 나의 인간적 본질과 정체성을 수립해야 한다는 말인가?

우리는 그것이 진실이 아니라는 것을 잘 알고 있다. 나는 내 친구가 잘생기고 똑똑

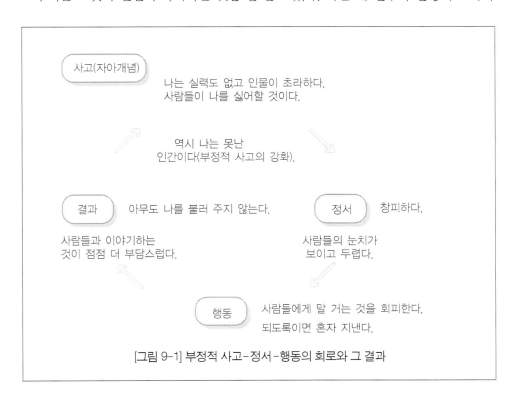

[그림 9-1] 부정적 사고-정서-행동의 회로와 그 결과

169

하고 부자이기 때문에 친구로 삼은 것이 아니라 만나면 즐겁고 마음이 통하니까 정을 주고받는 것이다. 주변을 살펴보자. 저능한 사람, 장애인, 불우한 환경의 사람들과 참된 우정과 애정을 나누는 진솔한 인간이 얼마나 많은가? 그러니까 내가 비록 실력도 없고 인물이 초라할지라도 그것 때문에 사람들이 나를 싫어한다고 단정할 수는 없다. 실제로 나는 매우 겸손하고 성실하며 따뜻한 감성을 가진 인간이다. 사람들은 나를 알게 되면 나를 좋아할 것이 틀림없다.

그러므로 나의 사고와 자아개념에는 무언가 잘못된 것이 있음을 알 수 있다. 내가 활발하게 인간관계를 맺으려고 한다면 나의 그릇된 사고 내지 인지내용을 올바른 방향으로 바꿀 필요가 있다. 다시 말해서 적극적이고 긍정적인 관점에서 사고하고 느끼고 행동해야 한다. 지금부터 나의 사고-정서-행동의 회로를 긍정적으로 바꾸어 보자.

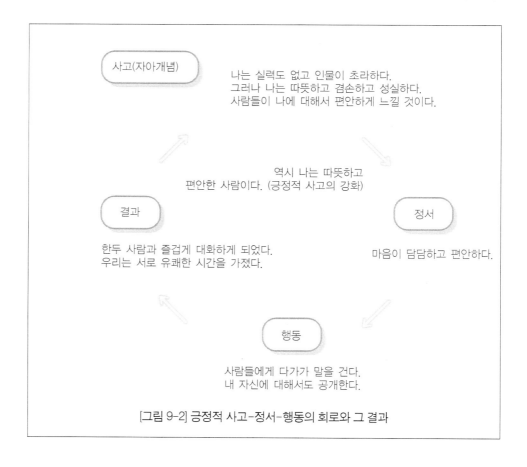

[그림 9-2] 긍정적 사고-정서-행동의 회로와 그 결과

[그림 9-3] 부정적 사고-정서-행동의 결과

[그림 9-4] 긍정적 사고-정서-행동의 결과

171

이처럼 긍정적으로 쇄신한 자기이미지와 새롭게 가다듬은 생각을 가지고 사람들에게 다가가야 한다. 이때 필요한 것이 결단과 용기다. 용기란 우리가 비록 두려움을 느끼는 여건 속에 처하게 되더라도 두려움에 압도되지 않고 새롭게 도전해 보려고 하는 마음가짐이다.

2. 엘리스의 합리적, 정서적 행동치료

엘리스(Ellis)는 개인이 고민하고 불행감 속에서 고통받는 것은 불행한 사건 때문이 아니라 그 사건을 지각하고 나서 그가 느끼고 생각하는 것 때문이라고 하였다. 그가 제창한 합리적, 정서적 행동치료(Rational Emotive Behavior Therapy: REBT)는 오늘날 부적응적인 인간을 심리적으로 도와주는 데 아주 효과적인 치료법으로 적용되고 있다. 여기서는 저자의 저서 『청소년의 인성교육』에 소개된 그의 이론을 다시 인용해 보기로 한다.

REBT는 인간이란 합리적이고 이성적으로 될 가능성과 비합리적이고 비이성적으로 될 가능성을 동시에 가지고 태어난 존재라는 가정에 기초한다. 여기서 합리적 또는 이성적이라는 말은 개인이 어떤 목표를 달성하는 데 도움을 주는 사고, 감정, 행동을 가지고 있다는 뜻이다. 엘리스는 인간이 불행하다거나 부적응적 행동을 하게 되는 것은 불운한 외부의 조건 때문이라기보다는 그러한 외부의 조건을 지각하고 인지하는 과정에서 비합리적이고 왜곡된 판단이 작용하기 때문이라고 보았다.

인간의 인지과정을 살펴보면 어떤 사건이나 자극을 지각한 다음에 그것에 대하여 추론하고 그 이후에는 평가적인 의미를 부여하는 경향이 있다. 예를 들어, 당신이 길을 가다가 아는 사람에게 인사를 했는데 그가 모른 척하고 지나갔다고 하자. 이때 그 사람은 당신을 혐오하여 일부러 모른 척할 수도 있고 당신을 알아차리지 못하여 그냥 지나쳤을 수도 있다. 그런데 당신은 그 사람이 자기를 싫어하기 때문에 모른 척하고 지나갔다고만 생각한다. 그리고 나서 그것은 참으로 '끔찍한' 또는 '견딜 수 없는' 일이라고 받아들인다. 그 결과로 심한 분노나 수치심 등을 느끼게 된다. 당신의 판단이 과연 정확할까? 이 점을 성찰해 보고 당신에게서 지각의 오류를 발견하고 수정할 필요가 있다. 그리고 당신이 무시당하는 것은 '견딜 수 없다'고 생각하는데 그 생각은 합리적이며 자기에게 유익한 결과를 가져다주는 것일까? 이 점도 성찰해 보고 당신의 생각의 방향을 수정할 필요가 있다. 상대방이 나를 홀대하는 것같아 보이더라도 그 정도는 가볍게 여기고 내가 적극적으로 다가가서 그를 진심으로 반기고 좋아하는 표현을 하면 대체적으로 상대방도 나의 호의에 반응하게 되어 있다. 그래서 나는 내가 원하는 사람을 친구로 또는 친지로 삼을 수도 있게 되는 것이다.

ABCDE 모형

엘리스는 자신의 사고가 합리적인지 비합리적인지를 헤아려 보고 비합리적인 사고의 내용을 합리적인 것으로 바꾸는 방법을 ABCDE의 공식으로 소개하였다. 그 공식은 다음과 같다.

- A(선행사건, Activating event)는 개인에게 정서적 혼란을 가져다주는 사건, 상황, 행동 또는 개인의 태도다. 가령 시험에 떨어졌다든지, 실직하게 되었다든지, 결혼 문제로 자녀와 싸웠다든지 하여 강렬한 정서를 유발하는 어떤 사건(agent)이나 행위(activity)를 의미한다.
- B(신념체제, Belief system)는 어떤 사건이나 환경적 자극에 대해서 개인이 갖게 되는 개인의 신념체제 또는 사고방식을 가리킨다. 신념체제에는 합리적 신념(rational beliefs)과 비합리적 신념(irrational beliefs)이 있다. 합리적 신념은 우리가 바라는 어떤 목표를 달성하는 데 도움을 주는 사고방식이다. 비합리적 신념은 개인이 경험한 사건을 아주 수치스럽고 끔찍스러운 현상으로 해석하여 자기를 징벌하고 자포자기하거나 세상을 원망하는 사고방식이다.
- C(결과, Consequence)는 선행사건에 접했을 때의 결과다. 선행사건을 비합리적으로 해석할 때는 부적절한 정서와 행동이 뒤따르고 합리적으로 해석할 때는 적절한 정서와 행동이 뒤따른다. 그러니까 C는 어떤 사건을 해석함으로써 일어나는 정서적, 행동적 결과를 말한다.

173

- D(논박, Dispute)는 자신이 가지고 있는 비합리적인 신념이나 사고에 대해서 도전해 보고 과연 그 생각이 사리에 맞고 합리적인지를 다시 한 번 따져 보는 반박의 과정을 지칭한다.
- E(효과, Effect)는 비합리적인 신념을 철저하게 논박하여 합리적인 신념으로 대체한 다음에 뒤따르는 효과로서 자기수용적인 태도와 긍정적인 감정과 행동을 말한다.

REBT에서 정서는 사고의 산물로 간주된다. 우리가 어떤 것을 나쁘다고 생각하면 우리는 그것에 대해 나쁘다고 느낀다. 엘리스는 정서적 장애란 개인이 믿는 비합리적이고 비논리적인 문장으로 인해 발생하는 것이며 그 결과로 나타나는 자기패배적인 감정이나 행동이라고 주장한다. 성격의 ABC 모형을 적응적 방식과 부적응적 방식으로 구분하여 제시하면 [그림 9-5]와 같다.

[그림 9-5] ABC의 확장된 모형

REBT의 치료목표

REBT의 치료목표는 내담자가 보이는 문제행동의 제거보다는 그 문제 행동의 배후에 있는 자기패배적 신념을 극소화시키고 삶에 대하여 보다 현실적이고 합리적인 가치관을 갖게 하는 것이다. 따라서 내담자에게 합리적인 생각을 갖도록 도와주고 보다 적절한 정서와 행동으로 교체하게 하는 것이 REBT의 핵심과제다.

REBT에서는 정서를 적절한 정서와 부적절한 정서의 두 가지로 구분한다. 적절한 정서는 '~하기를 좋아한다' '~하기를 바란다(want, wish)'와 관련된 건강한 정서로서 예를 들면 염려, 슬픔, 성가심, 후회, 실망과 같은 감정이다. 반면에 부적절한 정서란 '반드시 ~이어야 한다' '절대로 ~이거나 ~해서는 안 된다(must, should)'라는 식의 절대적인 명령이나 당위적 생각과 관련된 건강하지 못한 정서다. 예를 들면, 불안, 우울, 분노, 죄책감, 수치심과 같은 감정이다.

상담시간에는 상담자가 내담자와 마주하고 앉아 내담자가 안고 있는 문제의 배후에 있는 비합리적 신념을 찾아내어 논박함으로써 합리적 신념으로 대치하도록 도와주는 과정으로 이루어진다. 그것이 ABCDE이다.

비합리적 신념의 특징

비합리적 신념은 당위적 생각, 과장성, 인간의 가치평가 절하, 욕구좌절에 대한 낮은 인내심과 관련되어 있다. 당위적 생각이란 자신과 타인과 세상에 대하여 요구적인 생각을 가지고 있는 것을 말한다. 인간의 가치평가 절하는 자신과 타인의 가치를 비하하는 경향성을 의미한다. 사랑에 대한 욕구와 관련하여 비합리적인 신념의 예를 들어보자.

- 당위적 생각: 다른 사람은 반드시 나를 사랑해야만 한다.
- 과장성: 그들이 나를 사랑하지 않으면 세상은 너무도 끔찍하다.
- 인간의 가치평가 절하(인간비하성): 그들에게서 사랑받지 못하면 나는 무가치한 사람이다.
- 욕구좌절에 대한 낮은 인내심(낮은 인내성): 내가 사랑받지 못하고 있다는 사실을 나는 참을 수가 없다.

우리의 생각을 지배하는 신념들은 대개가 독백의 형태로 나타난다. 인간에게는 무슨 행동을 하면서 자기가 생각하는 바를 중얼거리는 성향이 있다. 비합리적인 신념은 부정적인 자기독백의 형태로 나타나는 것이다. 그러므로 내 자신의 사고내용을 알아차리기 위해서는 스스로가 자기에게 무슨 말을 독백하고 있는지를 살펴보면 된다.

논박의 요령

내담자의 비합리적 생각에 대한 논박은 ABCDE의 도식에 의거하여 이루어질 수 있다. 이때 카운슬러는 논리성, 현실성, 효과성의 견지에 비추어 볼 때 내담자의 생각이 과연 타당한지를 이야기해 보거나 적어 보도록 촉구한다. 예를 들어 보자.

30대의 회사 직원인 L씨는 키가 작고 수줍으며 말주변이 없다. 몇 번 맞선을 보았지만 매번 여성에게서 거부당한 경험 때문에 그는 특히 똑똑하고 예쁜 여성을 기피한다. 자신을 매력 없고 못난 인간이라고 생각한다. 회사 직원들과의 회식 자리에도 가급적이면 참석하지 않는다. 남녀 직원이 모여 차를 마시다가 그를 보면 그들은 "이리 와서 같이 차 한잔 하자."고 청한다. 직원들이 자기를 보고 친절하게 웃는 것을 보면 사무실에 들어오기 전에 틀림없이 자신을 '짱구'라고 부르며 흉을 보았을 것이라고 지레짐작한다. 그리고 '그럴 때일수록 남자답게 의젓해야 한다. 이렇게 부끄러움을 타다니 큰일이다. 이러다가는 이 회사에서 아무도 나를 좋아하지 않을 것이다. 그래서 나는 결국 이 회사에 남아 있을 수 없게 될 것이다.'라고 극단적으로 생각한다. 그런 생각 때문에 L씨의 얼굴은 더욱 일그러진다. 어떻게 하면 그런 사회공포증을 극복할 수 있을까?

L씨의 자기치유를 위해서 REBT를 적용해 보기로 한다. ABCDE의 도식을 적용하여 L씨가 비합리적 신념을 합리적인 신념으로 대체해 가는 과정을 살펴보자.

A: 선행사건	C: 결과
• 나는 키가 작고 내성적이다. • 여성들과의 맞선에서 번번이 거부당했다.	• 창피한 감정과 열등의식으로 괴롭다. • 여자들 앞에 나설 수가 없다.

B: 비합리적 신념

- 남자는 키도 크고 활발해야 하는데 나는 키가 작고 매력이 없으니 못난 인간이다.
- 여자들과 맞선을 볼 때 번번이 거부당해서는 절대로 안 된다. 그것은 참을 수 없다.

D: 논박

- 논리성에 입각한 논박적 질문: "내가 키가 작고 내성적이라고 해서 반드시 인간적 가치와 매력이 없다는 말은 옳은 말인가?" "여자들과의 맞선에서 번번이 거부당해서는 안 되며 참을 수 없다는 법이 어디에 있는가?"
- 현실성에 입각한 논박적 질문: "이 세상의 모든 남성은 키가 크고 매력이 있는가?" "세상 남자들의 100%가 모두 여성과의 맞선에서 수용되는가?"
- 효과성에 입각한 논박적 질문: "내가 이렇게 못났다는 생각에 사로잡혀 자학하는 것은 무슨 이득이 있는가?"

⇓

논박에 대한 대답
- 비합리적 신념체제(생각)를 합리적인 것으로 전환하기: "내가 키가 작고 내성적이라고 하여 매력이 없는 것은 아니다. 인간의 매력과 가치는 오로지 외적 기준에 따라서 결정되는 것이 아니다. 나는 성실하고 온유하고 착하며 내 나름의 매력이 있다."
- 부적절한 정서(수치심)를 적절한 정서(섭섭한 느낌)의 수준으로 전환하기: "내가 여성들에게 인기가 없는 것은 매우 불만스러운 일이지만 그것이 절대로 참을 수 없는 것만은 아니다. 내가 여성에게 큰 잘못을 저지른 것도 아니므로 수치스러워할 필요가 없다. 맞선에서 인기가 없는 자신을 다만 섭섭하다고 느끼면 된다."

177

• 합리적이고 효율적으로 행동하기: "앞으로는 여성들을 무조건 회피하지 말자. 비교적 편안하게 느끼는 여성들과 만나 조금씩 대화해 보도록 하자."

⇩

E: 효과

"내가 키가 작고 내성적이고 여성들에게 인기가 없다는 사실이 대단히 불만스럽기는 하지만, 그것은 얼마든지 견딜 수 있다. 나는 내 나름대로의 장점과 매력이 있다. 나는 인간의 가치를 외적으로 판단하지 않겠다. 그러므로 내 자신을 수용한다. 이제 담담한 심정으로 살아갈 수 있다."

REBT에서는 내담자가 적극적으로 변화하기 위하여 독서요법을 강력하게 권장하고 있다. 그러므로 상담자는 L씨에게『정신건강적 사고』『화가 날 때 읽는 책』『나를 사랑하기』『수줍음도 지나치면 병』과 같은 책을 읽어 오도록 할 수 있다. 또 여러 가지의 심리적인 문제를 가지고 ABCDE의 도식으로 풀어 보라고 지시하고 정서적, 행동적 숙제도 부과할 수 있다.

3. 벡의 인지치료

인지치료를 제창한 벡(Beck)에 따르면 인간관계에서 거의 반사적으로 보이는 우리들의 행동은 근본적으로 우리 자신에 대하여 갖고 있는 개념의 결과로 나타난 것이라고 한다. 그것을 그는 '핵심신념'이라고 하였다. 자기에 대한 핵심신념이 부정적인 방향으로 기울어 있을 때 남의 눈치를 보거나 움츠러들고 상대방을 원망하거나 적대시할 수 있다는 것이다. L씨의 사례를 가지고 벡의 인지치료를 적용해 보자.

'나는 인기가 없고 못난 인간이다.'라는 L씨의 기본적 생각이 '핵심신념'이다. L씨는 그러한 핵심신념을 가지고 있기 때문에 어떤 상황에 부딪칠 때마다 자신에 대하여 거의 반사적으로 부정적인 해석과 판단을 내린다. 그가 반사적으로 갖게 되는 생각을 '자동적 사고'라고 한다. 그런데 L씨의 자동적 사고를 분석해 보면 그에게는 심각한 인지적 오류가 있다는 것을 알 수 있다. 가만히 보면 그의 정상적인 인지구조 속에 몇 가지의 역기능적 신념이 자리잡고 있다. 그리고 그것들이 상당히 오랫동안 지속되어 왔기 때문에 변화하는 데는 상당한 시간이 걸릴 것이다.

벡은 대부분의 인간에게 공통적으로 나타나는 인지적 오류는 강박적 부담, 자기와 관련짓기, 지레짐작하기, 흑백논리, 파국적 예상의 다섯 가지라고 한다.

L씨의 인지적 오류는 다음과 같다.

- 강박적 부담: '나는 남자답게 의젓해야 한다.'
- 나와 관련짓기: '직원들이 나를 보고 친절하게 웃는 것을 보면 그들은 틀림없이 내 흉을 보았을 것이다.'
- 지레짐작하기: '내가 말을 잘 못하니까 그들은 분명히 나를 못난 녀석이라고 생각하고 있을 것이다.'
- 흑백논리: '이렇게 키도 작고 부끄럼까지 타니 나는 매력이 0점이다.'
- 파국적 예상: '우리 회사 직원들은 모두 나를 싫어할 것이다. 그래서 결국 나는 이 회사에 남아 있을 수 없게 될 것이다. 아이고, 큰일 났다. 내 인생은 망조다.'

L씨가 치유되려면 어떻게 해야 할 것인가? L씨의 마음의 눈이 현실을 객관적으로 볼 수 있도록 교정되어야 한다. 먼저 L씨는 어떤 상황에 처할 때마다 그가 반사적으로 갖게 되는 생각(자동적 사고)의 내용이 무엇인가를 알아차리는 작업을 해야 한다. 이어서 그 생각이 과연 타당하며 객관적이고 사실적인가를 따져 보도록 한다. 그리하여 그의 사고 습관이 주로 자기의 약점만 보는 쪽으로 편파되어 있다는 것, 즉 인지적 오류를 범하고 있다는 것에 대하여 깨닫도록 한다. 그 상황을 사실적으로 지각하는 습관이 형성되면 그의 마음의 눈이 정상적인 시력으로 회복된다고 말할 수 있을 것이다.

4. 탈숙고

주로 부정적 사고의 습관에 젖어 헤어나지 못하는 것을 실존주의적 상담에서는 과잉숙고(過剩熟考, hyper-reflection)라고 한다. L씨가 적응적 인간이 되는 길은 부정적으로 편파된 생각을 긍정적인 시각으로 교정하는 것이다. 부정적 숙고와는 반대되는 방향에서 많이 생각해 보도록 하는 것을 탈숙고(脫熟考, dereflection)라 한다. L씨는 지금까지 주로 자신의 특성을 열등한 방향으로만 인식해 왔는데 앞으로는 그것을 긍정적인 관점에서는 깊이 바라보는 연습을 해야 한다. 그리하여 사고의 습관에 균형을 가져오도록 하는 것이다. 이를 위하여 부정적 평가를 먼저 객관적인 평가로 전환하게 하고 이어서 긍정적인 평가의 습관으로 전환하게 유도하는 것이 매우 효과적이라고 생각한다. 그것은 일그러진 '마음의 얼굴'을 밝은 '마음의 얼굴'로 바꾸는 것, 즉 긍정적인 자아개념을 획득하는 길이다.

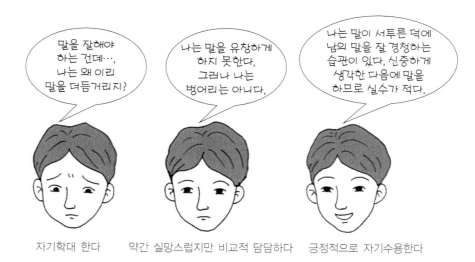

[그림 9-6] 부정적-객관적-긍정적 사고

자, 이제 L씨의 사고 전환을 지켜보자.

- **부정적 사고**(나는 너무 키가 작아서 창피하다.)→**객관적 사고**(나는 키가 작지만 난장이
  도 아니다.)→**긍정적 사고**(나는 키가 작기는 하지만 일상생활에 아무런 지장이 없다. 나
  폴레옹이나 덩샤오핑처럼 위인들 중에 키 작은 사람이 많다. 내가 거인이 아니기 때문에
  오히려 지구의 생태계에 피해를 적게 준다. 그리고 겸손하게 된다.)
- **부정적 사고**(나는 말을 잘하지 못해서 창피하다)→**객관적 사고**(나는 말을 많이 하지 않
  는 편이다.)→**긍정적 사고**(나는 다른 사람의 이야기를 잘 경청한다. 나는 말을 아끼고 신
  중하므로 실수가 적다.)
- **부정적 사고**(나는 여성들에게 인기가 없다.)→**객관적 사고**(나는 맞선 본 여자들 10명에
  게서만 거절을 당하였다.)→**긍정적 사고**(나는 성실하고 유능하고 취미도 많은데 다만 그
  것을 충분히 여성들에게 보여 주지 못하였다. 나는 부드럽고 배려하는 성격이고 은근한
  매력이 있다. 나의 진가를 알아줄 여자를 아직 만나지 못했을 따름이다. 때가 되어 연분이
  있는 여성을 만나면 나는 그녀를 행복하게 해 주고 사랑해 줄 자신이 있다.)

Chapter

10

조화로운 대인관계를 저해하는 가장 큰 요인은 우리가 격한 감정을 통제하지 못한다는 점이다. 어떤 문제가 발생했을 때 전후의 사정을 차근차근 설명하고 나서 자신이 느끼는 감정을 담담하게 피력하면 문제가 수월하게 풀릴 수 있다는 것을 우리는 잘 알고 있다. 그런데 이 점을 머리로는 잘 알고 있지만 실제 상황에서는 마음을 뜻대로 조절하고 관리할 수가 없다. 이것이 문제다. 원만한 인간관계와 대화를 방해하는 감정은 수치심, 죄의식, 열등감, 분노와 적개심 등이다. 그중에서 가장 다루기 힘든 정서는 분노다.

크게 분노를 터뜨리고 나서 후회해 본 적이 없는 사람은 한 명도 없을 것이다. '다시는 화를 내지 말아야지!' 라고 다짐하건만 그것이 쉽게 실행되지 않기에 많은 사람들이 자기환멸감을 경험하게 된다. 분노란 무엇인가? 억울한 상황에서는 화를 터뜨려야 하는가, 억제해야 하는가? 화가 난 감정을 잘 조절할 수는 없는가? 이러한 문제에 대하여 깊이 들여다보고 어떤 해답을 찾을 수 있다면 우리에게 큰 도움이 될 것이다.

그러므로 이 장에서는 특별히 분노의 특성과 분노를 다스리는 법에 대하여 체계적으로 살펴보기로 한다(노진선 역, 2001; 홍경자, 2001, 2004; 홍경자, 김선남 공역, 1995).

감정을 조절하기
─분노의 통제

I. 분노란 어떤 감정이며 어떤 상황에서 발생하는가

분노란 자기의 욕구나 목표를 달성하고자 하는 정당한 행동이 방해받거나 격심한 스트레스를 유발하는 사건에 당면해서 경험하게 되는 불쾌한 정서적·생리적 반응이다. 가볍게는 짜증스런 느낌을 갖는 것부터 시작하여 신경질이 나고 안절부절못하는 불쾌감으로 고함, 욕설, 협박과 폭력적 행위까지 몰고 갈 수 있는 격분상태가 분노의 감정이다.

분노를 느끼는 상황에서 사람들은 화가 난 감정과 함께 불안과 우울을 경험하기도 하고 적대감과 증오심이 나타날 수 있다. 그리고 적대감과 증오심은 공격성과 폭력으로 이어지게 하는 매개 역할을 하기도 한다. 그러나 분노의 감정은 적대감이나 증오심과는 다른 정서다. 엄밀히 따져 볼 때 분노란 모든 인간에게 있는 하나의 감정일 뿐이므로 좋다거나 나쁘다고 평가할 성질의 것이 아니다.

우리는 어떤 상황에서 화를 내게 되는가? 분노란 낯선 사람보다는 가족이나 친구, 연인과 같이 정서적으로 밀접한 사람과의 관계에서 더 많이 경험하는 것으로 나타나 있다. 그 이유는 가까운 사람들은 상호작용이 빈번하며 서로의 생활에 더 깊숙이 관여하게 되고 더 쉽게 상처를 주고받을 가능성이 많기 때문이다. 분노는 어떤 요인에 따

183

라서 일어나는가?

첫째, 우리가 부당한(unjust) 또는 불공정한(unfair) 대우를 받는 상황이다. 이것이 가장 많이 분노를 유발하는 것으로 나타나 있다. 부당한 대우를 받고 무시당할 때 우리는 자기의 절박한 요구가 충족되지 않음으로 인한 좌절감, 억울함, 자존심의 손상을 경험하면서 화를 터뜨리게 된다. 그리고 심리적인 고통이 수반된다.

둘째, 외부에서 언어적 폭력, 물리적(신체적) 폭력, 도덕적 모욕 등을 가하여 악의적으로 자기를 공격할 때 모욕감을 느끼게 되고 적대감과 분노를 느끼게 된다. 인간은 자기의 존엄성이 무시될 때 화가 나게 되어 있다.

셋째, 자신이 강력하게 원하던 것을 달성하지 못할 때 대부분의 경우 분노가 발생한다. 여기에는 신체적, 심리적 제지뿐만 아니라 언어적 제지나 규칙, 법규 등의 사회적 제지도 포함된다.

넷째, 강하고 지속적인 스트레스가 분노를 유발한다. 군대생활이나 조직생활에서 경험하는 과도한 직무스트레스가 여기에 해당된다.

다섯째, 혐오자극이 분노감정과 공격성의 유발요인이 되고 있다. 극심한 추위나 더위와 같은 기상조건, 소음, 진동, 가스, 연기, 방사능, 화학물질과 참기 힘든 악취, 도덕적으로 혐오스러운 장면이 불쾌한 정서를 유발하고 그것은 직접적으로 분노를 활성화시킨다.

2. 분노는 어떤 형태로 표현되는가

개인의 중요한 욕구 충족이 봉쇄되었을 때 신체는 '분노'라는 강렬한 감정을 불러일으킨다. 그리고 혈액 속으로 특정한 화학성분을 방출한다. 이 성분은 우리를 민첩하고 위협적으로 보이게 하는 작용을 한다. 그 덕분에 순간적으로 비상한 힘이 나와 장애물을 제거하게 된다. 그러므로 '화가 나 있다.'는 것은 우리의 욕구 충족이 방해받고 있으니 '어서 일어나 무슨 조처를 취하라.'는 생리적 메시지다.

드라이쿨스(Rudolf Dreikurs)가 말하였듯이 사람들은 '이성을 잃고' 화를 내는 것이 아니라 '이성을 활용하여' 화를 내는 것이다. 다시 말해서 사람들은 다른 사람들이 자기에게 원하는 것을 해 주도록 위협하고 통제하기 위한 목적으로 분노를 사용한다. 이 세상에서 단 한 번도 화를 낸 적이 없는 사람은 없다. 화를 내는 것은 생존을 위해서 필요한 책략이다. 그렇다면 사람들은 분노를 어떤 방식으로 표현하는가? 그것은 〈표 10-1〉과 같은 네 가지의 양식으로 나타난다.

표 10-1 분노의 표현방식

	표현방식	메시지
공격적 표현	분노의 직접적 표출	'나는 중요하다. 당신은 중요하지 않다.'
수동적 표현	분노의 억압	'나는 중요하지 않다. 당신만 중요하다.'
수동적-공격적 표현	앙갚음	'나는 중요하다. 당신은 중요하지 않다. 그러나 지금은 그 사실을 숨기겠다.'
주장적 표현	분노의 통제와 적절한 의사소통	'나는 중요하다. 당신도 중요하다.'

공격적 표현

분노의 첫 번째 반응은 종종 공격적 경향을 띤다. 그러나 아무 생각 없이 그 경향대로만 행동하는 것은 바람직하지 못하다. 그것은 '나는 중요해. 당신은 중요하지 않아.'라는 메시지를 전달하므로 상대에게 불쾌감을 주게 된다. 최악의 경우 상대를 격노하게 할 수 있다. 그리고 상대방은 당신을 인격적으로 존경할 수가 없기 때문에 당신은 결국 '소중한(좋은) 사람'을 잃어버리게 된다. 아주 드물게 공격적 표현이 자신을 보호해 줄 때도 있다. 가령 길에서 신체적 공격을 받았을 때는 큰소리로 대응해야 한다. 그러나 이것은 예외에 속한다.

화가 날 때 벽이나 냉장고나 현관문을 발로 찬다든지, 상대방에게 고함치고 폭력 또는 위협을 가한다든지, 저속한 욕설을 반복하게 되면 강렬한 분노의 생각과 행동방식이 대뇌에 각인되어 흔적으로 남게 된다. 그리하여 차후에 조금만 자기 감정이 상하는 일이 발생해도 곧바로 과격한 말과 행동을 되풀이하게 된다. 그것은 서로에게 커다란

185

상처를 주게 된다. 그리고 과격하고 흉포한 성격으로 변하여 고혈압, 심장병 등을 앓게 된다. 분노의 첫 번째 희생자는 자기 자신이며 그 다음 희생자는 가족과 같은 주변의 사람들이다.

수동적 표현

화가 난 상황에서 분노를 상대방에게 표현하지 못하고 속으로만 삼키는 사람들이 있다. 지위상 약자(弱者)의 입장에 있거나 연소자, 여성(아내) 등은 상대적으로 우위에 있거나 자기의 생계에 중대한 영향력을 미치는 사람에게서 부당한 대우를 받더라도 정당하게 저항하지 못하고 그 대신 참는 것으로 대응하는 것이다. 분노감정을 억압하는 방식으로 장기간 생활하게 되면 어떤 결과가 나타날까?

- 신체화 증상(심인성 위궤양, 고혈압, 협심증 등)으로 고통받게 된다.
- 분노의 강도가 점점 높아져 결국에는 이성을 잃고 절망하거나 의욕상실과 우울증으로 발전하게 된다. 분노한 탈영병이 자살하여 인생을 마치는 사례가 여기에 해당될 수 있다.
- 일생의 한(恨)이 되어 황폐하고 불행한 인생과 결혼생활의 파탄을 야기할 수 있다. 그러므로 분노를 억압하는 것은 자기에게 가장 큰 피해를 줄 수 있다.

수동적-공격적 표현

수동적-공격성에 의존하는 사람들은 분노를 억누르며 외견상으로는 평온한 태도를 유지한다. 그리하여 자신이 화가 난 것을 인정은 하지만 겉으로 표현하지 않고 은밀하게 감추어 두었다가 언젠가 기회를 보아 앙갚음을 하는 것이다. 남편에게 구박받으며 살아온 아내들이 노년에 와서 남편에게 역공을 하고 지난날의 서러웠던 감정을 두고두고 끄집어내어 분풀이하는 경우가 여기에 해당한다.

주장적 표현

186 분노를 느끼는 상황에서 상대방에게 공격적이고 폭발적인 표현을 하여 상처를 주지

도 않고 또 분노를 억누름으로써 화병이나 한(恨)이 서린 삶을 살지도 않으면서 적절하게 자신의 감정과 의사를 표현하는 방식이 가장 이상적이다. 이것은 '나는 중요하다.'라는 것을 내세우는 자기표현의 양식이다. 그리고 상대방을 다그치거나 비난하는 전술을 사용하지 않고 예우하기 때문에 '당신(상대방)도 중요하다.'는 메시지를 담고 있다. 상대방에게 앙갚음을 하지 않고 다만 자신을 공정하게 대우해 달라고 요청하며 상대방이 내 말을 경청해 주고 나의 심정을 이해해 주기를 명확하게 요구하는 행위다. 그리하여 친밀한 관계를 회복하고 자존감도 지키려는 것이다. 우리는 이러한 표현방식이 이상적임을 잘 인식하고 있지만 실제 상황에서 화가 난 감정을 적절하게 표현하고 자기가 원하는 바를 담담하나 명확하게 말하기란 그리 쉽지 않다. 특히 걸핏하면 큰 소리로 호통쳐서 상대방을 제압하는 방식에 익숙한 사람은 감정 통제가 어려울 것이다. 한편 자기를 희생하고 분노감정을 억압하며 순종적으로 살아온 것에 익숙한 사람이 지금부터는 자기의 감정을 털어놓으려고 시도하게 되면 매우 혼란스럽기 그지없다. 그동안 참았던 감정이 엄청난 파도처럼 솟구쳐 올라 이성을 잃게 되면 격렬하게 통곡하며 서럽고 억울한 감정의 홍수 속에 압도되어 조리 있게 말을 할 수가 없는 지경에 이르게 된다. 그러므로 평소에 자기감정을 인식하고 그것을 조절하고 표현하면서 생활해 나가는 것이 정신건강의 지름길이라고 할 수 있다.

3. 분노를 통제하는 방법에는 어떤 것들이 있는가

화가 날 때 적절한 수준에서 분노감정을 표시하고 자기가 원하는 바를 담담하게 말할 수 있기 위하여 감정을 통제하는 방법에는 어떤 것들이 있는가? 이 책에서는 분노의 관리에 대하여 체계적으로 성찰해 보기로 한다.

제1단계: 자기의 감정 상태를 알아차린다

① 자신의 신체 증후에 주의를 집중한다

무슨 일 때문에 당신이 몹시 화가 나 있을 때 당신은 화가 나 있다는 것을 부인하거나 망각하거나 억압하고 지낼 수 있다. 그리고 난 다음에 당신은 엉뚱한 일로 엉뚱한 대상에게 시비를 걸고 짜증과 분통을 터뜨릴 수 있다. 그것은 바람직하지 못하다. 그러므로 맨 먼저 당신은 어떤 상황에서 화가 나 있는지 그리고 당신의 분노 수준은 어느 정도인지에 대하여 알아차려야(aware) 한다. 자신의 감정을 알아차리려면 자기의 신체적 증후에 민감하게 관심을 가지는 것이 좋다. 신체적인 증후는 곧바로 당신이 분노를 폭발시킬 가능성이 있는지, 또 심각한 신체화 증상으로 발전할 소지가 있는지의 여부를 알려 주는 경고 사인(sign)이다.

② 일지를 적는다

연구에 따르면 일지를 적는 것이 스트레스를 감소시키는 데 매우 효과가 있는 것으로 나타나 있다. 일상생활에서 가장 스트레스를 주는 사건이나 현재 진행 중인 문제에 대해 20분 동안 쉬지 않고 써 내려간다. 현재의 문제들이 과거 사건에 대한 결과라고 생각한다면 과거의 상처에 대해서도 써 본다. 문법이나 문장구조에 대해서는 신경 쓰지 말고 다만 무슨 일이 일어났고 그것에 대한 당신의 기분이 어떤지를 적는 것이다. 감정이나 사건 중 어느 한쪽에만 편파적으로 매달려서 적지 말고 두 가지를 모두 적어야 한다. 감정이 없는 사실의 나열은 정신을 자유롭게 해 주지 못한다. 사실이 없는 감정의 나열은 경험을 이해하는 데 도움이 되지 않는다. 두 가지 모두를 쓰는 과정에서 감정적 카타르시스와 통찰이 수반된다. 최소한 3~4일간 매일 20분씩 이 과정을 반복하도록 한다. 연습에 차츰 성과가 나타나면 일주일간 계속한다.

이와 같은 일지 쓰기 과정은 매우 유용하다. 자신의 상처를 인정하고 억압된 분노, 두려움, 슬픔으로부터 벗어나게 하며 때때로 치유 효과까지 발휘한다. 글을 써 내려감에 따라 깊숙이 묻혀 있던 기억이 되살아나서 뜻하지 않았던 깨달음을 얻을 수 있다. 그래서 분노 발생의 사건과 연관된 원인과 배경과 자기의 행위 간의 인과관계를 발견하게 되는 것이다.

③ 최근에 느꼈던 감정을 적거나 그림으로 그려 보고 그것을 다른 사람들에게 표현
해 본다

예를 들면, 지난 일주일간 느꼈던 모든 감정을 그림으로 표현해 볼 수 있다. 그리고
자기의 이야기를 들어 줄 만한 사람에게 말로 그것을 표현하게 되면 이야기를 하는 순
간부터 속상했던 마음이나 분노의 감정이 점점 풀어지는 것을 경험할 수 있다. 이때는
분노의 대상에 대항하여 자기 이야기를 들어 줄 사람을 자기편으로 만들기 위한 목적
으로 그를 만나서는 안 된다. 화가 난 자기의 심정을 피력하며 심리적인 카타르시스(淨
化)를 얻고 또 그로부터 문제해결적 아이디어를 얻는 데 만남의 목적을 두어야 한다.

제2단계: 흥분한 마음을 가라앉힌다

화가 난 상황에서 제일 먼저 착수할 일은 잠시 멈추어 서서 자신의 신체 감각과 느낌
을 알아차리는 것이다. 그리고 나서는 흥분한 마음을 다소간 진정시키려는 조처를 취
하는 것이 현명하다. 그 방법은 다음과 같다.

① 호흡집중법과 이완훈련

호흡법과 긴장-이완훈련은 이미 잘 알려져 있다. 화가 끓어오르는 상황에서 자신을
진정시키기 위하여 가장 손쉽게 사용할 수 있는 방법은 호흡명상이다. 잠시 눈을 감고
의자에 앉아 천천히 숨을 들이쉬었다가 천천히 내쉬기를 10~12회 정도 반복한다. 이
때 들숨과 날숨에 오로지 정신을 집중한다. 호흡명상을 통하여 몸과 마음을 편안하게
가라앉힌 다음에 천천히 눈을 뜬다. 좀 더 시간적 여유가 있을 때는 긴장-이완훈련을
하도록 한다. 이것은 의자에 차분히 앉아(또는 자리에 누워서) 머리부터 시작하여 발끝
까지 각 부위를 긴장시켰다가 충분히 이완시키는 것이다. 먼저 눈을 감고 들숨을 들이
쉴 때 그대로 멈추고는 이마를 힘껏 찡그린다. 그리고 나서 숨을 천천히 내쉬면서 이마
를 느슨하게 펴도록 한다. 이런 방식으로 목, 어깨와 가슴, 복부, 엉덩이, 다리와 발끝
까지 차례차례로 긴장-이완을 반복한다. 그리고 온몸의 각 부위를 완전히 이완시킨
다음에 눈을 뜨도록 한다.

이와 같은 호흡이완법으로 장기적 효과를 볼 수는 없지만 단기간의 생리적, 심리적

189

효과는 얻을 수 있다. 생리적으로는 산소량을 증가시키며 심박수와 혈압을 낮추고 심리적으로는 통제력에 대한 지각을 강화시켜 두려움과 고통에서 벗어나게 해 준다(노진선 역, 2001).

② 간단한 기도문, 단어 또는 독백의 문장을 외운다
화가 나는 상황에 대비하여 미리서 어떤 문장을 외워 두는 것이 좋다.

"평화, 평화로다. 하늘 위에서 내려오네."
"이 땅에서 기쁨을, 죽을 때도 기쁨을!"
"누가 뭐라 하든 아무튼 난 복 있는 사람이야."

가령 "에이, 미치겠어." "망할 녀석, 난 도저히 참을 수 없어!"라는 말이 튀어나올 것 같으면 그것을 다른 내용의 말로 바꾸어 독백하도록 한다. 평소에 가끔씩 다음과 같은 문장을 독백하는 연습을 해 두면 좋다.

"진정해! 화내는 것보다 더 멋진 방법을 생각해 보자."
"너의 명석한 머리로 마음을 차분하게 가라앉혀 봐."
"넌 세련된 언어와 표정으로 화가 난 상황을 잘 다스릴 수 있을 거야."

③ 생각을 달리한다
당신이 원하는 대로 일이 되지 않거나 억울한 일을 당하여 화가 나는 경우에는 분노하는 것이 유익한가 또는 화를 내지 않고 다른 방도를 강구하는 것이 유익한가를 먼저 가늠해 볼 필요가 있다.

가령 당신은 자녀가 피아노를 배우기를 원하는데 아이는 피아노치기를 싫어한다고 하자. 비싼 교습비를 지불했는데 자녀의 피아노 실력에 전혀 진보가 없다고 하자. 이 때는 아이와 언쟁하면서 강압적으로 피아노를 치게 하는 것과 아이와 사이좋게 지내면서 자녀가 좋아하는 다른 활동을 하게 하는 것 중에서 어떤 것이 더 중요한가를 판단해야 한다. 당신이 중요하다고 여겨 왔던 가치에 대하여 달리 생각함으로써 화가 난 감정을 통제할 수 있다.

④ 간접적으로 분노를 방출한다

화가 날 때 심호흡을 하고 나서 손으로 방석을 들어 마룻바닥에 내던지거나 방석을 주먹으로 때리면 속이 시원해지고 흥분을 가라앉힐 수 있다. 또 밖으로 나가서 소리를 질러 보거나 욕실에 들어가 샤워를 하면서 크게 소리를 지르도록 한다.

제3단계: 어떤 행동을 취할 것인지를 선택한다

몹시 흥분된 감정을 어느 정도 가라앉힌 다음에는 그 상황에서 어떤 행동을 취할 것인지를 결정한다. 당신은 상황에 따라서 화가 난 감정을 상대방에게 그대로 표출하여 언쟁을 벌이거나 위협적인 상황에서는 소리를 지르고 도망가는 행동을 선택할 수 있다. 또 잠시 동안 그 장면을 떠난 다음에 나중에 이야기를 하거나 상대방에게 평온한 말씨로 직접 대면할 수도 있다.

① 힘겨루기에 말려들지 않는다

강렬한 분노감정을 느낄 때는 냉철하게 생각한다거나 논리적으로 대화하기가 거의 불가능하다. 그러므로 흥분된 상태에서는 그 장면과 그 상대를 잠시 떠나는 것이 좋다. 흥분된 감정이 가라앉기까지는 최소한 15분이 걸린다고 한다. 따라서 한두 시간 후에 또는 다음 날에 그 문제를 다시 거론하도록 조처하는 것이 현명하다. 그리하여 힘겨루기에 말려들지 않도록 한다. 그것이 불가능한 상황에서는 화장실에 가서 얼굴을 씻고 냉수를 마시는 방법을 써 본다. 상대방에게는 이렇게 말하면 된다. "내가 지금 흥분되어 있는데 진정하려면 두세 시간이 걸릴 것 같다. 그때 가서(또는 내일) 이야기하도록 하자!"

② 폭력의 위험이 있는지를 관찰하고 생명의 안전을 기하도록 한다

예기치 않게 폭행을 당할 염려가 있는 상황에 놓일 경우는 당신은 놀라고 화가 나서 어찌할 바를 모를 것이다. 이 장면에서 당신은 분노감정을 인식함과 동시에 우선적으로 당신의 신체적 안전을 도모하도록 민첩하게 대응해야 한다. 제일 먼저 해야 할 일은

191

상대방을 관찰하는 일이다.

감정은 대개 얼굴에 나타난다. 얼굴 표정으로 그가 어느 정도 화가 나 있는지를 쉽게 알 수 있다. 간혹 자기의 감정을 얼굴에 나타내지 않는 사람들이 있는데 그런 사람들은 그가 보이는 행동을 관찰하여 그 사람의 분노 수준을 짐작할 수 있다. 화가 날 때 어떤 이는 무조건 침묵으로 대응한다든지, 자기 혼자만 지내는 시간을 갖는다든지, 밖으로 나가 피한다든지, 앙갚음하거나 비열한 책략을 사용한다든지, 폭식하거나 식사를 거부한다든지, 물건을 파손하는 수가 있다.

상대가 협박적인 말(예: "죽여 버리겠다.")과 흉기를 소지하고 폭력을 사용하는 경우는 특별히 유념해야 한다. 만약에 상대방이 보이는 그러한 위험신호를 무시하면 당신에게 커다란 위험을 초래할 수 있다. 이때는 즉시 안전을 위한 조처를 단행해야 한다. 그러한 상황에서 취할 행동은 다음과 같다.

- 소리를 지른다. 그리하여 폭력적 행위를 중단하게 하고 주변 사람들의 도움을 받을 수 있도록 한다.
- 재빨리 도망간다.
- 미리 안전한 장치나 장소를 대비해 둔다.
- 24시간 긴급출동이 가능한 곳에 긴급전화를 건다(예: 전화 119, 112, 1366(여성긴급전화)-휴대전화로는 지역번호＋1366)

상대방이 불같이 화를 내면서 폭언과 폭력으로 당신을 질책하고 심문하듯이 따지면 당신은 그에 대한 책임의식을 느낄 수 있다. 위협적으로 협박하는 사람은 상대방에게 죄의식을 느끼도록 유도하는 데 능숙한 기술이 있기 때문에 당신 쪽에서도 어느 정도는 잘못한 점이 있다고 받아들이고 죄의식을 느끼게 될 가능성이 많다. 그러나 상대방이 당신을 욕설과 비난으로 협박하여 죄의식을 느끼도록 몰고 간다고 하더라도 당신이 그 사람을 화나게 만든 것이 결코 아니다. 당신은 마치 죄인이 된 듯 몸을 도사리거나 자신을 탓할 필요가 없다. 그는 자기의 이익을 위하여 일부러 과도하게 화를 내고 폭발하는 기제를 사용하기 때문이다.

그러므로 당신은 의연하고 담담한 목소리로 말해야 한다. 무조건 참거나 침묵하지 말고 당사자에게 자기의 감정과 의사를 직접 말하도록 한다. 예를 들어, 당신은 다음과 같이 말할 수 있다. "당신이 모욕적으로 (무례하게) 나에게 말하는 것이 나는 몹시 기분 나쁘다. 좀 더 나를 존중하는 방식으로 말을 해 주기를 바란다." "이번 사건을 당신이 그렇게 해석하는 것은 나에게 매우 불공평하다. 그래서 내가 속이 상했다. 그 사건의 자초지종을 있는 그대로 이야기하자면 ~와 같다."

③ '나-전달법'을 사용하여 대화한다

어느 정도 화가 난 감정이 수그러든 다음에는 담담하고 간결한 말투로 자신이 하고 싶은 말을 하도록 한다. 이때 '나-전달법(I-message)' 또는 '나-메시지'를 사용하는 것이 좋다. 두 사람 간에 갈등이 있을 때 상대방의 과오를 지적하는 방식의 대화법을 '너-전달법(you-message)' 또는 '너-메시지'라 한다. '너-전달법'은 상대방을 비판하는 뉘앙스를 풍기기 때문에 비효율적이다. 자기의 의사를 표현할 때 상대방을 비판하지 않고 다만 자신의 느낌과 요구사항을 담담하게 표현하는 것이 '나-전달법'이다. '나-전달법'은 다음과 같은 단계로 이루어진다.

- 상황을 객관적으로 묘사한다.
  "수철아, 네가 매번 지각을 하고 숙제를 해 오지 않으면"
- 나의 감정을 표현한다.
  "나는 몹시 짜증이 나고 화가 난다."
- 그 이유를 설명한다.
  "왜냐하면 나는 네가 성실하고 책임감 있는 학생이기를 바라기 때문이야. 그리고 나(선생님)의 말을 조금이나마 존경해 주기를 바라기 때문이야."
- 좀 더 구체적으로 요청하는 바를 말한다. "그러니 앞으로는 수업시간 3분 전까지 등교해 주겠니? 또 숙제를 일주일에 적어도 세 번은 해 오겠니? 그리고 이런 약속을 이행하기 힘들 때는 그 사정을 미리 나에게 이야기해 주기 바란다. 내가 너를 도와주고 싶거든. 알겠지?"

193

만약에 '나-전달법'을 화가 난 어조로 사용하게 되면 그것은 '혼합 메시지'가 된다. 혼합 메시지는 역효과를 가져온다는 것을 유념하자.

[그림 10-1] 교사의 너-전달법과 그 효과

[그림 10-2] 교사의 나-전달법과 그 효과

㉓ 화를 터뜨린다

우리는 가족이나 친구 사이에서 가끔씩 싸움을 하거나 화를 돋우면서 관계를 유지한다. 가까운 사이에서 언쟁은 불가피한 것이다. 그렇지만 언쟁을 하되 건설적인 싸움을 하게 되면 관계가 호전될 수 있다.

정말 참을 수 없이 화가 나는 상황이 발생할 때는 화를 터뜨리는 것이 당신 자신에게 진실한 행동이다. 그리고 상대방과도 빨리 친밀해지고 문제해결도 더 빨리 이루어질 수 있다. 이때 유념할 점은 화를 내되 죄를 짓지 말아야 한다는 점이다. 다시 말해서 상대방을 모욕하고 비난, 저주, 위협, 증오하지 말고 다만 크게 화를 내는 것이다. 그러므로 정말 화가 참을 수 없이 날 때는 화를 내는 편이 낫다.

4. 되도록이면 화를 내지 않고 살 수는 없을까

우리는 살아가면서 신경이 날카로워지고 화를 내고 싸우거나 고함도 지르고 가끔은 욕설과 폭력도 휘두르는 경우가 있다. 그러면서도 되도록이면 짜증을 부리거나 화를 내지 않고 살 수는 없을까 하고 궁금해한다. 단 한 번도 화를 낸 적이 없이 1년, 2년… 10년, 20년을 살 수 있다면 그는 이미 도인(道人)의 경지에 들어선 성자(聖者)일 것이다. 비록 우리가 성자가 되지는 못하지만 마치 도인이나 성자처럼 원숙한 인격의 경지에 도달하여 기쁨 속에서 하루하루를 살고 싶은 것이 많은 사람들의 소원일 것이다. 여기에서는 본능적으로 감정에 좌우되어 감정적으로 반응하지 않으며 되도록이면 화를 내지 않고 살 수 있는 방안을 모색해 보기로 한다.

생각을 바꾼다

분노에 대처하기 위해서 생각을 바꾸는 데 쓰이는 가장 유익한 이론은 엘리스(Ellis)의 REBT이다. 엘리스에 따르면 우리가 어떤 사건 때문에 속이 상하거나 화가 나는 것이 아니라 그 사건을 어떻게 받아들이느냐에 따라 화가 나는 것이다. 그러므로 그 사건을 내가 어떻게 해석하는가, 즉 나의 사고과정에 비합리적인 사고가 있는가를 알아보

195

고 분석하는 과정을 거치면 우리의 분노도 통제될 수 있다는 것이다. 그것은 ABCDE 의 도식을 사용해서 이루어진다. 생각을 바로잡는 요령에 대해서는 제9장을 참고하기 바란다.

정관(靜觀)한다

제2장에서 우리는 지각과 인지과정에 엄청난 오류와 왜곡현상이 있다는 것을 살펴보았다. 우리 스스로가 착각 속에서 사물을 판단하기 때문에 대인관계의 문제를 풀어나가기가 더욱 힘들고 고통만 가중된다는 것을 알 수 있다.

우리 자신의 편안한 마음과 효율적인 문제해결 능력을 얻기 위해서는 사물과 상황을 있는 그대로 정확하게 관찰하는 방법을 익혀야 한다. 먼저 마음을 진정시킨 후에 고요한 관조(觀照)의 태도를 가지고서 당신의 마음이 움직이는 것과 상대방의 처지를 바라보도록 한다. 그리고 그 문제를 당신의 관점에서 판단하고 해석하는 것이 아니라 거시적인 조망(眺望)을 가지고 우주적 차원에서 폭넓게 받아들이는 것이다. 그런 관조의 태도를 저자는 '정관(靜觀)'이라고 하였다.

정관하기 위해서 먼저 신체를 차분히 안정시킨 후에 마음을 비우도록 한다. 눈을 감고 천천히 복식호흡을 여러 번 반복하면서 마음을 들숨과 날숨에 집중한다. 그리고 나서 마음속이 텅 빈 공간 같은 느낌으로 차 있게 되면 눈을 지그시 아래로 뜨고 코끝을 바라본다. 이제 텅 빈 마음 바탕에 한 편의 드라마 장면이 비춰진다고 생각한다. 당신은 마치 이 세상 사람이 아닌 듯 고요한 상태에서 인생 드라마의 장면들을 관람하는 것이다. 즉, 몇 발자국 물러서서 초연한 태도로 당신이 주연으로 등장하는 인생극장을 구경하는 것이다. 그리고 타임머신을 타고 '내 나이 90세가 되었을 때'와 '내가 천국에 갔을 때'를 상상하며 그 시점에서 지금의 사건을 바라보는 것이다. 정관하기에 대한 자세한 설명은 저자의 후속 저서를 참고하기 바란다.

5. 사례

사례 1 상사에게 자주 질책받는 직장인

질문: 저는 다혈질의 상사에게 질책받고 지냅니다. 상사는 나에게 거의 매일 업무에 대해서 편잔을 줍니다. 상사가 부당하게 야단치고 화를 내더라도 저는 당하고만 있어야 하지요. 스트레스가 이만저만이 아닙니다. 매일 저녁 술을 마신다고 해서 울화가 깨끗이 사라지는 것도 아닌데 어떻게 해야 합니까?

대답: 당신처럼 직장의 상사에게서 억울한 대접을 받고도 한 마디 항변도 해 보지 못하고 생활하는 직장인들이 상당히 많이 있겠지요? 자신을 대변하기 위해서 논리적으로 해명하게 되면 상사는 그것을 불손한 반항행위로 간주할 위험성이 있기 때문에 참고 지내는 수밖에 없겠지요. 그런데 '억울하다.' '분통이 터진다.' '미칠 지경이다.' 라는 생각을 가지고 계속 참고 지내게 되면 당신은 혈압이 올라가고 소화불량에 걸릴 가능성이 많습니다. 그리고 상사에게 예절을 갖추어 대하려고 노력하지만 내면에 불만이 쌓여 있기 때문에 자기도 모르는 사이에 얼굴 표정과 말씨가 경직되고 어색한 모습으로 나타날 수 있습니다. 그것도 바람직한 현상은 아닙니다. 그러므로 당신은 분노를 공격적으로 표출하지도 않고 억압하지도 않아야 합니다. 그것은 분노 상황에 대하여 달리 행동하고 달리 생각함으로써 당신 나름대로 승화시키거나 재해석하는 것입니다. 가령 상사에게 직접 대응하는 대신에 간접적으로 당신의 분노감정을 처리할 수 있습니다. 달리 행동하는 것으로는, 목욕하면서 큰 소리로 하고 싶은 말을 외쳐 본다든지 산책, 운동 등으로 기분을 전환하는 것입니다. 생각을 달리하는 방법에는 두 가지가 있습니다. 상사가 혐오스럽고 밉다는 생각을 다음과 같은 생각으로 바꾸는 것입니다.

첫째, '우리 사장(상사)은 직원들을 신사적으로 예우하는 방법을 잘 모르는구나. 업무상 일이 잘 안 될 때 나 같으면 조용히 불러서 시정조치를 할 텐데, 사장은 화낼 줄밖에 모르니 인격적으로 미성숙하구나.' 이러한 생각은 당신의 손상된 자존감을 되찾

197

아 줄 것입니다.

둘째, 직장의 고통에 대하여 재해석하는 겁니다. '내가 이렇게 고통스런 직장생활을 하는 것이 지금은 내 인생에서 손해인 것 같지만 이런 고생을 해야 장차 어려운 일이 닥쳤을 때 거뜬히 감당해 낼 수 있고 성공할 수 있다. 그러니까 다혈질의 상사가 지금은 나를 힘들게 하지만 그건 감사의 조건이 될 수 있다. 까다로운 상사를 어떻게 다루어 나가야 하는가는 나에게 또 하나의 도전이고 연구 프로젝트라고 생각하고 타개해 보자.'라고 생각하면 그 스트레스 상황에 처한 당신의 행동을 여러 모로 관찰하고 분석하고 변경해 보면서 오히려 즐길 수도 있게 될 것입니다.

> **사례 2** 친지 앞에서 아내를 무시하고 함부로 대하는 남편

질문: 저의 남편은 저에게 말을 함부로 합니다. 욕설도 잘하고요. 특히 남편 친구나 친지들 앞에서는 저를 하녀처럼 취급하고 고압적으로 나오기 때문에 제 체면이 말이 아니에요. 제발 인격적으로 대우해 달라고 부탁해도 통하지 않는데 어떤 좋은 방법이 없을까요?

답변: 당신 남편은 남자가 아내 칭찬이나 부드러운 말을 하는 것은 낯간지럽다고 생각하고, 일부러 고압적으로 대함으로써 가장의 위신을 찾으려는 것 같습니다. 어쩌면 당신 남편은 자기의 아버지가 언어폭력과 힘에 의지해서 어머니를 억누르는 것을 목격하고 성장하였을 것입니다. 그러한 남편에게 당신이 애원하거나 비난하게 되면 역효과입니다. 당신이 객관적인 서술로써 담담하게 다음과 같이 말하면 남편은 자기방어하지 않고 당신의 말을 수용할 것입니다. "여보, 당신의 언어습관은 부모님에게서 많이 영향받았다고 보아요. 당신이 우리 부부관계를 깰 의향도 없는데, 나를 무시하고 함부로 말하여 우리 사이가 나빠지는 것은 좋지 않은 것 같아요. 나에게 존댓말로 하고, 나를 칭찬함으로써 당신은 아내를 존중해 주는 아량 있는 남자가 될 수 있어요."

첫째, 구체적으로 부탁하세요. '나를 인격적으로 대우해 주세요.'는 추상적인 표현이기 때문에 어떻게 대우해 주는 것이 인격적인 대우인지를 남편은 알지 못하는 것입

니다. 그리고 그 이유를 차근차근 설명해 주세요. "당신이 신사적으로 되면 내가 당신을 더 좋아하고 더 존경하게 될 거예요. 그리고 당신이 친구 앞에서 나를 함부로 대하면 당신의 권력이 대단한 것같이 느껴져서 그때는 우쭐할지 모르지만 더 큰 것을 잃는 거예요. 당신의 사람 됨됨이가 형편없다는 인상을 친구들에게 심어 주어서 당신에게 손해가 될 거예요. 또 당신은 '저렇게 맘에 들지도 않는 여자하고 사는가 보다.' 라는 인상을 심어 주어서 불쌍한 남자로 볼 수도 있어요. 물론 나도 불쌍한 여자로 보이고요. 그러면 누가 진심으로 당신을 존경하고 따르겠어요? 이것은 좋을 것이 없어요. 그러니까 나를 숙녀처럼 대해 주세요."

둘째, 앞으로 당신이 취할 행동에 대해서도 남편에게 의연하게 말하도록 하십시오. 가령 "당신이 친구들 앞에서 '야, 냉큼 ○○ 좀 가지고 와라.' 라는 식으로 말하면 앞으로는 나가 버릴 거예요. 당신 혼자 알아서 친구들하고 시간을 보내세요. 당신이 이런 방식으로 나를 계속 대우한다면 10년, 20년 후에는 미운 생각만 쌓여서 당신과 원수같이 되고 함께 살 수 없을 것 같아요. 그리고 우리 아이들도 당신을 닮아서 거친 말씨를 사용하게 되면 인생에 손해가 많게 되겠지요. 당신의 언어 습관은 어려서 배운 것이라 당신 잘못은 아니에요. 그렇지만 지금부터 노력해서 좋은 언어를 사용하게 되면 아이들도 세련된 말씨를 배우게 되고 사회생활과 대인관계에 성공하게 될 거예요. 당신은 마음만 먹으면 조금씩 조금씩 고쳐 나갈 수 있을 거예요. 부탁해요."

마지막으로, 남편이 간혹 가다가 존댓말을 사용하거나 부드럽게 말할 때는 당신이 그것을 칭찬하고 감사를 표시하여 그 행동을 강화하도록 하십시오.

사례 3 분노한 고객을 다루기

질문: 저는 관광회사의 영업직으로 일하는데요. 해외여행을 담당하다 보면 예기치 않은 사정이 발생할 수 있습니다. 여행 일정이나 서비스 면에서 약속이 제대로 이행되지 못할 때 우리는 최선을 다하여 고객에게 보상해 드리려고 합니다. 그런데도 고객 중에는 저의 멱살을 잡고 뺨을 때리는 분도 있었습니다. 가장 난처한 때는 화가 난 고객이 고함을 질러 다른 손님들에게 큰 피해를 주고 저의 여행사 이미지를 흐려 놓을 때입

199

니다. 화를 내는 고객을 잘 다루는 방법을 알고 싶습니다.

답변: 고객에게 최선의 서비스를 제공하려고 노력하지만 뜻대로 되지 않는 경우가 발생하지요. 그런 경우에 고객과 원만하게 타협이 이루어지지 못하고 특히 분노한 고객에게 인격적인 모독을 받게 될 때 참으로 견디기 힘드셨겠습니다. 회사의 직원연수 프로그램에 분명히 '고객을 다루는 기법'을 익히는 시간이 있었을 것이라고 믿습니다. 그러나 선생님의 요청에 따라 다시 한 번 분노한 고객을 다루는 기법에 대하여 소개해 드리겠습니다.

화가 머리끝까지 나 있는 고객을 잘 다루려면 내 쪽에서 먼저 어떤 행동을 취해야 하는가를 잠시 생각해 보아야 합니다. 이런 경우에 당신은 고객과 맞서 싸우거나 고객에게 즉각적으로 대답해서는 안 된다는 것입니다. 왜냐하면 한쪽이 흥분한 상태에 있는데 당신도 강도 높은 반응을 하게 되면 두 사람은 힘겨루기로 발전될 가능성이 높기 때문입니다. 그렇다고 해서 변명을 하거나 상대의 위협에 굴복하여 비현실적인 대안을 제시해서도 안 됩니다. 어떤 사원은 험악한 고객을 마주하기가 두려워서 일시 그 자리를 피하거나 도망가 버리는 수도 있습니다. 그것도 고객의 분노를 더욱 돋우는 행동입니다. 또 "그렇게 크게 소리 지르지 마세요."라는 부탁을 하게 되면 상대방은 그것을 명령이나 지시로 받아들이고 더욱 화를 낼 수도 있습니다. 그런 말은 하지 마세요.

분노한 고객을 다루는 방법은 첫째, 그의 마음을 진정시키는 것입니다. 그 요령은 당신 쪽에서 낮고 담담한 목소리로 그에게 이렇게 부탁하는 것입니다. "선생님, 조금만 천천히 말씀해 주시겠습니까? 문제가 무엇인지를 제가 확실하게 파악하고 나서 도와드릴 방도를 강구하겠습니다." "선생님의 의견으로는 저희 회사가 어떻게 해 드리면 좋을 것 같습니까? 선생님의 견해를 반영해서 최대한의 보상을 해 드릴 수 있는 방안을 상부에서도 논의하리라고 믿습니다."

이상에서 설명한 지침의 핵심은 당신이 안정된 마음으로 정중하게 고객을 마루는 입장이 되며 고객에게 끌려 다니거나 굴복하는 입장이 되어서는 안 된다는 것입니다. 그러므로 먼저 고객의 실망과 화난 감정을 진정시킨 다음에 곧바로 문제해결적인 방향으로 대화를 인도해야 합니다. 변명이나 대안의 제시는 필요한 경우에만 하십시오.

사례 4 ‘욱’ 하는 성질을 고치고 싶습니다.

질문: 저는 가족을 끔찍이 아낍니다. 그런데 평소에는 너그럽다가도 사소한 일로 제 신경을 건드리는 일이 발생하면 이성을 잃고 화를 폭발합니다. 나중에 생각하면 별것도 아닌 것을 가지고 번번이 화를 내는 버릇이 있고 그 뒤에 곧 후회를 하게 됩니다. 가령 안방이 어질러져 있다거나 아내가 고지서 납부 일을 제 때에 알려 주지 않을 경우에 저는 무조건 호통치고 아내에게 못된 짓을 하게 됩니다. 곧 미안한 마음이 들어 토라진 아내를 달래기는 하지만, 아내는 나하고 같이 살기가 너무 힘들다고 합니다. 저의 아버님의 괄괄한 성격 때문에 부모님은 늘 불화했습니다. 그래서 나는 sweet home을 꾸려 보자고 생각했는데 그게 잘 되지 않습니다. 저의 ‘욱’ 하는 성격을 고치려면 어떻게 해야 할까요?

답변: 미국의 연구 보고서에 의하면 화목한 부부생활을 영위하는 사람들은 남편과 아내의 원가족 부모가 각각 화목한 애정생활을 영위한 가정의 출신인 부부가 90% 이상인 것으로 나타나 있습니다. 개인이 특정방식으로 대인관계를 맺고 교류하며 애정을 표현하는 방식은 성장과정 중에 그의 부모들의 행동을 보고 모방하게 되어 있습니다. 선생님의 아버지는 사소한 일이 발생할 때마다 어머니에게 시비 걸고 크게 화를 터뜨렸거나 학대한 것으로 보입니다. 어떤 문제가 발생할 때 이성적이고 지성적으로 처리하지 못하고 무조건 감정적으로 반응하는 것에 익숙한 것이지요. 그러한 아버지의 태도를 보고 자란 선생님께서는 아내에게 거칠게 말하고 손찌검을 하는 것이 어쩌면 너무도 익숙하게 학습되었을 것입니다. 감정적인 대응방식이라든지 아내와 갈등적인 관계를 유지하는 것이 선생님의 부모 세대에서 나타났고 선생님의 현재 가족생활에서도 반복되고 있습니다. 이대로 간다면 선생님의 아들도 장차 결혼생활에서 똑같은 양상을 반복할 가능성이 높습니다. 이것을 가족치료이론가인 보웬(Bowen)은 ‘다세대 간의 전승’이라 하였습니다. 불행하고 역기능적인 관계 유형의 틀을 깨고 화목한 부부생활을 영위하려면 첫째, 자신의 성장배경이 자기의 행동과 성격에 미친 영향을 분명하게 알아차리는 것이 필요합니다. 다행히 선생님과 아내는 그 점을 잘 이해하고 있군

201

요. 둘째, 감정적인(반응적인) 대응방식을 중단하고 이성적이고 지적인 대응방식으로 임하겠다고 다짐하고 그것을 연습하는 것입니다.

가령 당신이 시장 끼를 느끼는데 식사 준비가 제시간에 되어 있지 않다고 합시다. 평소 같으면 당신은 화가 나서 본능적으로 아내에게 호통을 치게 되겠지요. 당신은 눈을 부라리며 "아니, 여편네가 하루 종일 집에 있으면서 밥상도 제대로 안 차려 놓고 뭐하는 짓이야!"라고 말할는지도 모릅니다. 그런데 지금 당신은 충동적으로 행동한 다음에 후회하고 있습니다. 자신의 인격에 대해서 실망과 환멸감도 느끼고 있겠지요. 이것은 참으로 좋은 징조입니다. 이러한 느낌이 있기에 선생님은 이성적이고 지성적인 방식으로 대화하는 방안을 연구하고 문제해결적인 사고를 할 수 있게 되는 것입니다.

그래서 당신은 아래와 같이 독백하고 다짐하십시오.

"가만 있자. 내가 이런 시시한 일로 번번이 화를 내면 난폭한 성격자가 될 거야. 나는 너그럽고 교양 있는 인격자야. 아내를 속상하게 만들고 나서 어떤 이익이 있겠는가? 부드럽고 아량 있게 대해 주자. 그러면 우리 부부관계도 훨씬 더 좋아질 거야."

그리고 나서 낮고 느린 목소리로 아내에게 이렇게 말하십시오.

"여보, 나 배가 고픈데… 밥이 되려면 아직 멀었어요? 그럼, 우선 주스나 과일을 좀 줘요."

이어서 침착하게 감정을 조율할 수 있게 된 당신 자신에게 스스로 칭찬하여 변화된 자신의 행동을 강화하도록 하세요.

"음. 난 마음만 바꿔먹으면 이렇게 침착할 수가 있단 말이야. 난 의지력과 애정이 있는 사람이야. 우리 아버님 세대의 좋지 못한 기질은 내 세대에서 완전히 끊을 거야. 그러면 내 아들도 행복한 부부생활을 할 수 있겠지."

선생님께서 화를 터뜨리게 된 상황이 벌어지면 뒤처리를 잘하세요. "여보, 내가 크게 화를 내서 미안해요. 내 마음은 당신을 끔찍하게 아껴 주고 싶은데, 내 본심과는 달리 험한 말이 튀어나왔어요. 당신이 이번에도 잘 참아 주어서 정말 고마워요. 다음에는 이 못된 호랑이 성질은 고쳐 양순한 망아지가 될 테니까. 조금만 더 기다리고 이해해 줘요."

이 밖에도 분노감정을 통제하는 여러 가지 기법을 숙달하시기 바랍니다.

Chapter

11

사회생활을 하면서 서로 간에 도움을 주고받을 수 있는 동료와 마음이 통하는 친지가 있으면 기분이 좋다. 외로울 때 함께 시간을 나눌 수 있는 단짝이 있으면 가슴이 뿌듯하다. 또 매력과 호감을 느끼는 이성이 발견되면 그 사람과 깊이 교제하고 싶은 열망에 사로잡힌다.

사람들을 회피하고 두려워하는 이들도 마음속으로는 친밀한 인간관계를 갈망하고 있는 것이다. 다만 그런 사람들에게는 사람을 사귀는 일이 스트레스를 주는 요인이 되고 있으며 어떻게 다가가야 할지 구체적인 요령을 알지 못하고 있는 경우가 많다. 혹시 상대방에게 거절당하지 않을까? 얼간이로 보이지 않을까? 혹은 건방지게 보이지 않을까? 그들은 바로 이런 두려움을 가지고 있다(홍창희 외 공역, 2001).

사교적 관계를 잘 맺지 못하는 또 하나의 원인은 우리의 청소년들이 어른들과 자연스럽게 교류하고 대화하면서 생활하지 못한 데 있다. 분리된 청소년 문화 속에서 또래끼리만 상호작용하고 살아온 십대들은 또래 이외의 부류와 대화하는 방법을 잘 모른다. 그러나 지금은 지구촌 시대다. 한국 땅을 떠난 지 불과 몇 시간도 안 되어 여러 인종과 대화하고 사업적인 교섭을 하고 회의를 한다. 또 생면부지의 사람들과 인터넷으로 교류한다. 이방인들과 짧은 시간 안에 호의적인 관계를 수립하고 우정과 친밀감을 발전시키는 것은 개인과 기업과 국가의 발전에서 필수조건이 되고 있다. 따라서 21세기를 사는 현대인들은 빠른 시간 안에 낯선 사람들과도 쉽게 사귀며 친구를 만들 수 있

친밀한 관계의
형성과 친구 사귀기

는 능력이 요청된다(홍경자, 1987, 1990). 사람들과 관계를 맺는 요령은 다음과 같다.

Ⅰ. 호의적 관심과 이해의 태도

우리의 만남은 우연이 아니다. 그것은 우리의 바람이 결실된 것이다. 다시 말해서 내 쪽에서 먼저 가슴을 열고 상대방에게 다가가고 싶은 마음이 있어야 하고 그것을 표현해야 한다. 그리고 상대방도 나의 호의를 받아들이고 나의 초대에 응해야 한다.

상대방과 친근한 관계를 맺기 위해서 나의 마음을 어떻게 표현할 수 있을까? 그 요령은 대략 다음과 같다.

상대방에게 나의 긍정적인 기(氣)를 보내면서 인사한다

우리에게는 생명의 에너지가 일종의 자장(磁場)을 형성하여 우리의 몸을 감싸고 있다. 그리하여 아픈 사람에게서는 병기(病氣)가, 몹시 증오에 찬 사람에게서는 살기(殺氣)가, 의기소침해 있는 사람에게서는 슬픈 기운이 느껴지는 것이다. 러시아의 사진작가 키르란(Kirlan)은 이와 같은 인간의 자기를 사진으로 찍어 내는 일에 성공하였다. 나에게 평화롭고 기쁘고 생동감 있는 에너지가 감돌고 있을 때 그 에너지는 나와 마주하는 사람에게 전달된다. 그리고 내가 그를 존경하고 좋아한다면 그런 나의 느낌도 전달된다. 그러므로 당신은 상대방을 만날 때 이 점을 똑똑히 인식할 필요가 있다. 그에게 당신의 호감과 존경의 마음이 전달되는 자세를 취하면서 인사말을 건네도록 하라. 당신의 따뜻한 마음이 상대방의 가슴을 열게 할 것이다. 이것을 종교적으로 표현하자면 먼저 상대방을 축복하고 임하라는 것이다.

관심을 가지고 질문을 던진다

상대방에게 질문을 던짐으로써 관심을 표명할 수 있다. 이때 유용한 기법은 열린(개방형) 질문이다. 그러므로 평소에 열린 질문을 익혀 두는 것이 유익하다.

당신이 오늘 아침에 출근해서 동료 A씨와 인사를 나누었다고 하자. 그런데 A씨는 안색이 좋지 않다. 이때 당신은 그에게 관심을 표명해 줄 수 있다. "A선생님, 오늘 안색이 좋지 않으시군요. 편찮으신가요? 혹시 스트레스를 받으신 건 아닌가요?"

그리고 나서 A씨가 자기 신변에 일어난 문제로 인하여 고민하는 것 같아 보인다면 관심 어린 배려와 도움의 손길을 그에게 내밀 수 있다. "A선생님. 기운내셔야 하겠어요. 특별한 일이 없으시다면 점심이나 저녁을 같이 하고 싶어요. 제가 모시겠습니다."

적극적으로 경청한다

상대방이 나의 질문에 대답하거나 스스로 자신의 이야기를 개진할 때는 적극적 경청의 태도로 임하는 것이 중요하다. 그것은 상대방과 시선을 맞추면서 주의를 집중하여 그의 이야기를 경청해 주는 것이다. 그리고 나서 내 쪽에서 그의 마음을 이해하고 있다는 사실을 전달해 준다.

보상적 가치를 제공한다

우리가 누구와 만나서 행복감과 만족감을 경험하게 되면 그 관계는 깊어진다. 자기의 마음을 이해해 주고 격려해 주는 사람과 친해진다. 이처럼 누군가와 만남으로써 정서적 지지와 이득이 있을 때, 즉 보상적 가치가 있을 때 우리는 친해진다. 그러므로 당신 쪽에서 상대방을 수용하고 이해하고 유익을 주도록 하라.

[그림 11-1] 친밀한 관계형성의 기술 1: 관심 가지기-주고받음의 교류

[그림 11-2] 친밀한 관계형성의 기술 2: 관심 가지기- 자기공개하기

주고받음의 교류를 지속하라

어떤 사람과의 관계에서 상호 간에 필요한 정보를 제공하거나 물질적인 도움을 주고받는다든지 취미, 관심사, 가치관이 같아서 서로 유익하게 주고받을 때 친밀감이 깊어진다.

그러나 친밀한 인간관계가 일단 형성되었다고 해서 그 관계가 일생 동안 지속되는 것은 아니다. 전학, 바쁜 일과 등의 이유로 상호 간의 접촉과 관심이 줄어들게 되면 관계가 소원해지기 쉽다. 또 친밀한 사이에 필연적으로 발생하는 의견 차이와 갈등을 효율적으로 해결하지 못할 때는 관계가 멀어지거나 단절될 수 있다. 이 점을 유의하자.

2. 자기표출 또는 자기공개

대인 간의 교류에서 중요한 것은 자신의 감정, 사고, 형편 등을 알리는 행위다. 내가 적극적으로 자기표출 또는 자기공개를 함으로써 상대방이 나의 세계 속에 들어오도록 초대하는 것이다. 자기표출 내지 자기공개를 어느 수준으로 하는지에 대하여 제6장에서 평가해 본 적이 있다. 이 장에서는 자기표출 내지 자기공개의 요령에 대하여 소개하기로 한다.

자기표출이 효과적으로 이루어지기 위해서는 상황과 시기에 적절하게 하는 지혜가 필요하다. 예를 들어, 만난 지 얼마 되지 않은 사람에게 내 쪽에서 너무 많은 자기표출을 하면 그 쪽에서 당황하게 된다. 반면에 서로 사귄 지가 오래되었음에도 불구하고 내 쪽에서 자기표출을 별로 하지 않는다면 영원히 피상적인 관계로 남아 있게 된다. 자기표출을 할 때는 점진적으로 자신의 세계를 알리는 것이 무난하다. 그 요령은 다음과 같다.

• 첫 번째 단계는 표면적 수준에서 서로 말을 건네는 것이다. 아침 인사를 주고받으면서 대개 날씨라든가 시사에 대한 대화를 주고받는 것과 같은 수준에서 대화를 하는 것이다.

- 두 번째 단계는 사실적 정보를 교환하는 수준에서 대화를 하는 것이다. 주변에 조용하고 깔끔한 식당은 어디에 있는지, 서비스가 뛰어난 자동차 정비업소는 어디인지 등에 관하여 질문하고 서로 간에 자기가 아는 곳을 이야기해 줄 수 있다. 그리고는 출신, 직업, 전공, 취미 등과 같은 사실적인 정보를 교환하면서 상대방과 관계를 맺는 것이 유익한가를 가늠하는 것이다.

- 세 번째 단계는 주관적인 의견을 나누는 수준에서 대화를 하게 된다. 시사나 뉴스에 대하여 어떤 생각을 가지고 있고 자신의 직장과 일, 장래 전망에 대해서 어떻게 느끼는지를 자연스럽게 이야기하면서 각자의 가치관도 곁들일 수 있다. 그런 과정에서 상대방과 좀 더 친밀한 관계를 맺을 것인가를 은근히 판단하게 된다.

- 네 번째 단계는 사적인 내면의 모습을 공개하는 수준에서 대화를 하게 된다. 얼마간의 교류를 통하여 상대방과 대화가 통하는 면이 있고 그와의 관계가 즐겁고 유익하다고 느끼게 되면 이제부터는 자신의 성격, 꿈과 이상, 개인적 고민까지도 이야기할 수 있게 된다. 그리고 마지막으로는 가장 깊은 내면적인 사상과 비밀까지도 이야기할 수 있게 된다.

인간관계가 발달하는 단계는 상대방에 대한 관심과 자기표출이 시작되고 상호 간에 친밀하게 될 가능성이 있는지를 서로가 실험해 보고 나서 심화된다. 그리고 상대방에 대하여 안심하고 우정과 애정을 줄 수 있다고 판단되면 그 사이가 더욱 깊어져서 동맹의 관계로 발전한다(설기문, 1997).

서로의 가슴을 열고 진실과 진실이 통하는 만남을 만들어 가는 사람은 좋은 부모-자녀관계, 좋은 동료, 좋은 친지관계를 맺을 수 있다. 그런 능력의 소유자는 좋은 사람들을 나의 친구로, 배우자로, 동업자로, 곧 내 사람으로 만들 수 있게 된다. 그러므로 인덕(人德)이 있다거나 운이 좋다고 하는 것도 따지고 보면 대인관계에 투자한 나의 노력과 연관되어 있다.

3. 열린(개방형) 질문과 사회적 기술

낯선 사람들과 쉽게 친밀해지기 위해서는 사회적 기술이 필요하다. 사회적 기술은 상식적으로 사교성이라고도 한다. 우리는 낯선 사람들을 대면하여 무슨 말을 해야 할지 난감해하는 경우가 있다. 그런데 대화를 잘하는 사람은 따지고 보면 질문을 잘하는 사람이다. 당신이 우연히 요트 타기가 취미인 사람과 마주할 기회가 생겼다고 하자. 이때 당신이 열린(개방형) 질문을 사용하여 서너 가지만 질문하면 그로 하여금 한두 시간을 신이 나서 이야기하도록 만들 수 있다.

자, 이 자리에서 요트 타기와 관련하여 당신이 질문할 수 있는 내용을 생각해 보자. 대강 다음과 같은 질문이 나올 수 있을 것이다.

- 요트 타기의 취미를 가진 지 얼마나 되었나요?
- 요트를 타기 위해 어떤 훈련을 받았습니까?
- 이 일에 흥미를 갖게 된 이유가 무엇이지요?
- 요트를 타려면 어떤 장비가 필요합니까?
- 요트는 어디서 타나요?
- 당신 혼자서 탑니까? 아니면 누구와 같이 합니까?
- 비용이 얼마나 들죠?
- 위험한 때는 언제인가요?
- 당신은 요트를 타다가 사고나 위험을 당한 적은 없습니까?
- 이 일을 직업으로 삼을 수도 있을까요?
- 요트 선수가 되려면 어떤 재능이 필요한가요?
- 이 취미를 가진 사람들은 주로 어떤 직종의 사람들입니까?
- 우리나라에서 요트를 제작할 수 있습니까?
- 당신은 고장난 요트를 고치는 법을 배웠습니까?
- 요트 타기가 당신에게 주는 기쁨과 보람은 어떤 것입니까?

- 당신은 청소년들에게 요트 타기를 권하고 싶으십니까?
- 노인들도 요트를 탈 수 있나요?
- 몇 살까지 요트 타기의 취미생활이 가능합니까?
- 당신은 앞으로도 요트를 계속 탈 계획입니까?
- 요트를 탄 경험을 통해서 터득한 교훈은 어떤 것입니까?

사회적 기술은 사람들에게 다가가 말문을 열고 대화를 계속하며 자연스럽게 끝내는 기술과 연관되어 있다. 이러한 내용은 제19장에 자세하게 소개하였으므로 참고하기 바란다.

4. 친구 사귀기

우리는 함께 어울려 노는 친구도 필요하고 현실적인 이해 상관으로 맺어진 친구도 필요하지만 어려울 때 도와주고 위로해 주며 심지어는 생명도 나눌 수 있을 만큼 헌신적이고 인격적인 친구가 더욱 필요하다. 그리고 학연, 지연, 혈연에 근거한 일차적인 교우 집단도 중요하지만 비슷한 취미와 가치관과 이념으로 맺어진 이차적 교우집단도 매우 중요하다.

새로운 캠퍼스에서, 새로 이사가거나 전직(轉職)한 조직체에서 그리고 국제적인 모임에서 우리는 사람을 사귀는 능력을 갖출 필요가 있다. 당신이 앞에서 소개한 바 있는 친밀감의 형성 기술을 잘 터득한다면 좋은 친구를 많이 사귈 수 있게 될 것이다. 그 요령을 다시 한 번 강조하면 다음과 같다.

자기를 알린다

앞에서 소개한 자기표출의 기술을 익혀서 만나는 사람에게 조금씩, 수시로, 자기의 장점과 취미와 매력을 알리도록 노력할 필요가 있다. 그리고 대화를 주고받는 가운데 상대방에 대한 신뢰가 생기게 되면 자기의 꿈과 이상과 고민들도 함께 나누도록 한다.

211

자기를 진솔하게 보여 주는 사람들을 외면하는 사람은 거의 없다. 자기표출을 하면서 상호 교류해 보지 않고서 어떻게 상대방의 인격적 깊이와 우정의 폭을 가늠할 수 있겠는가? 그러므로 친구를 찾고 만들기 위해서 우리는 어느 정도의 모험을 감수하면서 먼저 내 쪽에서 자기표출을 해야 한다.

한국사회에서는 대개 동년배끼리 친구가 되지만 서양사회에서는 나이와 성별과 지위와 무관하게 친구를 사귈 수 있다. 지금은 지구촌 시대다. 이제부터 당신은 각양각색의 사람과 만나면서 수십 년의 나이 차이, 사회–경제적 지위나 문화와 관습의 차이를 뛰어넘어 오로지 인간 대 인간으로서 인격적으로 교류하고 진솔한 우정을 맺을 수 있도록 훈련할 필요가 있다.

자기의 내면적 강점과 매력을 이용한다

과거에 나하고 친하게 지낸 사람들은 나의 어떤 면을 좋아했는가? 그리고 지금 나는 어떤 인간적 장점과 매력을 가지고 있는가? 나의 장점을 인간관계에서 어떻게 활용할 수 있는가? 이런 점을 생각해 보고 그것을 활용하도록 한다.

모든 사람은 각자 고유한 장점과 매력이 있다. 가령 당신은 내향적이지만 학업 면에서 우수한 실력이 있다면 학업적 능력을 이용하여 당신의 급우들을 도와줄 수 있다. 또 당신은 말주변이 없지만 남의 이야기를 잘 경청해 주고 배려하는 사람이라고 하자. 그러면 자판기에서 차 한 잔을 뽑아 급우들에게 주면서 관심 어린 질문을 던지도록 하라. "이번 방학에는 어떻게 지냈니?" "요즈음 새로 개발된 학습 기술(또는 취직준비의 요령)에 대해서 알고 있니?" 그리고는 그의 이야기를 아주 진지하고 흥미 있게 경청해 주도록 한다. 대화가 끝난 다음에는 "참 유익한 시간이었다."거나 "매우 좋은 정보를 주어서 고맙다."고 말하고 "혹시 다음에 시간이 나면 더 듣고 싶다. 내가 점심을 살 테니 시간을 내겠니?"라고 말해 보라.

만약 당신이 협조적인 사람이라고 하자. 그러면 바쁘게 움직이는 급우들에게 다가가서 "혹시 도움이 필요하면 나에게 요청해라. 나는 몸으로 뛰는 일은 잘 해낸다."고 말할 수 있다. 그리고 상대방에게는 "네가 열심히 수고하는 모습이 참 보기 좋다."고 칭찬하라.

212

4. 친구 사귀기 ✳

사람들은 자기에게 관심과 호의를 표명하고 자기를 도와주며 유쾌하고 즐거운 경험(시간)을 제공하는 사람을 좋아한다. 당신의 정신적 자산 안에는 분명히 그런 내용들이 들어 있을 것이다. 당신의 외적인 조건, 즉 당신의 실력, 외모, 집안의 명예나 재산보다는 당신의 내면적 매력과 가치를 소중하게 여기는 사람이 진정한 의미에서 참된 친구가 될 수 있다.

수줍음과 자의식을 떨쳐 버린다

활발하게 사람들에게 다가가 자기를 알리고 말을 거는 데 걸림돌이 되는 자의식을 격파하기 위해서는 제8장에서 익힌 사고-정서-행동 간의 상호관계성을 이해할 필요가 있다.

나의 적극적인 대인행동을 가로막는 생각은 어떤 것들인가를 먼저 찾아내서 REBT를 적용하여 ABCDE의 도식으로 논박하도록 하라. 대인관계에서 자기에 대한 부정적이고 비합리적인 사고의 내용을 긍정적이고 합리적인 생각으로 바꾸도록 노력할 필요가 있다.

가끔씩 싸우고 화해하는 친구가 되라

친구 사이에서는 접촉이 잦기 때문에 스스럼없이 말을 하게 되고 그러다가 감정을 건드리면 싸움이 벌어지는 수가 있다. 그런데 우정을 오래 지속하는 친구는 그러한 싸움을 가끔씩 하되 싸운 다음에 더욱 정이 들도록 뒤처리를 잘하는 사람들이다. 말다툼을 잘 다스릴 경우에 싸움은 순기능적인 작용을 한다. 친구 간이나 가족 간에 약간의 충돌과 적대감은 필수적인 부분으로서 변화와 성장에 반드시 필요한 것이다. 그러므로 의견대립이 심화되면 차라리 솔직하게 분노를 표출하는 것이 관계를 돈독하게 해준다. 그리고 우정을 유지하는 데는 용서하는 태도가 필수적이다. 상대방과 자신의 실수를 인정하고 서로가 용서하는 노력을 경주하는 것이 필요하다.

[그림 11-3] 친구와 멀어지는 방법

[그림 11-4] 친구와 가까워지는 방법

5. 이성교제와 사랑을 위한 대화

호감이 가는 이성에게 다가가 관계를 맺고 진전시키는 일에 어려움을 느끼는 젊은 이들도 상당히 있을 것이다. 또 사랑을 느끼게 될 때 자기의 마음을 고백하고 그 관계를 잘 발전시켜 아름답게 꽃피우기 위해서 어떤 대화를 해야 할까? 이것도 중대한 관심사가 될 것이다. 그런데 '사랑'이라든지 '로맨스'라는 말은 너무도 광범위하고 추상적이다. '사랑에 빠진' 경우에 두 사람 간의 특성, 즉 남녀가 살아온 문화, 가정환경, 성격과 기질, 욕구 등에 따라서 접근방식과 대화방식이 다르게 될 것이다. 이처럼 광범위한 특성을 도외시한 채 연애나 애정의 발달을 돕기 위하여 간단하게 대화의 기교나 기술을 언급한다는 것은 무리수가 아닐 수 없다. 그것은 이 책의 범위를 넘어서는 것이므로 자세하게 다루는 것은 생략하기로 한다.

그러나 이성교제와 사랑의 기술의 측면에서 멋진대화의 방법을 터득하고자 하는 사람은 이 장에서 소개한 내용을 숙지하고 잘 적용하면 많은 효과가 있을 것이다. 대화에 관련된 원리와 기술은 애인관계든, 동료관계든, 부부관계든, 부모-자녀관계든 간에 동일하게 적용되는 것들이다.

6. 사례

사례 1 말주변이 없는 고등학생

질문: 저는 고등학생인데 친구들에게 다가가지 못하고 거리를 둡니다. 그리고 말주변이 없어요. 제가 친구들에게 하는 제 이야기를 들어 보아도 썰렁하고 유머 감각이 없어요. 친구들에게 인기가 있고 재미있게 생활하고 싶습니다. 어떻게 하면 될까요?

답변: 학생은 친구들에게 재미있게 해 주고 싶은데 그렇지 못하여 몹시 실망하고 있

는 듯합니다. 말주변이 있고 유머 감각이 뛰어나기를 바라는 것은 좋은 일입니다. 그런 바람이 있기에 더욱 노력하게 되고 나중에는 지금보다 더 향상될 것입니다.

그런데 문제는 '말을 잘해야 하고 유머 감각이 있어야 한다.'고 강박적으로 생각함으로써 스스로에게 큰 부담감을 준다는 겁니다. 그런 부담감을 가지고 노력하게 되면 자기의 부족한 면만 생각되어 자신감이 떨어지게 됩니다. 그리고 자기가 가지고 있는 능력의 30%만 발휘하게 된다고 합니다. 그러므로 '말을 잘해야 한다.'는 생각을 '말을 잘하면 좋겠다.'로 바꿀 필요가 있습니다. 대화의 소재를 개발하기 위해서는 친구들이 대개 관심을 가지는 화제, 즉 뉴스, 스포츠-연예계 소식, 공부와 학교생활 등에 관한 소재를 가지고 집에서 친구들에게 이야기할 것을 간단히 적어 보세요. 그리고 그것을 가지고 혼잣말로 지껄이며 연습하는 것이 매우 유익합니다. 그러고 나서 동일한 대화 소재를 가지고 두세 명의 급우들에게 한 명씩 다가가 이야기를 들려주면 학생의 말하는 능력이 크게 향상될 수 있습니다. 유머 감각은 사실상 아주 소수의 사람들에게서 나타나는 재능입니다. 억지로 웃기려고 하기보다는 남들이 소개한 농담을 잘 기억해 두었다가 다른 친구와 다른 장소에서 그것을 활용해 보도록 하세요. 학생은 이 장에서 소개한 자기공개의 기술을 몸에 배도록 익히게 되면 큰 발전이 있을 것입니다.

학생이 스스럼없이 급우들에게 다가가지 못하는 것은 어린 시절의 생활양식과 밀접한 연관이 있을 것입니다. 어려서부터 주로 자기 혼자만 또는 가족들끼리만 지냈을 것이고 가족들은 '세상이란 무서운 곳'이라는 인상을 학생에게 심어 주었을 것입니다. 적극적으로 사람을 사귀려면 어린 시절의 영향을 분석해 보는 것이 유익합니다.

7. 연습문제

친지에게 관심 보이기

아래의 사례를 가지고 호의적인 관심 표명하기와 자기표출하기를 연습해 보기로 한다.

사 례 최민희 씨

(30대 중반의 직장인, 5세 딸과 7세의 초등학교 1학년 아들, 남편과 생활하면서 자녀의 방과 후 지도문제로 스트레스가 많다. 최 씨가 6시 넘어 귀가할 때까지 초등학교 1학년 아들이 학교에서 돌아와 엄마 없는 집에서 시간을 잘 보내도록 조처하는 것과 안전에 대하여 걱정이 많다. 최 여사는 날씬하고 멋쟁이인데 요즈음 피곤해 보인다.)

• 인상, 외모에서 느끼는 것에 대하여 찬사와 관심을 표명하기

  (   )

• 자녀문제에 대해 개방형으로 질문하기

  (   )

• 최 씨와 연관 지어서 자기의 경험담을 간략하게 이야기하며 최 씨를 진정으로 이해, 지지, 격려하기

  (   )

• 추후 만남을 제의하기 (   )

선배에게 말 걸기

사 례 한석규 씨

(동아리 선배, 택견 기능보유자, 방학 동안 동남아시아에 해외선교, 교회 봉사활동을 다녀옴. 검게 그을린 얼굴에 잔잔하고 행복한 표정)

• 인상, 외모에서 느끼는 것에 대하여 찬사와 관심을 표명하기

  (   )

• 여름방학 동안의 경험에 대하여 질문하기

  (   )

• 해외여행에 대한 유익한 정보 구하기와 유사한 자기의 경험담(방학 동안의 여행)을 간략하게 소개하기

217

    (   )

• 선배에 대하여 존경하거나 좋아하는 면을 말해 주기

    (   )

• 추후 만남을 제의하기

Chapter

직장생활을 잘하기 위해서는 여러 가지의 능력과 역할 수행이 요구된다. 그런데 직장에서 요구되는 능력과 역할 수행의 특성은 우리가 살고 있는 시대적 특성에 따라서 달라진다고 하겠다. 과거의 물질중심적 산업사회에서는 산술적이고 논리정연한 생각과 시계같이 빈틈없는 사람이 조직생활에 잘 적응하였다. 조직의 구성원도 마치 기계처럼 관리되고 통제되는 시대였기 때문이다. 그런데 현대의 인간중심적인 지식기반 사회에서는 정보와 지식을 활용한 아이디어가 귀중한 자산이 되고 있다. 따라서 여러 전공 분야의 사람들이 머리를 맞대고 의견을 나누는 일이 생산성과 창의적 아이디어의 창출에 매우 중요한 위치를 차지하고 있다. 게다가 지금은 생산자–소비자 간의 직접적인 피드백이 기업체의 사활에 결정적인 영향력을 미치기 때문에 서비스 정신이 중시되고 있다. 그런 까닭에 직업적 업무를 수행하는 과정에서 매우 중요한 것은 대화와 협력적 인간관계다. 상사가 강압적으로 부하직원에게 지시를 전달하는 것이 아니라 서로 마음이 통하고 존중받는 분위기 속에서 원활한 의사소통이 이루어질 때 구성원의 에너지가 시너지로 바뀔 수 있다. 성공적인 직장생활을 영위하기 위한 접근방법에 대해서는 '리더십'의 개념으로 무수한 연구와 책자들이 쏟아져 나오고 있는 실정이다.

이 책에서는 리더십과 조직체 생활에 대한 광범위한 정보는 다루지 않기로 한다. 다만 상사와 동료와 부하의 입장에서 기본적으로 갖추어야 할 태도와 의사소통의 기술

직장생활에서의 대화

에 대하여 개략적으로 살펴보기로 한다.

I. 직장인으로서의 기본적 태도

기업체에서 기대하는 직장인의 중요한 덕목은 다음과 같다.

• 해당 직종에서 요구되는 능력과 기술
• 주도성과 협동심을 겸비한 리더십
• 직장에 대한 헌신적인 (충성) 태도
• 외모와 자세

이들을 살펴보면 직무에 관련된 능력을 제외한 나머지 부분은 거의가 다 의사소통
과 인간관계의 능력이라는 것을 알 수 있다.

대졸 신입사원들을 면접할 때 기업인들이 가장 중요시하는 자질은 ① 자기표현 능
력, ② 경청 능력, ③ 성실성, ④ 쓰기 능력, ⑤ 전문기술, ⑥ 외모, ⑦ 바른 자세, ⑧
업무경험, ⑨ 이력, ⑩ 학위, ⑪ 대학 성적, ⑫ 자원봉사 경력, ⑬ 자격증, ⑭ 대학 동

아리 활동의 참여와 지도력으로 나타났다. 이들 14가지 자질 중에서 의사소통의 능력과 관련된 것들이 상당히 많은 것을 알 수 있다(원호택, 박현선, 1999).

한편 신입사원의 입장에서 보면 자기의 직무를 훌륭하게 처리하는 일과 더불어 상급자, 동료들과 인간관계를 적절하게 맺고 유지하는 능력이 요청된다. 신입사원이 직장생활에 잘 적응하기 위해서는 직장의 분위기와 상사의 성품을 빠른 시일 안에 파악하도록 노력해야 한다(권석만, 1997).

직장 분위기의 파악

가장 먼저 고려할 사항은 직장의 분위기를 파악하는 것이다. 직장의 분위기랄까, 직원 간의 관계는 각 조직체마다 독특하다. 그것을 유형별로 살펴보면 구성원 간의 호감도와 응집력에 따라서 몇 가지 형태로 구분된다.

첫째, 직원 간에 서로 친밀감을 느끼며 직장에 대한 소속감이 높은 경우다. 이런 화합 응집형은 인간적인 유대관계를 중시하는 상사가 운영하는 조직체에서 나타난다.

둘째, 부서별로 또는 특정 직원 간에 서너 개의 하위집단이 형성되어 서로 반목하고 공격적으로 경쟁하는 형태로 대립 분리형이다.

셋째, 직원 간의 대인관계는 무난하지만 직장의 응집력이 매우 미약한 경우로서 화합 분산형이다. 이 유형은 상사의 리더십이 결여된 경우이거나 개인주의적 성향이 강한 직원들로 구성된 경우다.

넷째, 대립 분산형으로서 직원 간의 감정 대립이 심하고 직장의 구심점이 없는 경우다. 이런 유형의 직장에서는 사원들의 사기가 저하되어 직장의 만족도와 업무의 효율성이 떨어진다.

상사의 리더십과 성격에 대한 이해

두 번째로 신입사원은 상사의 리더십과 성격적 특성을 파악하고 거기에 맞추어 자기의 처신을 적절하게 조절하는 요령이 필요하다.

상사가 부하직원을 통솔하는 방식은 크게 전제형, 자유방임형, 민주형으로 나누어 분류할 수 있다. 대부분의 기관에서는 업무의 성격상 상사가 직원을 진두지휘하고 지시, 감독하며 평가하고 촉진하는 역할을 수행하게 된다. 이러한 특성상 대부분의 상급자는 카리스마적이고 전제적인 리더십을 발휘하지 않을 수 없는 것이 사실이다. 창조적인 연구 개발 및 서비스와 관련된 경영 직종에서는 민주적 리더십을 발휘하는 상사들을 기대할 수 있을 것이다. 그러나 현실적으로 볼 때 한국사회의 많은 기업체에서 민주형의 상사를 만나기는 그리 흔치 않다고 예상된다.

직장에서 성공하려면 자기 업무에 최선을 다하는 것으로는 충분하지 않다. 제아무리 뛰어난 실력을 가지고 있고 또 최상의 업적을 이루고자 애써 노력했지만 상사가 그것을 알아주지 않는다면 너무나 애석하지 않겠는가? 그러므로 당신이 추가적으로 노력해야 할 부분은 상사에게 당신의 실력을 인정받고 신임을 얻는 일이다. 그것은 어떻게 해야 가능할까?

상사의 성격이나 리더십이 어떻든 간에 모든 조직체의 우두머리는 자기 기관의 업무가 정상적으로 잘 수행되고 있는지에 대하여 관심이 많다. 그리고 외부(소비자)의 반응이 어떠한가를 알고 싶어 한다. 따라서 당신은 상사에게 자기가 성취한 업무 내용을 보고하고 한 걸음 더 나아가 그 기관에서 장차 대비해야 할 사항과 외부 세계의 반응 등에 대하여 믿을 만한 브리핑을 해야 한다. 브리핑을 잘하는 능력이 직장에서 당신의 성공을 약속해 준다고 말해도 과언이 아니다.

2. 동료와의 관계

직장은 자기 생업의 터전이요, 가장 많은 에너지가 투자되는 곳이기에 모든 사람들이 자신이 속한 조직체에서 행복한 시간을 보내고 싶어 한다. 직장생활을 하면서 호의적인 동료와 우정을 맺기도 하지만 업무상의 갈등, 성격상의 마찰 등 때문에 동료에게서 크게 스트레스를 받을 수 있다. 또 승진을 앞두고 상사에게서 실력을 인정받는 과정에서 동료 간의 관계는 보이지 않는 경쟁, 비열한 음모, 시기, 질투, 모함 등으로 불안과 위협을 주는 요소가 되기도 한다.

당신이 지나치게 경쟁적이거나 적대적인 직장의 분위기 속에서 생활하게 되었다면 어떤 식으로 대인관계를 맺고 살아야 할지 난감할 것이다. 이럴 경우에 전문가들은 스트레스를 완화하고 자신을 도와줄 수 있는 지지세력을 확보하는 것이 중요하다고 말한다. 직장 내에서 당신이 편안하게 자신의 심경을 표현할 수 있는 사람을 적어도 한 사람 만들어 가깝게 지내도록 하는 것이다. 그리하여 당신 쪽에서 그들에게 도움을 요청하고 친밀한 관계를 유지하도록 한다. 회사 안에서 지지자를 구하지 못할 경우는 외부의 상담 또는 자문기관이나 그 직장과 관련이 있는 단체와 연대를 취하도록 노력하는 것이 좋다.

3. 관리자의 직원 관리

관리자 또는 상사는 부하직원의 관리, 지도, 변혁을 주도하는 리더다. 앞에서 언급한 바와 같이 농경사회와 산업화 시대에는 조직의 권한이 소수의 지도자 내지 경영자에게 속하였고 지도자의 명령과 지시가 다수의 직원에게 하향전달식으로 전해졌다 (Komives, Cucas, & McMahon, 1998).

그런데 21세기의 지식경제 사회에서는 조직은 필요에 따라 신축적으로 해산과 결성이 가능한 팀 체제의 형태로 변하게 된다. 관리자는 직원들과 다각적으로 의사소통을 해야 하며 외부와의 관계에서도 소비자와 직접적이고 개별적인 마케팅이 이루어지는 시대에 살고 있다. 그리하여 21세기의 조직체는 거미줄의 형태로 묘사된다. 거미줄의 바깥층 부분에 새로운 구성원이 끼어들고 각 팀은 주변 팀들과 다각적으로 대화하고 연결되기 때문에 리더는 거미줄의 어느 부분에 속하거나 옮겨 다닐 수 있고 거미줄의 중앙에는 조직의 공동목표가 있다. 그리고 기업체의 상황이 수시로 변하기 때문에 상황적 배경에 알맞은 리더십이 요청된다.

관리자가 직원들을 업무(과제)행동과 인간관계(배려)의 행동 면에서 다루게 될 때 어떤 방법으로 대하는 것이 좋은가? 이 문제는 리더십과 관련된 의사소통의 능력을 언급하고 있다. 따라서 여기에서는 21세기에 각광을 받고 있는 서너 가지의 리더십에 대하여 잠깐 살펴보기로 한다.

21세기 리더십

학자들은 21세기의 조직사회에서는 상황적 특성에 따라 각기 다른 리더십이 요구된다고 말한다. 그리고 리더의 유형을 다음의 지시형, 위임형, 설득형, 참여형의 네 가지로 구분한다.

- 지시형은 리더가 직원에게 주로 할 일을 알리고 명령하는 유형이다. 마이크로소프트 사의 빌 게이츠, 소프트 뱅크 사의 손정의, 록펠러, 헨리 포드, 정주영 등이 이 유형에 속한다.
- 위임형은 리더가 직원에게 할 일을 위임하고 재량권을 주는 유형이다. 월트 디즈니, 앤드류 카네기, 루치아노 베네통 등이 여기에 속한다.
- 설득형은 리더가 자신의 생각을 구성원에게 설명하고 필요한 경우에는 애원하기도 하는 유형이다. 크라이슬러 자동차 회장인 아이아 코카, 힐튼 호텔의 창업주 콘라드 힐튼, 제너럴 일렉트릭의 잭 웰치 회장, 일본의 최고 택시회사의 유봉식 회장 등이 여기에 해당된다.
- 참여형은 리더가 직원들과 함께 연구와 실험과 관측 등에 뛰어드는 유형을 말한다. 일본의 도요타 자동차의 도요타 기이치로, 소니의 모리타 아키노, 아이비엠의 토마스 왓슨, 맥도날드의 레이크 락 등이 여기에 속한다.

연구결과에 따르면 신입사원이나 주로 육체노동을 하는 직원에게 그리고 직원의 성숙 수준이 매우 낮은 경우는 지시적 리더십이 적합하다고 한다. 직원들의 성숙 수준이 중간 수준보다 약간 낮은 경우는 설득적 리더십이 적합하다. 그리고 그들의 성숙 수준이 중간보다 조금 높은 경우는 리더가 코치하면서 함께 참여하는 리더십이 적합하다. 유능하고 도전적이며 창의적인 직원이나 성숙 수준이 매우 높은 전문직 직원에게는 위임형의 리더십이 적합하다. 이들에게는 지도자가 전체적인 방향만 이야기하고 모든 업무를 그들에게 위임하면 창의력을 발휘하게 된다.

한편 직원들에게 뛰어난 영향력, 곧 카리스마를 보여 주는 리더는 리더의 능력이나 상황적 특성 때문에 그의 리더십이 돋보일 수 있다. 이런 리더는 구성원들에게 희망적

225

인 비전을 제시한다. 그는 비전을 전달하는 표현능력이 뛰어나고 개인적 매력과 강한 도덕적 믿음과 자신감을 가지고 부하들의 마음을 사로잡는다.

최근에 와서는 변혁적(transforming) 리더십이 등장하게 되었다. 지도자는 추종자에게 자유, 정의, 평등, 평화, 박애주의와 같은 도덕성과 목적의식을 고취하고 추종자는 그러한 리더의 사상과 활동에 함께 참여하게 된다고 보는 것이다. 이에 따라 지도자의 개념도 마더 테레사와 같이 '섬기는 지도자(servant leader)'로 변화되었다. 그리하여 지도자의 개인적 비전이 단체나 조직의 비전이 되고 궁극적으로는 사회적 비전으로 수용되는 것이다.

관리자로서의 대화 능력

당신이 상황적 리더이든, 카리스마적 리더이든 또는 변혁적 리더이든 간에 가장 중요한 능력은 갈등의 조정과 대화 능력이다. 조직의 업무가 다원적이고 업무량이 폭주하는 현대 사회에서는 당신은 직원들과 사회의 소비자들과 회사의 총수와 다각적으로 대화해야 한다. 따라서 많은 기업체가 관리자 교육과정에서 의사소통 기술을 훈련시키고 있다. 미국의 제너럴 일렉트릭 사에서는 리더가 직원들에게 자기존중감을 보여주고 신뢰감을 형성하며 대인관계를 잘 맺고 발전시키는 능력을 필수적으로 구비해야 한다고 강조한다. 그러한 리더십은 'LEADER'라는 개념으로서 다음과 같이 소개되고 있다.

> L: Listen(경청한다)
> E: Explain(설명한다)
> A: Assist(원조한다)
> D: Discuss(토론한다)
> E: Evaluate(평가한다)
> R: Respond(반응한다)

　당신이 관리자라면 먼저 당신 자신의 리더십 유형이 어떤 것인지를 헤아려 보고 이어서 부하직원들의 특성을 파악할 필요가 있다. 그리고 나서 개개 직원들의 개성에 맞추어서 자신의 경영, 관리 스타일을 다소 신축성 있게 조절한다면 업무수행과 인간관계가 한결 수월해질 수 있을 것이다. 그것은 당신이 구성원들에게서 신뢰와 존경을 받게 하고 또 유능한 직원들을 다른 업체에 빼앗기지 않게 할 것이다.

　현대의 직장은 종신직장이 아니다. 자기가 싫다고 하면 언제든지 떠날 수 있는 유동적인 사회다. 그러기에 사장-직원, 생산자-소비자, 정치가-유권자, 교수-학생, 남편-아내, 부모-자식 간에 서로 존경하고 대화로써 문제상황을 타개해 나가는 관리 능력이 더욱 절실하게 요청되고 있다(노진선 역, 2001).

4. 사례

사례 1　나를 모함하는 동료를 다루는 법

　질문: 저의 회사에 함께 근무하는 J씨는 표면적으로는 나에게 매우 싹싹하고 친절합니다. 그런데 제가 없는 자리에서 저의 험담을 한다는 사실을 얼마 전에 알게 되었습니다. 사실 무근한 루머를 퍼뜨려 저를 아주 나쁜 인간으로 만들어 놓았더라고요. 저는 치가 떨려 무슨 말로 따져야 할지 모르겠습니다. 어떻게 말해 주어야 할까요?

　답변: 우선 믿을 만한 동료를 통해 J씨가 당신에 대하여 어떤 루머를 퍼뜨렸는지에 대하여 정확한 정보를 확보하십시오. 그리고 나서 J씨를 사적으로 조용히 불러서 정색을 하고 대강 다음과 같이 이야기하십시오. "나는 J씨를 아주 친절하고 좋은 사람으로 알고 호감을 가지고 있어요. 그런데 J씨가 나에 대해서 사실무근한 루머를 퍼뜨려 직원들이 나를 아주 나쁜 사람으로 인식하고 있다는 것을 알고 너무 놀랐습니다. 화도 나고 몹시 괴로웠어요. 어떻게 된 거죠?"

　그리고 J씨가 그 사실을 부인하는 경우에는 당신이 알고 있는 정보를 노출하여 더 이상 거짓말이나 발뺌을 하지 않도록 차단하십시오. 그러고 나서 그의 체면을 살려 주도록 호의적으로 끝맺음을 하는 것이 좋습니다. "J씨, 나는 J씨를 아주 좋은 사람으로 알고 있기에 도움이 필요하면 J씨에게 의뢰할 것이고 J씨에게 어려운 일이 생기면 도와주려고 생각하고 있었습니다. 이번 루머는 J씨가 어디서 슬쩍 들은 이야기를 나에 대한 사실로 간주하고 이야기한 것 같습니다. 앞으로도 나에 대해서 어떤 말들이 들릴 것 같으면 J씨는 나에게 살짝 귀띔을 해서 반드시 사실을 확인해 주세요. J씨는 뒤에서 험담할 사람이 아니라고 믿어요. 이번 사건이 오히려 전화위복이 되어서 우리가 좋은 사이로 지낼 수도 있다고 봅니다. 나는 J씨를 믿어요. 그렇지요?"

사례 2   고객을 잘 대하는 대화기술을 알고 싶어요.

질문: 저는 미용실을 경영하고 있어요. 어떤 손님은 기분이 썩 좋지 않은 인상으로 들어와서 머리 손질을 받는 동안 내내 입을 다물고 있습니다. 저는 고객들에게 친절하게 대하고 싶은데 그럴 때는 말을 걸기가 곤란합니다.

대답: 선생님은 고객에게 친절하게 대해 주려고 하는 서비스 정신이 뛰어나시군요.

경직된 표정으로 입을 다물고 있는 고객에게 선생님은 친절하게 대해 주고 싶지만 뾰족한 방도가 생각나지 않으시지요? 이런 고객은 무언가를 혼자서 골똘하게 생각하거나 휴식을 취할 시간이 필요한 사람일 것입니다. 그런 때에는 고객의 그와 같은 욕구를 그대로 인정하고 수용해 주는 것이 오히려 더 좋겠지요. 고객의 심리상태에 공명하는 것입니다.

그러니까 선생님도 잠자코 머리 커트에만 열중하는 것입니다. 그래도 무슨 말을 해 주고 싶다면 고객의 마음을 헤아려 주는 방법이 있겠지요.

"저도 가끔씩은 다운(down)되는 날이 있거든요. 사모님. 머리를 어떤 식으로 커트해 주기를 원하는지만 말씀해 주세요. 그리고 사모님께서는 두 눈을 감고 편안히 계십시오. 제가 정성껏 다듬어 드리겠습니다."

Chapter

사 랑하는 남녀가 서로 한 몸이 되어 일생을 동고동락하기로 약속하여 결혼이 성립되면 그때부터 하나의 가정이 탄생한다. 부부로 맺어진 이들에게 자녀가 태어나게 되고 친인척 간에도 혈연적 관계를 맺게 된다. 이제부터 이들 남녀는 새로이 부부로서의 역할과 부모 역할, 자녀 역할 등의 복잡한 과업을 수행하게 되고 그 속에서 자신들의 행복을 가꾸어 나가게 된다. 가정은 우리의 보금자리다. 모든 인간은 행복한 보금자리를 가꾸어 나가고자 하는 꿈을 안고 있다. 그런데 행복한 가정을 영위해 나간다는 것은 결코 쉬운 일이 아니다.

부부가 장구한 인생을 살아가면서 수많은 문제가 발생하는데 그 많은 변화와 어려움을 직접 담당하고 씨름해야 하는 곳이 가정이다. 성격, 특성, 신념, 욕구, 성장 배경 등이 각기 다른 가족 구성원들이 한 울타리 안에서 저마다의 필요를 충족하기를 바라며 또 다른 사람들의 필요에도 응해 주어야 한다.

가족의 신체적 욕구, 안전의 욕구, 애정과 소속감의 욕구, 자기실현의 욕구를 만족스럽게 충족하도록 가족 구성원이 공동으로 노력해야 하는데 여기에는 부부의 성숙한 인격과 적응능력이 요구된다. 그런데 우리는 지금까지 가정 안에서 일어나는 복잡한 인간관계와 적응상의 문제를 만족스럽게 풀어 나가는 기술에 대하여 체계적으로 학습할 기회가 없었다. 부부간에, 부모-자녀 간에, 고부간에 어떻게 대화하는 것이 좋은지를 잘 알지 못하는 상태에서 부부는 상식적인 판단과 경험에 따라 대응할 따름이다. 그

가족 간의 의사소통

러기에 사랑으로 맺어진 부부 사이에 만성적으로 홀대, 유기, 오해, 배신, 실수를 경험하게 되면서 사랑은 실종되고 가정이 해체되는 비극으로 몰고 갈 수 있다. 요즈음처럼 가정의 붕괴가 급속도로 확산되고 있는 시점에서 원만한 가정생활을 영위하는 데 필요한 대화의 기술을 익히는 일은 대단히 중요한 과제다.

최근에 와서 의사소통의 기술훈련, 가족치료, 결혼과 가족상담에 관한 이론과 실제기법이 학문적으로 활발하게 보급되고 있다. 만성적으로 심각한 가족갈등과 가정해체의 위기에 당면해 있거나 비정상적인 가족의 성격으로 인하여 나머지 구성원들의 생활에 막대한 피해를 겪고 있는 경우는 전문적인 가족치료를 받아야 한다. 특히 가정폭력, 가출, 의처증, 의부증, 혼외정사 등의 문제로 위기상황이 발생한 경우 부부의 노력으로 그 상황을 타개해 나간다는 것은 무리다. 그와 같은 역기능적 가정은 하루 속히 가족치료 전문기관과 상담심리 전문가들의 도움을 받아야 한다. 그리고 효율적인 대화기술을 훈련받아야 한다.

이 장에서는 원만한 가정생활에 도움이 되는 내용으로서 가족관계의 역동성에 대한 지식과 바람직한 가족대화의 요령에 대하여 소개하기로 한다(김선남, 1996; 김용태, 2000; 김형태, 1998; 김유숙, 2003; 김혜숙, 2003; 홍경자 역, 1995, 1996; 홍경자, 2001, 2004; Goldenberg & Goldenberg, 2003; Green, 2003; Miller et al., 2003).

I. 가족관계에 대한 이해

가족은 혈연으로 결합된 영구적인 집단으로서 개인의 인격 형성에 지대한 영향력을 끼친다. 따라서 오늘날 가족치료학자들은 개인이 보이는 심각한 정신장애와 적응곤란은 병리적인 가족체제의 증상이라고 간주한다. 일반적인 가족관계의 특성을 살펴보면 다음과 같다.

가족의 체제와 위계질서

가족은 남편과 아내가 중심이 된 하나의 조직체다. 그 조직체는 부부 하위체제, 부모-자녀 하위체제, 형제 하위체제로 구성되어 있다. 부부 하위체제는 부부간의 친밀감을 공유한다. 부모-자녀체제에서는 부모가 자녀를 양육하고 자녀 하위는 부모에게 효도하는 것이 기대된다. 형제 하위체제는 부모의 사랑과 관심을 받는 과정에서 형제끼리 가장 민감하게 경쟁과 질투를 나타내는 체제다. 그럼에도 불구하고 형제간에 분명한 위계질서가 있고 같은 형제라는 의식과 친밀감을 나누는 하위체제다.

이들 하위체제에는 일정한 위계질서가 존재한다. 원칙적으로 부부가 가족공동체의 리더가 되며 가정의 대소사를 결정하고 이끌어 가는 일을 담당한다. 나머지 하위체제는 그에 따르는 것이 정상적이다. 그런데 어린 자녀들이 위계질서상 우위를 차지한다든지, 시부모(또는 친부모)가 주도권을 쥐고 부부의 생활에 깊이 관여하고 통제할 때 심각한 가족갈등이 대두될 수 있다.

하위체제 간의 경계선

하위체제 간에는 분명한 경계선이 있다. 부부는 부부끼리 의견을 나누고 많은 시간을 함께 하는 것이 원칙이다. 그런데 아내(또는 남편)는 주로 자녀들과 시간을 보낸다든지, 남편은 가정의 중요한 사항을 주로 부모님과 상의하여 아내가 끼어들 여지가 없을 때 하위체제의 안과 밖을 구분해 주는 경계선이 붕괴된다. 이것은 가족에게 심각한 문제를 초래할 수 있다. 부부가 차지해야 할 안방에 친가(또는 시가)의 부모가 한쪽 배우자와 함께 앉아서 대화를 독점한다면 부부 하위체제의 경계선이 무너지고 한쪽 배우자는 소외될 수 있다. 이처럼 부모-자녀체제의 세대 간 경계선이 혼돈된 가정을 '밀착된 가정'이라 한다. 이것은 대개 부모에게서 심리적으로 독립이 이루어지지 않은 배우자와 결혼했을 때 봉착되는 문제로서 그가 한쪽 부모와 삼각관계를 형성하는 것이다.

한편 부모와 자녀 간에 전혀 대화가 통하지 않고 감정도 나누지 않은 채 부모는 오직 권위로써 자녀를 강압적으로 대하는 가정이 있다. 이런 경우에 자녀는 부모와 감정적으로 단절하고 지내며 형제끼리만 대화한다. 그처럼 경직된 경계선을 가진 가족을 '분리된 가족'이라 한다. 위의 두 가족 형태는 역기능적이다. 기능적이고 적응적인 가정은 부모-자녀 간의 하위체제에 분명한 경계선을 두고 각 체제의 독자성을 인정하면서 동시에 상호 간에 협력하고 지지하는 형태를 취한다.

가족의 역할
가족의 역할은 크게 부부의 역할, 부모의 역할, 자녀의 역할로 나누어진다.

- 부부의 역할이란 남편과 아내 사이에 배려와 애정을 가지고 생리적(성적), 심리적 친밀감을 공유하고 서로의 발전과 성장을 도와주며 자기에게 주어진 책임과 역할을 성의껏 수행하는 것이다. 어떤 아내는 남편에게서 마치 어린 딸처럼 오로지 보호받기만을 요구하는 경우가 있다. 어떤 남편은 일체의 가사, 육아, 경제적 책임을 외면한 채 밖에서 자신의 감각적 쾌락 추구에만 에너지를 쏟는 경우가 있다. 이것은 부부의 역할을 잘 수행하지 못하는 것이다. 극단적인 경우 한 지붕 아래서 마치 동거인처럼 생활하기도 한다. 형식상 부부일 뿐 심지어는 성생활도 따로 외부에서 해결하는 위장된 결혼생활은 가족의 주요 기능이 부정되는 것이다. 이런 부부가 사교적 모임에 함께 나가게 되면 그곳에서는 부부가 마치 연극하듯이 다정한 대화를 나누는 모습을 보이게 된다.
- 자녀의 역할은 자녀로서 성장, 발전하여 자기의 정체성을 찾아가는 일과 가족의 일원으로서 가족을 배려하는 일을 하는 것이다.
- 부모의 역할은 자녀 양육과 관련된 역할을 말한다. 부모 역할을 수행하면서 부부

233

는 자신과 배우자가 함께 해야 할 자녀양육상의 업무에 대하여 역할 분담을 충분히 인식하고 수용해야 한다.

가족 구성원 모두가 민주적으로 의견을 수렴하여 가족 역할을 부담해야 한다. 그리고 그 역할 수행이 제대로 되고 있는지를 평가하고 조절해야 한다. 전통적으로 남편은 가정의 생계를 책임지고 아내는 자녀 양육을 책임지는 역할이 기대되었지만 오늘날에는 이 개념이 변화되었다. 각 가정의 형편에 따라 부부는 평등하게 이 두 가지의 역할을 어떻게 수행할 것인지 융통성 있게 조정해야 한다.

가족의 권력

가족 안에서도 권력이 존재한다. 자녀는 부모의 지시에 따르고 부모는 자녀의 행동을 통제하는데 이것은 부모가 가지고 있는 권력에 자녀가 순종하는 것이다. 전통에 따라서 그리고 가족의 생계를 책임지는 역할에 따라서 아버지와 어머니가 주요 권력자로 임하게 된다. 그러나 어떤 가정에서는 가족 간의 정서적 유대가 강하고 매력과 능력이 뛰어난 사람이 주요 권력자로 지각될 수도 있다. 가정에서 어떤 문제가 발생했을 때 누가 그 문제를 거론하고, 주재하는가 그리고 가족원의 합의가 도출되지 못할 경우 최종 결정은 누가 내리는가를 보면 가족의 권력자가 누구인지 알 수 있다. 권력이 행사되는 과정은 토의, 논쟁, 설득, 강요, 협박, 자기주장 등의 다양한 방식으로 나타날 수 있다.

가정에서의 힘(세력)은 부부간에 평등하게 공유되어야 한다. 그리고 자녀에게도 가족의 역할 분배와 마찬가지로 어느 정도의 권한이 인정되어야 한다. 그것은 부모가 자녀에게 선택권과 자율권을 인정해 주는 것이다.

가족들이 지키는 생활 규칙은 가족의 힘과 밀접한 관련이 있다. 자녀들에게 일정한 귀가시간을 합리적으로 세워 놓는 가정이 있는가 하면, 너무 융통성이 없는 규칙을 세워 놓거나 부모의 기분에 따라 일관성 없는 규칙을 세운 가정도 있다. 후자의 경우는 자녀에게는 힘이 거의 주어지지 않고 부모가 가족의 힘을 남용하는 경우다.

가족의 힘과 관련하여 세대 간에 '삼각관계'가 형성된다. 예를 들어, 가족 중에 어

234

느 한 사람이 힘을 독점하여 고압적으로 군림하는 경우나, 한쪽 배우자가 상대방에게 대항하기 위하여 자녀를 자기편으로 끌어들여 결탁함으로써 힘을 행사하는 현상이 나타난다. 이와 같은 '편 가르기'를 가족치료의 이론에서는 '연합'이라 한다. 삼각관계는 제삼자를 끌어들이는 것뿐만 아니라 제3의 사항을 끌어들이는 현상으로 나타나기도 한다. 아내와 아들 사이가 또는 남편과 시어머니 사이가 너무 밀착되어 있어서 남편 또는 부인이 소외감을 느끼는 경우가 있다. 이러한 감정적 밀착을 '융합'이라 하며 그것은 다음 세대에 전수된다. 이때 소외된 남편이나 부인은 알코올중독 또는 일중독에 빠짐으로써 그런 관계에서 오는 긴장감을 해소하려고 할 수 있다. 가족관계 속에서 힘이 약한 사람이 유리한 위치를 확보하여 자기가 원하는 것(예: 인정과 보살핌)을 얻기 위한 수단으로 가출, 반항, 질병 등과 같은 문제 증상을 발달시킬 수도 있다.

역기능적 가족 구성원의 문제

위에서 언급한 사례와 같이 어느 가족 구성원이 가출, 반항, 심각한 질병의 발병과 같은 문제 증상을 일으킬 때 가족치료에서는 그 가족원을 IP(identified patient)라고 한다. IP(지목된 환자)는 왜 그런 행동을 일으키는가? 그것은 그가 부적응적 행동의 원인을 가지고 있기 때문이 아니라 그 가족구조 안에 역기능적이고 병리적인 원인이 있기 때문이다. 가령 식구 중 두 사람만이 너무 밀착된 관계를 가지고 있어서 자기는 철저하게 소외되고 감정적으로 단절되어 있거나, 매우 경직된 경계선과 융통성이 없는 가족 규칙 때문에 자기의 개성이 깡그리 말살되어 갈 때 그런 관계 속에서 고통받던 가족 구성원이 문제를 일으키게 된다는 것이다. 그러니까 IP의 증상은 IP의 가족이 무언가 잘못되어 가고 있다는 것을 예시하는 경고 신호이며 그가 살아남기 위해서 채택한 하나의 대처방식이다. 그러한 역기능적인 가족원의 근본 문제는 친밀감을 발전시키는 능력과 정체성을 찾는 능력, 즉 개별화의 능력을 개발시키는 것으로 해결될 수 있다. 가족상담 내지 가족치료에서는 상담자가 IP로 하여금 먼저 자신이 가족관계 속에서 어떤 감정을 느끼고 지내는가를 인식하게 한다. 그리고 그것을 말로써 표현하도록 도와준다. 이것은 IP 혼자서 또는 전 가족과 함께 가족의 가계도 그리기, 가족 조각하기, 역할놀이, 의사소통의 기술훈련 등을 사용하여 이루어진다. 상담자는 IP가 다른 식구들

235

에게 과거와는 다른 방식으로 행동하고 역할을 해 달라고 요청하게 한다. 그리하여 비정상적으로 굳어졌던 IP 가족들의 교류를 재구조화시키는 것이다. 그 결과로 병리적인 가족 의사소통과 경직된 관계유형이 변화되면 역기능적이었던 가족의 구조와 역동성이 건강한 방향으로 변화한다. 그리고 그것은 IP의 경험과 행동을 변화시킨다.

가족 주기

가족이 형성되고 발달하는 데도 여러 단계의 가족 주기가 있다. 그것은 가족형성기(신혼기), 자녀출산 및 양육시기, 자녀교육시기(유치원, 초, 중, 고), 자녀의 성년기(대학-결혼 전), 자녀의 결혼시기, 할아버지·할머니시기(손자 출생 시기)로 구분된다.

가족 주기마다 새로운 역할과 기능이 부부에게 요구되며 그에 따라 부부관계와 자녀관계도 달라지게 된다.

가족의 응집력

가족 구성원 모두가 서로에게 관심과 애정을 가지고 있으며 대화를 주고받을 때 가족은 높은 응집력을 보여 준다. 이런 가정에서는 '우리는 한 가족'이라는 일체감을 느낄 수 있다. 그런데 가족원 간에 대화가 거의 없고 애정표현이 매우 제한되어 있어서 각자가 개별적인 생활을 하는 가정도 있다. 가령 아버지는 회사 일로, 어머니는 교회 일로, 아들은 시험 준비로 바쁘다. 이런 가정은 응집력이 분산되어 있다. 한편 고부간의 불화가 심한 가정에서 나타나는 바와 같이 두 개 이상의 하위집단 사이에 서로 적대시하고 상호교류가 거의 없는 가정은 응집력이 분리되어 있다고 하겠다.

화목한 가정의 특징

화목하고 건강한 가정과 기능적이고 적응적인 가족관계는 가족원끼리 대화를 나누고 갈등을 건설적이고 창의적인 방식으로 해결하며 모든 식구가 가정의 행복을 위하여 함께 노력함으로써 이루어진다. 대화의 중요성이 다시 한 번 강조될 필요가 있다.

성공적인 가족관계를 결정짓는 요인을 정리하자면 다음과 같다.

- 가족원은 자기 가정의 행복을 중요하게 여기고 그 책임을 공유한다.
- 가족끼리 정서적으로 지지해 준다.
- 효과적으로 의사소통한다.
- 가족이 함께 하는 활동이 있다.
- 효율적 문제해결 능력이 있다.
- 가족원에게 주어진 가족 역할을 잘 수행한다.

2. 가족의 의사소통

한 지붕 아래서 생활하는 가운데 가족 간에 빈번하게 교환되는 의사소통은 주로 업무적 성격을 띤 기능적인 것과 마음을 주고받는 정서적인 것으로 구별될 수 있다. 서로 간에 충족되어야 할 일상적인 안건을 이야기하는 것과 더불어 가족 간에 애정을 표현하기도 하고 짜증 나고 속상하고 화가 난 감정도 가끔씩 표현하고 사는 것이 정상적인 가정생활의 모습이다. "아빠, 등록금 좀 주세요."라든지 "얘야, 네 방 좀 청소하려무나."와 같이 요청, 지시, 상의하는 것은 기능적인 의사소통이다. 그리고 애정과 호감, 분노와 적개심과 같은 감정을 표현하는 것은 정서적인 의사소통이다.

의사소통의 경로

가족은 어떤 경로를 통하여 의사소통을 하는가? 이는 각 가정마다 독특하다. 어떤 집에서는 아내와 사이가 좋지 못한 남편이 딸을 통해서 아내에게 의사를 전달하기도 한다. 또 어떤 남편은 자녀들에게 지시사항을 직접 이야기하지 않고 부인에게 말하여 부인으로 하여금 전달하도록 조처한다. 그러니까 대화가 일렬의 형태로 전달되는 것이다. 한편 어떤 가정에서는 특정한 가족원이 구심점이 되어 그를 중심으로 하여 나머지 가족들이 대화를 나누는 형태, 즉 원형의 형태를 취하기도 한다. 이상적인 의사소통의 경로는 모든 가족원이 서로에게 대화를 주거니 받거니 하는 양방적(兩方的)인 형태다. 가정에서 나타나는 의사소통의 구조는 가족 권력에 중요한 영향력을 미치며 가

237

족관계를 결정하는 중요한 요인이 된다.

역기능적인 가족 대화의 형태

가족치료자들이 관찰한 바에 따르면 정신분열증 환자는 가족의사소통의 실패가 가져온 산물이라는 것이다. 폐쇄적이고 경직된 가족체제 안에서 여러 세대에 걸쳐 가족구성원 간에 정상적인 상호교류가 이루어지지 않을 때 어느 구성원에게 정신병리의 증상으로 발현되는 것이다.

대화란 두 사람 간의 상호작용이 연속되는 과정이다. 그런데 어느 한쪽이 이런 상호작용의 연속적 흐름을 단절시키거나 대화 속에 들어 있는 요소들을 부정하는 경우가 있다. 이런 경우가 한두 번으로 끝나면 두 사람의 관계에 큰 문제가 발생하지는 않는다. 그런데 잘못된 대화 형태가 반복되면 역기능적인 대화방식이 고착된다. 그리고 가족체제의 경직성을 가져와 비정상적인 기능을 고정시키는 작용을 하게 된다. 역기능적인 가족 대화의 형태는 다음과 같이 나타난다.

① 가족 간에 대화를 하려 하지 않는다

예를 들면, 남편은 아내에게 "여보, 밥." 또는 "잡시다."라고 말하는 것이 전부이고 퇴근하여 집에서 하는 일은 신문 보고 TV를 보는 것이 유일한 일과다. 아내가 투정을 부리면 한 번 노려보거나 못 본 체하고 운동하러 집 밖으로 나가 버린다. 또 허구한 날 공부 핑계로, 취미생활 핑계로, 사업 핑계로 식구들과 얼굴을 마주할 시간이 없는 가족은 비언어적으로 대화 기피의 의사를 가족에게 전달하고 있는 셈이다. 그리고 표면적으로는 대화를 하고 있으나 진정한 교류가 거부되거나 차단되어 있는 가족들이 많이 있다.

이외에도 상호 간의 진정한 의사교류를 거부하는 대화방식에는 다음과 같은 세 가지가 있다.

• 말하는 사람(송신자)이 자신의 주체성을 부정한다.

> 남편: "자고로 아내는 남편에게 복종해야 해."
> 아내: "나한테 꼭 그런 식으로 말해야 되겠어요?"
> 남편: "내가 그렇게 말한 게 아니라 성경에 그렇게 쓰여 있어요."
> 아내: ???

• 말하는 사람(송신자)의 마음을 듣는 사람(수신자)이 부정해 버린다(공감해 주지 않는다).

> 아들: "요즈음 전 고민이 너무 많아요."
> 어머니: "인생을 심각하게 생각하지 말아라. 잊어버려!"
> 아들: ???

• 말하는 사람(송신자)이 자신이 한 말을 부정한다.

> 아내: "당신은 날 무시해요."
> 남편: "내가 언제 당신을 무시했는지 한번 말해 봐요."
> 아내: "당신이 꼭 그런 건 아니고 남자들이 대개 부인을 무시한다고요."
> 남편: ??

② 가족 간에 주어진 역할을 부정하고 다른 역할자로서 대화한다

부부의 역할은 상보적이지만 힘의 행사는 부부간에 평등한 위치에서 공유될 때 건전한 애정생활이 유지될 수 있다. 그런데 남편은 월등한 힘을 행사하며 아내에게 남편역할 대신에 죄인을 다루는 듯한 검사 역할을 하고 아내는 아내 역할 대신에 피고인 내지 죄인과 같은 역할을 담당하는 방식이 고착된 가정이 있다. 그리하여 남편은 아내를 오로지 비판과 질책으로 다루고, 아내는 눈물과 변명과 원망으로 자기를 표현하는 것이다.

239

③ 가족을 비난하며 상대방에게 책임을 전가하는 방식으로 말한다

가족 중 한 사람이 자기의 정당성을 입증하기 위해서 상대방을 맹렬하게 헐뜯고 공격하는 경우가 있다. 가령 알코올중독자인 남편은 아내를 고의적으로 괴롭히는 사례가 비일비재하다. 그의 숨은 의도는 자기가 알코올중독자라는 약점을 은폐하기 위해서 아내의 과오를 더욱 강조하려는 것이다. 그래서 "보아라. 당신이 이렇게 나를 못살게 구는데 내가 어찌 술을 마시지 않겠느냐?"라고 합리화하는 것이다. 이것이 제2장에서 설명한 '구두점의 원리' 다.

④ 가족 간에 혼합 메시지를 사용하거나 서로 다른 방식으로 대화한다

언어적-비언어적 불일치를 나타내는 대화는 가족에게 혼란감을 느끼게 한다. 그리고 남편은 디지털 대화를 하고 부인은 아날로그 대화를 하는 경우에 부부는 서로를 이해할 수 없고 갈등이 심화될 수 있다. 예컨대, 남편은 "도대체 말 좀 해 봐요. 그래, 문제가 뭐예요?"라고 질문하는데 부인은 계속 울고 있거나 화만 내는 경우가 여기에 해당한다.

⑤ 문제해결은 뒷전으로 하고 엉뚱하게 '힘겨루기(power struggle)'로 발전시킨다

대칭관계에 있는 두 사람이 힘으로 우위를 차지하기 위해서 상대방을 비난, 조롱하며 끝없는 말싸움과 경쟁을 계속하는 경우가 있다. 또 상보관계에서 우위에 있는 사람이 협박, 심문, 설교식의 말로 아랫사람을 강압적으로 억누르고 자기의 힘을 과용하는 경우가 있다. 이런 경우 정작 해결해야 할 문제는 그대로 방치한 채 엉뚱하게도 말싸움의 악순환에 말려들게 된다.

두 사람 사이의 의사소통은 이처럼 복잡하다. 대화자도 듣는 사람도 모두 문제점을 안고 있고 거기에 환경적 장애와 상호 간의 성격, 욕구, 가치관, 성장 배경, 문화적인 차이점까지 합쳐져 원활한 의사소통은 저해받는다. 이 같은 복합적인 요소가 끼어들기 때문에 어떤 문제가 발생하여 그 문제를 해결하고자 대화를 시도했다가 오히려 문제가 더욱 악화되는 경우가 허다하다.

그러나 두 사람 중 어느 한쪽이 탁월한 의사소통의 능력을 가지고 있으면 문제나 갈등의 해결이 훨씬 용이해진다. 이것이 리더십이다. 상대방의 감정과 욕구를 파악하고 그것을 자기의 말로써 바꾸어 전달해 줄 때 듣는 사람은 자기가 제대로 이해받았다고 느끼게 된다. 그러고 나서 상호 간에 만족할 만한 해결방안을 논의하고 타협하고 합의점을 이끌어 낼 수 있다. 그러니까 리더십이란 대인 간의 문제나 사업상의 문제, 국가, 종족 간의 갈등을 언어로 풀어 나가는 능력이라고 할 수 있다. 리더란 쌍방 간의 관계에서 주도적으로 영향력을 행사하여 관계를 호전시키는 사람이다. 리더의 능력은 다분히 의사소통의 능력과 병행한다고 할 수 있다.

3. 바람직한 가족대화

가족상담의 목표는 가족 간에 고착된 역기능적 상호작용을 바꾸는 것이다. 이를 위해서는 먼저 가족 구성원들이 자신들의 대화 형태의 특징을 관찰하고 그에 대한 깨달음을 얻어야 한다. 그러고 나서 기존의 방식과는 다른 방식으로 대화해 나가는 것을 배우고 훈련하여 개선해야 한다.

기능적이고 생산적인 대화의 기술은 제4장과 제5장에서 이미 소개하였다. 바람직한 대화의 기술은 한마디로 말해서 포용적이고 일치적인 형태의 의사소통을 통하여 나타난다. 그리고 구체적으로는 '공감적인 자기주장'을 하는 것이다. 여기에서는 사례를 가지고 연습해 보기로 한다.

사례 1 함부로 말하는 (성희롱) 형부 다루기

"저희 형부는 고등학교 때부터 저를 매우 귀여워해 주었어요. 그런데 제가 싫어하는 것은 저를 예뻐한답시고 엉덩이를 토닥거리고 저를 안고 볼에 뽀뽀를 하는 것이에요. 이제는 저도 결혼해서 어엿한 주부인데 아직도 저를 어린애로 취급하는 것 같아요. 어떤 때는 '야, ○○야, 너만큼 가슴이 큰 애도 없을 거야. 네 브래지어 사이즈가 몇이냐?' 라고 말해요. 그럴 때마다 내가 불쾌한 표정을 짓지만 형부는 아랑곳하지 않아요. 어떻게 하면 형부가 예의를 갖추어 나를 어른으로 대우해 줄 수 있을까요?"

이 문제를 가지고 제4장과 제5장에서 소개된 기법, 즉 주장적 자기표현의 형태로 대화를 시도해 보기로 한다.

먼저 고려해야 할 사항은 한국의 문화적 맥락에 적절한 주장적 자기표현을 어떻게 하는 것이 좋은가를 일단 생각해 보아야 한다는 점이다. 유교적 전통이 아직도 강하게 배어 있는 현실 속에서 아랫사람이 윗사람에게 하고 싶은 말을 직접적으로 솔직하게 피력한다는 것은 하나의 모험일 수도 있다. 그러므로 처제는 일단은 한국적인 방식, 즉 간접적이고 우회적인 방식으로 자기주장을 하는 것이 현명하다고 본다. 그러니까 먼저 언니에게 이 사실을 알려서 언니로 하여금 형부에게 이야기하도록 조처할 수 있다. 그 추이를 살펴본 다음에 그래도 형부의 태도가 변화하지 않을 경우는 본인이 글 (또는 이메일)을 써서 자기가 원하는 바를 형부에게 전달할 수 있다.

마지막으로 형부에게 직접 터놓고 이야기하는 것이다. 이때는 약간의 유머와 여유가 있는 태도로 그러나 진지하고 단호하게 자기가 원하는 바를 말하는 것이다. 또 가능하다면 형부에게서 협조하겠다는 다짐도 받아 내도록 하는 것이다. 공감적 주장을 하는 방법은 대략 다음과 같다.

① 상대방의 마음을 읽어 준다

"형부, 형부는 저를 어려서부터 귀여워해 주셨죠. 지금도 제가 형부의 눈에는 어린 학생 같이 비쳐져 귀여운 모양이지요?"

② 자기의 마음(욕구와 감정)을 표현한다

"형부가 절 예뻐하시는 것은 참 감사해요. 그런데 저도 이제는 어엿한 주부란 말이에요. 제가 성인인데 함부로 저의 몸에 손대시는 것은 참 당황스럽고 싫어요."

③ 공감적 자기주장의 방식으로 자기가 원하는 바를 말한다

"앞으로는 저를 귀여워해 주시되 숙녀를 대하는 매너로 저를 예뻐해 주시겠어요? 신체적인 이야기나 터치는 일체 삼가해 주세요. 그것은 성희롱에 해당됩니다. 신체적 터치를 하지

않고 형부가 말로 표현하면 돼요. 가령 '처제 참 반가워. 그래 잘 지냈어?' 라고 하시면서 저에게 맛있는 걸 사 주세요. 그러면 저도 형부를 변함없이 좋아할 거예요. 형부! 저하고 약속 하시는 거죠?"

참고로 ②와 ③을 합친 형태의 표현법을 '나-전달법' 이라고 한다.

④ 반복적으로 당신의 요구가 무시될 때는 강력한 조처를 취한다

그렇게 간곡하게 부탁했음에도 불구하고 형부가 당신의 요청을 계속하여 묵살하는 태도로 나온다면 지금부터는 당신이 강력하게 자기를 보호하는 자세로 임해야 한다.

"형부, 제가 지난번에 저를 품위 있게 대우해 달라고 말씀드렸잖아요. 그런데 제가 원하는 것을 들어 주시지 않으니 저는 몹시 불쾌해요. 다음부터는 언니한테 이런 사실을 전부 이야기할 거예요."

사례 2 간섭이 지나치고 며느리를 험담하는 시모 다루기

"저의 시어머니는 저희 가정의 일들을 사사건건 간섭하십니다. 시어머님은 남편과 주로 이야기합니다. 그리고 저는 못 본 체하고 지냅니다. 문제는 시어머님께서 친척들에게 거짓말을 해서 남편이나 친척들이 저를 나쁜 사람이라고 인식하게 하는 것입니다. 집안에 무슨 일이라도 생기면 시어머님은 제게 올 필요가 없다고 말씀하십니다. 그래서 제가 참석을 안 했는데 남편이나 친척들에게는 "이 애가 왜 아직까지 안 오지? 아무튼 애미는 하는 짓마다 이렇구나."라고 말하면서 저를 비난합니다. 효도가 극심한 남편은 시어머님 말씀만 듣고 저를 나쁜 사람으로 간주하여 부부싸움이 빈번합니다. 저는 모든 사람과 사이좋게 지내고 싶은데 어떻게 할 수 있을까요?"

이 상황은 시모가 남편과 연합하고 강력한 밀착관계를 형성하여 아내가 소외당하고 있는 상황이다. 그리하여 부부 하위체제의 경계선이 침해되고 있다. 남편은 남편으로서의 역할을 제대로 수행함으로써 부부관계의 붕괴를 막아 내야 한다. 아내의 힘과 위치를 보호해 주고 배려하며 피차간에 좌절, 증오, 갈등이 오랫동안 지속되지 않도록 예방해야 할 것이다. 그렇지 않으면 역기능적 가족 구조가 만성화되어 부부의 정상적

243

인 기능이 실종될 수 있다. 자기는 어머니에게 '빚진 자식'이라는 생각을 가지고 어머니가 며느리를 미워하면 자기도 따라서 아내를 학대하는 남성은 문제를 지성적인 방식으로 대처하지 못하고 감정적으로 반응한다. 그는 심리적으로 어머니에게서 독립 내지 분화(分化)가 이루어지지 못한 것이며, 잘못된 충성심과 그릇된 효도로 자기 부부의 행복을 희생하는 남편은 정서적으로 미성숙한 성인이다. 건전한 방식으로 부모와 가까이 지내면서 동시에 자신의 독자성과 자기 부부의 경계선을 지킴으로써 개별화가 이루어진 사람만이 어른다운 어른이다.

가족치료사인 보웬(Bowen)에 의하면 남편의 융합관계는 또 아들세대에게까지 대물림되어 아들부부도 심각한 부부갈등을 겪을 소지가 매우 높다. 그것을 '다세대간 전승'이라 한다.

가장 바람직한 태도는 이들 부부가 고부간의 갈등으로 인하여 자기 부부의 애정생활에 심각한 지장을 가져온다는 사실을 현실로 받아들이는 것이다. 그리고 두 사람이 이 문제를 건강하고 기능적인 방식으로 타개해 나가고자 노력하겠다는 마음과 각오가 되어 있어야 한다.

그 다음에 마지막으로 이들 부부는 자기들이 습관적으로 되풀이해 온 대화양식, 즉 비난하거나 협박하고 훈계하고 심문하거나 현실을 부정하고 회피하거나 투사 내지 책임 전가를 하는 방식을 지양해야 한다. 그와 같은 의사소통의 걸림돌을 사용하면 생산적인 대화와 문제해결은 뒷전으로 한 채 두 사람이 말싸움으로 발전하기 때문이다. 그리고 화가 난 상태에서 이 문제를 거론하고 해결하려고 하지 말아야 한다.

여기서 고부간의 갈등으로 크게 불편을 겪고 고심하는 사람은 부인이다. 그러므로 부인이 남편에게 이야기를 하여 시모와의 삼각관계를 현명하게 해결하도록 남편의 협조를 받아 내는 것이 가장 중요하다. 이러한 노력에도 불구하고 뚜렷한 관계 개선의 기미가 보이지 않을 때는 친척이나 친구들과 같은 주변의 지지적인 인물들에게 도움을 요청할 수 있다. 그리고 마지막으로는 가족상담과 가족치료 전문가들의 상담을 받을 수 있다. 이상적으로는 이 사건과 관련된 모든 가족, 즉 부부, 시부모, 자녀들이 가족상담 시간에 함께 참여하여 그 문제를 같이 논의하고 새로운 대화형태와 역할놀이를 체험해 보는 것이다.

여기서는 부인이 남편에게 이 문제를 거론하여 남편과 함께 해결책을 모색하는 방향으로 대화하는 요령을 소개하기로 한다. 그 단계는 다음과 같다. 여기에 소개한 대화의 기술은 포용적 대처방식에 의거한 것이다.

- 1단계: 자기의 마음을 평안하게 가다듬기 위하여 긴장이완훈련이나 복식호흡을 여러 번 연습한다. 기도나 명상을 하는 것도 좋다.
- 2단계: 자기가 원하는 바를 격한 감정에 휩싸이지 않고 담담하게 말할 수 있도록 미리 글로 적어 본다. 그것은 실제 일어난 상황을 구체적이고 객관적으로 간결하게 기술하고 이어서 자기가 느낀 감정과 자기가 원하는 바를 적어 보는 것이다.
- 3단계: 혼자서(또는 거울 앞에서) 자기가 쓴 문장을 읽어 보기를 연습한다. 그리고 자신의 표정, 억양, 표현된 문구 등을 체크해 본다. 가능하다면 친구나 카운슬러와 함께 역할놀이를 해 보도록 한다.
- 4단계: 남편과 자기 집 이외의 곳에서 이야기하기 위하여 대화 장소와 대화 시간을 정하고 남편과 약속한다.
- 5단계: 약속된 장소에서 남편과 대화를 한다.

대화하는 순서는 다음과 같다.

① 남편의 마음(감정과 욕구)을 헤아려 준다
남편의 마음을 헤아려 공감해 주는 기술은 제5장에서 소개한 '거울이 되어 주기'를 통하여 익힐 수 있다.

"여보, 당신은 어머님께 효도하고 싶은 마음이 지극해서 어머님께서 원하는 것은 거의 다 응해 주려고 하지요. 그 마음은 대단해요. 저도 존경하고 싶어요."

② 자기의 감정과 욕구를 남편에게 알린다
자기의 마음을 알아차리는 일은 제5장에서 소개한 '거울을 들여다보기'의 작업을 통하여 익힐 수 있다.

"그래서 저도 어머님을 기쁘게 해 드리려고 노력해 왔어요. 그런데 문제는 당신도 알다시피 어머님이 우리 가정의 일을 너무 간섭하시고 당신하고만 상의를 하는 거예요. 나는 이 집안의 주부가 아니고 하녀같이 느껴져요. 그리고 저를 억울하게 몰아붙여서 당신과 사이가 나빠지게 해요. 지난번 시이모님이 별세하셨을 때도 저더러는 오지 않아도 된다고 어머님이 말씀하셨어요. 그래서 '당신만 가도 괜찮은가 보다.' 라고 생각하고 안 갔지요. 그런데 당신과 친척들에게는 왜 내가 안 오느냐고 하시면서 저를 못된 여자로 취급했어요. 제가 얼마나 억울하고 화가 났는지 이해되세요? 저는 시어머님이 그런 태도를 취하지 않기를 바라요. 그래서 우리 세 사람이 사이좋게 지내고 싶어요. 조정자 역할을 할 사람은 당신이에요. 당신이 관계를 좋게 하는 역할을 좀 해 주세요."

③ 부부간에 욕구와 행동 간의 차이점과 공통점을 밝힌다

"당신은 어머님을 기쁘게 해 드리고 싶어서 우리 집안의 사사건건을 어머니가 지시하는 대로 응하고 나에게는 별로 상의하지 않지요. 그리고 어머니의 행동이 못마땅하더라도 그것을 거부하지도 않고 지적하지도 않지요. 오히려 불평하는 나를 나쁜 사람으로 취급하지요. 그 결과 우리 부부 사이가 맨날 싸움으로 확대되지 않나요? 나도 어머니를 기쁘게 해 드리고 싶어서 어머니나 당신이 원하는 대로 많이 응해 드려요. 그런데 우리 집의 사소한 일들은 우리 부부가 상의해서 처리해야 한다고 생각해요. 또 어머님이 지나치게 개입하실 때는 우리 부부가 어머니께 어느 정도 제재를 해서 분명한 경계선을 지키게 해야 한다고 보아요. 그 역할은 당신이 담당해야 되겠지요. 그래서 우리가 어머니 때문에 싸우고 서로 미워하게 되지 않고 사이좋게 지내고 싶어요."

이것을 요약해 보자.

- 차이점: 남편은 어머니의 요구에 무조건 응해 준다. 그 결과 어머님이 부부간의 생활을 간섭하여 아내의 권리를 침해하고 부부싸움이 일어나게 한다.

  아내는 어머니의 요구에 대부분 응해 준다. 그러나 부부생활에 어머님이 깊이 관여하는 것은 원하지 않는다. 그래서 아내의 지위와 권위와 역할을 침해받지 않으며 그 일로 부부싸움도 하고 싶지 않다.

- 공통점: 남편과 아내는 어머님을 기쁘게 해 드리고 싶다. 그리고 원만한 부부생활을 영위하고 싶다.

④ 남편과 아내가 창의적인 해결방안을 모색하여 합의점을 찾는다

"여보, 그러니까 우리는 어머님께 효도를 하되 합리적인 방식으로 효도를 하는 거예요. 그래서 효도하는 것이 우리 부부의 행복을 증가시킬지언정 훼방하지는 않도록 하는 거예요. 그렇게 되기 위해서는 어떤 방법이 있을까 하나씩 하나씩 검토해 보도록 해요."

그리하여 이들 부부가 함께 중요한 가족의 규칙과 역할에 대하여 원칙을 세우고 조정하는 것이다. 즉, 가족 간의 식사, 왕래와 방문, 육아, 생활비, 형제간의 책임분담 등을 어떤 원칙하에 설정하며 예외적 상황이 발생할 때는 어떻게 조처할까를 논의하는 것이다. 그런데 이러한 구체적 상황에 대한 규칙을 단번에 다 논의하고 설정하기는 어려울지도 모른다. 일단은 이렇게 주요 안건에 대하여 대화를 시도하고 나서 세부적인 안건은 하나씩 다루어 나갈 수 있다.

사례 3 형제간에 차별대우하는 시부모

질문: 저의 시댁은 2남 1녀를 모두 결혼시키고 시부모님은 시골에서 생활하십니다. 저는 둘째며느리로서 시부모님과 가까운 도시에서 살고 있고 큰 시숙은 서울에서 생활하십니다. 시댁에 일이 있을 때마다 제가 가서 돕고 농사철에는 저의 남편이 시부모님의 일손을 돕습니다. 큰시숙님과 큰동서는 명절이나 시부모님 생신 때만 선물을 들고 내려와 생색을 냅니다. 시부모님은 그런 큰아들과 큰며느리를 크게 자랑하시지요. 그리고 서울에 집을 사도록 큰 액수의 돈을 보조해 주셨습니다. 저희들은 학력으로나 경제면에서 큰시숙네보다 뒤떨어지는데도 도와주시지도 않았습니다. 돈이 없다는 거지요. 저희들이 농사일을 거들어 주러 가지 않으면 전화로 불러 대시면서 저희들 수고에 대해서 칭찬도 별로 하지 않으십니다. 제 마음 같아서는 시골에 가서 도와 드리고 싶은 마음도 없고 직접 불평을 하기도 난처한데 이대로 가다가는 세 가정의 사이가 점

점 멀어질 수밖에 없다고 생각합니다. 무슨 방도가 없을까요?

답변: 선생님께서는 시부모님의 차별대우를 받고 몹시 자존심이 상하셨겠습니다. 시부모님의 처사가 원망스럽고 큰시숙과 큰동서까지 미운 생각이 드시겠지요. 그런데 이들이 모두 손윗사람들이라 선생님은 정면으로 불만을 터뜨리지 못하고 속만 삭히고 계시는군요. 손아랫사람이 정면으로 불평을 하는 것이 매우 불손하다고 여겨질까 봐 두려우실 것입니다. 그러므로 선생님께서는 먼저 편지를 써서 선생님의 마음을 시부모님께 전달하도록 하십시오. 그 내용은 선생님이 나에게 호소한 것을 그대로 적는 것입니다.

"아버님, 저희들을 키워 주신 은혜에 감사드립니다. 연로하신 나이에 아직도 농사를 지으셔서 저희들에게 곡식을 보내 주시는 마음에 감사드리고요. 그래서 저희도 농사철이면 주말마다 아버님을 도우러 시골로 갔습니다. 사실 고된 직장생활을 하는 저희는 주말에는 휴식을 취하고 밀린 여러 가지 일들을 해결해야 하는데 아버님에게 힘이 되고자 저희는 최대한 희생을 했습니다.

아버님, 어머님께서는 저희 세 자녀가 잘 되기만을 기원하고 또 세 자녀를 모두 사랑하실 것으로 믿고 있습니다. 그런데 저는 그동안 아버님, 어머님께 섭섭한 마음이 상당히 많았습니다. 큰시숙은 장남이고 또 서울에서 생활하려면 많은 돈이 필요하니까 부모님이 큰시숙님을 생각하고 물질적으로 도와주시는 것을 저희는 잘 이해하고 있습니다. 그렇지만 저희도 아버님의 아들이고 또 경제적 사정이 좋지 않은데 아버님께서는 도와주시지 않는 것은 이해할 수가 없습니다. 똑같은 자식인데 왜 큰시숙님만 생각하시고 저희는 무시하는지요? 아버님 곁에서 굳은 일 마다하지 않고 거들어드린 저희들은 모른 체하시고 큰시숙님네만 배려하신다는 것에 너무도 속이 상했습니다. 저희가 아버님 재산을 탐내는 것이 절대로 아닙니다. 처음부터 모든 자식에게는 아예 재산을 남겨 주지 않으시든가, 금전이나 재산을 주시려거든 형제간에 공평하게 대우해 주시라고 부탁드리고 싶습니다. 저희도 인간인지라 마음이 좁아서 그런지는 모르지만 만약에 이런 차별대우가 계속된다면 저희가 부모님을 존경하고 효도하고 싶은 마음이 점점 사라질 것 같아 걱정입니다. 그리고 큰시숙 내외분에게도 야속한 마음이 들어서 세월이 지날수록 형제가 남같이 될 가능성이 매우 높습니다. 저희들은 부모님께 부탁드립니다. 거듭 말씀드리지만 부모님께서 저희들에게 해 주실 수 있는 것이 무엇일까요? 저희는 부모님을 더욱 사랑하고 큰시숙님네와도 사이좋게 지내고 싶습니다. 부모님이 공평하게 대해 주시면 잘 될 수 있어요. 아버님, 어머님, 저희가 당돌하다고 화내지 마십시오. 부모님이 계시지 않는 곳에서 부모님을 험담하고 미워하는 것보다는 이렇게 그동안 쌓아 두었던 회포를 솔직하게 부모님께 말씀드리는 것이 더 올바른 자식의 도리라고 생각합니다. 저희들의 마음을 이해해 주세요. 내내 건강하십시오."

이런 편지에 대하여 시부모님 쪽에서 어떤 반응이 없으면 시댁 방문을 잠정적으로 중단하고 그 뒤에 또다시 편지를 쓴다든지 전화로 확인을 해 보도록 하십시오. 만약에 부모님이 다소나마 선생님에게 애정과 경제적 지원을 보여 주신다면 천만다행이지요. 그런데 인간이란 이성적인 존재라기보다는 감정적인 동물이라고 보는 편이 낫습니다. 여러 자식에 대한 부모의 애정은 한결같지만 부모는 어떤 자녀를 특별히 더 좋아하고 편애할 수 있습니다. 그리고 모든 자녀에게 균등하게 물질과 사랑을 배분할 만큼 지혜로운 부모도 사실상 그리 많지 않습니다. 선생님의 시부모님께서 후자의 경우에 해당한다면 시부모님의 편애하는 성향을 선생님 쪽에서 변화시키기는 매우 힘들 것입니다. 이때는 선생님께서 자신의 정신건강을 위하여 독자적으로 노력하십시오. 시부모님에게 대한 분노나 원망의 감정에서 자유로워지기 위해서는 이 책의 제9장과 제10장을 참고하여 노력하시기 바랍니다.

4. 부모-자녀 간의 대화수준(부모-자녀 의사소통검사)

여기에서는 당신과 자녀 사이에 어떤 의사소통을 하고 있는지를 알아보기로 하자.

부모-십대 자녀 간 의사소통검사

다음의 검사는 바네스와 올센(Barnes & Olsen)의 Parent-Adolescent Communication Scale을 민혜영(1991)이 번역한 것이다(고려옥, 2005, 재인용).

다음 빈칸에 점수를 써 넣으시오.

1점: 항상 그렇다.
2점: 대체로 그렇다.
3점: 보통이다.
4점: 대체로 그렇지 않다.
5점: 전혀 그렇지 않다.

번호	문항	어머니	아버지
1	나는 주저함 없이 부모님께 내 주장을 이야기한다.		
2	나는 때때로 부모님께서 나에게 말씀하시는 모든 것을 믿지 못할 때가 있다.		
3	부모님은 항상 나의 말에 귀 기울여 주신다.		
4	나는 때때로 내가 원하는 것을 부모님께 요구하기가 두렵다.		
5	부모님은 내게 말씀하시지 않아도 될 것을 말씀하시는 경향이 있다.		
6	부모님은 나에게 묻지 않고도 내 느낌이 어떤가를 아신다.		
7	나는 부모님과 대화하는 방식에 매우 만족한다.		
8	나에게 문제가 생긴다면 나는 부모님께 말씀드릴 수 있다.		
9	나는 부모님께 숨김없이 애정을 표시한다.		
10	부모님과 나 사이에 문제가 생겼을 때 나는 종종 부모님께 침묵을 지킨다.		

번호	문항	어머니	아버지
11	부모님께 이야기하는 것이 조심스럽다.		
12	부모님과 대화할 때 나는 말하지 않아도 될 것을 이야기하는 경향이 있다.		
13	나는 질문에 대해 부모님은 정직하게 대답해 주신다.		
14	부모님은 나의 입장을 이해하려고 노력하신다.		
15	부모님께 함께 문제를 의논하기가 쉽다.		
16	나는 부모님의 잔소리 때문에 귀찮다.		
17	나는 부모님과 여러 가지 문제에 관해 의논을 잘한다.		
18	부모님은 나로 인해 화가 나시면 모욕(욕/경멸하는 태도)을 주신다.		
19	나의 느낌을 부모님에게 솔직하게 잘 털어놓는다.		
20	무슨 일에 대한 내 진심을 부모님께 그대로 말씀드릴 수 없다.		
	총 점		

※ 해석 방법: 이 검사는 부모-자녀 간에 개방적 의사소통을 하고 있는지 폐쇄적 의사소통을 하고 있는지를 보여 주는 것이다. 개방적 의사소통은 부모-자녀 간에 기능적이고 긍정적인 상호작용을 보여 주는 것이다. 그리고 폐쇄적인 의사소통은 대화가 단절된 의사소통을 하고 있음을 보여 주는 것이다.
　 개방적 의사소통 문항: 1, 3, 6, 7, 8, 9, 13, 14, 16, 17
　 폐쇄적 의사소통 문항: 2, 4, 5, 10, 11, 12, 15, 18, 19, 20
　 개방적 의사소통에서는 10개 문항의 총점이 높을수록 폐쇄적이며 역기능적이다. 폐쇄적 의사소통에서는 10문항의 총점이 높을수록 개방적이다.

부모의 리더십(양육태도) 유형

아래 문항은 자녀양육태도와 의사소통에 관한 여러 가지 검사 내용 중에서 저자가 임의로 추출한 것들이다.

아래 문항을 읽고 자신에 해당된다고 생각되는 란에 ○표 하시오.

　　　　1. 전혀 그렇지 않다.

　　　　2. 비교적 그렇지 않다.

　　　　3. 간혹 그렇다.

4. 자주 그렇다.

5. 거의 항상 그렇다.

① 자녀가 자기 마음대로 친구를 사귀지 못하게 간섭한다. 1 2 3 4 5
그리고 집 밖에 나가서 놀지 못하게 한다.

② 자녀가 시간을 계획하여 잘 사용하는지 살피고 감독한다. 1 2 3 4 5

③ 공부시간, TV 시청시간 등을 정하고 지키는 것을 자녀 스 1 2 3 4 5
스로에게 맡긴다.

④ 자녀가 용돈을 어떻게 쓰는지 알려하지 않는다. 용돈의 1 2 3 4 5
양을 정하지 않고 주고 자녀가 모자란다고 하면 더 준다.

⑤ 자녀에게 "하라"는 말보다 "하지 말라"는 지시를 더 많 1 2 3 4 5
이 한다.

⑥ 시간을 내어 자녀들과 놀아 주고 장난도 친다. 1 2 3 4 5

⑦ 자녀가 어떤 친구와 어디서 노는지 알려하지 않고 잘 모 1 2 3 4 5
르고 있다.

⑧ 자녀가 부모의 말을 듣지 않을 때는 크게 꾸중하거나 한 1 2 3 4 5
대 쥐어박는다(또는 처벌한다).

⑨ 부부싸움 등으로 화가 날 때는 자녀에게 화풀이를 한다. 1 2 3 4 5

⑩ 자녀가 요구하는 것을 거절할 때는 그 이유를 설명한다. 1 2 3 4 5

⑪ 자녀가 칭얼대고 떼를 쓰면 요구대로 들어 준다. 1 2 3 4 5

⑫ 자녀와의 약속을 곧잘 잊어버리고 들어 주지 않는다. 1 2 3 4 5

⑬ 자녀에게 엄격하고 완고하게 대한다. 1 2 3 4 5

⑭ 자녀를 훌륭한 사람으로 만들기 위해서 부모는 어떠한 희 1 2 3 4 5
생도 마다하지 않고 힘써 감수한다.

⑮ 자녀가 어려운 일을 해내면 칭찬해 준다. 1 2 3 4 5

※ 해석방법: 부모의 자녀지도 유형 중에서 바람직한 유형은 민주형이다. 당신의 지도유형의 특성은 어떤 것인가? ①⑤⑧⑨⑬은 전제형이고, ②③⑥⑩⑮는 민주형이며, ④⑦⑪⑫⑭는 방임형이다. 위 이 세 영역의 합산점을 비교하면 자신의 지도유형을 발견할 수 있을 것이다.

Chapter

날마다 대화를 주고받으면서 생활하고 있지만 가장 가까운 사이에서 존재해야 할 사랑, 관심, 행복을 느끼지 못한 채 실망과 혼란스런 감정으로 생활하고 있는 부부들은 상당히 많다.

사랑으로 맺어진 부부의 마음속에는 사랑이 존재하지만 실제로는 사랑하는 방법을 몰라서 상처로 얼룩지고 끝내 사랑이 증발되어 버린 가정이 얼마나 많은가?

미국의 경우에 10%의 부부만이 만족스런 결혼생활을 하고 있고 40%는 이혼한다고 보고되어 있다. 나머지 50%는 그럭저럭 지내지만 언제든지 이혼할 가능성을 가지고 있다고 한다. 한국에서도 이혼율이 계속 증가하고 있는 추세다.

학자들의 연구에 따르면 부부간의 갈등과 대립을 해소하려고 하는 의지와 노력이 경주되지 않을 경우에 부부관계는 끝내 와해되고 이혼으로 향하게 된다고 한다. 이혼의 주요 사유를 보면 성격 차이, 배우자의 부정(不貞), 시가나 친가와 관련된 가족 간의 불화(고부간 갈등), 경제문제(남편의 무능력, 아내의 낭비벽), 건강(장기적 질환), 가정폭력 등이 있다. 부부생활을 하는 가운데 느끼는 불만은 남편보다 아내가 훨씬 더 많은 것으로 나타났다.

가정의 주체는 부부다. 부부가 원만한 결혼생활을 유지할 때 모든 가족은 행복할 수 있고 그렇지 못하면 그 가정은 불행하다. 그러므로 행복한 가정을 유지하려면 부부가 오손도손 살아가야 한다. 단란한 부부생활을 영위하기 위해서 필요한 효과적인 대화

바람직한 부부간의
대화기법

의 기술은 그만큼 중요하다. 따라서 저자는 '바람직한 부부간의 대화기법'을 가능한 한 심도 있게 다루고자 이 장에 많은 지면을 할애하였다(김경숙 역, 1993; 김선남, 1996; 김유숙, 2000; 설기문, 1997; 채규만 외, 1996; Harley, 1999; Miller et al., 2003).

1. 원만한 부부관계를 유지하기 위한 사항

성공적인 부부관계는 어떻게 유지될 수 있을까? 학자들은 다음과 같이 입을 모으고 있다.

- 부부가 결혼생활을 원만하게 유지하고자 하는 강한 신념과 의지를 가지고 헌신한다.
- 부부가 효율적인 대화능력을 갖추고 있다. 이는 상대방에게 모욕감을 주는 언어폭력을 자제하며 의사소통의 걸림돌을 사용하지 않는 것을 말한다. 그리고 상대방이 너무 무리하게 나와서 자신이 희생자가 된 듯한 느낌이 들더라도 상대방의 급소(낮은 학벌, 신체적 결함 등)를 공격하지 않는 것이다.
- 부부가 생산적이고 창의적으로 갈등을 다루어 나간다. 부부 사이에서 언쟁이 일

255

어나면 자극적인 말로 상대방에게 상처를 주기 쉽다. 부부간의 싸움은 불가피하다. 그리고 경우에 따라서는 부부싸움이 원만한 부부관계의 윤활유가 될 수 있다. 성공적인 부부는 부부싸움을 하되 건설적인 방법으로, 다시 말해서 승승적(win-win)인 결과를 가져오는 싸움을 하여 갈등을 풀어 나간다.

• 배우자에게 신뢰감을 심어 준다. 신뢰감은 배우자에게 자기의 소재와 일과에 대하여 항상 알려 줌으로써 얻어질 수 있다. 서로 간에 신뢰감을 심어 주기 위하여 부부는 매일 적어도 20분은 대화하라고 학자들은 권고한다.

• 여가나 어떤 활동을 배우자와 공유한다. 삶의 스트레스를 풀어 주고 즐거움을 주는 여가활동을 자기 인생에서 가장 소중한 사람, 곧 반려자와 함께 함으로써 인생의 아름다운 추억을 공유해야 한다고 학자들은 강조한다. 남편은 낚시광이고 아내는 낚시를 싫어한다고 하자. 아내는 음악과 영화를 좋아하는데 남편은 그런 것에는 취미가 없다. 이런 부부는 어떻게 공동의 여가 시간을 가질 수 있을 것인가?

이런 경우에 남편은 친구들과 함께 낚시를 가는 때도 많지만 1년에 몇 번은 부부동반으로 계획할 수 있다. 그래서 아내에게 낚시하는 법을 가르쳐 주고 낚시와 더불어 인근 지역 관광이라든지 즐거운 놀이시간을 함께 계획하여 부부가 공동으로 여가를 보내도록 해야 한다. 또 자기의 취미만 강조할 것이 아니라 아내의 취미생활에도 관심을 가지고 동참해 줌으로써 아내로부터 진심에서 우러나오는 감사와 기쁨을 받을 수 있다. 아내가 좋아한다면 1년에 두어 번 정도는 음악회에 따라가 주고 좋은 영화도 함께 관람한다면 남편의 정서적 세계도 확장될 수 있다.

그리고 여러 가지 사정으로 인하여 부부가 함께 즐기는 여가나 취미활동을 가질 수가 없다면 다른 분야에서 공동의 장(場)을 만들어 나가야 한다. 가령 교회 등의 종교단체에 함께 출석하고 그곳에서 사람들과 교제한다든지, 아내가 종사하고 있는 직업이나 봉사활동의 어느 부분에 남편이 1년에 두어 번 정도 동참하도록 하는 것이다. 이런 태도는 아내 쪽에도 똑같이 적용된다. 아내는 남편의 사업과 활동에 가끔씩 끼어들어 협조하도록 해야 한다.

부부의 문제는 복잡다단하고 부부관계를 개선하고 치료하는 것과 관련된 이론도 광범위하다. 이런 주제는 본 저서가 다루는 범위를 초월한 것이므로 생략하기로 하고 다만 부부관계에 대한 기본적인 개념과 바람직한 대화의 기술을 소개하기로 한다. 남편과 아내는 원만한 부부관계를 영위하기 위하여 다음의 사항을 숙지해야 한다.

'결혼은 연애의 연속이 아니고 생활이다.' 라는 사실을 인식한다

결혼하기 전에는 아름다운 곳에서 연인끼리 사랑의 열정을 불태우는 낭만의 시간을 가졌지만 일단 결혼하고 나면 일상적인 생활이 시작된다는 것을 명심해야 한다. 그러니까 신혼부부가 '결혼은 곧 자기 인생의 행복'이라는 비현실적인 환상을 가지고 생활하게 되면 커다란 실망과 환멸을 경험할 수 있다. 결혼한 다음부터 남자는 남편으로서, 여자는 아내로서의 역할을 수행해야 하고 서로 간에 나타나는 성격 차이, 여가, 종교, 생활방식의 차이를 잘 조율해야 한다. 게다가 친가와 시댁과의 관계, 배우자 친구들과의 관계를 잘 맺어 나가는 일이 새롭게 대두되고 자녀가 출생하면 부모로서의 막중한 책임을 감내해야 한다. 생소한 역할을 처음으로 수행하는 과정에서 경험하는 심리적 부담감, 육체적 과로, 경제적인 비용 등의 문제가 많은 갈등을 안겨 줄 수 있다.

사랑의 기술이 배양되어야 한다

스턴버그(Sternberg)에 따르면, 사랑은 열정, 친밀감, 헌신의 세 가지 요소로 구성되어 있다고 한다.

열정(passion)은 연인들끼리 함께 있고 싶고 몸을 나누고 싶은 강렬한 정열의 감정을 말한다. 그러나 열정은 오래 지속되지 못하고 교제 기간이 길어지면 그 강도가 식기 마련이다.

친밀감(intimacy)은 함께 있으면 편안하여 서로를 잘 이해하며 원활한 의사소통과 긍적적 지지를 나누는 형태의 따뜻한 정서를 말한다. 친밀감은 만나는 횟수와 교제 기간이 길면 서서히 증가한다. 노년의 부부는 마치 친구 같은 정(情)으로, 곧 친밀감으로 살아간다고 볼 수 있다.

헌신(commitment)은 사랑하는 사람에게 자기의 사랑을 지키겠다는 선택과 책임의식을 말하며 그것은 약혼과 결혼으로 나타난다. 결혼식장에서 주례는 신혼부부가 되

257

려는 남녀에게 헌신의 서약을 확인한다. "두 사람은 한평생을 같이 사는 동안에 건강하거나 병들거나 풍부하거나 빈곤하거나를 막론하고 변함없이 서로를 사랑하고 위로하며 보호하기로 서약하겠습니까?" 이들은 상대방이 병들어 폐인이 되든지, 직장에서 퇴직을 당하든지, 얼굴에 깊은 주름살이 파이든지를 가리지 않고, 어떤 일이 있어도 배우자의 모든 것을 다 받아들이며 결코 버리거나 배척하지 않겠다고 맹세한다. 이것이 헌신이다. 헌신은 '무조건적 사랑'으로서 배우자를 온전히 믿고 아무런 기대 없이 주는 사랑을 말한다. 에리히 프롬(Erich Fromm)은 "사랑은 아무런 보장 없이 자신을 헌신하는 것이요, 자신을 완전히 내어 주는 것이다. 사랑은 믿음의 행위로서 믿음이 부족한 자는 사랑이 부족한 것이다."라고 사랑을 정의하였다.

헌신은 강요된 희생이 아니다. 내 쪽에서 기꺼이 자기를 희생하겠다는 마음가짐이다. 헌신은 사랑하는 사람과 함께 동고동락하면서 힘들고 어려운 일을 견디겠다는 실천적 의지다. 특히 자녀양육이나 가족이 질병을 앓는 상황에서 배우자가 헌신하려는 태도가 없다면 그 가정은 유지되기가 힘들다. 열정, 친밀감, 헌신의 비중이 배우자마다 다를 수 있다. 각자의 삼각형 모양은 각기 다른 형태로 나타난다. 이상적으로는 이세 가지 요소가 균형을 이루는 형태일 것이다. 첫눈에 끌려서 사랑하게 되고 결혼하였는데 결혼생활에 수반되는 여러 가지 책임을 회피하고 깊은 대화는 나누지 않는다면 열정은 있으나 헌신과 친밀감이 결여된 결혼이라고 볼 수 있다. 이런 결혼은 열정이 식으면 곧 와해될 가능성이 높다. 그러므로 오래도록 원만한 결혼생활을 영위하는 데 필수적인 것은 헌신과 친밀감, 즉 성실한 책임감과 친구같이 다정하게 대화를 나누는 관계다.

열정, 친밀감, 헌신의 세 가지 요소를 갖춘 부부란 남녀가 신체적으로, 정신적으로, 영적(靈的)으로 일체감을 누리며 사는 부부다. 결혼을 완벽하게 보호하려면 이 중에서도 특히 헌신, 즉 무조건적인 사랑과 수용이 필수적이다. 다시 말해서 '온 세상이 나를 버려도 내 남편(또는 아내)만은 나를 버리지 않을 것이다.'라는 믿음을 배우자의 얼굴과 시선에서 볼 때 그 가정은 폭풍의 세파 속에서도 안전하게 견뎌 낼 수 있다.

두 몸의 결합은 있으나 마음과 인격과 영적 상태에서는 하나가 되지 않을 때, 그러한 가정은 매우 위태롭다고 보아야 할 것이다. 참으로 사랑할 줄 아는 사람이 성숙한

열정

친밀감　　　　　　　　헌신

[그림 14-1] 부부 사랑의 세 요소

사람이다.

　그러므로 부부간의 애정은 성(sex)으로 시작하여, 사랑을 개발하고, '정'(또는 다정함)으로 발전하며, 헌신의 태도가 배이고, 마지막으로 연민을 느끼는 사이가 될 때 성숙하고 아름답다. 다른 말로 표현하자면 쾌락으로 시작하여 배려하는 마음이 개발되고, 친밀감으로 맺어진 친구처럼 되며, 부부관계를 지켜 내려는 책임의식으로 살고, 마지막으로 서로 용서하며, 영성(靈性)이 개발되는 수준으로 이어질 때 성공적인 결혼생활을 영위할 수 있다.

　부부가 오랫동안 함께 생활하다 보면 처음에 만나서 경험했던 짜릿한 흥분도 사라진다. 또 강렬한 사랑의 감정도 느낄 수 없게 된다. 결혼한 지 1～3년 사이에 환멸과 실망을 경험하고 중년에는 권태기를 맞을 수 있다. 그러기에 감각적 쾌락의 욕망이 결혼생활의 우위를 차지하는 것은 매우 위태로운 것이다. 결혼생활에서 육체적(성적) 욕구를 충족하는 것은 필수적이지만 그런 욕망은 보다 고차원적인 요소인 친밀감, 헌신, 연민의 감정 밑에서 다스려져야 한다. 그리하여 성(sex)이 단순히 쾌락적 놀이라기보다는 오히려 성스러운 부부관계의 상징으로서 수용될 때 그 결혼생활은 건전하게 보전될 수 있다.

표 14-1 부부간의 애정 발달

성(sex) ➡	사랑 ➡	정 ➡	헌신 ➡	용서
(쾌락)	(배려)	(친구같은 친밀감)	(부부관계를 지켜 냄)	(영성의 개발)

아름다운 성생활을 개발하고 유지해야 한다

서양의 경우, 부부간의 성관계에서 절정(peak)의 순간을 경험하는 부부는 1/3도 채 되지 않는다는 보고가 있다. 한국 부부에 대한 정확한 통계치는 발표되어 있지 않지만 그 비율이 훨씬 더 낮을 것이라고 예상할 수 있다. 급한 민족성과 과다한 업무와 스트레스에 지친 현대 생활 속에서 성관계도 의무적으로 기계처럼 반복하는 부부가 비일비재하지 않은가? 그 결과 서로 성(sex)을 나누지만 그것이 가져다주는 순수한 즐거움과 일체감은 경험하지 못한다. 오히려 무언가가 가슴속에서 무너지고 채워지지 않는 쓸쓸함과 허무감을 느끼는 부부가 상당히 많다는 사실을 인정해야 하겠다.

① 성(sex)행동에서의 남녀 간의 차이

성(sex)이란 창조주(하나님)가 인간에게 부여한 기쁨, 생명의 창조, 책임감, 상호의 존성과 존중감을 실현하도록 하는 은밀하고 신비스러운 통로다. 그런데 생리적으로 남녀 간에 성적 욕구의 표현방식, 성적인 흥분과 절정에 이르는 시간 등이 서로 동일하지 않다. 이러한 남녀 간의 차이점을 인식하지 않고서 성행위를 하게 되면 비록 두 사람이 사랑하는 사이일망정 여자는 통증과 불쾌감과 공허감을 느끼게 되어 있다. 남성은 첫 번째의 성관계 경험에서 그리고 매번 성관계를 가질 때마다 쾌감을 느낄 수 있지만 여성이 성적 쾌감과 절정(orgasm)을 경험하게 되기까지 상당한 시일이 걸린다고 한다. 짧게는 1~2개월, 길게는 3~5년의 부부생활을 한 다음에 오르가슴을 느끼는 여성들이 많고 어떤 여성은 일생 내내 부부생활을 영위했지만 단 한 번도 절정의 순간을 경험해 보지 못한 채 일생을 마치기도 한다. 그리고 오르가슴을 느끼는 여성이라 하더라도 성관계를 가질 때마다 절정 경험을 누리는 것이 아니다. 오르가슴을 체험할 때도

260

있고 체험하지 못할 때도 많이 있는 것이 여체(女體)의 특성이다. 생식기와 관련된 여성의 신체적, 심리적인 상태는 그처럼 섬세하고 복잡하다.

남자의 성감은 빠르고 변화가 급하다. 이에 반해서 여자의 성감은 느리고 변화가 완만하다. 이러한 생리구조적인 차이점 때문에 특별히 남편은 아내가 성적인 충만감을 경험할 수 있도록 배려하고 기다려 주어야 한다. 아내야 즐겁든 말든, 성적 접촉에서 통증을 느끼든 말든지 자기 혼자만 만족을 느끼면 그만이라고 생각하는 남편이 있다면, 그런 남성들은 한 번쯤 자성(自省)해 볼 필요가 있다. 가장 소중한 반려자의 행복과 만족에 무관심한 자기의 인격적 수준은 과연 어느 정도인지를…, 또 자기는 진실로 어느 한 사람을 사랑할 수 있으며 참으로 사랑할 줄을 아는 인간인지를…, 그리고 한걸음 더 나아가 모든 인간에게 평등하게 주어진 존엄성과 민주주의의 개념을 이해하고 있는지를….

현대에 와서 아내가 성행위를 할 의사가 없고 육체적으로도 준비가 되어 있지 않았는데도 강제적으로 자기만의 성적 욕구를 충족하는 남편들의 행위를, 법률적인 관점에서는 '성폭력'으로 보고 '강간' 행위라고 규정짓고 있다.

부부란 서로 돕는 배필이다. 상부상조와 상호의존성은 성생활에서 더욱더 강조되어야 할 덕목이다. 남편과 아내는 주어진 역할만 기계적으로 수행하는 존재가 아니고 서로가 배려하여 자기의 사랑을 몸과 마음으로 전달하고 꽃피우는 존재다. 그러기에 성생활을 할 때도 상대방의 마음과 몸에 관심을 가지고 지켜보며 배려해 주어야 한다.

성(性)치료 전문가들은 남편이 아내로 하여금 성행위를 할 수 있도록 신체상태가 충분히 이완되고 편안해질 때까지 기다려 주어야 하는데 그에 소요되는 최소한의 시간은 3～5분이라고 하였다.

여성은 작고 아름답고 고상한 악기다. 남성이 우렁찬 트럼펫이나 드럼(북)이라면 여성은 바이올린처럼 섬세하고 다루기가 조심스러운 악기다. 트럼펫이나 드럼은 굳이 음악가가 아니더라도 누구든지 입으로 힘껏 불어 보고 봉으로 힘차게 때리면 고유한 소리가 시원하게 터져 나온다. 그런데 바이올린이나 하프나 첼로는 비전문가가 힘껏 잡아당겨 소리를 내려고 하면 귀를 찌르는 듯한 굉음을 내고 악기는 망가진다. 세련된 연주자는 자기 손의 힘을 빼고 가녀린 악기의 줄을 하나하나씩 조심스럽게 다룬다. 그

261

리고 곡의 흐름에 맞추어 때로는 강하고, 약하게, 느리고, 빠르게 리듬을 조절해 줄 때 그 악기는 연주자의 가슴과 영혼을 파고드는 감동의 멜로디를 터뜨린다. 그것은 연주가가 그 악기의 성질을 잘 파악하고 악기의 특성에 맞추어 주며 악기와 하나가 된 듯한 분위기 속에서 다룰 때 가능한 것이다. 악기는 연주자에게 악기 자체의 순수한 떨림과 기쁨을 전달해 준다. 그 순간 연주자는 시간의 흐름을 망각한 채 마치 시간이 정지한 듯한 영원성과 무아지경의 황홀감을 맛볼 수 있다. 남편은 잠자리에서 자기의 아내를 섬세한 악기를 다루듯이 소중하게 다루어야 한다. 그러면 아내는 신비스럽고 아름다운 육체의 떨림으로 화답한다. 이때 중요한 것은 대화하려는 자세다.

② 원만한 성생활을 위한 터치(touch)와 대화기술

성행위 자체는 아주 자연스럽고 정상적인 생리적 현상임에도 불구하고 우리는 그것을 부자연스럽고 무언가 비정상적인 행위여서 숨겨야 하는 성질의 것처럼 간주하는 풍토 속에서 살아왔다. 성을 금기(taboo)시하고 어색하게 여기는 풍토에서 성장한 한국의 부부는 터놓고 성생활에 대하여 솔직하게 이야기를 나누는 일이 별로 많지 않은 것이 사실이다. 설령 부부간에 성적인 이야기를 하더라도 저속한 말과 평가적인 말은 할 줄 아는데 부드럽게 요구하고 신사답게 응해 주는 대화방법에는 아주 서투른 부부들이 많이 있다.

아내는 자신의 육체를 남편에게 맡기면서 자기가 원하는 터치와 성감대를 알려 주어야 한다. 남편은 성적인 흥분을 조절하여 아내와 사이클(cycle)을 맞추도록 노력해야 한다. 그리고 아내에게 어느 부분을 어떻게 애무해 주는 것이 좋은지를 자주 질문하고 아내가 성적으로 준비되어 있는가도 알아차릴 수 있어야 한다. 성은 스포츠가 아니다. 여성은 폭풍우에는 상처를 입고 산들바람이 불 때만 향기를 내뿜는 한 송이의 꽃과 같다. 성관계에 들어가기 이전에 여성의 몸과 마음이 편안하게 이완되고 준비되도록 남성은 반드시 감미로운 말과 부드러운 어루만짐(stroke)을 제공해야 한다. 이런 의미에서 행복한 성생활을 위해서는 남성 쪽에서 더 많이 기다리고 노력해야 한다.

부부간의 성문제는 의사소통의 기술과 주장적 자기표현의 기술을 향상시킴으로써 간접적으로 해결될 수 있다고 전문가들을 입을 모은다. 고전적으로 성의 행동을 과학적으로 소개한 마스터스와 존슨(Masters & Johnson)에 따르면 부부간의 애정문제는 대개 인간의 성심리에 대한 지식이 결여되어 있고 성행위의 기술이 빈약하며 부부간에 성적인 대화를 하지 않기 때문에 발생한다는 것이다. 그리고 이들은 '성감대(sensate focus)'의 개념을 소개하였다.

한편 성치료의 대가인 헬렌 카플란(Helen Kaplan)은 성적인 발기와 오르가슴으로 인도하기 위한 단계를 소개하였다. 그는 부부간의 성문제를 크게 성적 욕망의 장애, 발기장애, 절정(orgasm)장애의 세 가지로 보았다. 그와 관련된 성치료의 기본적 세 단계는 아래와 같다.

- 성적 욕망이 일어나는 것을 방해하는 부정적인 생각을 찾아내고 그 생각을 중지하기
- 성행위와 관련하여 일어나는 불안의 감정을 해소하기
- 신체 부위를 애무하여 신체적 감각을 개발시킴으로써 성적으로 팽창하고 분비하도록 유도하기

이를 위하여 배우자들이 노력해야 할 점은 다음과 같다.

- 부부간에 차분하게 이완된 상태에서 신체의 여러 부분과 성감대를 서로 어루만져 주되 성교는 하지 않는다.
- 배우자가 교대로 애무해 주는 가운데 어느 부분을 어떻게 만져 주면 기분이 좋은가를 서로 알려 준다.
- 이 과정에서 불안감이 엄습하게 되면 연습하는 속도를 줄이거나 성과 관련된 비디오, 영화, 서적을 보도록 한다.

이때 배우자의 성적 반응과 성에 대한 생각과 태도에 대해서 서로 말을 하고 이해하는 것이 매우 중요하다. 서로 이야기를 하지 않으면 성행동이 위축되거나 불만족스런 성생활에 대한 분노가 쌓일 수 있다.

263

이런 연습을 5~20회까지 수행하면 효과가 나타난다. 이 과정에서 유념할 점은 부부가 각자의 환상적인 성적 기대를 충족하는 데 목표를 두는 것이 아니라 부부간의 성생활 개선에 목표를 두어야 한다.

성적 외도, 별거, 이혼과 일부다처제

이 세상에 인간이 존재하면서부터 남녀 간에 성은 자녀를 출산하고 동거와 결혼생활을 하게 하는 근원이 되었다. 그런데 인류의 역사상 지역적 여건과 상황에 따라 이러한 일부일처제도가 흔들리고 일부다처제나 일처다부제가 출현하게 되었고, 여자와 남자가 성을 상품으로 파는 사창제도가 나타나게 되었음을 알 수 있다. 그러기에 오늘날 여러 문화권에서는 여러 가지 형태의 구혼과 결혼제도, 매춘, 일탈적 성행위가 나타나고 그것들이 마치 인류의 정상적인 성행동의 일부인 것처럼 지각되기도 한다. 그러나 이상의 여건들로 인하여 부부중심의 결혼생활을 침해하는 사건이 발생하게 되면 부부간에 심각한 분쟁이 일어난다. 그리고 그것은 필연적으로 어느 한쪽은 가해자가 되고 나머지 배우자는 학대받는 피해자가 되어 불행한 생활을 유지하거나 결혼생활이 파탄 나게 하는 작용을 한다. 그러므로 결혼생활이란 근본적으로 한 남자와 한 여자가 몸을 섞으며 사랑을 주고받을 때 행복과 충만감을 느낄 수 있는 것이 인간의 본성이라 하겠다.

부부간에 일체감을 누리지 못할 때 애정을 다른 이성에게서 찾고 싶은 충동이 일어날 수 있다. 어떤 사람은 그런 욕망을 상상 속에서 충족하기도 하고, 섹스 산업과 관련된 포르노나 인터넷과 매춘으로 충족하기도 하고, 어떤 사람은 배우자 이외에 다른 사람을 만나 충족하기도 한다. 심지어는 권태기를 극복하기 위해서 스와핑(swapping, 배우자 교환) 등의 일탈행동이나 동성연애, 양성연애를 시도하는 사람도 있다. 실제적으로 상당수의 여성들이 '성의 전화' 상담자에게 불륜의 관계를 고백하고 있고 그런 불륜의 사랑이 너무도 황홀하여 그 관계를 끊기가 매우 힘들다고 호소한다.

이러한 행위를 윤리적, 도덕적 관점에 입각하여 비판하기 전에 심리학적 관점에 입각하여 고찰해 보기로 하자.

① 외도와 그 영향

만약 당신이 배우자에게서 애정을 느낄 수 없을 때 누군가와 만나 잃어버린 청춘의 정열을 다시 불태우고 달콤한 로맨스를 즐기게 된다고 하자. 얼마의 기간 동안 신선한 낭만과 불같은 사랑으로 당신은 행복할 것이다. 더구나 그것이 감추어진 애정관계일수록 짜릿한 스릴과 두 사람만의 비밀을 유지하는 데 성공했다는 유능감이 당신을 한층 더 황홀하게 만들어 줄 수 있다.

그런데 모든 인간의 내면에는 도덕성, 양심, 진실성이 자리잡고 있어서 당신의 양심이 당신을 고발하는 것을 경험하게 될 것이다. 그 고통은 당신이 느끼는 행복감을 능가하게 된다. 그리고 비밀 관계와 가정을 양립시키려고 노력하지만, 당신의 마음은 이미 배우자와 자녀에게서 멀리 멀리 떠나 있어 제대로 되지 않는다. 자기의 가정생활을 정상적으로 영위하려고 노력할수록 당신 마음은 짜증스럽고 가족이 싫어진다. 그래서 당신의 마음 상태는 마치 술 취한 사람같이 되고 당신의 행동과 정신은 매우 혼란스럽다. 결국 한 사람이 두어 명의 애인이나 배우자를 동시에 만족시키기는 거의 불가능하며 부담감과 스트레스만 가중될 뿐이다. 게다가 가족이 당신의 변질된 마음상태를 알아차리게 된다. 인간이란 영적인 동물이기에 영감(육감)이라는 것이 존재한다. 당신이 가족에게 당신의 행동을 감추려고 온갖 수단과 방편을 사용한다 하더라도 배우자는 육감으로 당신의 위선을 언젠가는 감지하게 되어 있다. 배우자는 심리적으로 허전한 단절감과 불행감과 여러 가지 알 수 없는 질병으로 고통당하기 때문이다. 그러므로 생각 없이 저지른 불장난은 배우자의 심령 속에 깊은 상처를 남겨 주게 된다. 그 상처는 일생 내내 아물지 않고 피를 흘릴 수 있고 두 사람의 애정을 회복하는 데는 엄청난 대가가 지불되며 애정이 회복된다고 하더라도 그 상처는 여전히 남아 있게 된다. 문제는 이것으로 끝나지 않는다.

당신의 외도나 부정(不貞)이 장기화될수록 당신의 양심은 마비된다. 가족을 속이고 학대하는 습관이 형성되면 당신은 본능의 노예로 전락하고 당신의 성격은 짐승같이 된다. 감각적 쾌락과 본능에 좌우되는 삶이 지속될 때 당신은 계속해서 새로운 쾌락의 상대를 찾아 나비처럼 날아다니는 인간이 될 것이다. 그리하여 당신의 향락추구적 습관은 성격이 되고 그것은 당신의 유전인자와 당신 주변의 에너지 파장에 각인된다. 당

265

신 때문에 가정이 불화하고 파괴될 때 당신 자녀들의 얼굴을 보라. 그들은 부모가 내뿜는 강한 증오와 불신과 살기의 에너지 파장에 질식되어 부모를 닮은 성격과 생활양식으로 서서히 변해 간다.

가족치료이론에서는 행동의 유형이 다세대 간에 전승된다고 말한다. 그 결과 자녀들은 세상과 사람들을 불신하며 증오하는 성격자로 변한다. 당신의 파괴적 에너지가 자손에게 대물림되는데 이를 불교적으로는 '인과응보'라 하고 심리학적으로는 부모가 역할모델이 되어 사회학습되었다고 설명한다. 그리하여 자녀는 결혼을 기피하거나 결혼하더라도 당신처럼 외도를 하고 가족을 학대하거나 당신의 배우자처럼 상대방을 의심하고 부부싸움을 벌여 끝내는 불행하게 살게 될 가능성이 매우 높다. 굳이 혼외정사(婚外情事)가 반복되지 않더라도 자녀들 안에 들어 있는 적개심과 살기가 자신의 운명을 비극적으로 몰고 가서 치명적인 질병과 사고를 유발하게 되어 있다. 그리하여 자기와 주변인에게 불행을 가져다주는 순환작용을 할 소지가 매우 높다. 당신 한 사람의 행동은 이처럼 수십 명의 후손에게 비극을 가져다줄 수 있다. 그러므로 나의 인생은 나 혼자만의 인생이 아니다.

② 별거와 이혼

장기적인 외도와 이중생활은 이중생활에 동참한 사람의 인격과 가정 또한 황폐화시킨다. 그렇다면 이 문제를 어떻게 해결하는 것이 좋은가? 우리 눈에는 남의 집 잔디밭이 유별나게 더 아름답게 보이는 법이다. 그런데 막상 남의 집 잔디밭에 들어가 보았더니 군데군데 성긴 자리가 있고 우리 집 잔디밭보다 더 나은 것도 없다는 점을 알게 된다.

제아무리 이상적인 반려자로 부각되는 사람이 있다고 하더라도 정작 그 사람과 만나 결혼생활을 하다 보면 좋은 점과 싫은 점이 나타나기 마련이다. 우리 모두는 불완전하다. 그러므로 결혼만족도는 완벽한 배우자를 만나 환상적인 성행위를 즐기는 것에서 얻어지기보다는 배우자에게 서로 맞추려고 내 쪽에서 얼마나 노력하느냐에 달려 있다. 성숙한 사람은 상대방에 대한 완전한 이해가 없이도 상대방을 완전하게 사랑해 줄 수 있다고 한다.

연구결과에 따르면 일시적인 혼외정사의 경험이 그 이후의 부부생활에 더 좋은 영향력으로 작용하는 경우가 많은 것으로 보고되었다. 일시적인 탈선을 통하여 터득한 교훈이 부부간에 옳게 사랑하며 서로가 양보하고 적응하는 방법을 가르쳐 주는 효과가 있는 것 같다. 그러므로 가정과 자녀에게 상처를 주지 않으려면 속히 정상궤도로 돌아오려는 노력을 해야 한다. 그러나 잠정적인 외도를 끝내고 부부간의 애정생활을 다시 회복하는 길이 현실적으로 너무 많은 희생을 필요로 한다면 차선책으로 고려해 볼 것은 부부가 얼마 동안 별거하기로 합의하고 전문적인 가족상담과 부부치료를 받도록 하는 것이다.

부부가 별거생활을 하게 되면 한 지붕 아래서 매일 얼굴을 마주하고 증오와 비난의 싸움을 할 필요도 없다. 또 자기들의 문제에서 빠져나와 자신들의 처지를 객관적으로 성찰할 수 있기 때문에 재결합이 용이하게 이루어질 수 있다. 그런데 경우에 따라서는 별거한 후에도 여전히 배우자에 대한 원망과 증오가 지속되며 차라리 배우자와 같이 살지 않는 삶이 훨씬 더 많은 평화와 건강을 가져다주는 수도 있다. 이러한 경우에는 두 사람이 억지로 한 지붕 아래서 불행하게 사는 것보다는 이혼하는 길을 택하는 것이 더 현명한 처사다.

물론 이혼이 바람직한 것은 아니다. 그러나 앞에서 열거한 바와 같이 장기적인 외도가 자녀와 후손에게 끼치는 부정적인 유전적 전승을 차단하고, 배우자와 자녀가 새로이 독립된 정체성을 가지고 밝고 희망찬 생활을 재창조하도록 이혼을 택하는 것이 더 지혜로운 처사인 경우도 있다.

부부가 별거나 이혼을 선택할 경우에 반드시 고려해야 할 사항은 부모–자녀관계다. 비록 부부는 서로 싫어하고 미워하는 사이지만 자녀에게는 아버지도 필요하고 어머니도 필요하며, 아버지와 어머니 모두 사랑하고 싶고 사랑받고 싶은 분들이다. 부부는 자녀들의 이러한 욕구를 충족시켜 주도록 노력해야 한다. 그리하여 가능하다면 자녀가 정규적으로 양쪽의 부모 사이를 왕래하면서 사랑과 소속의 욕구를 충족시키도록 도와주며 이혼으로 야기된 심리적인 상처를 최소화시키도록 배려해야 한다. 이혼이란 부부가 살아 있으면서 마치 서서히 죽어 가는 과정과 흡사하다고 한다. 우리나라에서는 이혼한 부부들 간에 관계를 완전히 끊고 죽는 순간까지 원수처럼 지내는 사람들이 많은 것으로 알고 있다. 그러나 '이혼'이란 것도 우리네 인간들이 벌이는 인생극장의

한 토막 장면으로 간주하고, 이혼한 배우자를 다만 한 사람의 불쌍하고 불완전한 존재로서 간주한다면 증오심은 어느 정도 사라질 수 있다고 본다. 끝내는 가정파탄으로 몰고 간 배우자에게 큰 잘못이 있는 것은 사실이지만 엄격히 따져 볼 때 자기 자신에게도 어느 정도는 책임이 있다는 점을 인식하는 태도가 필요하다. 그리고 상대방이 한때는 자신과 사랑을 나누었던 사람이었고, 자녀에게는 이 세상에 생명을 안겨 준 존재라는 사실을 인정하게 되면 미워하는 마음이 점점 사라질 수 있다고 본다. 현실적으로는 다시는 대면하기 싫은 전남편 또는 전부인과 계속해서 연락을 취해야 한다는 사실이 몹시 혐오스러운 일인 것은 틀림없다. 그러나 자녀들을 위해서, 특별히 그들이 행복한 결혼생활을 할 수 있는 인성(人性)을 소유하도록 키워 주기 위해서 부부는 혐오심을 접어두고 서로 연락을 취해야 한다. 이때는 담담하나 사무적으로 대하면 된다.

③ 유희(fun)로서의 성

인간의 감정이란 변덕스러운 것이다. 성과 애정생활에서 항상 신선한 낭만의 감정이 느껴져야 행복하다고 믿는 사람이 있다면 그는 수시로 배우자를 바꾸어야 할 것이다. 결국 일생 동안 10여 차례 결혼하거나 평생을 연애만 하면서 독신생활을 영위해야 한다. 그런데 실질적으로는 수백 명의 여성을 섭렵한 돈 후안(Don Juan)이 한 여성과 일생을 마치는 평범한 지아비보다 훨씬 더 큰 공허감을 맛보는 것으로 나타나 있다. 성경에서는 사마리아 여인이 다섯 명의 남편을 두었건만 결코 행복할 수 없었다고 말하고 있다. 어떤 이는 어린 시절에 채워지지 못했던 사랑의 욕구를 무의식적으로 외도를 통해서 충족하려고 한다. 그러니까 외도란 사랑의 배고픔을 그릇된 방식으로(부정적 방향으로) 충족하려고 하는 미성숙한 시도다.

성을 단순한 놀이(fun)로 취급하여 향락적 성에 탐닉하게 되면 어떤 결과를 가져올까? 상거래로 이루어지는 성은 상대방을 일회용품으로 이용하는 태도를 심어 준다. 그것은 알게 모르게 당신의 인격의 일부가 되어, 당신은 인간을 인격체로 배려하기보다는 하나의 이용품으로 간주하는 사람이 되어 간다. 성관계는 육체적으로 가장 깊은 관계이기 때문에 아무런 의식 없이 맺는 성행위가 자기도 모르는 사이에 자기 마음 깊숙이 뿌리 깊은 영향을 주게 되어 있다. 그 결과로 자기 가족을 대할 때도 대충대충 무성의하게 대하게 되고 인간의 고귀함이나 가족의 신실함을 믿지 않는 성향이 된다. 그리고 자신의 신실함마저 믿지 않는 불신적인 인간이 된다. 그리고 신체적으로는 각종 성병(性病)과 좋지 못한 바이러스를 가족에게 전염시킬 위험성이 상존한다. 이 점을 특별히 유의해야 할 것이다.

인간은 누구나 실수할 수 있다. 인간의 본성에는 호기심과 탐구정신이 있기에 성적인 면에서도 실험정신으로 시행착오를 통하여 자기를 확인해 보고 싶은 욕구가 있다. 그러나 자기 부부와 가정을 지키고 그 속에서 행복을 찾고자 열심히 노력해 보지 않고서 다른 곳에서 행복을 구하려고 하는 사람이 있다면 그는 스스로가 손해 보는 길을 택하는 사람이다. 어느 정도의 시행착오를 통하여 교훈을 터득하지 못하고 여전히 성적인 시행착오와 실험정신 속에 빠져 있는 사람이야말로 가장 어리석은 사람이다.

부부 하위체제가 침해받지 않아야 한다

동서양을 막론하고 시가나 친가 쪽에서 부부생활에 깊숙이 침투하여 지나치게 간섭할 때는 결국은 불행한 관계로 끝나는 것으로 나와 있다. 그러므로 부부체제의 경계선

세대 간에 밀착된 사이

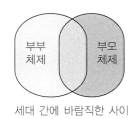
세대 간에 바람직한 사이

세대 간에 격리된 사이

밀착된 부부의 경계선

바람직한 부부의 경계선

소원한 부부의 경계선

[그림 14-2] 부모-자녀체제 간, 부부체제 간의 경계선

이 침해받지 않도록 외부 세력의 지나친 개입을 단호하게 차단해야 한다. 즉, 부모에게서 심리적으로 건전한 독립이 이루어진 남자와 여자만이 결혼생활을 성공적으로 이끌어 갈 수 있다. 특히 한국 가정에서 이 문제는 아직도 심각한 문제를 야기하고 있다. 부모님의 인생경륜이 아무리 풍부하고 결혼한 자녀가 아무리 젊고 미숙한 상태라 할지라도 부모는 자녀의 부부생활을 간섭하지 말아야 한다. 일단 결혼한 자녀는 철저하게 부부가 중심이 되어 자기 생활의 주체자 역할을 하도록 부모는 자녀를 믿어 주어야 한다. 그것이 현명한 부모의 사랑이다.

따라서 부모세대와 자녀세대 간에 너무 밀착되어 있거나 너무 소원한 것은 바람직하지 못하다. 이상적인 경계선은 [그림 14-2]와 같다. 그림에서 나타난 두 체제 간의 거리는 부부간에도 꼭 같이 적용되는 개념이다. 남편과 아내는 함께 있어도 서로의 독자성과 개별적 세계를 어느 정도 인정해 주어야 하며 멀리 떨어져 있더라도 서로를 하나되게 하는 연결고리가 존재해야 한다. 그러니까 부부간에 따로따로 생활하거나 공통의 대화 소재가 없으면 너무 소원한 사이, 곧 남남처럼 살게 된다. 그러므로 행복한 시간을 부부가 함께 보내도록 특히 유념하여 취미나 여가 시간의 안배에서 서로의 차이점을 조율하는 것이 매우 중요하다. 또 매사를 같이 하여 일일이 간섭하면서 생활하게 되면 부부의 사생활 내지 개별성이 말살되고, 한시라도 혼자 지내는 것이 두려운 관계, 곧 비정상적인 밀착관계를 형성한다. 이것은 모두 바람직하지 못하다.

남편 역할과 아내 역할을 새로이 익힘으로써 부부간에 책임감과 인격적 성숙을 기해야 한다

자유로운 미혼 시절과는 달리 아내와 남편의 역할을 새로이 수행하는 것이 결혼생활이다. 부부는 또 아기가 탄생하면서부터 부모로서의 역할과 책임을 감당해야 한다. 부모 역할을 한다는 것은 직장인의 역할이나 배우자의 역할을 수행하는 것보다 훨씬 힘든 과업이다. 신혼부부는 자녀양육에 대한 사전 교육이 전혀 되어 있지 않은 상태에서 아기를 맞이하게 된다. 하루 24시간 연속 근무를 해야 하는 양육 때문에 여성이 직장생활을 포기해야 하는 경우도 발생한다. 부부의 외출, 성생활에도 희생을 감수해야 하는 신생아–유아의 양육시기는 특히 여성에게 만성적 피로, 우울증과 분노–죄의식

등을 가져다준다. 이처럼 여성이 아내가 되고 어머니가 되는 일은 남성이 남편이 되고 아버지가 되는 일보다 훨씬 더 많은 희생과 인내를 요구한다. 그러나 여성은 자기의 몸으로 아기를 잉태하고 출산하고 수유하며 양육하는 운명적인 사슬로 인하여 자기의 자녀를 잘 키우려는 본능을 가지고 있다. 그리하여 가정을 지키기 위하여 기꺼이 자기 몸을 희생하게 된다. 이에 반하여 남성은 자기 몸으로 직접 아버지가 되는 고통과 인내를 체험하지 않았기에 남편의 역할과 아버지의 역할이 매우 생소하고 부담스럽다. 게다가 통상적으로 한국의 가정에서 부모가 사내아이를 양육할 때 가사를 협조하고 가족을 돌보는 일을 아들도 분담하도록 교육하고 습관화시키지 않은 것이 사실이다. 그러기에 결혼한 다음에도 남성들은 여전히 총각같은 마음과 자세로 살려고 한다. 그래서 자녀양육과 가사의 일과를 기피할 가능성이 많다. 많은 남편들이 가정에서 어떻게 자녀를 뒤치다꺼리하며 아이들과 어떻게 놀아 주어야 할지 전혀 알지 못하는 것이다. 이런 이유로 인하여 가정생활에서 여성들의 불만과 스트레스가 더욱 커지게 된다. 동서고금을 막론하고 여자들은 남자에 비하여 훨씬 더 잔병치레가 많다. 임신, 출산, 생리주기와 폐경기에 따른 호르몬의 변화 및 자녀양육의 과정에서 여성에게는 신체적으로 엄청난 희생이 수반되기 때문이다. 게다가 현대 여성들은 직장에 진출하여 자기의 실력과 경제력을 인정받아야 한다. 따라서 만성적인 과로에 시달리고 있다. 요즈음 서양의 경우에 남자들의 교통사고율은 10% 감소하였는 데 비하여 여자들의 교통사고율은 30% 증가한 것으로 보고되었다. 그 원인은 여성들이 잡다한 일과로 시간에 쫓기는 생활을 하기 때문이라고 보도된 바 있다. 이러한 현대 생활의 특성상 남자들이 필연적으로 가사와 육아를 도와주어야 행복한 가정을 꾸릴 수 있다.

특별히 한국의 남자들은 남편의 역할과 아버지의 역할을 새롭게 배우고 익혀야 할 것이다. 그것은 희생이 아니라 헌신이다. 결혼한 이후부터 남자는 어른으로 성숙할 필요가 있다. 이를 위해서는 자기 인생의 우선순위를 정해야 한다. 일중독에 빠져 있고, 거의 매일 밤 술집에 들른 다음 아이들이 잠든 시간에 귀가하고, 휴일이면 친구들과 등산, 낚시, 골프 여행을 떠나고, 아내가 투정을 부리면 협박과 힘으로 억누르는 남성들이 있다면 그들은 어떤 것이 자신의 행복에 유익한지를 한 번쯤 가늠해 볼 필요가 있다.

271

　자녀들은 아버지에게서 모범적인 삶의 방식을 배우며, 아버지와 즐겁게 지냈던 어린 시절의 추억을 간직하고 싶어 하고, 더 나아가 아버지를 존경하고 싶어 한다. 그리고 자기는 정신적인 고아가 아니고 아버지에게서 사랑받는 존재라는 것을 몸으로 느끼고 싶어 한다. 아내는 남편의 사랑을 확인하여 도란도란 대화하고 남편과 행복한 시간들을 공유하고 싶어 한다. 이러한 가족의 열망을 무시한 채 10년, 20년, 30년을 자기본위로 살고 난 뒤에 남자들에게 돌아온 소득은 무엇인가? 어떤 것을 얻었고 어떤 것을 잃었는가를 성찰해 볼 필요가 있다. 서너 살의 아이는 자기의 장난감을 동네 아이와 함께 나누어 쓰려 하지 않고 혼자서 독차지한다. 그러나 좀 더 나이가 든 아이들은 기꺼이 자기의 장난감을 또래들과 같이 나누어 쓰면서 즐거운 시간을 보낼 줄 안다. 하물며 성인된 남성들이, 남도 아닌 자기 가족을 도외시하고 즐겁고 행복한 시간을 자기 혼자서만 보낸다는 것은 매우 미성숙한 행위가 아닐 수 없다.

　인간관계에서 어떤 어려움과 손해를 보는 상황이 발생했을 때 성숙한 사람은 상대방을 불러 그 문제를 진지하게 논의할 줄 안다. 그리하여 합리적인 방법으로 손해배상을 받아 내거나 양보와 타협을 얻어 낼 수 있다. 이것이 인격자가 보이는 세련된 리더십이다. 그러한 상황에서 상대방에게 고함치고 욕설과 폭력으로 위협하는 방식은 매우 유치하고 원시적인 수준의 대처방식일 뿐이다.

　가족은 남이 아니고 서로를 키워 주는 관계다. 그런 사이에서마저 기어코 승리하기 위하여 자기의 권위와 힘을 남용하는 가장(家長)이 있다면 그는 매우 저급하고 미성숙한 인격자라고 간주하지 않을 수 없다. 가장에게 부여된 힘을 사용하여 강권적으로 복종하도록 만들기보다는 가족이 기쁜 마음으로 가장이 원하는 바를 따라오도록 유도하는 것이 올바른 힘의 사용방법이다. 정말 힘이 있는 사람은 자기의 힘을 감추고 자제한다. 가정과 가족을 경시하는 한국 남성들의 일 문화, 음주 문화와 비정상적인 성 문화, 여가 문화, 폭력 문화는 한국 가정을 파괴하는 주요 원인이 되고 있다. 그런 풍토에서 벗어나 건강한 가정을 지키는 임무에 대하여 여성보다 남성들이 더 각성할 필요가 있다. 그것은 또한 남자들이 자기의 인생을 성공적으로 살아가는 길이기도 하며 더 나아가 우리 사회와 국가를 건전하게 보전하는 길이다.

272　이를 위해서 남편들은 남자의 성격 안에 들어 있는 부드러운 감성, 낭만적이고 예술

적이고 여성적인 감성, 즉 아니마(anima)를 개발해야 한다. 그리하여 일단 가정에 돌아온 시간부터 남자는 편안한 아빠, 자상한 남편으로서 가족과 같이 웃고 떠들고, 뒹굴고, 노래하고, 집안일을 거드는 역할을 정규적으로 수행해야 한다. 그것이 가정에서 진정으로 아버지의 권위를 회복하는 길이다.

2. 부부간에 진지하게 대화하는 요령

부부 사이에 문제가 발생하면 그때그때 풀어 나가야 한다. 부부 갈등을 방치하게 되면 한쪽은 가해자의 역할을 하고 한쪽은 학대받고 원망하는 역할을 하는 방식으로 대응하는 것이 굳어지고 끝내는 그 양식을 깨뜨리기가 매우 어렵게 된다.

제아무리 금실이 좋은 부부라 할지라도 생활 습관의 차이, 욕구의 차이, 견해의 차이는 있기 마련이고 부부생활 중에 갈등이 나타나게 되어 있다. 갈등이란 서로가 오해해서 발생하는 것도 아니고 부부간의 애정에 해악을 끼치는 것도 결코 아니다. 경우에 따라서는 아내와 남편이 애써 노력하여도 속 시원하게 해결될 수 없는 성질의 갈등도 있다. 가족원이 심각한 질환을 장기적으로 앓고 있다든지, 아내는 건강하고 성적 욕구가 강렬한데 남편은 그와 반대라든지, 한쪽 배우자는 근검절약하는 성격인데 다른 쪽은 돈을 쓰는 것으로 스트레스를 푸는 스타일인 경우가 여기에 해당할 것이다. 그러니까 사이좋은 부부라도 갈등은 있기 마련이다. 갈등은 따지고 보면 개인적 개성과 관련된 것이므로 극히 자연스러운 것이다. 우리는 이러한 점을 먼저 이해해야 한다. 그러므로 가정에서 갈등상황이 발생하면 그것을 부정적으로 지각할 것이 아니라 '아! 우리 두 사람 사이에 차이점이 있구나.'라고 생각해야 한다. 그리고 이 차이점을 어떻게 조절하여 서로 조화롭게 살아갈지를 연구하고 노력하는 일에 주의를 집중해야 한다. 이를 위해서 부부가 합리적으로 사유하고 진지하게 대화하도록 노력할 필요가 있다.

부부간에 발생한 문제를 풀어 나가기 위해서 배우자 중에 어느 한쪽이 진지하게 대화를 시작하는 순서는 다음과 같다.

제1단계: 먼저 마음을 차분하게 가라앉힌다

앞에서 누누이 설명한 바와 같이 흥분된 상태에서 화가 난 목소리로 이야기를 하게 되면 사태만 악화될 뿐이고 문제는 고스란히 남아 있게 된다. 그러므로 효율적인 문제 해결을 위해서 대화를 시작할 때는 자신의 격앙된 감정을 진정시키는 것이 급선무다.

이를 위해서는 다음과 같은 말을 다짐하거나 글로 써 보는 것도 효과적이다.

> "나는 담담하게 이야기할 것이다.
> "내 아내(남편)를 인격적으로 대우하며 다정하게 말할 것이다."
> "나는 움츠러들거나 약자의 위치로 내려가지 않고 인격적으로 대등한 입장에서 말할 것이다. 그것이 내가 나를 존중하는 태도다."

제2단계: 대화를 시작하는 방법에 대하여 숙고한다

배우자에게 말하기 전에 말해야 할 내용을 글로 적어 보고 거울 앞에 서서 말하기를 연습해 보도록 한다. 이것이 힘들면 길을 걸어가면서 또는 자동차를 운전하면서 연극하듯이 혼자서 말하기를 연습해 보도록 한다.

그리고 제12장에서 언급한 바와 같이, 진짜 문제점이 무엇인가에 대하여 먼저 규명할 필요가 있다. 예를 들어서, 남편은 아내를 믿고 돈을 벌어 오는 대로 모두 아내에게 주면 아내는 그 돈을 며칠 안으로 탕진한다고 하자. 아내는 친구들과 어울려 돌아다니기를 좋아하고 사치하기를 좋아한다. 당신은 이 문제를 가지고 가끔씩 아내와 말다툼을 벌인 적이 있는데 이제는 진지하게 대화로써 금전 사용의 규칙을 아내와 함께 제정하려고 한다. 당신이 할 일은 다음과 같다.

① 문제점을 명료화하고 그 문제점에 대하여 부부가 일치된 견해를 갖도록 한다

> "여보. 당신, 정신이 있는 거요? 없는 거요? 돈을 그렇게 물 쓰듯이 해서야 어찌 살겠소. 에이, 재수 없어!"

당신이 아내에게 이렇게 말했다면 당신이 말한 목적은 아내에게 화풀이를 하는 것

[그림 14-3] 문제점을 명료화하기

이거나 아내를 질책하고 비판하는 것처럼 보인다. 그런데 화풀이나 질책은 문제해결에 도움이 되지 않는다.

무엇이 부부간에 해결되어야 할 중요한 문제점인가에 대하여 분명하게 언급하는 것이 문제해결적인 대화를 시작하는 지름길이다. 따라서 위의 말을 다음과 같이 바꾸어 진술하는 것이다.

> "여보, 내가 보기에 당신은 돈 쓸 일이 많은 것 같고, 또 씀씀이도 헤퍼 보이는구려. 그런데 당신의 생각은 나하고 다를 수가 있소. 아무튼 우리 부부간에 금전을 사용하는 방식에 큰 차이가 있어서 그것이 항상 말다툼의 원인이 되고 있소. 우리 부부가 생활비를 어떤 방식으로 사용할지에 대해서 의견을 나누고 원칙을 정할 필요가 있겠어요."

② 먼저 긍정적인 표현을 한다

'지혜로운 결혼생활(Smart Marriage)'의 창시자인 고트만(Gottman)은 결혼생활을 불행하게 끝내느냐 또는 행복하게 유지하느냐는 부부 사이에 얼마나 많은 부정적 또는 긍정적 표현을 하고 사는가와 밀접한 관련이 있다고 하였다. 다음과 같이 부정적인 대화 특성을 가지고 있는 부부는 이혼할 확률이 높다고 고트만은 지적하였다.

275

- 배우자의 특성을 비난한다.
- 자기 행동에 대한 책임을 부정하고 방어적으로 나온다.
- 배우자를 모욕하고 학대적인 태도를 보이며 멸시한다.
- 벽창호로 대한다.

부부가 행복하려면 서로 간에 긍정적인 언어를 자주 구사해야 한다. 그리고 '집을 나가겠다.'거나 '이혼하겠다.'와 같은 극단적인 말은 진심으로 그렇게 실행하려고 할 때 이외에는 절대로 하지 않아야 한다. 예를 들어 보자. 당신은 평소에 이렇게 아내를 질타했었다.

"아이고, 내 팔자야, 도대체 당신은 정신이 있는 거요? 없는 거요? 입다 둔 옷이 몇 벌인데…. 차라리 옷가게를 차리시지. 그리고 또 새끼들한테 밥만 먹여 주면 그만이요? 제발 집 구석에 좀 앉아 있으면 안 되는 거요? 당신하고 싸우고 사는 것이 지긋지긋하다니까."

남편이 그러한 부정적인 말을 하게 되면 그 말이 비록 진실이라 할지라도 아내는 자기방어하기 위하여 몸을 도사리게 되고 대화를 하지 않으려고 할 것이다. 그러므로 부정적인 언어를 자제하고 가능한 한 긍정적인 언어로 표현해야 한다.

"여보, 당신은 낭만적이야. 그리고 화려하게 멋 내기를 좋아하지. 또 에너지가 넘치고 동적(動的)이라 이곳저곳을 돌아다니면서 즐겁게 시간을 보내고 싶어 하는구려. 아무튼 당신의 밝은 성격은 좋다고요. 그런데 금전 문제를 가지고 당신하고 말다툼을 할 때마다 내가 몹시 속이 상했소."

③ 평가적인 표현보다는 객관적인 표현으로 말한다

아내의 행동에 대하여 '잘했느니, 못했느니'라고 도덕적으로 평가하고 질책하기보다는 객관적인 증거를 제시하면서 이야기를 전개하는 것이 좋다.

"아이고, 내 팔자야. 도대체 당신은 정신이 있는 거요? 없는 거요? 돈만 보면 어디다 쓸까 하고 돈 쓸 일만 생각하니 당신은 집안을 망칠 여자야. 에이, 재수 없어!"

이런 표현을 다음과 같이 바꾸도록 한다.

"여보. 두 달 전에 내가 공사를 마치고 받은 대금을 당신한테 전부 주었지 않소? 그런데 예금통장의 잔고가 이것뿐이란 말이요? 두 달 사이에 그 많은 돈을 다 써 버렸다는 것이 난 도무지 이해가 되지 않소. 내가 얼마나 놀랐는지 몰라요. 당신에게 크게 실망하고 화가 나서 말하는 거요. 언제쯤 시간을 내서 우리 부부가 금전 사용 원칙을 세워 보도록 합시다."

제3단계: 배우자에게 직접 이야기한다

당신이 흥분을 가라앉히고 담담하게 말할 수 있는 상태가 된 다음에는 상대방과 직접 맞닥뜨리도록 한다.

① 대화하자고 건의한다

당신은 아내에게 대화를 하자고 다음과 같이 건의할 수 있다.

"여보, 우리가 금전사용 문제를 가지고 그동안 여러 차례 말싸움을 벌였고 서로 신경이 곤두섰었는데 그럴 것이 아니라 진지하게 이 문제를 이야기해 봅시다. 당신도 내게 할 말이 있을 것이고 원하는 것이 있을 것이요. 지금 모처럼 내가 한가하니까 나하고 같이 한두 시간 정도 논의를 해 보면 어떻겠어요?"

② 다시 거론한다

아내가 "싫어요."라고 하면 "그래, 지금은 당신이 나하고 이야기할 마음이 없는 것 같으니, 다음 기회에 진지하게 논의하도록 합시다."라고 말한다. 얼마의 기간이 경과한 다음에 당신은 그 문제를 다시 거론하도록 한다.

"여보, 우리가 금전의 사용 방법에 대해서 지난번에는 이야기를 하지 못했는데 오늘이나 내일쯤 외식하면서 그 문제를 한 번 짚고 넘어가야 할 것 같은데, 어때요?"

[그림 14-4] 부정적 언어를 삼가고 긍정적인 언어로 말하기

당신이 이렇게 제의해도 아내가 "싫어요."라고 말한다면 배우자의 협조를 받아 낼수 있는 상황이 아니다. 그때 당신은 어떤 조치를 취할 것인가? 당신은 불같이 화를 내거나 아내를 비난하고 집 밖으로 쫓아낼 수도 있다. 그러나 바람직한 방법은 당신이 화가 난 감정과 실망감을 담담하게 표현하는 것이다.

③ 대화하기를 포기하지 말라

이때 유념할 것은 상대방이 당신과 상의할 의사가 없음을 표명하더라도 그와 대화하기를 결코 포기하지 않는 것이다. 배우자가 다른 쪽 배우자에게 수십 번 부탁하지만 번번이 묵살될 때 그 문제에 대한 논의를 아예 단념해 버리기 쉽다. 그러나 포기와 단

넘으로 문제는 결코 해결되지 않는다. 오히려 시간이 경과함에 따라 만성적으로 악화
되어 부부관계에 더 깊은 골을 만들 가능성이 많다. 그러므로 당신은 이런 식으로 말해
야 한다.

"이 문제는 내게 정말 중요한 것이라서 당신과 함께 반드시 짚고 넘어가고 싶군요. 나하
고 같이 이야기할 의사가 정말 없다는 거예요?"

"여보, 우리 가정의 금전 사용법에 대해서 당신하고 합의를 보고 싶었는데 당신이 끝내
비협조적으로 나오니까 내가 몹시 화가 나는구려."

④ 상대방의 협조를 얻어낼 수 없을 때는 당신 독자적으로 행동하도록 한다

이것은 제5장에서 소개한 2차원적 변화를 모색하는 것에 해당된다. 배우자에게 대
화하기를 당신이 수차례 요청했지만 상대방이 비협조적으로 나올 때는 그를 비난하고
원망, 분노할 필요가 없다. 배우자는 변화할 의사가 없고 또 변화하기가 불가능하다면
이제는 당신 쪽에서 당신이 그 문제를 보는 시각을 바꾸어야 한다. 다시 말해서 경제적
인 관리 능력이 부족한 아내에게 당신이 금전관리를 위임한 것이 잘못이라는 것을 깨
닫고 이제부터는 당신이 독자적으로 그 문제를 해결하는 방안을 강구해야 한다.

"당신이 우리 가정의 경제문제에 대해서 나하고 솔직하게 상의할 마음이 없는 것 같으니
까 앞으로는 내가 임의적으로 생활비를 책정해서 주겠소. 우리 자녀의 학자금을 위한 예금
이라든지 노후설계 등은 내가 알아서 처리하겠소. 당분간은(적어도 1~2년간은) 내 방식대로
밀고 나가겠소. 그래도 괜찮은지 한번 두고 봅시다. 그리고 당신이 불만이나 불편을 느끼게
되면 그때 가서 이야기를 해 봅시다."

제4단계: 상대방이 당신과 대화를 나눌 의사가 있음을 표명하면 그에게 이야기할 기회
를 주도록 한다

"당신이 나하고 금전 사용의 문제를 심도 있게 이야기하자고 응하니까 나도 기분이 좋구
려. 여보, 내가 볼 때 당신 씀씀이가 너무 헤퍼서 나는 우리 가정경제에 대하여 항상 불안하
고 당신의 생활방식이 맘에 들지가 않았어요. 그런데 이것은 나의 입장이고 당신도 나에게

279

하고 싶은 말이 있을 것 같아요. 당신도 나에게 답답하고 불만스러운 점이 있었을 테니까 그런 점에 대해서 말을 해 보아요."

① 적극적인 경청의 자세로 임한다

배우자에게 이야기할 기회를 준 다음에는 당신 쪽에서 적극적인 경청자가 되도록 한다. 그리하여 배우자에게 시선을 맞추고 가끔씩 고개를 끄덕이며 질문도 하면서 그의 마음을 이해하려고 노력하는 것이다.

이때 제4장에서 소개한 의사소통의 기술을 잘 활용해야 한다. 특별히 유의할 점은 상대방의 말을 중간에 가로막지 않도록 하는 것이다. 상대방의 마음을 제대로 이해하기 위해서는 '앵무새 노릇하기'가 매우 효과적이다.

② 배우자의 감정에 공감해 주는 것을 잊지 않도록 한다

'대화가 통한다'는 것은 자기 '마음을 알아 준다'는 것이고 그것은 공감(共感)해 주는 방식으로 전달된다. 이것이 인간관계의 근본이라고 말해도 과언이 아닐 것이다. 그러므로 문제를 거론한 당사자가 상대 배우자의 이야기를 경청하면서 그의 마음을 정확하게 읽어 주는 역할을 수행할 때 건설적인 방향으로 대화가 진척된다. 공감해 주기란 당신이 배우자에게 '거울이 되어 주기'의 역할을 하는 것이다. 예를 들어 보자.

아내: "당신이 나한테 속 시원하게 해 준 게 뭐가 있나요?"
당신: "내가 밥을 안 주었소, 옷을 안 사 주었소? 생활비를 안 주었소? 당신은 쓰고 싶은 대로 다 쓰고 살았지 않소?"
아내: "흥! 단 한 번이라도 다정하게 좋은 말로 웃으면서 돈을 준 적이 있나요?"
당신: "아니! 내가 돈 버는 기계 노릇을 하는 것도 지긋지긋한데 다정하게 웃으면서 당신한테 갖다 바치라고요? 당신이 사람이요?"

이제 당신의 대꾸를 공감하는 방식으로 바꾸어 보자.

아내: "당신이 나한테 속 시원하게 해 준 게 뭐가 있나요?"
당신: "난 애써 돈 벌어다 당신한테 다 주었는데…, 당신은 내가 당신을 충분히 배려해 주

지 않았다고 생각하고 섭섭했던 모양이지요?"

아내: "그래요. 돈을 주기는 주었지만 항상 싫은 소리하면서 나를 믿지 못하겠다는 듯이 주다 안 주다 했죠. 그러니까 큰 돈이 생기면 그동안 사지 못했던 것을 한꺼번에 다 사게 되는 거예요."

당신: "아, 그렇게 느꼈어요? 그래서 섭섭했겠네. 난 우리가 돈을 아껴 써야 한다는 생각으로 당신한테 절약하라는 말을 한 것인데…."

아내: "여보, 당신이 가장 노릇하느라고 수고하신다는 것 나도 잘 알고 있어요. 정말 고마워요. 그런데 기왕이면 돈을 주실 때는 웃으면서 기분 좋게 주세요. 그리고 옷을 한 벌 사더라도 옷다운 걸 살 수 있게 넉넉하게 주세요."

③ 상대방의 성격 유형과 지각적(知覺的) 특성에 맞추어 대꾸하도록 한다

위의 대화를 가지고 이 부부의 기질과 개성을 대강 헤아려 보기로 하자.

'밥 먹고' '옷 사주고' '생활비 주고' '돈버는 기계이고'와 같은 남편의 말을 듣고 미루어 짐작하자면 남편은 매우 실제적인 성격 유형의 사람 같다. 아내가 '나한테 해 준 게 무어냐?' '다정하게' '좋은 말'과 같은 표현을 한 것을 가지고 미루어 짐작하자면 아내는 감성적이고 직관적인 성격유형의 인간으로 비쳐진다. 배우자가 당신의 애정을 받고 싶은 욕구를 표현할 때 당신이 어떤 식으로 응해 주는 것이 배우자를 만족시켜 줄 것인가? 당신 나름대로 배우자를 사랑해 주기보다는 상대방의 성격적 기질에 맞추어 애정 욕구를 충족시켜 줄 때 배우자는 행복하다고 느끼게 된다.

위의 사례에서 남편은 아내에게 생활비를 주고 옷을 사 주는 식으로 가장 노릇을 수행하는 것이 아내에 대한 자기의 애정을 표현한 것이라고 지각하고 있다. 그러나 부인은 남편이 다정하게 웃어 주고 칭찬과 애정의 말을 표현해 주는 것에서 남편의 사랑을 느끼는 것 같다.

그러니까 자기가 배우자에게서 사랑받고 있다는 느낌은 개인의 취향에 따라서 다르다. 신체적인 터치(touch), 따뜻한 말과 대화 나누기, 가정사를 도와주는 봉사, 물질(선물)의 제공, 함께 시간 보내기가 모두 사랑의 언어요, 사랑의 행위인 것은 틀림없다. 그러나 이들 다섯 가지 '사랑의 언어(love language)' 중에 어떤 것을 특별히 선호하느냐는 개인에 따라서 다르다. 배우자가 이것 중 어떤 것을 더 선호하는지를 한번 헤아려

281

보고 그에 맞추어 줄 필요가 있다.

④ 남성과 여성의 기질적 차이점을 인식하고 대화하도록 한다

남자와 여자는 생물학적 차이와 더불어 심리적으로도 차이가 있다. 남자는 이성적인 면이 강하고 여자는 감성적인 면이 강하다. 이러한 차이점을 인식하지 못하기 때문에 원만한 부부간에도 말로는 표현하기가 힘든 미묘한 괴리감을 가끔씩 경험하게 된다.

예를 들어 보자. 토요일 저녁인데 고선남 씨의 집에는 그날따라 저녁 반찬이 별로 준비되지 않았다. 고선남 씨가 남편과 주고받은 대화 내용을 들어 보자.

> 고선남: "여보, 제가 바빴거든요. 오늘 저녁 반찬거리가 마땅치 않아요. 간단하게 국수라도 삶을 테니까 한 20분 기다릴래요?"
>
> 남　편: "그럼 모처럼 만에 우리 둘이 외식합시다."
>
> 고선남: "그래요? 아이 잘됐다. (기분 좋아함)
> 　　　　잠깐만 기다리세요." (화장 고치고 옷 갈아입는 데 10분이 걸린다.)
>
> 남　편: "뭘 하고 있어요? 빨리 나갈 일이지…, 우리 둘이 나간다는데 누가 당신을 봐 준다고 그 야단이에요?"
>
> 고선남: "그래도 그렇죠. 어디로 갈까요?"
>
> 남　편: "가까운 곰탕집으로 갑시다."
>
> 고선남: "곰탕은 얼마 전에 먹었는데… 기왕이면 깔끔한 레스토랑으로 가요. 네?"
>
> 남　편: "거기 가면 식사 주문하고 기다리는 데 시간이 걸린다고요."
>
> 고선남: "그래도 모처럼 만의 외식인데…, 좀…."
>
> 남　편: "당신은 참 답답해. 생각해 봐요. 우리 둘이 간단하게 한 끼 때우면 되는 것을 가지고 뭘 그리 신경을 많이 써요? 입던 옷 그대로 입고 동네 식당에 가서 밥 한 그릇 먹고 오면 되는 거지…. 당신 하는 대로 따라다니다가 내가 좋아하는 스포츠 프로를 한 시간이나 못 보잖아요? 에이 참! 당신은 참 유치하다니까…."
>
> 고선남: "글쎄…, 그래도…." (기분이 울적해짐)

남편은 아내의 기분을 이해하지 못한다. 감성이라는 것은 이론적으로 설명될 수 있

는 것이 아니기 때문에 더욱 그러하다. 부부싸움을 할 때 많은 가정에서 남자들은 아내에게 논리적으로 따지고 설득하고 설교하는 식으로 나오기 십상이다. 그런데 이성적인 방법으로는 아내를 감동시키거나 아내의 마음에서 우러나오는 승복을 결코 얻어낼 수가 없다. 그러므로 부부싸움이 벌어지면 남편은 자기 방식을 버리고 아내의 천성적인 기질을 따라가 주는 것이 아내에게서 항복과 협조를 얻어 내는 최선의 방책이다. 논쟁적으로 배우자를 설득하려 하지 말라.

그 대신에 아내의 눈을 지그시 바라보며, 아내를 안아 주고, 토닥거려 주면 되는 것이다. 다른 말로 표현하자면 아내의 감성에 공명(共鳴)하도록 하라는 것이다. 『화성에서 온 남자, 금성에서 온 여자』(김경숙 역, 1993)는 남녀 간의 기질적 차이를 잘 설명해 주고 있다. 남자는 수리공 같다. 남성은 대개가 업무적, 기능적 방식으로 대화하려고 하기에 여성의 말을 경청하는 것이 매우 서투르다고 한다. 한편 여자들은 진보위원장 같다. 여성은 배려하고 희생하는 일에 에너지를 소진하고 나서 남자들에게 불평과 비난의 화살을 보내기 쉽다. 그리하여 남녀 간의 대화를 통역해 주는 통역관이 따로 필요할 정도로 서로의 대화를 이해하기 힘든 경우가 허다하다는 것이다.

남자는 가정과 결혼생활의 만족을 기능적인 면에서 구하는 데 반하여 여자는 안전과 관계성에서 추구하려는 경향이 있다. 남편은 아내에게서 존경과 인정을 받고 싶어 한다. 그리고 가정에 돌아와 편안하게 쉬고 에너지를 재충전하면 행복하다고 느끼게 된다. 이에 반하여 부인은 남편에게서 사랑을 받고 싶어 하고 다정한 대화를 나누고 싶어 한다. 따라서 여자들은 남편의 자존심과 독립성에 대한 욕구를 이해해 주어야 한다. 한편 남자들은 아내의 정서적 관계성에 대한 욕구를 이해하고 지금부터는 부드러운 말과 신사다운 태도로 임하도록 노력해야 한다. 간혹 가다 한 번씩은 연애시절에 취했던 행동과 외교관과 같은 태도로 임하는 것이 현명하다. 아내는 영원한 여성이다.

제5단계: 문제해결을 위한 방안을 여러 각도에서 논의한다
이 단계에서는 브레인스토밍(brainstorming)의 방법을 사용한다.

[그림 14-5] 남편 다루기 - C학점

[그림 14-6] 남편 다루기-A학점

[그림 14-7] 남편 다루기-여우학점

제6단계: 여러 대안 중에 가장 현실적이고 현명한 한두 가지의 대안을 선택하고 그에 따른 계획을 수립하여 실천한다

누구를 막론하고 이상에서 소개한 대화방법을 일상생활 중에 단계적으로 사용하기는 사실상 거의 불가능할 것이다. 그러나 부부간에 어떤 문제점을 반드시 짚고 넘어가야 하겠다고 느끼는 상황이 발생할 때 이 단계를 순서대로 따라가면서 대화하게 되면 틀림없이 놀랄 만한 효력이 나타나는 것을 체험할 수 있을 것이다.

3. 체계적인 부부대화의 연습

부부대화를 연습하는 방법 중에서 밀러(Miller et al.)가 고안한 "부부대화(Couple communication)"의 기법을 소개하기로 한다(채규만 외 공역, 1996; Miller et al., 2003). 이 대화기술은 원칙적으로 전문가와 함께 연습하는 것이지만 부부가 시간을 내서 나름대로 연습해 볼 수 있다.

밀러(Miller) 등은 부부가 효율적으로 말하고 듣는 기술을 습득하도록 훈련시키는 프로그램을 개발하였다. 이 모형은 자신과 배우자가 각각 두 사람의 욕구를 알아차리고 또한 충족하도록 훈련시키는 것이다. 그것은 배려하기와 대화하기의 기술이다. 밀러는 그 기술에 대하여 다음과 같이 설명하였다.

• 첫째, 배우자가 각자 자신의 욕구 등을 자각(自覺)하고 자신을 돌보는 입장에서 이야기하는 법을 가르쳐 준다.
• 둘째, 배우자의 욕구 등을 알아차리고 배려해 주는 입장에서 그의 이야기를 경청하는 법을 가르쳐 준다.
• 셋째, 협동적인 방법으로 갈등을 해결하는 과정을 가르쳐 준다.
• 넷째, 배우자가 여러 가지의 대화양식 중에 한두 가지를 선택해서 상호 간에 의사소통하는 것을 가르쳐 준다.

287

그 내용은 다음과 같다.

자기를 배려하기

배우자에게 자신을 알리기 위해서는 먼저 자기 쪽에서 자신의 욕구, 감정, 생각 등을 알아차리고(aware) 이어서 그것을 정확하게 말할 수 있어야 한다. 밀러 등은 [그림 14-8]과 같은 '자각의 수레바퀴(The Awareness Wheel)'를 이용하였다. 자기를 배려하기 위해서는 첫째, 자신에 대해서 이야기해 보는 것이다. 둘째, 어떤 문제를 놓고 ① 자기가 보고 들은 감각적 정보, ② 자신의 사고, ③ 감정, ④ 소망, ⑤ 행동의 다섯 가지 차원에 대하여 부부 중 한 사람이 이야기해 보는 것이다. 남편(배우자)은 자각의 수레바퀴가 그려진 세트판 위에 서서 이야기를 하고, 부인은 배우자가 이야기하는 것을 지켜보고 있다가 그 과정을 제대로 수행하고 있는지에 대하여 피드백을 보내준다. 남편이 이야기하기를 끝마치면 다음에는 부인이 그 과정을 이어받는다. 이때 정

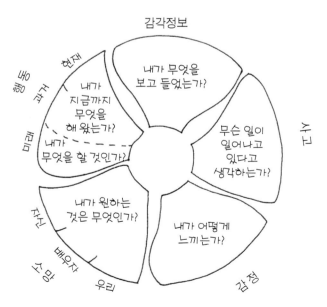

[그림 14-8] 자각의 수레바퀴(채규만 외 역, 1996, p. 26)

[그림 14-9] 자각의 수레바퀴 위에서 말하기-듣기

확하게 자기표현하는 것을 심리전문가에게서 지도받을 수 있다.

만약에 당신이 위와 같은 연습을 실제로 해 본다면 그동안 배우자에게 자신을 얼마나 알리고 살아왔는지에 대하여 크게 깨닫는 바가 있을 것이다.

배우자를 배려하기

배우자의 욕구, 감정, 사상이 무엇인지를 알아차리고 그의 마음을 헤아려 주기 위해서는 내 쪽에서 그의 말을 잘 경청해 줄 필요가 있다. 밀러 등은 배우자의 이야기를 잘 경청해 주려면 관심 기울이기, 인정하기, 정보 요청하기, 요약하기, 질문하기의 다섯 가지 기술이 필요하다고 하였다.

갈등을 해결하기: 문제를 그려 보기

어떤 사건이나 상황이 발생하였을 때 그것을 부부가 지각하고 느끼고 행동하는 바가 각각 다르기 때문에 갈등의 소지가 발생한다. 또 문제를 해결하는 방식에서 부부간에 차이가 생긴다. 그러므로 갈등의 해결과정에서 배우자가 서로의 욕구를 알아차리고 충분히 배려해 주고 있는지와 효율적으로 말하고 경청해 주는지의 여부에 따라서

289

부부관계가 호전되기도 하고 악화되기도 한다.

① 갈등해결의 과정

밀러는 갈등을 풀어 나가는 과정에서 부부가 취하는 행동방식은 ① 회피, ② 설득적인 말다툼과 항복, ③ 겉돌기, ④ 양보, ⑤ 협동의 다섯 가지 형태로 나타난다고 하였다. 앞의 네 가지 형태는 호나이(Horney)가 소개한 부적응적 대처방식과 사티어(Satir)가 강조한 역기능적 의사소통의 유형과 비슷한 개념들이다. 협동의 과정은 양쪽 모두에게 만족스럽고 이득이 될 수 있는 해결책을 찾아내기 위하여 부부가 충분히 자신을 표현하고 자기 욕구를 충족하면서 배우자에게도 동일한 배려를 하는 것이다. 그러므로 협동의 과정은 양보의 수준을 능가한다. 부부가 협동하여 의견 일치에 이르기 위해서는 상호 간의 이해와 합의가 필요하다. 협동적 방법을 사용하면 논의하는 데 많은 시간이 소요되지만 궁극적으로는 시간과 에너지를 절약해 주고 만족스런 관계를 창출하는 효과가 있다.

② 협동적인 방법으로 갈등을 해결하기: 문제를 그려 보기

위에서 설명한 바와 같이 갈등을 해결하는 데 가장 이상적인 것은 부부가 협동하여 해결책을 모색하는 것이다.

부부간에 어떤 문제가 발생하면 부부는 먼저 자신의 욕구를 알아차리고 자기를 보살피는 태도를 취한다. 그리고 나서 배우자의 욕구를 알아차리고 배려하는 태도를 가지고 문제점에 대한 윤곽을 그려 보도록 한다. 부부는 자각의 수레바퀴에 표시된 모든 영역을 고려하여 대화하면서 다음과 같은 여덟 단계를 밟아 나간다.

- 1단계 — 문제를 확인하고 정의하기
- 2단계 — 문제를 풀기 위해 계약하기
- 3단계 — 문제를 완전히 이해하기
- 4단계 — 소망을 확인하기
- 5단계 — 여러 가지 대안을 탐색하기
- 6단계 — 대안을 선택하기

- 7단계 — 행동계획을 검토하기
- 8단계 — 실천한 결과를 평가하기

각 단계에서 부부가 대화할 때 유념할 사항을 살펴보면 다음과 같다.

대화양식을 선택하기

원만한 부부생활을 영위하려면 자신들이 주로 어떤 유형의 대화 스타일에 고정되어 있는가를 먼저 발견해 볼 필요가 있다. 만약에 부부가 바람직하지 못한 의사소통의 방식으로 정형화되어 있다면 그것을 개선하여 보다 세련되고 다양한 방식으로 대화를 할 수 있도록 노력해야 한다. 그리고 새로운 대화방식이 몸에 익을 때까지 꾸준히 연습해야 할 것이다. 대개 사람들은 다음과 같은 네 가지의 대화양식으로 이야기를 한다.

- 일상생활과 일 중심으로 말하기 — 건성으로 듣기
- 통제적으로, 말다툼식으로, 앙심 품고 말하기 — 반응적으로 듣기
- 탐색적으로 말하기 — 탐색적으로 듣기
- 솔직하게 말하기 — 잘 경청하기

문제해결적 대화를 시도하려면 일 중심으로 말하기-건성으로 듣기를 해서도 안 되고, 통제방식으로, 말다툼식으로, 또는 앙심 품고 말하고 그에 대하여 반응적으로 경청하는 방식으로 대하지 말아야 한다. 그 대신에 탐색적으로 말하고 듣는 태도와 솔직하게 말하고 잘 경청하는 태도가 요청된다.

탐색적으로 말하기와 탐색적으로 듣기는 모호하고 복잡한 일이 발생하였을 때 사실을 확인하고 해결 가능성을 타진해 보기 위해 사용하는 객관적이고 합리적인 대화법이다. 문제점을 밝히기, 관련된 정보를 제공하기, 이유를 분석하기, 느낌을 말하고 설명하기, 해석하기, 브레인스토밍하기(또는 가능한 대안을 제시하기)가 여기에 속한다. 탐색적으로 말하기는 상대방을 비난하지 않는 방식으로 이야기를 하는 것이기 때문에 상대방의 관심과 협조를 얻어 낼 수 있다.

291

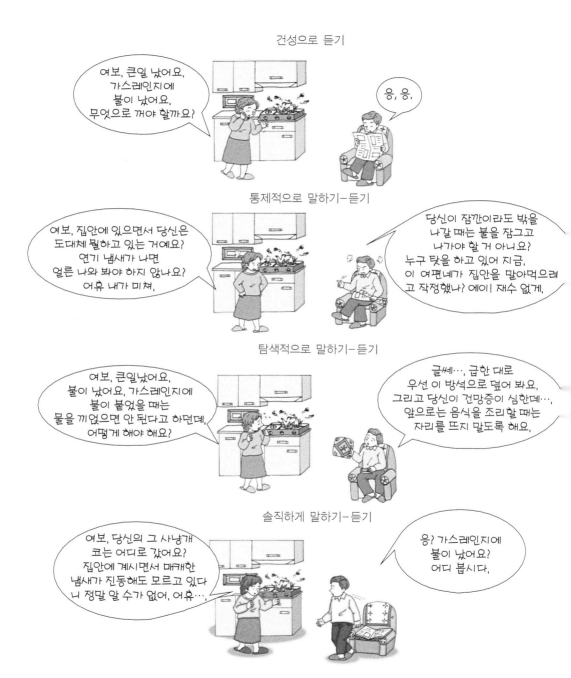

[그림 14-10] 네 가지 대화방식-건성으로, 통제적으로, 탐색적으로, 솔직하게 말하기와 듣기

[그림 14-11] 말다툼식으로 말하기와 솔직하게 말하기-잘 경청하기

잘 경청하기는 온화하게 시선 맞추기, 안정된 자세와 상대방을 인정해 주는 반응, 들은 바를 요약하기, 상대방에게 의견을 묻고 질문하기 등의 행동으로 나타난다. 내쪽에서 이런 태도를 보이게 되면 상대방은 자기가 존경받는다는 느낌을 받게 된다. 그리하여 기분이 좋아져서 당신의 이야기를 호의적으로 듣게 된다.

혼합 메시지를 잘 처리하는 것도 이 기술에 속한다. 상대방의 이야기 속에 두 가지의 모순된 내용이 언급될 경우가 있다. 가령 높이 치켜 주면서 깎아내리고, 처음엔 좋다고(긍정) 해 놓고 나서 뒷말은 나쁘다고(부정) 하고, 선심을 쓰는 듯이 말하지만 조건부가 달린 선심의 말 같은 것은 모순적이다. 이런 경우에는 언급된 두 가지의 내용을 모두 인정하고 나서 그 말의 이면에 숨겨진 본래의 의미가 무엇인지를 명료화해야 한다. 그러니까 진심은 어떤 것인가를 상대방에게 질문해 보는 것이 혼합 메시지를 잘 처리하는 기술이며 잘 경청하는 기술에 해당한다.

솔직하게 말하기는 주장적 자기표현의 기술에 해당된다. 자신과 상대방의 인권과 권리를 존중해 주고 인정하면서 자기의 원하는 바를 직접적으로 표현하는 기술, 즉 '공감적 자기주장'의 요령과 일치한다.

한편 스탠리와 마크맨 등(Stanley & Markman et al.)은 심각한 갈등과 불화를 경험하는 기혼부부들의 이혼을 예방하고 부부관계를 향상시키는 의사소통의 기술을 소개하였다(김등성 외 공역, 2004).

293

4. 사례

사례 1　두 개의 직업으로 과로하는 남편과 불평하는 아내

질문: 저는 주간에는 직장에 근무하고 야간에는 대학교를 다니는 기혼남성입니다. 아이가 둘이 되면서부터 아내는 다니던 직장을 그만두고 집에 있습니다. 경제적으로 저희는 별로 여유가 없는 편입니다. 두 아이에게 하루 종일 시달리는 아내는 제가 귀가하자마자 아이를 돌보아 달라, 이것저것 해 달라 하고 주말이면 함께 쇼핑을 하자고 합니다. 저는 기진해서 집에 돌아오기 때문에 집에 와서는 쉬고 싶습니다. 그리고 아이들하고 놀아 주게 되면 시험 준비나 리포트 준비를 제대로 할 시간이 부족하고 성적이 나쁘게 나올까 봐 불안하거든요. 어떻게 하면 요구 많고 불평 많은 아내를 잘 달래 줄 수 있을까요?

답변: 위의 사례에서 남편이 이 책에 소개된 대화기법을 사용하면 멋있게 관계 개선이 될 것 같다.

① 먼저 아내의 감정과 소망에 공감해 준다

"여보. 당신이 하루 종일 아이들과 씨름하느라고 고생이 많았지요? 그래서 저녁 시간에는 내가 당신 대신 아이들과 놀아 주면 당신은 숨을 돌리게 되고 아이들도 아빠하고 즐겁게 보내는 시간이 필요하다고 생각하는 것 아니요?"

② 다음에는 당신의 감정과 소망사항을 말해 준다

"나도 사실은 당신을 거들어 주고 싶고 아이들과 놀아 주고 싶어요. 그런데 문제는 시간과 에너지란 말이에요. 늦은 시각에 잔뜩 지친 상태로 귀가하면 나도 쉴 시간이 필요해요. 그래야 다음 날 직장에서 일을 잘할 수 있고 또 야간 수업 받는 것도 지장이 없어요. 내 마음은 아이들하고 놀아 주고 주말이면 당신과 쇼핑도 가고 놀이동산도 가고 싶은데 그렇게 하다가는 수업 준비나 리포트도 제대로 작성할 여유가 안 나

요. 그래서 성적이 나쁘게 나올 것 같아 불안하고 이대로 과로하다가는 내가 쓰러져 버릴 것 같아요. 나도 참 안타깝다니까."

③ 문제점을 명료화하고 해결적 대안을 함께 논의한다

"내가 학교를 마치는 데는 아직도 2년이 남았어요. 그 2년 동안 우리가 어떻게 직장 생활과 공부와 건강을 유지하고 육아를 함께 하면서 서로 시간을 보낼 수 있는지 차분하게 생각해 봅시다. 우리 가정의 경제적 여건도 함께 생각하면서…, 먼저 당신은 나에게서 많은 도움을 기대하지 않고서 당신의 지친 몸과 스트레스를 풀 수 있는 방안을 한번 연구해 보아요. 그리고 나는 내 건강과 학교공부를 위한 시간 안배를 어떻게 하고 또 얼마의 시간을 당신이나 아이들과 함께 보내도록 안배할 수 있는지를 주간별, 월별로 작성해 보아야겠어요."

④ 여러 가지 대안 중에서 현실적으로 가능한 두어 가지의 대안을 선택하여 계획 을 세우고 실천하도록 한다

실제로 이들 부부는 다음과 같이 합의하여 만족스럽게 이 문제를 해결하였다. 이들은 경제적인 여유가 없지만 앞으로 2년간은 필요한 경비지출을 하기로 결정한 것이다. 그래서 아내는 일주일에 두세 번 정도 자녀를 어린이집과 친정어머님께 맡기고 자유가 허용된 그 시간을 취미나 자기 개발을 위한 시간으로 활용하여 육아로 인한 스트레스에서 해방되기로 하였다. 그리고 2～3년 후에 아내가 직장 일을 다시 시작할 때부터 돈을 모으고 저축도 하기로 합의하였다. 남편은 주중에는 오직 직장 일과 학교공부에 전념하기로 하였다. 그 대신에 주말의 한나절은 가족을 위한 봉사 시간으로 정하였다. 가령 토요일에는 부부가 아이들을 데리고 놀이동산이나 야외 드라이브를 즐기고 대중탕에서 목욕한 다음에 한 끼는 외식을 하기로 정한 것이다.

사례 2 말이 적고 묵비권을 행사하는 남편

질문: 제 남편은 말이 없고 혼자 있는 시간은 책을 보고 지냅니다. 심지어는 침대맡에서도 책을 봅니다. 가족 간의 화목 활동이나 대화할 시간이 적어 늘 서운합니다. 저

는 어린이집을 운영하기에 자모나 유아들과는 대화가 잘 됩니다. 남편과도 이야기를 해서 풀려고 하는데 감정이 상하면 남편은 더욱더 입을 다물고 지냅니다. 성격을 바꿀 수는 없겠지만 조금이라도 가정적이고 다정한 남편으로 바꿀 수는 없을까요?

답변: 이 사례에서 가장은 가족의 애원하는 소리에 벽창호로 반응하는 것으로 나와 있는데 가족과 정서적으로 유리된 채 마치 하숙생처럼 지내는 것에 익숙한 남편을 변화시키기는 참으로 어려운 과제입니다.

첫째, 인간의 성격이나 천성은 고치기가 어렵기 때문이지요. 둘째, 본인에게 자기성격과 가족관계를 개선해 보려고 하는 의지가 결여된 것으로 보입니다. 셋째, 남편은 불리한 상황에서는 말을 하지 않는 성격을 활용하여 자기의 이익을 추구하는 것 같습니다. 부부싸움을 할 때 아내가 따지는 말을 들어 보면 분명히 자기가 잘못한 것이 있고 자기 쪽에서 노력해야 할 부분이 많이 나타난다고 합시다. 이때 아내에게 대꾸를 하게 되면 남편은 자기의 잘못을 시인하게 되고 자기쪽에서 어떤 보상이나 희생을 감수해야 하는 상황이 벌어질 것입니다. 그것은 가장으로서의 권위를 위협하는 일이고 자기에게 손해가 되므로 묵비권을 행사하면 이런 귀찮은 의무감에서 빠져나올 수 있고 또 남편의 체면과 위엄을 지켜 낼 수 있겠지요. 넷째, 이 남성은 어린 시절에 어쩌면 가정에서 친밀한 관계와 사랑받은 경험을 하지 못하고 거부감과 배척 속에 성장하였는지도 모릅니다. 그러므로 사람들이 두렵고 누구와 친밀해진다는 것 자체가 두려워서 인간관계를 회피하는 방식이 고착되어 있지 않을까요? 혹시 남편은 아버지 없이 자랐거나 아버지나 할아버지가 계시기는 하였지만 실제적으로는 멀리 떨어져 교류가 적었고 몹시 엄하여 거의 대화가 단절된 상태로 지냈을지도 모릅니다. 다섯째, 당신은 과묵한 남편과 여러 차례 대화해 보려고 시도하다가 남편이 협조하지 않을 때면 남편을 비난하고 끝내는 대화하기를 단념하지 않았나요? 당신은 언어 구사력과 논리적으로 따지는 능력이 뛰어나서 남편은 말로는 당신을 도저히 이길 수 없다고 생각하고 사는지도 모릅니다. 당신은 어린이집 원장이기에 평소에 유아와 학부모들에게 논리적으로 설명하며 지도하는 습관이 배어 있을 가능성이 높습니다. 그런데 대부분의 남편은 길게 논리적으로 따지는 아내의 말을 듣기 싫어합니다. 짧게 요점만 말하고 솔직한 감정

표현을 해 주는 아내를 선호하지요.

이상과 같은 여러 가지 이유 때문에 이 문제를 풀어 나가기는 결코 용이하지 않지만 아래와 같은 방식으로 당신과 자녀가 노력한다면 많은 변화가 나타날 수 있습니다.

① 남편에게 '대화해 달라.'거나 '성격을 바꾸어 보라.'고 요구하지 않는다.

그것은 남편에게 막중한 부담감을 주기 때문에 남편은 그런 요청을 무시하고 회피할 가능성이 많습니다. 그리고 위와 같은 요청은 매우 추상적이어서 남편은 자기의 성격을 바꾸고 대화를 하려면 무엇을 해야 하는지에 대하여 잘 알지 못하고 있습니다.

② 과거에 사용했던 대화방식을 바꾸어 새로운 접근을 시도하도록 한다.

남편을 설득하고 따지려고 하지 말고 그 대신에 긍정적인 표현을 사용하여 남편을 격려하고 또 남편이 좋아하는 일을 중심으로 하여 남편이 가사나 아이들과 함께 시간 보내는 일에 협조해 주기를 부탁하는 것입니다.

그 방법은 대략 다음과 같습니다.

"여보. 당신은 책을 읽으면 참 재미있는가 봐요. 세상 가는 것도 모르고 독서삼매경에 빠져 있네요. 우리 아이들에게도 당신과 같은 독서습관을 길러 주어야 할 것 같아요. 당신이 일주일에 한 시간만 아이들 독서지도를 해 주면 어때요? 아이들이 읽은 책에 대한 독후감을 토요일 저녁에 지도해 주는 거예요. 그리고 당신이 읽은 책 내용 중에서 좋은 대목 같은 것을 저에게도 토요일 저녁식사 시간에 몇 분만 들려주세요. 그러면 저도 당신 덕분에 유식해지고 또 당신하고 유익한 대화를 나누게 되어 기분이 좋을 것 같아요." 그래서 남편이 협조하겠다는 다짐을 받아내도록 하며 아이들이 읽을 책을 남편과 자녀가 함께 고르도록 하십시오.

또 남편은 자녀와 함께 놀아 주고 싶은 마음이 없다기보다는 아이들과 함께 노는 방법을 잘 알지 못하는 사람일 것입니다. 그러므로 남편쪽에서 쉽게 자녀와 같이 노는 기회를 만들어 줌으로써 아빠가 점수를 딸 수 있도록 해 주는 것이 좋습니다. 가령 한 달에 한 번은 가족이 함께 등산을 가도록 하고 등산 가서 먹을 간식거리 등을 남편과 자녀가 함께 쇼핑해 달라고 부탁할 수 있습니다. 또 방학 중에 하루 이틀 정도는 자녀들과 캠핑을 가도록 계획을 짜고 텐트 치기, 음식 준비와 취사를 남편이 진두지휘하도록 일임하십시오. 당신은 그런 임무에서 빠져나오세요. 그리고 서투르나마 남편이 조금씩 가족화목활동에 협조해 줄 때마다 당신은 칭찬과 격려를 보내고 아이들은 아빠에게 감사와 즐거움을 표시하면 남편도 기뻐할 것입니다.

③ 부부싸움이 있을 때 남편이 묵비권을 행사하게 되면 말 대신에 글을 써서 남편과 대화해 볼 수 있다.

가령, "여보. 우리가 싸운 건 …때문인데 나의 속마음은 그게 아니에요. 당신도 속으로는 나에 대해서 좋게 생각하는 면이 있으리라고 믿어요. 직접 나에게 말씀해 주기가 힘들면 글을 써서 나에게 보내 주세요. 기다릴게요."

그리고 장기간 묵비권을 사용했을 때의 해로운 영향력을 글로써 환기시킬 수도 있습니다. "우리가 말을 하지 않고 남남처럼 지낸 지 열흘, 그 열흘 동안 매일 24시간을 속상하고 화나고 미워하는 감정으로 지내면 그동안 좋았던 우리의 감정이 다 깨져 버려요. 그건 너무 손해나는 일이 아닐까요? 하루 이틀 지나고 서로 말을 하면 과거에 좋았던 감정이 아직도 남아 있을 텐데…. 이런 식으로 80세, 90세까지 산 다음에 우리가 후회할지, 잘했다고 할지를 한번 생각해 보고 싶어요. 부부간에 자존심을 버립시다. 여보, 당신은 나보다 마음이 크고 너그러운 사람이니까 자존심을 내버려요. 저도 내버릴게요." 그러고 나서 당신이 먼저 시선을 맞추고 미소와 어루만짐의 신체언어를 남편에게 보내면서 남편더러 자기에게 똑같은 신체언어로 표현해 달라고 부탁할 수 있습니다.

사례 3 성관계를 싫어하는 아내

질문: 저는 40대 초반의 남자입니다. 저도 말이 없고 아내도 말이 없는 성격이고 아이들도 조용한 편입니다. 문제는 아내가 저와의 잠자리를 점점 기피하는 것입니다. 부부관계를 맺게 되면 아프다고 하고 샐쭉하게 토라집니다. 결혼 전에야 다들 그러하듯

이 상업적 여자들과 다소간 관계를 가졌고 연애한 경험은 없는데 아내는 저에게 불만이 많습니다. 너무 거칠게 대한다고 그래요. 저희 부부는 교회에 함께 나가고 있지만 종교생활이 부부관계를 개선시켜 주는 데는 도움이 되는 것 같지도 않습니다. 그렇다고 우리 부부의 신체에 큰 이상이 있어서 병원에 찾아갈 성격도 아닙니다. 좋은 방법이 없을까요?

답변: 이 장에서 설명하였듯이 한국인들 중에서 성적인 대화를 터놓고 나누는 부부는 그리 많지 않다고 봅니다. 남편과 아내가 모두 말이 없는 성격의 소유자이기에 성적인 대화를 나누기가 더욱 쑥스럽고 힘들 것입니다. 게다가 한국 남성들은 여성을 부드럽게 다루는 법에 대하여 교육받은 적이 없습니다. 제대로 된 성지식과 성교육이 없이 결혼생활을 하게 되면 어떤 결과를 가져올까요? 남성은 과거에 상업적 여자와 성관계를 맺은 방식을 그대로 아내에게 적용하기 쉽습니다. 그러니까 사랑하는 아내가 자기와 성관계를 할 만큼 충분히 몸과 마음이 준비되었는지를 살펴보지 않고서 곧바로 성교로 들어가게 될 것입니다. 단도직입적인 성행위는 여성에게 통증을 가져다주고 그런 성관계가 지속되다 보면 혐오감과 환멸감으로 남편과의 잠자리를 기피하게 되어 있습니다. 따라서 남편이 해야 할 일은 먼저 낭만적인 무드를 연출하여 아내의 마음을 성행동의 방향으로 초대하는 것입니다. 남자는 시각에 예민하지만 여자는 청각과 촉감에 더 예민합니다. 그러므로 아내에게 부드러운 사랑의 말로써 기분을 살려 주도록 해야 하겠지요. 콧노래도 흥얼거리고요. 만약에 말주변이 없다면 인터넷을 이용하여 아름다운 사랑의 시를 다운받고 인쇄하여 가끔씩 아내에게 읽어 줄 수 있을 것입니다. 그리고 비언어적인 방법으로 대화를 시작할 수 있습니다. 다시 말해서 아내의 몸을 부드럽게 어루만져 주는 신체 언어가 곧 대화입니다. 아내가 신체적으로 이완되도록 애무해 주는 것, 즉 전희(前戲)의 시간을 충분히 가진 다음에 성관계를 가져야 합니다. 이 장에서 소개한 카플란(Kaplan)의 3단계를 숙지하면 좋은 성과가 있을 것입니다.

교회는 하나님의 사랑을 윤리적으로 가르치기보다는 오히려 인간적이고 성적인 관점에서 가르치고 있지요. 하나님이 우리를 '알고 계신다'('야다'라 함)는 것은 마치 남녀가 성관계를 통하여 서로를 알게 되는 것과 같이 깊고 진실하고 순정적인 심정으로 속속들이 알고 계시다는 뜻이라고 합니다. 그리고 성경 속의 '아가서'는 부부간의 사랑에 대하여 너무도 적나라한 언어로 묘사하고 있습니다.

> "내 사랑, 너는 어여쁘고도 어여쁘다… 네 눈은 비둘기 같고… 네 머리털은… 같구나. 네 이는… 같고, 네 입술은… 같고, 네 입은 어여쁘고 네 뺨은 석류 같구나."
> "신을 신은 네 발이 어찌 그리 아름다운가. 네 넓적다리는… 같구나. 배꼽은… 같고 허리는 백합화로 두른 밀단 같구나… 네 유방은 포도송이 같고, 네 콧김은 사과 냄새 같고, 네 입은 좋은 포도주 같구나…."
> "내 사랑이 원하기 전에는 흔들지 말고 깨우지 말지니라."

아내에게 아가서의 한 부분을 인용하여 아내의 아름다운 신체를 칭찬해 주세요. 그리고 성적으로 함께 행복한 시간을 가질 수 있기를 부부가 소리 내어 기도하는 것도 효과적입니다. 당신의 가슴속에 잠자고 있는 서정성과 낭만적 감흥을 흔들어 깨워 보세요. 참고로 시 두 편을 인용합니다.

의학적인 관점에서 부인과 의사나 성클리닉에 함께 가서 전문적인 도움을 받는 것도 유익하다고 생각됩니다. 그리고 혹시 부인은 지금까지 남에게 말할 수 없었거나, 자기 자신도 의식하지 못하는 심리적 상처가 있어서 부부관계를 무의식적으로 회피하는지도 모릅니다. 모든 인간은 불완전하며 무수한 시행착오와 과오를 범하면서 성장하고 발전하게 되어 있습니다. 저는 물론, 선생님께서도 예외가 아니지요. 그런데 자기가 과거에 깊은 생각 없이 범한 실수나, 남에게서 상처 입은 사건에 마음이 사로잡혀 죄의식과 수치심으로 일생을 괴로워하는 것은 참으로 어리석은 것인 줄을 잘 알면서도, 그 속에서 빠져 나오지 못하고 사는 사람들이 너무도 많습니다. 혹시라도 부인에게 그러한 아픔이 있을지도 모릅니다. 그러니까 부인께서 심리상담을 받아 보도록 권해 보세요. "여보, 우리부부의 행복을 위해서 전문가를 찾아가 상담을 받는 게 좋을 것 같아요. 나 역시 알고 보면 실수투성이의 인간인데, 당신은 혹시 지나간 실수에 너무 집착하고 있는지도 몰라요. 우리 넓은 마음으로 세상을 살아갑시다."

나 그대에게 …

나 그대에게 줄 것 하나 있습니다.

그것은 사랑입니다.

나 그대에게 줄 것 하나 있습니다.

그것은 믿음입니다.

나 그대에게 줄 것 하나 있습니다.

그것은 우정입니다.

나 그대에게 준 것은 준 것이 아닙니다.

그대가 받아야 할 것을 준 것뿐입니다.

내게 힘이 되어 주십시오.

나 또한 그대에게 힘이 되어 드리겠습니다.

-카렌 제시-

그대와 함께 있으면

그대와 함께 있으면 나는 너무나도
행복한 기분에 빠지곤 합니다.
나는 내 마음속의 모든 생각을
그대에게 말하고 싶습니다.
그러나 어느 땐 아무 말 하지 않아도
마치 내 마음을 털어놓은 듯한 느낌을 갖습니다.
항상 나를 이해하는 그대와 함께 있으면
나는 너무나도 편안한 기분에 빠지곤 합니다.
나는 사소한 일조차 속일 필요가 없고
잘 보이려고 애쓸 필요도 없습니다.
그대는
있는 그대로의 나를 사랑하기 때문입니다.
그대와 함께 있으면
나는 세상을 두려워하지 않는 자신감을 갖습니다.
나는 사랑으로 그대에게 의지하면서
나 자신의 삶을 살아갑니다.
그대는 내게
특별한 자신감을 심어 주기 때문입니다.

-수잔 폴리스 슈츠-

부 모역할(parenting)은 우리의 자녀들이 그들이 살고 있는 사회 안에서 생존하고 번영하도록 보호하고 준비해 주는 것을 목적으로 한다. 이 목적은 세월이 흘러도 변하지 않으며 현대 사회에서는 더욱 중요한 과제다.

오늘날의 청소년들은 과거보다 훨씬 더 많은 문제를 안고 있다. 약물중독, 학교폭력, 섹스문제 등의 위험한 상황에서 부모는 자녀를 보호해 주어야 한다. 그러나 우리의 아이들이 과잉보호된다면 미래에 살아남지 못할 것이다. 자녀를 양육한다는 것은 자녀들이 자기의 앞길을 헤쳐 나갈 수 있는 인간, 곧 독립적인 인간이 되도록 준비해 주는 것이다.

현대는 국제화 시대요, 민주적인 평등과 개성이 구가되는 시대다. 많은 국가들도 민주적인 사회를 지향하고 있으며 한국사회도 민주주의를 표방하고 있다. 따라서 우리의 귀중한 자녀가 세계 속의 자랑스러운 한국인이 되기 위해서는 가정에서부터 민주적인 생활에 익숙해져야 하겠다(홍경자, 1995abc, 1996abc, 2001; Crowder, 2002; Essa, 2003; Shure, 1994).

자녀지도를 위한 대화기법

I. 지구촌 시대, 부모의 리더십

21세기의 지구촌 시대를 살아가는 현대인들은 가정의 형태와 생활양식도 변하였고 부모의 전통적인 역할과 자녀지도의 방식도 변하였다. 특히 요즈음 한국 가정에서 두드러지게 나타나고 있는 추세는 저출산으로 인한 자녀 수의 급격한 감소 현상이다. 그리하여 친가, 외가의 조부모와 엄마, 아빠, 고모, 이모 등 여섯 명 이상이 한 아이를 바라보며 애정의 쟁탈전을 벌이고 있는 현실에서 아이는 불가피하게 왕자나 공주가 될 수밖에 없다. 필연적으로 부모는 자녀를 과잉보호하게 되고 지나친 기대로 인한 간섭과 요구가 늘어난다. 십대가 되면서 자녀는 이에 반항하여 거역하기 마련이고 그 결과 부모-자녀 간에 빚어지는 마찰은 자녀의 건전한 인성발달과 자기실현을 저해하는 결과를 창출한다. 다시 말해서 최선을 다한 부모 역할이 아이러니컬하게도 최소의 효과와 최악의 결과를 낳을 수 있다는 것이다. 게다가 현대 사회는 지구촌 시대다. 서너 시간 안에 여러 인종과 곧바로 친밀해지고 질적으로 풍요한 인간관계를 맺을 수 있는 자질이 요청된다. 다시 말해서 친구를 쉽게 사귀고 서로 존중하며 갈등을 현명하게 조절하는 설득력과 창의적 지도력이 요구되는 것이다.

현대를 살아가는 부모는 이러한 시대적 특징과 미래 사회를 전망하면서 양육의 태도 면에서도 리더십을 발휘해야 하겠다. 그것은 구체적으로 부모가 적극적이고 민주적인 부모 역할을 수행하는 것에서 나타날 수 있다.

이제 부모 리더십의 유형을 살펴보고 그 유형이 자녀지도 면에서 얼마나 효율적인지를 알아보기로 한다.

전제적 부모

전제적인 부모는 독재자처럼 자녀지도에 임한다. 자녀들이 무엇을 해야 할지, 어떻게 해야 할지, 언제 해야 할지를 명령하고 지시한다. 자녀들은 의문을 제기하거나 도전하거나 의견에 반대할 여지가 없다. 자녀가 해야 할 일을 잘하면 부모에게서 보상을 받고 그렇지 못하면 처벌을 받을 따름이다. 전제적 양육방법은 인간의 불평등이 일반화되었던 시대에는 상당히 설득력이 있었으나 오늘날과 같은 평등의 시대에는 별 효력이 없다. 전제적인 가정에서 자란 아이들은 진취적이지 못한 경향이 많다. 그들은 기가 죽어 있고 스스로 포기하거나 부모의 말에 자주 반항한다. 이러한 반항은 보통 10대에 일어난다.

또한 전제적인 부모는 엄한 벌을 주거나 크게 화를 내고 책망하며 설교식으로 따지거나 끝없이 잔소리한다. 이런 지도방식은 다분히 공격적인 대처방식이고 부모가 자신의 분노감정을 이용하여 자녀를 통제하는 데 익숙한 지도법이라고 볼 수 있다.

자유방임적 부모

자유방임적인 부모는 고압적이고 전제적인 지도방식에 강력하게 반대하는 이들이다. 이러한 부모는 자녀들이 하고 싶은 일을 맘대로 하도록 허용한다. 그러한 가정에서는 질서와 규율이 무시된 채 무제한의 자유가 허용된다. 이러한 부모들은 자녀의 심부름꾼처럼 행동하면서 자녀들이 부모를 유린하도록 방임한다. 가족의 규칙이나 자녀지도의 원칙에 일관성이 없고 자녀를 거의 방임하는 식으로 지도하게 되면 자녀는 가정에 대한 소속감을 잘 느끼지 못한다. 또 가족과 협동하여 생활하는 법을 배우지 못했기에 함께 생활하기가 어려울 때가 많다. 사회생활에 필요한 질서의식과 예의 등을 습득하지 못한 젊은이들은 자기신뢰와 자신감이 결여될 가능성이 많다.

허용적으로, 곧 자유방임적으로 임하는 부모는 애원하고 아이를 화나게 할까 봐 겁을 내며 안절부절못하고 자기확신이 없다. 그리고 아이가 잘못되면 자신을 탓하며 남에게 아이의 행동이 알려질까 봐 두려워하고 감춘다. 이러한 지도방식은 회유형과 산만형의 대처방식이고, 수동적이고 회피적인 대응방식이다. 그리고 어른인 부모가 미숙한 자녀에게 끌려다니며 비주장적으로 임하는 것이다. 부모가 리더십을 행사하지 못한다고 볼 수 있다.

민주적인 부모

민주적인 부모는 어떤 점에서는 전제형과 허용형의 중간쯤이라고 말할 수 있으나 그 이상의 의미를 함축하고 있다. 민주적인 부모의 가정에서는 '자유'가 이상적으로 추구되며 타인의 권리와 개인의 책임도 똑같이 추구해야 할 덕목으로 강조된다. 부모는 협동심을 길러 주고 학습을 자극하는 지도자다. 민주적 가정에서는 질서가 있고 세심한 관심도 있다. 개개인이 다 중요한 구성원으로서 인정을 받는다. 가정에서 적극적인 리더십을 발휘하는 부모는 다음의 두 가지 측면에서 민주주의의 유산인 사회적 평등의 개념을 인식한다.

- 부모가 자녀를 훈육할 때도 자녀의 인간적 존엄성을 인정하면서 대해 준다.
- 자녀는 부모에게 자신의 생각과 감정을 표현할 수 있는 권리가 있다는 것을 인정해 준다. 그리하여 자신의 삶에서 중대한 결정을 내려야 할 때 아동 스스로가 영향력을 발휘할 수 있는 권리를 어느 정도 허용해 준다. 이것은 민주주의 국가에서의 삶과 일치하는 정신이다. 그것은 자녀의 나이가 증가함에 따라 주어진 한계 안에서 점점 자유를 더 많이 허용하는 지도방식으로 나타난다.

민주적인 부모가 자녀를 지도하는 방식은 다음과 같다.

자녀에게 원하는 바를 분명하게 말해 준다. 일관성이 있고 정중한 태도와 말로써 하며 감정표현이 솔직하고 언행을 일치하여 나타낸다. 이러한 지도방식은 부모가 주도권을 가지고 의연하게 자녀를 대하되 사랑과 배려로 대하며 포용적으로 문제를 해결

307

하는 태도다. 이러한 부모는 주장적인 자기표현을 할 줄 아는 부모다.

가족 내에서 부모와 자녀는 인간적 존엄성의 면에서는 평등하지만 가장 큰 차이점은 그들의 역할이 다르다는 것이다. 부모는 리더의 역할을 하는 반면에 자녀는 학습자의 역할을 더 많이 하게 된다. 부모는 가족 내에서 권위를 지니고 있다. 자기의 자녀를 어떤 방식으로 지도할까를 결정하는 것도 부모의 권위에 해당한다. 그러므로 민주적인 가정에서 부모는 자녀보다 더 많은 권위와 존경이 허용되며 그에 비례해서 더 많은 책임도 감당한다.

이 점을 감안하면서 민주적인 부모는 아이들에게 자기의 의사를 자유로이 표현할 수 있는 기회를 주고 또 어떤 문제가 발생하면 대화와 토론과 회의를 통하여 가족 간에 합의한 결정을 도출하도록 인도한다.

2. 자녀지도에서 강조되어야 할 덕목

21세기의 민주적인 지구촌 사회에서 우리의 자녀가 생존하고 번영을 구가할 수 있도록 길러 주어야 할 덕목은 다음과 같다.

자녀의 개성발견과 자기실현

부모는 자녀의 개성과 능력을 최대한 신장시킴으로써 개인적으로 행복하고 사회적으로 기여하는 인간으로 육성해야 할 의무를 지니고 있다. 그것은 지·덕·체(智德體)의 조화로운 발달이 이루어지도록 자녀의 지능개발과 인격도야와 건강한 신체를 길러 주는 일에 전력하는 것이다. 그리고 자율적 생활습관과 인생의 목표의식을 심어 주는 것이 매우 중요하다.

우리 아이는 씨앗이다. 씨앗 속에 숨겨진 개성, 적성, 능력은 제각기 다르다. 그것을 발견하여 꽃피우게 하는 사람은 부모다. 행여나 우리 사회의 부모들은 자녀를 몰개성적으로 키우고 있지는 않는가? 또 탐구하고 발전하는 데 무궁한 스릴과 재미를 느끼기보다는 지치고 포기하도록 몰고 가는 것은 아닌가? 이러한 점을 반성해 보아야 할 것

308

이다.

아이가 어려서부터 잠재능력과 적성을 개발시켜 자신감 있게 살 수 있도록 직업과 진로 준비에 만전을 기하기 위해서 부모가 자녀에게 호기심과 창의성을 자극하고 흥미를 유발시키는 것은 매우 중요하다.

감성지능과 리더십의 개발

자녀의 지능개발 못지않게 성공적인 인생을 사는 데 기본이 되는 가치관(인생관)과 생활방식을 채택하도록 도와주고 습관화시켜 주는 일이 대단히 중요하다.

지금까지 한국에서 성공하는 사람들은 IQ가 뛰어나고 공부를 아주 잘하는 사람들이라고 믿고 있다. 그런데 이런 사람들이 성공하는 것은 전체 인구 중 20%에 불과하다는 것이다. 성공인의 대다수, 곧 80%는 실력이 다소 떨어지더라도 인간성이 제대로 되어 있는 사람이라는 사실이 많은 연구에서 증명되었다.

개인의 정의적 발달이 행복하고 성공적인 삶을 결정짓는 중요한 요인이 된다고 주장한 학자는 골만(Goleman) 등이다. 골만은 '감성지능(EQ)'을 소개하였다. 사회에서 성공한 사람 중에 많은 이들은 뛰어난 지적 능력 때문이라기보다는 자신과 타인의 감정에 민감하게 대응하는 능력, 지구력, 낙천적 자세와 창의적 아이디어를 갖추고 있는 사람들이었다. 이들은 이성적인 두뇌보다 감성적인 두뇌의 작용이 더 뛰어난 사람들이다.

감성지능이란 대인관계의 상호작용에서 보이는 지능이다. 구체적으로는 ① 자기감정의 인식 능력, ② 자기감정의 표현과 통제 능력, ③ 의사소통 능력, ④ 문제해결 능력, ⑤ 잠재능력을 신장하는 능력으로 나타나 있다.

오늘날에 와서 지능이란 지적 능력과 정서적, 사회적 능력을 합친 개념으로 이해되면서 지능에 대한 전통적인 개념이 수정되기에 이르렀다. 진정한 의미에서 지능이란 언어, 수리, 논리성, 기억력 등의 지적 능력 이외에 창의력, 조직력, 참여도, 동기와 같은 심리적 특질이 모두 포함된다는 것이다. 그러므로 자녀를 양육할 때는 가슴이 얼마나 넓은 인간이냐, 얼마나 멋진 인격자이냐에 관심을 가지고 지도해야 할 것이다.

부모는 자녀를 양육할 때 '공부하라'고만 강조할 것이 아니라 자신의 감정을 통제하고 조절하여 생활을 효율적으로 관리할 수 있는 자기관리의 능력을 길러 주어야 한다. 그리고 대인관계의 문제를 잘 처리할 수 있는 리더십도 배양해 주어야 한다.

용기와 자존감

장차 도래할 미지의 세계에서 군건하게 자기의 앞길을 헤쳐 나갈 수 있는 용기를 가지도록 자녀를 지도해야 한다. 그것은 어떻게 해야 가능할까? 부모는 자녀가 잘못한 것을 지적하고 질책하기보다는 '앞으로 잘할 수 있을 것이다.'라는 희망을 고취시키며 격려하고 기다려 주는 것이다. 그것은 아이에게 용기를 심어 주고 자존감을 갖도록 지도함으로써 이루어질 수 있다. 자존감은 우리 안에 있는 신념에서 비롯된다. 즉, 우리는 능력 있고 사랑스러운 인간으로 성공하게 될 것이라는 신념에서 온다. 이러한 신념은 우리 자신을 귀하게 여기는 것으로서 '자기존중감'이라고 불린다. 우리 자신에 대해 좋게 생각하고 성공할 수 있는 좋은 기회를 가졌다고 생각할 때 우리는 위험을 감수할 용기를 지니게 된다. 지도자는 긍정적인 신념과 자신감이 있기 때문에 어떤 문제 상황에 봉착하더라도 유연하게 대처해 나간다. 지도자가 지배성이 강하지만 보수적이지 않고 사람들을 이끄는 능력이 뛰어난 것은 그러한 긍정성 내지 낙관주의와 자존감 때문이다. 이러한 특성을 길러 주기 위하여 부모는 자녀에게 용기를 심어 주어야 한다. 용기란 '두려워하지 않는다'는 의미가 아니다. 용기란 두려움이 있음에도 불구하고 자신이 세운 목표를 성취하기 위해서 어느 정도는 그 위험을 감수하려고 하는 마음가짐이다.

사고하는 습관과 문제해결 능력의 신장

부모는 자녀에게 어떤 문제가 발생하였을 때 곧바로 그 사건 속에 뛰어들어 문제를 해결해 주고 싶어 한다. 아이의 눈에는 해결하기 힘든 문제를 부모의 눈으로 바라보자면 '식은 죽 먹기'같이 보이기 때문에 부모는 아이가 애써 씨름하는 것을 지켜보려고 하지 않는다.

그러나 부모가 자녀의 문제를 직접 해결해 주면 어떤 결과가 나타날까? 그 당시에 문제가 곧바로 해결되면 자녀는 안심하고 행복할지 모른다. 그렇지만 자녀는 일생 동안 크고 작건 간에 끊임없이 새로운 문제에 봉착하게 되고 그때마다 자기의 힘으로 해결하며 살아가야 한다. 그러므로 유아동기 때부터 일상생활 중에 아이에게 어떤 문제나 애로점이 발생했을 할 때 직접 그 상황을 헤쳐 나가도록 기회를 주어야 한다. 아이에게 생각할 기회를 주고, 그 상황에서 어떤 감정을 느꼈고, 무엇이 문제점이었는가를 인식하게 하는 것이다. 그리고 어떤 해결적 대안을 취할 수 있는가를 자녀가 생각해 보도록 하고 각각의 대안이 어떠한 결과를 가져올 것인가에 대해서도 미리 생각해 보도록 지도해야 한다.

3. 자녀와의 의사소통

적극적 부모역할훈련의 이론적 선구자인 드라이쿨스(Dreikurs)에 의하면 청소년들은 접촉(소속감), 힘(능력), 보호(자존심), 물러서기(자기의 세계), 도전(노력)의 다섯 가지 기본적인 심리적 욕구를 충족하려고 한다.

특별히 십대(十代)는 신체적으로, 감정적으로, 심리적으로, 지적으로, 사회적으로, 빠른 속도로 변하고 있다. 그러한 변화와 적응의 과정 속에서 자기의 정체성(identity)을 찾으려는 욕구가 강렬하기 때문에 자기만의 세계와 자유를 추구하고 고유한 개성과 독자성을 가지고 인생을 설계하려고 탐색한다. 그리기에 부모나 교사가 지시, 명령, 충고, 간섭, 통제하게 되면 강하게 반발하고 반항한다.

따라서 청소년을 다룰 때 특별히 유념할 점은 그들의 독자성과 인격적 존엄성은 인정해 주고 존중해 주어야 한다는 점이다.

적극적 부모역할훈련에서는 이 세상에 착한 아이나 나쁜 아이가 따로 있는 것이 아니라 단지 다섯 가지의 심리적 욕구를 충족하는 데 있어서 긍정적인 방법을 선택하느냐 부정적인 방법을 선택하느냐의 차이가 있을 뿐이라고 강조한다.

자아존중감이 높고 용기가 있는 청소년들은 긍정적인 접근을 선택할 것이고 용기가 없고 낮은 자아존중감을 가진 십대들은 부정적인 접근방법을 선택할 것이다.

부모들은 청소년 자녀가 보이는 그릇된 행동(misbehavior)의 이면에 숨어 있는 심리

311

적 동기나 진정한 목적을 알지 못하기 때문에 종종 문제를 악화시키는 방향으로 나가게 된다.

가령 아이가 학교 성적이 저조하여 의기소침해 있는데 부모가 처벌하게 되면 자녀는 반항행위를 통하여 힘의 욕구를 충족하려 할 것이다. 그러므로 우리 자녀를 잘 지도하려면 부모는 자녀의 행동을 보고 자녀가 정말 무엇을 원하고 있는가를 알아차려야 한다. 그들의 심리적 욕구 내지 행동목적을 알게 된다면 우리의 자녀가 긍정적인 방식을 통해서 욕구충족할 수 있도록 도와줄 수가 있다.

부모는 자녀와 어떤 식으로 상호작용하는 것이 좋은가? 크게 두 가지의 상황으로 나누어서 살펴본다.

첫째, 아이 쪽에서 부모의 애정과 관심을 받고 싶어 하는 경우다. 그리고 자녀에게 고민이 있어서 부모가 관심을 기울여야 할 상황이다. 이런 경우에 부모는 자녀의 이야기에 귀 기울여 주고 그 마음을 헤아려 주며 따뜻한 격려와 지지를 보내는 역할을 해야 한다. 그리고 자녀로 하여금 그 문제를 스스로 해결해 나가도록 생각해 보는 기회를 제공하는 것이다.

둘째, 부모 쪽에서 자녀에게 들려주고 싶은 이야기가 있다든지 자녀의 행동과 습관을 교정해야 할 필요가 있는 경우다. 이것은 다른 말로 표현하자면 자녀지도 내지 훈육에 관계된 상황으로서 부모 쪽에서 자녀와 대화하고자 하는 필요성을 더욱 절실하게 느끼고 있는 상황이다.

자녀에게 훈육이 필요하다고 느껴지는 경우는 대개가 자녀가 말썽을 부리거나 부모의 지시에 거역하는 때다. 이런 경우는 부모의 감정이 고조되어 있을 가능성이 많다. 따라서 부모는 먼저 마음을 차분하게 가라앉히고 효율적인 의사소통의 기술을 사용하여 자녀가 부모의 말에 응하도록 설득하고 협조를 구할 필요가 있다. 그리고 아이가 부모의 뜻에 거역할 경우는 토론과 가족회의를 통하여 부모-자녀 간의 합의점에 도달하도록 촉구한다.

부모 쪽에서 자녀지도의 필요성을 절박하게 느끼고 있는가? 아니면 자녀 쪽에서 어떤 문제로 절박한 상황에 처해 있는가? 우리는 부모와 자녀 중 대화나 지도의 필요성을 누가 더 절박하게 느끼고 있는가를 먼저 파악하고 나서 대화에 임해야 한다. 이것을

'현대의 적극적 부모역할 훈련(Active Parenting Today)' 프로그램이나 STEP, P.E.T. 등과 같은 부모교육의 교재에서는 '문제의 소유'라는 개념으로 소개하고 있다. 이 장에서는 두 가지 상황에 따른 자녀지도의 기술에 대하여 논의해 보기로 하자.

자녀에게 다가가기 위한 대화

자녀에게 다가가서 부모가 먼저 말문을 열어야 할 상황을 서너 가지로 나누어 살펴보기로 하자.

첫째, 부모가 자신의 심경을 자녀에게 알려야 할 상황이 발생할 때 부모는 자녀에게 어떻게 이야기를 해야 할까?

예를 들어서, 당신은 오늘 몹시 신경이 예민하여 침대에 누워 쉬고 싶은데 아들 녀석이 떡볶이를 해 달라고 조른다. 이때는 자기의 심정을 있는 그대로 표현하면 된다. "엄마가 오늘은 몹시 신경이 예민하고 피곤하거든. 적어도 30분은 엄마 혼자 쉬어야 하겠구나. 다음에 떡볶이를 해 줄게."

둘째, 당신 쪽에서 어떤 주제를 가지고 자녀와 대화를 하고 싶을 때가 있다.

예를 들어, 당신의 딸(고등학생)에게 최근에 남자친구가 생겼다고 하자. 당신은 이성과 교제할 때의 유의점, 특히 성적인 문제에 대하여 유익한 정보(예: 데이트 강간)를 알려 주고 싶은 마음이 간절하다. 이때는 어떤 식으로 말문을 열어야 할까?

부모는 자녀와 대화할 필요성을 느끼지만 자녀는 시간이 없거나 그 주제에 대한 관심이 없는 경우도 있다. 이때는 자녀가 부모와 잠시 대화를 나누도록 사전에 동기화시킬 필요가 있다. 부모가 무턱대고 자녀에게 말을 하기보다는 미리서 적절한 자료(책자, 팸플릿, 신문기사의 스크랩)를 준비하도록 한다. 그리고 대화할 시간을 정하는 것이다. "얘, 월간지에 '데이트 강간'이라는 기사가 나왔는데 아빠가 읽어 보니까 요즈음 청소년들이 알아 두면 매우 유익한 정보야. 한두 페이지밖에 안 되니까 5분이면 다 읽을 수 있을 것 같다. 네 책상 위에 놓아 두었으니까 언제 한번 읽어 보렴. 그리고 다음 주에 아빠하고 잠깐 소감을 나누어 보도록 할까?"

셋째, 자녀에게 무슨 고민이 있는 것 같아 당신이 아이와 이야기를 나누고 싶은 경우가 있다. 중학교에 다니는 아들 녀석이 어두운 얼굴로 힘없이 현관에 들어선다고 하

313

자. 이때 당신은 어떤 식으로 대화하는 것이 좋을까? 이때는 제4장에서 소개한 촉진적 의사소통의 6단계를 활용하도록 한다.

- 1단계 — 자녀에게 관심을 기울이는 자세로 대화를 시작한다.
- 2단계 — 자녀가 이야기를 하도록 이끌어 간다.
- 3단계 — 자녀의 마음을 읽어 준다(공감해 준다).
- 4단계 — 자녀의 욕구와 문제점을 확인시켜 준다.
- 5단계 — 해결방안을 탐색(브레인스토밍)하고 실천하도록 도와준다.
- 6단계 — 추후지도를 한다.

위의 경우에 부모가 아들과 대화하는 장면을 6단계로 살펴보기로 한다.

부모: "얘. 너 오늘 안색이 좋지 않구나. 학교에서 무슨 일이 있었니?" (이야기하게 한다.)

아들: "네. 수학 성적이 나쁘게 나와 선생님께서 꾸지람을 하셨어요."

부모: "저런…, 속이 상했겠네." (공감해 준다.)

아들: "네."

부모: "그래서 기운이 없구나. 수학 공부가 네게 어려운 모양이지?"

아들: "수학 공부는 해야 하는데 재미가 없어요. 그리고 어려워요. 자연히 수학 공부는 그럭저럭 하게 되거든요. 그게 문제예요."

부모: "음. 너는 수학 공부를 잘하고는 싶은데, 수학에 취미가 없고 수학의 기초실력이 딸리는 게 문제인 것 같구나." (욕구와 문제점을 확인시켜 준다.)

아들: "맞아요."

부모: "그럼 수학 성적을 올리고 그런 대로 취미도 붙일 수 있는 방법에는 어떤 것이 있을까? 우리 같이 생각해 볼까?" (해결방안을 탐색하게 한다.)

아들: "글쎄요…."

부모: "다른 과목 공부는 다 팽개치고 수학 공부만 한다든지, 네가 풀 수 있는 수준의 수학만 나오는 학습지가 있는가 알아본다든지…." (브레인스토밍)

아들: "헤헤, 재미있네요. 일반 학습지도 과외가 아니고요, 수학을 재미있고 쉽게 가르치는 과외 선생님을 만나서 특별지도를 몇 달간 받아 보고 싶어요."

부모: "그것도 좋은 생각이로구나. 또 무슨 방법이 있을까?"

아들: "제가 집에서 수학 공부를 하고 수학 문제를 풀 때마다 맛있는 간식을 해 주세요. 힘
　　　이 나라고요."

부모: "그것도 좋은 생각이구나 …."

훈육과 관련된 대화

　부모 쪽에서 자녀를 지도하고 훈육해야 할 필요성을 느낄 때 자녀에게 대화하는 요령을 소개하기로 한다. 그 요령은 부모-자녀 간 의사소통의 기술에 해당되는 것으로서 각종 '부모역할훈련' 프로그램에 소개되고 있다. 여기서는 교사나 부모가 아동을 지도할 때 사용하는 의사소통의 기술을 자녀지도의 기본 원리로서 설명하기로 한다.

　예를 들어 보자. 자녀가 귀가하면 당신은 먼저 씻고 간식을 먹은 다음에 숙제를 하고 나서 놀도록 하는 습관을 들이고 싶다. 이때는 다음과 같은 순서로 자녀를 지도할 수 있다.

① 자녀가 해야 할 일에 대하여 먼저 설명해 준다

　대개의 부모는 자녀가 할 일을 일방적으로 지시하거나 명령하기 마련이다. 그렇게 되면 자녀는 부모의 말을 건성으로 듣게 되고 곧바로 행동으로 옮기지 않는다. 그 이유는 아이 쪽에서 부모가 지시하는 바를 자기의 중요한 생활목표로 내면화하지 않았기 때문이다. 그러므로 부모는 아이에게 지시하기 전에 그 일이 왜 중요한가를 일러 주어야 한다. 또 미리 아이가 몸을 관리하고, 놀고, 쉬고, 공부하는 것을 매일, 매주, 매월 어느 정도로 실천하는 것이 좋은지에 대해서 자녀와 함께 충분히 논의해 보도록 한다. 무엇보다도 부모는 아동의 전인적 발달에 유념해야 한다. 무조건 '공부하라'고만 강요하기보다는 학업, 건강, 여가와 놀이, 친구들과의 교류 등에도 적절한 시간이 안배되도록 주별, 월별로 계획을 짜는 일이 중요하다. 잘 놀 수 있는 사람이 공부도 집중하여 잘할 수 있고 충분히 휴식을 취하는 것이 공부의 효율성을 높여 주기 때문이다.

　그러므로 "얘야, 쓰레기를 버리고 청소해라."라고 일방적으로 지시하기보다는 미리 아이가 할 일을 일러 주는 것이 좋다. "이번 주 토요일 오후는 전 가족이 집안 청소를 나누어서 하는 날이다. 너는 이번에 현관 청소와 쓰레기 버리는 일을 하게 되어 있

315

구나. 오후 다섯 시부터 시작한다. 알았지?"라고 일러 주는 것이 좋다.

② 자녀에게 정중하게 요청한다

자녀에게 정중하게 대한다는 것은 아동을 부모의 소유물로 간주하기보다는 하나님의 귀중한 자녀요, 독립된 인격체로서 존경해 준다는 뜻이다. 그러므로 아이에게 '∼해라.'라고 말하기보다는 '∼해 주겠니?' 또는 '네가 ∼을 도와주면 고맙겠다.'라고 말하는 것이 좋다.

예를 들어, "너, 어서 씻고 학원에 가거라."라고 말하기보다는 "얘야, 씻고 조금 쉬고 난 다음에 학원에 가겠니?"라고 요청하는 표현이 더 좋다. 그것은 아이의 자존감을 높여 주어 기분을 상승시키는 효과가 있기 때문이다.

③ 행동규칙을 결정하는 데 자녀를 참여시킨다

학급회의나 가족회의에서 아동과 함께 행동규칙을 결정하는 것이 바람직하다. 그리고 아이를 훈육할 때도 부모가 일방적으로 아이가 받을 보상이나 처벌을 정하기보다는 아이에게 의견을 물어보는 것이 좋다. 가령 "네가 집안 청소 시간에 빠지게 되면 어떤 대가를 받아야 된다고 생각하니?"라고 물어본다. 그리고 나서 결정한다.

④ 선택권을 준다

인간에게 단순하면서도 가장 강력한 힘은 선택하는 힘이다. '적극적인 부모역할훈련(A.P.T.)'에서 강조하는 '한계 안에서의 자유'란 아동이 선택을 하는 자유다. 당신은 가정의 지도자로서 자녀의 나이에 알맞은 책임감의 기준을 정하여 선택의 기회를 제공하는 것이 좋다. 자녀들에게 선택의 자유를 제공하는 것은 그들의 힘을 크게 북돋아 주는 것이다. 그와 동시에 당신이 자녀들에게 선택의 범위를 구체적으로 정해 준다면 가정에서 중요시하는 규칙이나 가치가 결코 희생되지 않을 것이다.

일상생활에서 어린아이들이 단순한 선택을 해야 할 때도 선택권을 주는 것이 도움을 준다는 것을 알 수 있다. 이때 주의할 점은 자녀가 무조건 모든 것을 선택하도록 일임하지 않아야 한다는 점이다. 자녀들은 자신들의 일상생활에 대하여 부모가 확고하면서도 세심하게 결정을 내려 줄 때 안정감을 느낀다.

가령 숙제를 하지 않고 TV에 열중해 있는 자녀가 있다고 하자. 그 자녀에게 부모는 일방적으로 명령하고 자녀는 부모의 지시를 따르지 않으려 하면, 부모는 아이와 싸우게 된다. 이때 자녀와 언쟁에 휘말리기보다는 부모 쪽에서 아래와 같은 방식으로 선택권을 주는 것이 더 현명하다. "지민아, TV를 먼저 30분 시청하고 난 다음에 한 시간 공부할래? 아니면 공부를 먼저 하고 난 다음에 TV를 한 시간 볼래? 네가 선택해라."라고 말할 수 있다.

⑤ 아이가 취한 행동에 따르는 대가를 체험하게 한다

자녀가 규칙을 어겼을 경우는 그에 대한 대가를 치르도록 '자연적 결과'와 '논리적 결과'를 체험하게 하는 것이 좋다. 이것은 상벌(보상과 처벌)의 방법보다 더 효율적인

[그림 15-1] 비논리적인 결과를 체험시키는 지도방식

[그림 15-2] 논리적 결과를 체험시키는 지도방식

지도방식이다. 규칙을 어겼을 때 아이가 받아야 할 대가를 결정하는 데도 아이의 의견을 물어보고 참작하게 되면 논리적 사유의 능력이 길러진다.

자연적 결과를 체험시키는 예를 들면, 늦잠 자는 자녀가 스스로 아침에 일어나도록 하는 규칙을 세우고 난 다음에는 아이가 늦잠 자고 학교에 지각하는 것을 지켜보는 것이다. 늦잠을 잔 아이가 지각하게 되고 그 과정에서 터득하게 되는 교훈을 이용하여 자녀를 지도하는 것이다. 그러나 자연적 결과는 어쩌다 한 번씩 상황에 따라 사용해야 한다.

논리적 결과란 자녀가 가정의 규칙이나 부모의 지시를 따르지 않을 때 자녀를 가르치기 위하여 아동이 취한 행동의 대가로 따르는 결과(손해)를 아동이 논리적으로 경험하게 하는 것이다. 논리적 결과는 조용하나 단호한 태도로 시행되어야 한다. 아이가 벽에 크레용으로 낙서를 하면 그 행동의 대가로 낙서를 말끔히 지우도록 지시하는 것이 논리적 결과의 방법이다.

⑥ 의사소통의 걸림돌을 사용하지 않는다

우리가 자녀를 지도할 때 항상 신사적인 매너와 정중한 말투로 대화할 수는 없다. 필요한 경우에는 명령하고 지시하며, 위협도 하고, 훈계와 질책도 하기 마련이다. 그러나 이런 방법은 상호 간의 의사소통을 막을 수 있다. 따라서 자녀가 부모의 말에 귀를 기울이고 부모의 지시를 수용하기를 원한다면 우리는 마음이 통하는 대화를 할 수 있도록 유념해야 한다. 그것은 의사소통의 걸림돌을 사용하지 않고 자녀의 약점을 지적하여 공격하지 않는 것이다. 또한 다른 사람과 비교하지 않는 것이다.

부모들이 곧잘 사용하는 의사소통의 걸림돌을 열거하면 다음과 같다.

"말대꾸하지 마라. 무조건 하라면 하는 거야!" (명령하기)
"앞으로 또 그런 짓 했다가는 가만두지 않겠다. 이건 명령이다." (위협하기)
"너 분명히 ~ 했지?" (심문하기)
"너는 멍청해서 별 수 없어."(또는 "넌 왜 그리 경솔하니?") (약점을 지적하기)
"네 친구를 봐라. 그 애는 항상 우등생인데 넌 뭐가 부족해서 공부를 못하니?"(남들

[그림 15-3] 의사소통의 걸림돌을 사용하는 어머니

[그림 15-4] 공감해 주고 격려해 주는 어머니

과 비교하기)

⑦ 부모의 감정조절과 나-전달법

자녀를 지도하는 과정에서 부모는 짜증, 좌절, 분노를 경험하기 마련이다. 그런데 부모의 감정을 폭발하면 관계가 악화되기 쉽다. 이때 분노조절의 방법으로서 '나-전달법'과 같은 의사소통의 기술을 사용하는 것이 효과적이다. 나-전달법을 사용할 때 조심할 것은 혼합 메시지를 사용하지 않고 담담한 어조로 해야 한다는 것이다.

만약에 아이가 계속 말썽을 부리고 내 쪽에서 격렬한 감정이 올라와 도저히 참을 수가 없을 때는 어떻게 하면 좋을까? 이런 문제는 제10장 '감정을 조절하기-분노의 통제' 편을 참고하여 풀어 나가기 바란다.

문제해결을 위한 토론과 가족회의

가족 간의 갈등이나 문제가 발생하였을 때는 가족이 모두 모여 토론하거나 회의를 통하여 문제해결의 방법을 강구할 수 있다. 가족이 어떤 문제를 놓고 토론을 할 때는 다음과 같은 단계를 거치도록 한다.

- 문제점을 규명한다.
- 생각과 느낌을 서로 말한다.
- 브레인스토밍의 방법으로 여러 가지 해결책을 찾아본다.
- 토론과정을 거쳐 합의에 도달한다.
- 결정된 사항은 실행한다.

훈계와 처벌

이상에서 언급한 모든 방법을 동원하여 지도했음에도 불구하고 자녀가 부모의 말을 따르지 않고 반항하며 자녀의 그릇된 행동이 심각한 수준일 경우는 처벌의 방법을 사용할 수 있다. 처벌은 어쩌다가 한 번씩 훈육의 마지막 수단으로서 사용되어야 한다. 처벌을 할 때 부모나 교사가 대개는 훈계를 하게 된다. 이때 유념할 점은 우리 자신의

321

감정 통제다. 즉, 화가 난 상태에서 아동을 처벌하지 않도록 유의해야 한다. 훈계는 간단명료하고 강력하게 하며 설교나 푸념처럼 길게 늘어놓지 않아야 한다.

처벌에는 제시형과 제거형이 있다. 가령 어린이가 규칙을 어길 때 교사가 그에게 벌점을 주거나 운동장을 한 바퀴 뛰게 하는 것은 제시형 처벌이다. 어린이에게 놀이에 참여할 기회나 휴식 시간과 같은 특전을 빼앗는 것은 제거형 처벌이다. 불가피하게 체벌을 해야 한다고 판단될 경우는 아이에게 미리 이것을 경고한 다음에 담담한 어조로 실행하되 아주 드물게 하도록 한다.

사고력을 길러 주는 대화

평상시 부모들은 자녀의 행동에 대해서 어떻게 반응하는가? 대부분의 부모들은 아이들이 잘못된 행동을 했을 때 부모의 입장에서 문제를 해결하려고 한다. 이런 부모의 행동은 아이들의 사고를 막는 방해요인이 된다. 부모가 아이의 행동에서 잘못된 부분을 지적하고 해결 방법을 제시해 준다면 아이에게서 생각할 기회를 빼앗은 셈이다. 그리고 아이들은 스스로 해결 방안을 탐색하려고 노력하지 않게 될 것이다. 그러므로 부모는 아이들이 스스로 무엇이 문제점인가를 규명해 보고 해결방안을 찾아보도록 격려해야 한다. 그것은 문제해결적 대화기법이다. 브레인스토밍을 촉구하여 자녀에게 사고력을 길러 주는 대화는 '잘못된' 해결방안을 선택한 아이들에게 문제해결적인 기술을 배우게 하는 것이다. 사고력을 길러 주는 대화를 하는 부모들은 아이들이 문제를 정의하도록 하고, 아이들이 행동한 결과에 대해서 자신이나 다른 사람이 어떻게 느끼는지 알도록 가르쳐 주게 된다. 그리고 자녀가 생각해 낸 각각의 대안을 선택하게 되면 어떤 결과가 발생할지를 미리 추측해 보고, 마지막으로 여러 가지 대안 중 어떤 대안을 선택하여 문제를 푸는 것이 더 좋은지를 판단해 보고 행동하도록 가르친다(Essa, 2003).

'사고력을 길러 주는 대화'의 원리는 '자녀에게 다가가기 위한 대화'나 '문제해결을 위한 토론'의 과정과 같은 원리다. 여기에 소개하는 에사(Essa)의 대화법은 부모가 자녀의 사고력을 길러 주기 위하여 자녀에게 질문하는 방법을 순차적으로 자세하게 설명하고 있다. 그것을 소개하면 다음과 같다.

- 아이가 문제를 정의하게 한다.

  "무슨 일이니?"

  "무슨 일이 일어났니?" (더 많은 정보가 필요하면 자세히 물어본다.)

- 아이가 다른 사람의 감정에 대해 생각하게 하고 자신의 감정에 대해 생각하도록
  한다.

  "그때 그 아이의 기분은 어땠니?"

  "너의 기분은 어땠니?"

- 아이가 자신이 취한 행동에 대해서 말하도록 한다.

  "그래서 너는 어떻게 했니?"

  "그 아이는 어떻게 했니?"

- 아이가 자신의 행동의 결과에 대해 말하도록 한다.

  "네가 그렇게 행동했더니 어떻게 되었니?"

- 자기행동의 효과성에 대하여 말하게 한다.

  "그래서 어떤 결과가 나타났니?"

- 여러 가지 해결방안을 찾아보게 한다(brainstorming).

  "너도 좋고 그 아이에게도 좋게 해결할 수 있는 방법이 무엇일까?"

- 평가를 통하여 바람직한 대안을 선택하게 한다.

  "네가 생각해 낸 여러 가지 방법 중에서 네가 할 수 있는 제일 좋은 방법은 무엇일
  까?"

- 대안을 선택한 뒤에는 행동으로 옮기게 한다.

  "그것을 선택했구나. 그럼, 그렇게 해 보겠니?"

- 추후지도를 한다.

  "지난번에 있었던 일이 어떻게 되었니?"

다음의 사례를 가지고 부모가 일상적으로 하는 대화와 사고력을 길러 주는 대화를
비교해 보자.

큰 아들 수빈(6세)와 둘째 아들 지빈(3세)이 장난감 블록을 가지고 싸우는 상황이다. 형 수빈이가 블록을 가지고 멋지게 뭔가를 만든다. 그때 동생 지빈이가 형이 만든 것을 보고 자기도 만들어 달라고 하는데 수빈이가 모른 체한다. 그러면 지빈이가 형이 만든 블록을 빼앗고 형을 때린다. 수빈이가 동생을 때리면 지빈이가 형을 입으로 문다. 그러면 다시 때리고 하는 싸움이 벌어지고 집안이 시끄러워진다.

❖ 일반적인 부모들의 대화

엄마: "얘들아, 형제들끼리 왜 싸우는 거니? 수빈아. 네가 형이니까 참아라."

수빈: "지빈이가 먼저 내 블록을 빼앗아갔어요."

엄마: "지빈이는 아직 어리니까 네가 참아야지. 그리고 동생을 잘 데리고 놀아야지."

수빈: "치이! 엄마는 동생만 예뻐해."

아빠: "너희들 그렇게 맨날 싸우면 가만두지 않겠다."

수빈: "왜 나만 가지고 그래요. 지빈이가 먼저 내 블록을 가져갔는데…, 앙~."
　　　　　　(수빈이가 제 방으로 가서 문을 쾅 닫는다)

❖ 사고력을 길러 주는 대화

• 아이가 문제를 정의하게 한다.

엄마: "수빈아, 무슨 일이니?"

수빈: "지빈이가 내가 만든 블록과 똑같이 블록을 만들어 달라고 했는데 내가 안 만들어 주니깐 내 것을 빼앗았어요."

• 아이가 다른 사람의 감정과 자신의 감정에 대해 생각하도록 한다.

엄마: "수빈이는 지빈이가 블록을 빼앗아 갔을 때 기분이 어땠어?"

수빈: "화가 났어요. 지빈이가 미웠어요. 지빈이는 나만 귀찮게 하고 무조건 빼앗아가서 싫어요."

• 아이가 자신의 행동에 대해 말하도록 한다.

엄마: "그래서 수빈이는 어떻게 했니?"

수빈: "지빈이를 때렸어요."

엄마: "지빈이를 때렸을 때 지빈이 맘이 어땠을까?"

수빈: "화가 났겠죠."

[그림 15-5] 자녀의 IQ 개발을 방해하는 부모의 대화

- 아이가 자신의 행동의 결과에 대해 말하도록 한다.

  엄마: "네가 지빈이를 때리니까 지빈이가 어떻게 했니?"

  수빈: "지빈이가 나를 물었어요."

- 자기행동의 효과성에 대하여 말하도록 한다.

  엄마: "그래서 어떻게 되었니?"

  수빈: "동생하고 계속 싸웠어요."

325

[그림 15-6] 자녀의 IQ를 쑥쑥 길러 주는 부모

- 여러 가지 해결방안을 찾아보게 한다(brainstorming).

  엄마: "그럼, 동생과 싸우지 않고 잘 지내는 방법이 있는지 찾아볼까? 어떤 방법이 있겠니? 가령 네가 놀이터로 나간다든지 TV를 볼 수도 있을 거야. 또 어떤 방법이 있을까?"

  수빈: "블록을 다 버려요."

  엄마: "그것도 한 가지 방법이지. 또 어떤 방법이 있을까?"

  수빈: "내가 지빈이에게 블록 만드는 법을 가르쳐 주어요."

  엄마: 수빈이는 참 영리하지. "그것도 한 가지 방법이네. 또?"

  수빈: "지빈이가 만들어 달라고 하면 내가 그냥 만들어 주어요."

  엄마: "또?"

  수빈: "지빈이가 나에게 블록을 만들어 달라고 친절하게 부탁해요. 지빈이는 내가 만든 블록을 빼앗지 말아야 해요."

  엄마: "그렇지? '형, 블록을 만들어 줘!' 라고 좋은 말로 말하라고 하는 거지? 또 무슨 방법이 있을까?"

  수빈: "내가 지빈이를 때리지 않고 30분만 가지고 놀다가 블록을 돌려 달라고 해요."

- 평가를 통해 좋은 대안을 선택하게 한다.

  엄마: "네가 여러 가지 방법을 생각해 냈구나. 우리 수빈이는 이렇게 영리하단 말이야. 그런데 네가 블록을 다 버리면 어떻게 될까?"

  수빈: "블록을 버리기 싫어요. 블록을 계속 가지고 놀고 싶어요."

  엄마: "음, 블록을 계속 가지고 놀고 싶구나. 그럼 어떤 방법이 제일 좋을까?"

  수빈: 내가 지빈이에게 블록 만드는 법을 가르쳐 줄 거예요. 그것이 좋아요."

- 대안을 선택한 뒤에는 행동으로 옮기게 한다.

  엄마: "그래 네가 지빈이에게 블록 만드는 법을 가르쳐 주기로 했지? 그럼, 언제부터 가르쳐 줄 수 있겠니?"

  수빈: "오늘부터 할게요."

  엄마: "만약에 지빈이가 블록을 만드는 것을 어려워하면 어떻게 하겠니?"

  수빈: "지빈이가 못하는 것은 제가 만들어 주고 그래도 못하면 엄마가 도와주세요."

  엄마: "그래, 참 좋은 생각이구나."

- 추후지도한다.

엄마는 아이들이 블록을 가지고 잘 놀았는지를 물어본다. 두 아들이 사이좋게 논 **327**

것이 판명되었으면 계속 그렇게 놀도록 강화해 준다. 만약에 사이좋게 놀 수 없었을 경우는 다시 브레인스토밍을 하도록 한다.

4. 사례

사 례 가출한 아들을 잘 다루고 싶다.

질문: 제 아들 녀석(고2)은 상습적으로 무단결석하고 가출을 하여 속을 썩입니다. 덩치가 커서 이제는 매로 다스릴 수도 없고 제 말도 일체 듣지 않습니다.

"자기 인생을 알아서 살 테니 간섭하지 말라."고 따지는 녀석을 말로도 당해 낼 도리가 없습니다. 아들 녀석은 객지에 가서 놀고 지내다가 용돈이 떨어지면 아르바이트를 하다가 생활이 궁핍해지면 마지못해서 전화를 걸고는 귀가합니다. 부자간에 높은 담이 가로막고 있는데 어떻게 잘 다룰 방도가 없습니까?

대답: 어긋난 길을 달리고 있는 자식에 대하여 근심 걱정하는 부모님의 마음을 이해할 것 같습니다.

아들과 선생님과의 관계는 이미 정상적인 대화가 차단된 상태인 듯 합니다. 아들을 양육하면서 선생님께서는 자유방임과 독재적 지도방식을 혼용하셨을 것 같습니다. 지금부터 아들과 막힌 담을 헐고 대화하려면 방임이나 유기도 아니고 훈계, 징벌도 아닌 방식을 사용해야 하겠습니다.

그것은 첫째, 자녀에 대한 부모의 관심과 애정을 전달하는 것이고, 둘째, 십대의 논리성에 호소하는 대화법을 사용하는 민주적인 지도방식입니다. 가출한 아들이 부모님께 전화하고 집에 돌아오겠다는 의사를 표시하면 부모님께서는 과거와는 아주 다른 방식으로 아들과 대화하십시오. 미리 아들과 나눌 이야기를 시나리오로 적어 보십시오. 그리고 부부가 아들과 아빠 역을 역할놀이하며 대화연습을 하십시오. 이때에는 절대로 언성을 높이지 않으며, 차분하고 느린 목소리로 간결하게 말하도록 하는 것입니다.

328

첫째로, 자녀에 대한 부모의 진솔한 관심과 애정을 보이십시오.

"××야, 네가 소식이 없어서 아빠는 걱정을 많이 했구나. 너 어디 있니?

몸은 건강하니?

밥이나 제때에 먹고 지내느냐?"

둘째로, 명령, 훈계, 질책하지 않고 아들과 대화하는 것입니다. 그리하여 아들이 원하는 것과 부모가 원하는 것을 포용적으로 조율하고 논리성에 입각한 훈육을 제공하는 것입니다.

부자간의 대화를 대강 다음과 같이 풀어나갈 수 있을 것입니다.

아들: 아버지. 죄송해요. 나 집에 갈래요. 돈도 떨어졌고…. 공부도 할게요. 약속해요.

아빠: 네가 집으로 돌아와 부모 밑에서 편히 살고 싶고 공부도 하고 싶다는 말이지?

아들: 네. 그런데 집으로 돌아갈 여비가 없어요.

아빠: 네가 네 인생을 네 힘으로 살아 보겠다고 큰소리 쳤던 것으로 안다. 네 힘으로 요령껏 벌렸으니까 집에 돌아올 여비도 네가 요령껏 만들어야 하지 않겠니?

아들: 그렇지만 지난번에는 송금해 주셨잖아요. 제 친구들도 자기 엄마가 돌아갈 여비를 송금해 준다는데….

아빠: 그때는 그때고…. 또 네 친구들 부모는 그렇게 할는지 모른다. 그러나 지금부터 아빠는 너를 책임감이 있는 의젓한 학생으로 대할 것이다. 너에게 화도 내지 않고 야단도 치지 않으려고 한다. 너의 장래를 위해서 부자간에 서로 대화하고 합의하면서 살아가자. 네가 네 인생을 책임지겠다고 말했으니까 네가 돌아올 여비도 책임지고 벌어라. 그리고 나서 네가 언제쯤 돌아올지 전화해 주겠니? 기다리고 있으마. 아무쪼록 우리는 주야로 너의 장래를 위해 기도하고 있다.

Chapter

우리는 제5장에서 주장적 자기표현의 필요성과 개념에 대하여 살펴보았다. 대부분의 사람들은 상황에 따라서 주장적으로, 소극적으로 그리고 공격적으로 자기를 표현하기 마련이다. 그러나 자기의 성격과 기질상 소극적인 성향이 강하거나 공격적으로 대응하는 데 익숙한 사람들은 자신과 타인에게 피해를 주고 인간관계를 악화시킬 수 있다.

우리는 주장적 자기표현이 왜 중요하다고 규정하는가? 그 이유를 다시 한 번 정리해 보면 다음과 같다. 마음이 착하고 남을 배려하며 내향적인 기질의 사람들 중에 비주장적인 성향이 강한 사람들이 많이 있다. 이런 사람들은 상대방을 지나치게 배려한 나머지 자기의 욕구 충족을 희생하며 자신의 인권을 타인이 침해하도록 허용하고 있다. 그 결과 자기환멸과 울화병 내지 심인성 질환을 앓게 되고 상대방에 대한 원망과 증오가 축적되어 관계가 악화될 수 있다. 자신의 의사 표현이 확실하고 배짱이 있고 카리스마적인 리더십이 강한 사람들 중에 공격적인 대응방식으로 사람들을 다루는 이들이 꽤 있다. 이런 사람들은 자신의 욕구 충족과 권리 추구에 지나치게 집착한 나머지 상대방의 욕구와 인권을 침해한다. 그 결과 요구적이고 다혈질의 성격이 굳어지고 상대방의 원망을 사게 되며 적대적인 관계로 발전할 수 있다. 또 인격적으로 미성숙하며 노년기에는 그런 성격과 관련된 질병을 앓을 수 있다.

모든 사람에게 부여된 동등한 권리와 인간의 존엄성이 존중되는 민주주의 국가에서

" 품위 있게
자기주장하는 기술
"

우리는 우리 자신의 존엄성과 인권이 침해받지 않도록 자기의 권리를 지켜 나가야 한다. 그리고 타인의 인간적 존엄성과 권리도 침해하지 않아야 한다. 이러한 의미에서 자기주장 내지 주장적 자기표현은 매우 중요한 생활태도다.

상호 간에 자신의 의사와 욕구와 느낌을 허심탄회하게 표현함으로써 서로가 배려받고 성장하며 기분 좋은 관계를 발전시켜 나갈 때 우리는 만족스럽고 행복한 삶을 가꾸어 갈 수 있다.

주장적 자기표현은 '사람 위에 사람 없고 사람 아래 사람 없다.'는 이념을 부모-자녀, 상급자-하급자, 연장자-젊은이, 남성-여성 간에 실현시키는 방편이 될 수 있다. 자기주장의 요지를 다시 한 번 정리하면 다음과 같다.

• 상대방의 존엄성과 권리를 인정하며 상대방을 있는 그대로 수용한다. 그러므로 주장적 반응을 통하여 상대방을 이용하거나 조종하려고 하지 않으며 다만 상대방이 자발적으로 나와 대화하고 협조하도록 영향력을 행사하는 것이다.
• 나 자신의 인간적 존엄성과 권리를 보호한다. 그러므로 누군가가 그것을 유린하려고 할 때는 단호하고 품위 있게 나의 존엄성을 지키기 위하여 주장적으로 자기를 표현한다.

331

그런데 사실상 많은 사람들은 주장적으로 자기를 표현하는 데 능숙하지 못한 것으로 나타났다. 그 이유는 크게 세 가지로 나누어 볼 수 있다. 첫째, 주장적 행동을 학습하지 못하였기 때문이다. 둘째, 주장적 행동을 방해하는 생각에서 벗어나지 못하기 때문이다. 셋째, 주장적 행동을 시도하려면 불안한 감정에 휩싸이기 때문이다.

이 장에서는 주장적 자기표현을 할 때의 유의사항을 소개하고 이어서 품위 있게 주장하는 기술을 소개하기로 한다.

1. 주장적 자기표현을 처음으로 시도할 때의 유의사항

• 특정 상황에서 주장적으로 반응해야 할지의 여부를 먼저 생각해 보고 나서 주장 행동을 하도록 한다. 모든 대인관계에서 주장적 행동이 완전한 해결책은 아니므로 항상 주장적일 필요는 없다. 가령 직장의 상사나 부모님에게 주장적으로 대하면 그들의 자존심은 상처받을 수 있다. 그리하여 당신은 불손한 사람으로 인식되어 관계가 악화되거나 불이익을 받을 수도 있다. 이러한 점을 먼저 인식해야 한다. 주장적으로, 공격적으로 또는 비주장적으로 됨으로써 얻게 될 대가가 무엇인가를 예상해 보아야 한다. 시간 소모, 정력 소모, 결과의 면에서 과연 어떤 행동이 가치가 있는가? 그런 평가 후에 선택을 하는 것이 현명하다. 예컨대, ‘나는 이때만은 비주장적으로 행동하겠다.’고 결정할 수 있다.

• 주장행동의 목적은 상대방을 변화시키는 것이 아니라 당신 쪽에서 주장적 행동을 익히는 것이다. 그리하여 자기경영의 만족감과 리더십을 개발하는 것이다. 주장적 반응을 통해서 당신이 원하는 바가 이루어지기도 하고 이루어지지 못할 수도 있다. 설령 구체적 소득이 없었다고 하더라도 주장적인 표현을 시도해 보았다는 자체에 만족을 얻도록 한다.

• 주장적 행동에는 타인에 대해 좋은 점을 이야기하는 것도 포함된다. 그러니까 내 쪽에서 먼저 칭찬하기, 호감과 감사를 표시하기, 사람들과 친해지기 등을 생활화한다.

- 당신의 요구만 주장하기보다는 상대방과 협상하고 타협하는 것도 훌륭한 주장적 반응이다.

- 당신이 지금까지 비주장적으로 행동해 온 뒤에 갑자기 주장적으로 행동을 하게 되면 사람들은 당신의 행동을 공격적으로 간주할 수 있다. 이 점을 인식하자.

- 새로운 것을 시도하는 것은 처음엔 불편하고 이상하게 보일지도 모른다. 그러나 인내심을 가지고 행동하면 차차 쉽고 자연스럽게 된다. 주장행동도 마찬가지다. 주장행동을 할 때는 처음에는 낮은 불안을 야기시키는 반응부터 시작하라.

- 주장행동이란 자기의 이익을 위하여 상대방에게 어떤 책략을 사용하거나 조종하는 것이 결코 아니다. 공격적인 기질의 사람들은 자기의 이익을 얻기 위해서 고압적인 태도로 상대방을 비난하고, 빈정대고, 심리분석하고, 위협하고, 임의적으로 해석을 하는 책략을 사용할 수 있다. 소극적인 성향의 사람들은 애원하고, 변명하고, 사과하고, 비위를 맞추고, 길게 중언부언하는 책략을 사용할 수 있다. 이러한 태도는 지양해야 한다. 그 대신에 솔직하고 직접적이며 간결하고 담담하게 자기가 하고 싶은 말을 하도록 한다. 그리하여 상대방이 자의적으로 당신의 요청에 응하기를 기대하는 것이다.

- 상대방을 인격적으로 예우했음에도 불구하고 계속해서 당신을 무시하고 괴롭힘을 주는 경우는, 그가 당신의 존엄성과 인권을 침해하고 있다는 점을 인식해야 한다. 이때는 당신 스스로가 당신의 권리를 방어하도록 당당하게 조처를 취해야 한다. 예를 들어서, 알코올중독의 남편에게 폭언과 폭력을 사용하지 말아 달라고 부탁했는데 그가 당신의 요청을 묵살했다고 하자. 이때는 당신의 안전을 위해서 그를 경찰에 신고하고 법적 조처를 강구해야 한다.

2. 주장행동을 익히기

상대방에게 자신의 의사를 확실하게 표명하는 순서를 보우어와 보우어(Bower & Bower)는 네 단계로 소개하였다. 그들은 가능하면 두 사람이 이야기를 나눈 다음에 합의서에 서로 사인을 하라고 제안하였다. 그들이 소개한 기법은 '나–전달법'과 유사한 개념인데 나–전달법보다 훨씬 더 상세한 지침을 제시하고 있다.

제1단계: 상황에 대한 사실적인 진술

당신이 상대방에게 할 이야기가 있을 때는 먼저 상대방에게 주의를 환기시키도록 한다. 그러고 나서 문제가 되는 상황에 대해서 사실적으로 진술되도록 한다.

"～에 대해서 지금 이야기를 나누고 싶은데요."
"당신이… 할 때마다 내가 ～하게 반응하는 것은 알고 계셨습니까? 나에게는 그 점이 신경 쓰이거든요. 그 점을 짚고 넘어가도록 합시다."

사람들은 상대방의 행동에 대해서 객관적으로 지적하지 않고 자기 나름대로 추측하고(지레짐작하고) 심리분석하는 경향이 있다. 그것은 상대방의 자존심을 건드리므로 상대방은 자기방어적으로 나오게 되고 그 결과로 사태를 더욱 악화시킬 수 있다. 이와 반대로 문제가 되는 상황을 객관적으로 묘사하는 것이 훨씬 더 효과적이다.

제2단계: 자기 감정의 표현

그 상황에서 당신이 느낀 감정을 말하는 것이다. 그런데 문제가 되는 상황에서 느끼는 감정은 대개가 부정적인 감정이다. 내 쪽에서 느끼는 부정적인 감정을 어떤 식으로 표현하게 되면 상대방이 자기방어하지 않고서 나의 말을 잘 경청하게 될 것인가?

보우와 보우어는 두 사람이 지향하는 긍정적인 가치에 바탕을 두고 자기가 느낀 부정적인 감정을 긍정적인 문구로 바꾸어서 표현하도록 연구하라고 충고한다. 그리고 은유적인 표현을 사용하는 것도 깊은 감동을 준다고 한다.

"당신이 날 비난하니까 화가 나요."
→ "당신이 날 비난하면 내가 사랑받지 못한다는 느낌을 받아요."
"당신 혼자서 자기 할 말만 하니까 지겨워요."

→ "당신 혼자서 말하지 말고 나에게도 말할 기회를 주면 상호작용이 더 재미있을 텐데요."

"당신이 여러 사람 앞에서 나를 야단치니까 창피해서 죽겠어요."

→ "당신이 여러 사람 앞에서 나를 야단치니까 나는 마치 벌거벗은 기분이 들었어요."

제3단계: 구체적으로 말하기

상대방에게 어떤 것을 시정해 달라고 요청할 때도 두루뭉술하게 말하지 말고 구체적으로 이야기해야 한다. 연구결과에 따르면 한 번 부탁할 때 한 가지만 요청을 하게 되면 상대방이 대개는 응해 주는 것으로 나타나 있다. 그리고 상대방에게 실천 가능한 것을 부탁하는 것이 효과가 있다. 또 자기가 어떤 행동을 하겠다는 제안을 하면서 상대방에게 새로운 행동을 해 달라고 부탁하는 것이 효과적이다. 주고받음의 원리를 적용하라는 말이다.

제4단계: 상대방이 응해 주었을 때의 보상을 언급하기

상대방에게 어떤 부탁을 할 때는 만약에 응해 주면 어떤 보상이 따를 것이고 응해 주지 않으면 어떤 손해나 불이익이 따를 것인가를 언급하는 것이 효과적이다. 보상은 반드시 물질적인 것만은 아니다. '당신이 ~해 준다면 나는 매우 기분이 좋을 거예요.' 라는 식으로 말하는 것도 보상에 해당한다. 상대방이 어떤 행동을 이행하지 않을 경우에는 어떤 불이익을 주겠다고 제시할 수도 있다. 이때는 가능한 한 경미한 불이익을 사용하는 것이 좋다. '난 이 집에서 도망칠 거야.' 라든지 '당신을 떠날 거예요.' 와 같은 협박적인 말이나 심한 부작용이 예상되는 말은 자제하도록 한다.

이상에서 소개한 1~4의 단계를 저자는 편의상 '사-감-구-상' 이라고 명명해 본다. '사-감-구-상' 의 순서로 주장적인 대사를 준비하는 요령은 〈표 16-1〉과 같다.

예를 들어 보자.

표 16-1 주장적인 대화의 원칙

		할 일	해서는 안 될 일
사실적인 진술	사1	상대방의 행동을 묘사한다.	그 행동에 대한 당신의 감정을 묘사한다.
	사2	구체적인 용어를 사용한다.	추상적이고 모호한 표현을 한다.
	사3	언제, 어디서, 몇 번 행동했는가 말한다.	'항상' '언제나' '꼭'
	사4	'동기'가 아니라 '행동'만 묘사한다.	상대방의 동기나 의도를 추측한다.
감정 표현	감1	당신 감정을 표현한다.	당신 감정을 부인한다.
	감2	조용한 목소리로 말한다.	감정을 폭발한다.
	감3	원하는 방향과 관련하여 긍정적인 문구로 감정을 표현한다.	부정적인 문구로 감정을 표시하며 멸시하거나 공격한다.
	감4	자기 마음에 들지 않는 행동만 언급한다.	인신(그 사람의 됨됨이를)공격한다.
구체화	구1	상대방이 변화해 주기를 바라는 행동에 대해서 확실하게 말한다.	무턱대고 변화해 달라고만 말한다.
	구2	작은 변화를 부탁한다.	너무 큰 변화를 요구한다.
	구3	한 번에 한두 가지만 부탁한다.	너무 많은 변화를 요구한다.
	구4	중단할 행동과 새로 수행할 행동을 구체적으로 말한다.	두루뭉술하게 말한다.
	구5	상대방이 큰 손해를 보지 않도록 고려한다.	상대방의 형편을 무시하고 자기 만족만 요구한다.
	구6	당신 자신도 어떤 행동을 바꿀 것인지에 대하여 말한다.	상대방만 변화하라고 말한다.
결과에 대한 보상	상1	결과의 추이를 확실히 한다.	보상과 불이익을 차마 얘기하지 못한다.
	상2	바람직한 방향으로 변화하면 긍정적인 보상을 준다.	변화가 없으면 처벌만 한다.
	상3	상대방에게 강화가 되는 것을 선택한다.	당신에게만 보상이 되는 것을 선택한다.
	상4	행동 변화를 유지하기에 충분한 보상을 제시한다.	현실적으로 당신이 해 줄 수 없는 보상을 제의한다.
	상5	행동 변화를 거절하면 불이행의 정도에 부합되는 불이익을 말해 준다.	으름장을 놓고 협박한다.
	상6	실제로 실천할 의향이 있는 불이익만을 말해 준다.	비현실적인 협박이나 자해적인 불이익을 선택한다.

336

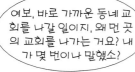

[그림 16-1] 반응적인 대화

[그림 16-2] 주장적인 대화

신유리 씨는 약 1~2년 전부터 교회에 다니기 시작하였는데 그의 남편 조길수 씨는 아직 교회에 취미가 없다. 일요일 아침마다 조길수 씨는 아내에게 핀잔을 준다.

'바로 가까운 동네의 교회를 나갈 일이지 왜 굳이 먼 곳의 교회를 나가야 되느냐? 자동차 기름 값도 많이 들고 시간도 더 걸리고 일요일은 하루 종일 내가 아이들을 돌보아야 하니 힘들다.'는 것이 남편의 요지다. 신유리 씨는 지난 1년 동안 마치 죄지은 사람처럼 남편의 눈치를 살피며 아양을 떨었지만 남편은 점점 더 고압적으로 나온다. 신 씨는 자기를 어린 아이 취급하고 간섭하는 남편에 대하여 더 이상 참을 수가 없고 화가 폭발할 지경이다.

신유리 씨의 '사-감-구-상'을 살펴보자.

> 사: "여보, 교회 문제로 제발 잔소리 좀 그만해요."
> 감: "지겨워 죽겠네."
> 구: "앞으로도 계속 일요일마다 날 구박하고 핀잔 주면,
> 상: 나는 아이들 다 놔 두고 도망가 버릴 테니까 그리 아세요."

신유리 씨의 진술은 보통 사람들이 곧잘 사용하는 문장인데 그 말 속에는 〈표 16-1〉에서 지적된 모든 실수를 다 포함하고 있다. 두 사람의 언쟁은 여전하다. 드디어 신유리 씨가 연구에 연구를 거듭한 끝에 남편의 호의적인 반응을 얻어 내도록 자기주장적인 사-감-구-상의 대사를 만들었다. 그 내용은 다음과 같다.

> 사: "당신은 내가 원하는 교회에는 나가지 말고 동네교회에 나가라고 하시는군요. 그리고 당신 나름대로 여러 가지 이유를 제시하는군요."
> 감: "당신의 말을 듣고 있자면 나는 마치 어린애가 된 기분이 들어요. 난 어른인데 어른은 자기가 가고 싶은 교회를 선택할 권리가 있잖아요."
> 구: "지금부터는 나더러 어떤 교회를 가라 마라 하고 말씀하지 마세요."
> 상: (긍정적) "당신이 지금부터 교회 일로 시비를 걸지 않으면 내가 교회에 다녀와서 이번 주일 오후에는 가족 소풍을 가도록 준비할게요."
> (부정적, 필요한 때만) "당신이 교회 일로 앞으로도 계속 시비를 걸면 난 당신 말에 일체 반응하지 않을 거예요. 그리고 내 할 일만 할 거예요!"

C학점	사실적인 진술	A학점

당신은 마이동풍(馬耳東風)이야, 내 말은 들리지도 않나요?

내가 질문하면 당신은 날 쳐다보지도 않고 대답도 하지 않는군요,

C학점	감정 표현	A학점

당신은 내 화만 돋운다니까! 지겨워 죽겠어, 아유, 보기 싫어!

당신이 그렇게 나오면 난 속이 상해요, 내가 아무것도 아닌 존재같이 느껴져요,

C학점	구체화	A학점

내가 죽은 송장인가? 날 좀 쳐다보라니까요!

제발 저를 쳐다보면서 뭐라고 한 마디 해 주실래요?

C학점	결과에 대한 보상	A학점

정 그렇게 나오면 이 집구석을 나가 버릴 거예요,

당신이 날 바라보면서 대답해 주면 내가 고마움의 표시로 당신을 안아 줄게요,

[그림 16-3] 사-감-구-상을 사용하는 C학점 아내와 A학점 아내

3. 상대방에게 당당하게 맞서고 설득하는 요령

인본주의 심리학자인 매슬로우(Abraham Maslow)는 인간의 기본적 욕구 내지 심리적 동기를 다섯 가지 위계(位階)의 차원에서 설명하였다. 모든 인간은 ① 생리적 욕구, ② 안전의 욕구, ③ 소속감의 욕구, ④ 존경의 욕구, ⑤ 자기실현의 욕구를 충족하려고 한다는 것이다. 그중에서도 심리적 욕구에 해당하는 소속감(애정), 존경(힘), 자기실현의 욕구를 다른 말로 표현하자면 친밀성에 대한 욕구와 개체성에 대한 욕구라고 말할 수 있다. 우리는 가까운 사람들과 따뜻한 정을 주고받으며 살고 싶어 한다. 또한 자기만의 개성과 고유성을 가지고 주체적인 인생을 꾸려가고 싶어 한다. 그러기에 남들에게서 간섭받거나 통제 받게 되면 몹시 견딜 수 없어하고 혐오감과 분노와 반항심을 느끼게 되는 것이다.

대인간의 갈등도 따지고 보면 당사자들의 심리적 욕구 간에 충돌이 일어나는 현상이라고 볼 수 있다. 갈등상황을 바람직하게 풀어나가는 방식은 서로가 상대방의 인격적 존엄성을 인정해 주면서 각자의 상이한 욕구를 충족할 수 있도록 수용–경청하고, 양보-타협하며 현실적인 관점에서 협력하는 것이다. 그것은 구체적으로 상대방의 자존심을 가능한 한 손상시키지 않으면서 자신의 자존감을 지켜 내는 행위로써 나타나야 한다. 이것이 민주적인 평등의 개념이다. 그것은 주장적 자기표현의 방식으로 실현될 수 있다.

이제 당신은 상대방에게 품위 있게 주장적인 반응을 보내는 방법을 터득하였다. 그런데 당신이 대화하자고 요청할 때 상대방이 신통한 반응을 보이지 않거나 자기방어적으로 나오기 때문에 문제해결에 진척이 없어 답답함을 느끼는 경우가 있을 것이다.

예를 들어, 당신이 대학생이라고 하자. 다음 학기에 기숙사에 들어갈까, 원룸을 임대해서 살까를 부모님과 논의하려고 하는데 아버지는 갑자기 당신의 이성교제 문제로 화제를 돌리고 당신을 야단치신다. 이처럼 상대방이 당신이 원하는 주제의 대화를 회피하고 자기방어적으로 나오는 책략에는 여러 가지가 있다. 그것은 다음과 같다.

340 ① 미루기, ② 관심을 돌리기, ③ 부정(否定)하기, ④ 고함과 욕설하기(언어적 폭력

을 사용하기), ⑤ 유머로 넘기기, ⑥ 달리 해석하기, ⑦ 심리분석하기, ⑧ 동정심을 불러일으키기, ⑨ 언짢은 표정과 침묵으로 응대하기, ⑩ 지나치게 사과하기, ⑪ 위협을 가하기, ⑫ 논쟁하기, ⑬ 일체의 타협을 거부하기

  상대방이 이러한 책략을 사용할 때는 당신 쪽에서 그런 책략에 절대로 말려들지 않아야 한다. 주로 위와 같은 방식으로 당신을 조종하는 사람이 있다면 그는 그러한 책략을 사용하여 당신을 통제하는 데에 익숙한 사람이다. 그러므로 그가 비록 사랑하는 배우자나 부모일지라도 엄격한 의미에서 그는 당신의 인간적 권리와 존엄성을 무시하고 있는 셈이다. 초지일관 의연하게 자기를 주장하려면 어떻게 할 수 있을까? 당신은 다음과 같은 방편을 사용할 수 있다.

- 끈질기게 주장한다. ─요점을 반복하여 말한다.
- 그의 말에 찬성하지 않는다. ─솔직하고 직접적으로 반대의사를 표시한다. "저는 반대입니다."
- 느낌과 생각을 강조한다. ─그 상황에서 당신이 느끼는 감정과 생각을 강조하되 좀 더 자세하게 설명하고 중요성을 부각시킨다.
- 먼저 동의하고 이어서 이의(異意)를 말한다. ─당신은 상대방이 어떤 감정이나 결론을 내릴 수 있다는 점에는 동의를 표시한다. 그러나 당신도 그와 똑같이 느끼고 똑같은 결론을 내려야 한다는 생각에는 반대한다.
- 상대방의 의견을 무시한다. ─상대방의 의견을 재빨리 그리고 전적으로 무시한다. "여기서는 그게 문제가 아닙니다."
- 재정의한다. ─상대방이 당신의 행동에 대하여 부정적으로 평가할 때는 그것을 수용하지 않는다. 그 대신에 당신 행동을 긍정적인 용어로 재정의한다. "내가 요란스럽게 구는 게 아닙니다. 나는 다만 친구에 대하여 호기심이 많아서 자연히 관심을 보인 거죠."
- 짧게 대답한다 ─때로는 "예." "아니요."나 간결한 대답을 신속하게 하는 것이 당신이 다루고자 하는 주제로 대화의 방향을 돌리기가 용이해진다.
- 질문을 한다. ─상대방이 당신을 두루뭉술하게 비판하면 그것을 수용하지 말고

명료화를 위한 질문을 하도록 한다.

"당신은 내가 바보같이 군다고 말씀하시는데 구체적으로 나의 어떤 행동이 바보같다는 것입니까?"

• 상대방에게 부과될 결과를 이야기해 준다.—당신이 상대방의 행동을 더이상 참을 수 없다고 느끼거나 상대방에게서 협박받는다는 느낌을 받게 될 때는 당신 쪽에서 어떤 조처를 할 것인지를 통고한다. 상대방이 그런 불쾌한 행동을 계속할 때는 어떠한 결과가 뒤따를지를 알려 주는 것이다. 그러나 이와 같이 최후 통첩하는 방식을 취하면 상대방이 앙갚음을 할 수 있기 때문에 사전에 숙고하고 나서 말하도록 유념해야 한다. 몇 가지 예를 들어 보자.

미루는 상대

"지금은 너무 피곤해요(바빠요). 다음에 이야기합시다."라고 말하면서 당신과 대화하기를 계속 미루는 경우다.

① 끈질기게 주장한다

"그 문제를 해결하는 것이 나에게는 매우 중요합니다. 약 30분만 얘기하면 될 거예요."

② 대화 시간을 약속한다

"오늘은 시간이 없으면 내일(또는 토요일에) 30분만 이야기합시다. 약속을 꼭 지키세요." 이렇게 약속을 하였으면 상대방이 또 미루지 않도록 촉구하고 그 시간에 반드시 대화하도록 노력해야 한다.

관심을 돌리는 상대

"야! 당신이 화를 내면 뾰루퉁한 게 더 예뻐 보이네!"라고 말하면서 화제를 돌려 버리는 경우는 끈질지게 주장한다.

"그건 우리의 대화 주제가 아니에요. 내가 말하고 싶은 요점은…."

부정(否定)하는 상대

"나는 빨리 나오라고 소리친 건데 당신은 나를 항상 오해한단 말이야."라고 말하면서 자기가 화를 내고 질책한 것을 부인하는 경우다.

① 재정의한다

"나는 당신의 의도를 지레짐작하는 것이 아니에요. 실제로 당신이 화를 내고 야단치는 것을 객관적으로 말하고 있는 거예요."

② 끈질기게 주장한다

"어쨌든 나는 당신이 눈을 부릅뜨고 호통 치지 말고 그 대신에 부드럽게, 낮은 목소리로 말해 주기를 원해요."

욕설(언어적 폭력)을 사용하는 상대

"야, 싸가지 없는 ××야! 넌 사냥개냐? 내 행방이나 조사하고, 흥! 불행하다고? 네가 무슨 감정을 느끼든 말든 내가 알게 뭐냐?"라는 식으로 욕설과 거치른 말을 하는 경우다.

① 감정의 강도를 낮추어서 재정의한다

"내가 당신이 하고 있는 일을 알아보고 관찰할 수는 있지요."

② 먼저 동의하고 이의를 말한다

"당신 맘대로 생각하세요. 그러나 우리가 부부로 살아가려면 서로가 믿고 살아야 하고 서로가 기분이 좋은 상태로 지내는 것이 매우 중요하다고 생각해요."

③ 끈질기게 주장한다

"이것은 아주 중요한 문제입니다. 우리가 신뢰하면서 살아가야 하지 않아요? 되도록이면 나에게 당신이 하는 일이나 당신의 거처를 알려 주세요."

343

유머로 넘기는 상대

"난 그저 장난으로 말한 건데."라고 하면서 자기 행동에 대한 책임을 회피하는 경우다.

① 먼저 동의하고 나중에 이견(異見)을 말한다

"그랬어요? 그러나 그것은 장난의 말에는 해당되지 않습니다." (또는 "장난할 상황이 아니었습니다.")

② 감정을 강조한다

당신이 "여러 사람 앞에서 저를 ~할 때 저는 정말 화가 났습니다."

심리분석하는 상대

"네가 성적이 나쁘니까 선생님께 잘 보이려고 부지런히 청소하는 거지? 나는 다 안다."라고 말하면서 자기 나름대로 당신의 행동을 평가하고 해석하는 경우다.

① 짧게 대답한다

"네 멋대로 해석하지 말아라."

② 반대의견을 말한다

"내가 부지런히 청소하는 이유는 따로 있는 거야." (굳이 자세한 이유를 설명하지 않아도 된다.)

③ 질문한다

"너는 왜 청소를 안 하고 있니?"

동정심을 구하는 책략을 사용하는 상대

"당신은 너무 나빠요. 나를 구박만 하고…."라고 말하면서 매번 눈물만 흘린다거나, 이야기를 하자고 당신이 제안하면 어디가 아프다고 말하면서 자리에 누워 버리는 경우다.

① 대화 시간을 정한다

"당신이 울고만 있으니 대화가 안 돼요. 이 문제는 내일 아침 식사 시간에 다시 이야기합시다."

② 편지를 쓴다

말 대신에 하고 싶은 이야기를 글로 써서 피력하는 것도 매우 효과적이다.

언짢은 표정과 침묵으로 맞서는 상대

잔뜩 찌푸리고 경직된 표정으로 입을 다물고 있어서 당신 쪽에서 말을 걸 수 없게 만드는 상대가 있다. 시위적인 자세와 침묵을 이용하여 당신을 견제하려고 하는 경우다.

① 먼저 동의하고 이견을 말한다

"당신이 이 문제로 몹시 화가 나 있는 것 같은데 그건 이해가 갑니다. 그렇지만 이 문제는 내게 매우 중요해요. 그래서요, 화만 낼 것이 아니라 우리가 서로 대화를 나누고 나서 … 하게 정리하기를 원합니다."

② '사-감-구-상'을 표현하고 질문한다

당신이 만들어 놓은 '사-감-구-상'을 들려 주고 나서 다음과 같이 질문한다.

"당신은 제 말을 알아들으셨지요?"

"당신이 아무 말하지 않는다는 것은 내 말에 동의한다는 것으로 받아들일게요. 그래도 되지요?"

③ 새로운 '사-감-구-상'을 고안하고 최후의 통첩을 보낼 수 있다

상대방의 신체언어에서 풍기는 느낌이 너무 적대적이어서 당신이 심리적으로 얼어붙게 되고 심한 고통과 스트레스를 받게 되는 경우는 새로운 '사-감-구-상'을 연구할 필요가 있다. 그리고 최악의 경우는 '최후의 통첩'을 보낼 수도 있다.

사: "당신은 불만이 있을 때마다 나를 노려보고 말을 하지 않는 습관이 있거든요. 이번에도 별것 아닌 문제를 가지고 말을 하지 않고 지낸 지가 벌써 며칠이 되었군요."

345

감: "당신이 그렇게 화난 얼굴로 침묵하고 있으면 난 정말 속이 터질 것같이 답답하고 몹시 짜증이 나요."

구: "당신이 화가 날 때는 왜 그러는지 나에게 솔직하게 말을 해 주세요. 그래야 내가 당신의 속마음을 알 것 아니예요? 매일 20분 정도 대화하면 어때요? 당신이 편한 시간이 언제죠?"

상: ―긍정적: "우리가 20분씩 이야기를 나누게 되면 내가 당신이 원하는 대로 맞추어 보려고 노력할게요. 그리고 우리 둘이서 만족할 수 있는 타협안도 찾아낼 수 있을 것입니다."

―부정적: "당신이 느끼는 감정이나 원하는 바를 말해 주지 않으면 나는 우리의 관계를 개선하려는 노력을 더 이상 하지 않을 겁니다. 그리고 이렇게 생활하는 우리의 관계를 아주 끊어 버릴 작정입니다."

위협하는 상대

"당신이 내 말을 듣지 않으면 가만히 두지 않을 거야. 손 좀 봐 줄까?" "모가지를 비틀어 놓을 테니까." 또는 "네가 그렇게 나가면 우리 가족이 어떻게 되는지 알지? 네 눈으로 뜨거운 꼴을 보고 싶다는 거냐? 어디 두고 보자."라는 식으로 말하거나 협박적으로 당신을 억누르는 경우다.

① 단호하게 말한다

위협하는 것은 일종의 떼쓰는 행위(temper tantrum)로서, 당신을 조종하려는 것이다. 당신은 그런 책략에 넘어가서 조종당하지 않도록 단호하게 맞서야 한다. 그가 당신을 협박하여 제압하려고 하는 것은 불평등한 관계에서 갈등을 처리하는 아주 미성숙한 방식이며 힘, 폭력, 위협의 사용은 비윤리적인 행위라고 분명하게 말해 준다.

② '사―감―구―상'을 말해 주고 최후의 통첩을 알린다

상대방이 계속하여 협박을 하게 되면 어떠한 결과가 뒤따르게 될지에 대하여 이야기해 준다. 이것은 불을 불로 끄는 작전과 같다. 그리하여 사태가 악화될 소지가 있기 때문에 최후의 통첩을 사용할 경우는 사전에 신중하게 생각하고 나서 최후의 통첩을 알려야 한다.

[그림 16-4] 논쟁하는 상대와 끝없이 논쟁하기

[그림 16-5] 논쟁하는 상대를 다루기-짧게 대답하기

347

논쟁하는 상대

"왜 나더러 변하라고 하지요? 당신은 왜 그렇게 느끼지요?"라는 식으로 말끝마다 "왜?"라고 질문하고 논리적으로 따져서 당신을 굴복시키려고 하는 경우다.

① 짧게 대답한다

상대방이 던지는 "왜?"라는 질문에 대하여 당신이 자세하게 대답하면 상대방은 자기 특유의 논리로 당신을 공박할 것이다. 그러므로 당신이 길게 대답함으로써 논쟁 속으로 말려드는 미끼를 제공하지 않도록 유념해야 한다. 그 대신에 당신이 하고 싶은 말만 짧게 대답하면 된다.

"왜냐하면 나는 그렇게 느껴지니까요. 그렇게 느끼는 것은 다만 그렇게 느껴지는 것이기 때문에 이유가 없는 겁니다."

② 끈질기게 주장한다

"아무튼 당신이 좀 변해야 해요. 지금까지 20년간은 그런 방식으로 살았으니까 앞으로 20년간은 그와 다른 방식으로 사는 것이 필요해요. 변화가 있어야 해요."

4. 사례

사례 1 부모를 무시하는 자녀 다루기

질문: 저는 두 명의 자녀를 둔 가장입니다. 저는 가난한 환경에서 힘들게 고등학교를 졸업하고 자수성가하였습니다. 사업이 잘되어 한때는 남부럽지 않게 살았습니다. 동업한 친구에게 사기를 당한 이후로 가세가 기울어 지금은 어렵게 생활하고 있습니다. 나는 그동안 아이들에게 고생을 많이 시켜서 미안하게 생각하고 있었는데 대학 다니는 아들이 나를 무시하는 것이 가장 괴롭습니다. 아들 녀석은 걸핏하면 '아빠 노릇을 한 게 무어냐?' '아빠는 무식해서 하는 일마다 망한다. 가장으로서 자격이 없다.'는 식으로 말을 합니다. 저는 뭐라고 할 말이 없어서 속으로 화만 삭이고 있습니다. 이

럴 때는 어떻게 해야 제 체면을 살릴 수 있을까요?

답변: 선생님은 자녀에게서 정당한 대우와 존경을 받지 못할 때마다 몹시 자존심이 상하셨겠습니다. 현실적으로 선생님께서 모아 놓은 재산을 날리는 실수를 했기 때문에 아들의 비평이 옳다는 생각을 하고 계실 겁니다. 그래서 선생님 스스로가 아버지로서의 자격이 없다는 것이 옳다고 생각하지 않을까요? 그러나 부모가 된다는 것은 학력과 지식 또는 어떤 능력에 따라서 되는 것이 아닙니다. 직장의 지위는 학력과 능력에 따라서 주어지지만 아버지나 어머니가 된다는 것은 인간이라는 조건에 따라서 자연적으로 되는 것이기 때문에 걸인도, 장애인도, 끔찍한 죄인도 자식을 낳을 수 있고 부모가 되는 것입니다. 그러므로 아들의 판단은 잘못된 것입니다. 또 선생님께서 고의적으로 재산을 탕진한 것이 아니고 친구의 속임에 넘어가서 실수로 재산을 날린 것입니다. 인간은 실수하는 존재입니다. 가산을 탕진한 것은 대단히 불편하고 섭섭한 사건이지만 선생님은 어쩔 수 없이 그런 실수도 할 수 있는 인간입니다. 그리고 그 재산은 아들이 번 것이 아니라 선생님이 번 것입니다. 그러므로 아들이 이 다음에도 똑같이 선생님을 무시하는 말을 하게 되면 선생님께서는 절대로 화를 내지 말고 다만 배짱을 가지고 아래와 같은 내용의 말을 하십시오. 아들 눈을 똑바로 응시하면서 나지막하나 힘 있는 목소리로 말하십시오.

"그렇다. 내가 재산을 날려서 온 식구가 고생하게 된 것은 사실이다. 나는 그 점에 대하여 너무 속상하고 너희들 고생시킨 것이 정말 가슴 아프다. 그렇지만 나는 너희를 키워 주고 교육시켜 주었다. 너희들을 남들처럼 호의호식하게 해 주지는 못했지만 다 장성한 네가 애비를 애비로서 대우해 주지 않는다는 것은 너무도 괘씸하고 기분 나쁘다. 부모는 어떤 자격이나 학력이나 능력이 있어서 되는 것이 아니라 천륜으로 부모가 되는 것이다. 자식도 공부 잘하고 똑똑해야 자식이 되는 것이 아니다. 백치든 장애아든 무조건 어느 집안에 자식으로 태어나면 자식이 되는 것이다. 부자란 '관계'로 이루어지는 사이인데 네가 공부는 할 줄 안다마는 너무도 모르는 것이 많다. 재산을 날린 것은 내 의지로 된 것이 아니라 실수로 된 것이다. 인간은 실수하기 마련인데 네가 나를 판단한다면 네가 하나님이란 말이냐? 너는 단 한 번도 실수를 하지 않는 사람이라고 장담할 수 있느냐? 네가 부모를 판단하는 것은 자식된 도리로서 부모에게 보여 줄 예의가 아니다. 나는 그것을 몹시 불쾌하게 생각한다. 다음부터는 설령 네가 나를 먹여 살리는 한이 있더라도 이 세상에 너의 생명이 있게 한 나의 존재, 아빠의 존재에 대하여 깍듯이 예우해 주기를 바란다. 나는 그런 자식을 원하는 것이다. 알아들었느냐? 나는 네가 그런 아들이 되어 줄 때 매우 기쁘고 너를 자랑스럽게 여길 것이다."

사례 2   잔소리가 많은 어머니에게 대처하기

질문: 저의 엄마는 말이 많으십니다. 제가 성인인데도 마치 초등학생같이 취급하시고 일일이 간섭하십니다. 저는 처음에는 참고 어머니 말씀을 듣다가 나중에는 폭발하게 됩니다. 잔소리하는 엄마와 잘 지낼 수 있는 방법은 없을까요?

답변: 당신은 어머님의 마음을 상하게 드리고 싶지 않은데 어머니가 당신을 미성년자처럼 취급할 때면 그 마음이 사라지고 짜증이 나지요? 당신 어머니는 당신에게 애정 어린 관심을 보이고 있는 것은 사실이지만 엄격한 의미에서 당신을 인격적으로 존중해 주지 않고 있고 당신은 정당한 대우를 받지 못하고 있습니다.

제4장에서 소개한 사례의 회사 부장과 같이 어머니에게 '공감적 주장'을 하십시오. 이 장에서 소개한 '사-감-구-상'의 기법으로 주장하십시오. 한 가지 덧붙이자면 어머니와 당신은 힘겨루기나 앙갚음이나 의사소통의 걸림돌을 사용하지 않도록 해야 합니다. 그리고 어머니에게 당신을 귀한 어른으로서 예우해 달라고 말하십시오. 당신이 할 말을 대략 적어 보면 다음과 같습니다.

"엄마, 저를 사랑하신 나머지 저의 행동에 관심을 가지는 것을 잘 알고 있어요. 그런데 엄마가 지나치게 간섭하니까 엄마에 대한 고마움이나 존경이 사라져요. 엄마 말만 들으면 신경질이 나서 성격이 고약해져요. 이대로 가다가는 엄마를 보기 싫다는 마음이 생겨서 어쩌면 죽는 날까지 엄마를 멀리할 것 같아요. 내가 엄마를 보고 싶고 존경하도록 해 주세요. 그것은 엄마가 나를 간섭하지 않으면 되는 거예요. 하고 싶은 말을 꾹 참고 다만 나를 지켜 보아 주세요. 만약에 엄마가 그렇게 노력하면 한 달 후에 엄마가 좋아하는 …을 선물할게요. 그런데 엄마가 그렇게 노력하지 않으면 나는 엄마의 말씀을 듣지 않을 거예요. 내가 엄마 말에 일체 반응하지 않고 밖으로 나가서 늦게 들어오고 내 마음대로 살 테니까요. 그리고 가능한 한 빨리 독립해 나가서 멀리 멀리 살 거예요. 이것은 내가 나이 들어서까지 엄마와 사이좋게 지내기 위한 방편이에요. 엄마, 아셨지요? 내가 뭐라고 부탁했어요?"

17
Chapter

이 장에서는 주장적 행동을 방해하는 생각에서 벗어나는 법과 주장행동을 하는 데 수반된 불안을 극복하는 방법에 대하여 살펴보기로 한다.

나의 소견과 감정을 말하면 혹시 상대방에게 내가 상처를 주는 것이 아닌가 하고 염려하는 사람들이 있다. 이런 생각은 주장행동을 방해한다. 그리하여 비주장적으로 나오게 되면 내가 원하는 것을 끝내 얻지 못할 뿐만 아니라 자신의 유약함에 대해서 환멸감을 느낄 수 있다. 또 상대방을 원망하고 증오할 수 있다. 그러므로 당당하게 자기의 할 말을 표현할 수 있는 방법을 연구해야 한다. 그것은 첫째, 왜 자기주장이 필요한가를 생각해 보고 그에 대한 확신을 갖는 것이다.

또 용기를 내어 자기가 하고 싶은 말을 피력했다가도 상대방이 불같이 화를 낸다거나 위협적으로 나오면 당황하여 부질없이 사과하고 슬그머니 양보해 버리는 사람들이 있다. 주장행동에 수반되는 불안을 감당해 내지 못하기 때문에 상대방에게 쉽게 굴복하는 것이다. 그러므로 두 번째로 고려해야 할 사항은 여리고 불안한 마음에 압도되지 않고 의연함을 가지고 대할 수 있는 배짱을 길러 주는 것이다.

“

확신과 배짱을
가지고 자기표현하기

”

I. 자기주장에 대한 확신을 갖기

왜 자기주장이 필요하며 어떤 면에서 자기주장은 나와 상대방에게 유익한가? 그에 대한 확답을 알게 되면 당신은 주장적 자기표현에 대한 신념을 가지고 임할 수 있다. 이런 신념은 먼저 나에게 주어진 인간적 권리가 무엇인지를 살펴봄으로써 얻어질 수 있다고 본다. 그리고 우리가 소극적인 대처방식과 공격적인 대처방식을 취하는 원인과 득실을 분석해 봄으로써 얻어질 수 있다.

나의 인간적 권리

나에게 주어진 인간적 권리를 부정하거나 유린당하게 되면 무력감을 느끼게 되고 자존감이 크게 손상된다. 자신을 품위 있게 지키기 위해서는 나에게 주어진 인권을 확인할 필요가 있다(서은미 역, 2001; Bower & Bower, 1991; Ellis & Lange, 1994; Jakubowski & Lange, 1978; Smith, 1995). 우리 모두에게 주어진 인간적 권리를 몇 가지 열거해 보자.

- 자신의 생각과 희로애락의 감정을 표현할 수 있는 권리
- 질문을 하거나 이의를 제기할 수 있는 권리
- 자신의 말을 경청해 달라고 요구할 수 있는 권리
- 모른다고 말할 수 있는 권리
- 인격적으로 대우받고 존경받을 수 있는 권리
- 자기에게 주어진 권리 안에서 선택하고 의사 결정할 수 있는 권리
- 실패하고 실수를 할 수 있는 권리
- 자신의 마음을 바꿀 수 있는 권리
- 즐기고 휴식을 취할 수 있는 권리
- 남들과 다른 개성으로 살 수 있는 권리
- 자기의 위치와 역할(예: 자녀, 배우자, 조직의 사원)상 주어진 인간적 권리를 향유할 수 있는 권리
- 자기의 경계선(예: 재산, 에너지, 시간)을 지키고 한계점을 그을 수 있는 권리
- 상대방의 요청을 거절할 수 있는 권리
- 상대방에게 요청을 할 수 있는 권리
- 자기자랑할 수 있는 권리
- 자신을 알릴 수 있는 권리
- 화가 나면 화를 내고 눈물이 나오면 울 수 있는 권리
- 기타

소극적(비주장적)인 대처방식의 원인을 분석해 보기

구체적으로 어떠한 심리작용 때문에 우리는 확실하게 자기표현을 하지 못하는가를 자세히 분석해 보기로 하자.

자기를 확실하게 표현하지 못하는 사람들은 거의가 '착한 사람'들이다. 소위 '착한 사람 증후군'에 속한 이들은 대개 자신감이 부족하거나 낮은 자아개념을 가지고 있다고 한다. 어떤 사람은 이야기를 하다가 폭발할까 봐 두려워서 자기표현을 자제한다고 말한다. 허심탄회하게 자기표현을 하지 못하고 소극적으로 임하는 원인을 좀 더 명확

하게 살펴보면 다음과 같다.

① 다른 사람들이 나를 싫어할까 봐 두려워한다

'사람들이 나를 인정해 주지 않으면 큰일이다.' '남들이 나를 나쁜 사람이라고 보게 될까 봐 걱정스럽다.' '선임자에게 잘못 보여 손해를 보거나 보복을 당하게 되면 끝장이다.' 이러한 생각을 가지고 있기에 다른 사람이 당신을 인정해 주지 않게 되면 당신은 '틀림없이 내가 무언가 잘못을 했기 때문이다.' 라고 믿게 된다. 그리고 나서 '나는 나쁜 사람이다.' 라고 생각한다. 그런 생각이 과연 사리에 맞는 것인지를 검토해 보아야 한다. 다른 사람이 당신을 곱지 않은 눈으로 보고 있다고 해서 당신이 자동적으로 나쁜 사람이 되는 것은 결코 아니다. 이 문제는 두 가지 측면에서 고려해 볼 수 있다.

첫째, 당신이 잘못 행동하였기 때문에 상대방이 당신을 싫어할 수 있다. 이 경우에도 당신이 실수를 범한 것은 사실이지만 그렇다고 해서 당신의 인간 됨됨이 전체가 잘못된 것은 아니다. 그러므로 당신은 나쁜 사람이 아니다. 우리는 '행위'와 사람의 '됨됨이'를 구별해야 한다.

둘째, 다른 사람들이 당신을 싫어하는 것은 당신에게 잘못이 있기 때문이 아니다. 그들의 편견과 그릇된 기대 때문에 당신을 호의적으로 받아들이지 않고 배척하는 경우가 많다. 그러니까 어떠한 일이 있어도 그들(예: 상사나 어른들)의 기대에 맞추어야 한다는 생각은 타당하지 않다. 당신이 아무리 많은 노력을 경주하여 환심을 사려고 하더라도 상대방은 당신을 싫어할 수 있다. 그럼에도 불구하고 상대방이 당신을 싫어할까 봐 당신의 모든 것을 희생하고 비위를 맞추다 보면 당신이 심리적으로 노예 상태에 놓이게 될 수 있다. 그의 기분에 따라 당신의 행복감과 불행감이 좌우되기 때문이다. 그러므로 어떠한 경우든지 사람들에게 인정을 받아야 한다고 하는(당위적인) 생각은 비현실적이고 비합리적이다. 우리가 모든 사람에게서 인정과 사랑을 받게 된다면 참으로 기분 좋은 일이겠지만 현실적으로 그것은 거의 불가능하다. 엘리스(Ellis)는 모든 사람에게서 인정받고 사랑받아야 한다는 생각은 비합리적인 신념이라고 하였다. 그런 신념(생각) 때문에 우리는 비주장적으로 행동하게 된다.

② 다른 사람의 감정을 상하게 할까 봐 조심스러워한다

'내가 해 준 말을 듣고 나서 상대방이 크게 상처받고 자포자기하게 되면 그것은 모두 나의 책임이다.'라고 생각하고 죄의식을 느끼게 된다. 그리하여 회의석상에서 다른 사람의 의견에 강력하게 반대 의사를 표현하지 못한다.

예를 들어 보자. 당신의 형제가 사업을 하다가 경제적으로 심각한 위기를 맞게 되었다. 형제는 당신 집을 저당잡히고 사업자금을 융자받게 해 달라고 간곡하게 부탁한다. '위기에 봉착한 형제의 요청을 내가 거절한다면 그는 틀림없이 상처를 입게 될 것이다. 그렇게 되면 나는 매우 이기적이고 나쁜 사람이다.'라고 당신은 생각하게 되었다. 그래서 마지못해 형제에게 융자를 보증해 주었다고 하자. 그런데 일이 잘되어 형제가 사업에서 재기할 수 있었고 당신에게서 빌려간 금전을 상환했을 뿐만 아니라 아주 귀한 선물을 가지고 와서 '형님(동생)은 내 인생의 은인이다.'고 백배 사례하였다. 우리는 이런 시나리오를 꿈꾸고 있다. 그런데 현실적으로 일어나는 상황은 이런 시나리오와는 정반대일 경우가 십중팔구다. 다행히 형제의 사업이 도산되는 것은 막았지만 원금을 상환할 능력이 없는 경우가 많다. 겉으로 보기에 형제는 사업에 재기하여 보란 듯이 잘사는 것 같은데 당신에게 원금을 상환할 의지가 전혀 보이지 않는 수도 있다. 또 많은 경우 형제는 융자금을 빚 갚는 데 써 버리고 끝내는 도산하여 양가가 빚더미 위에 올라앉게 되기도 한다.

당신이 희생한 대가가 무엇이란 말인가? 만약에 당신이 형제의 요청을 처음에 거절했더라면 두 사람이 다 망하게 되고 또 원수같이 되는 일은 벌어지지 않았을 것이다. 그런데 당신은 형제에게 상처를 주지 않으려는 마음이 있었기에 차마 거절하지 못한 것이다. 여기에서 우리가 따져 보아야 할 것이 두 가지가 있다.

첫째, 당신이 형제의 요청을 거절하고 도움의 손길을 제공하지 않았다고 해서 당신은 실제로 그에게 상처를 준 것인가? 당신이 그렇게 믿는 것은 사고의 비약이고 흑백 논리다. 만약에 당신이 형제를 실질적으로 모욕했거나 폭력을 행사했다면 당신은 분명히 그에게 상처를 주었다고 말할 수 있다. 그러나 당신은 형제를 도와주고 싶은 마음은 있었지만 현실적으로 당신의 전 재산을 날릴 위험을 감수하기에는 너무도 큰 희생이 예상되기 때문에 어쩔 수 없이 거절한 것이다. 당신은 그를 모독하거나 무시하지 않

356

았다. 그렇다면 당신이 실제로 그에게 상처를 준 것이 아니다. 만약에 형제가 당신에게서 심리적인 상처를 받았다고 굳이 말한다면 그것은 형제가 그렇게 느끼고 그렇게 단정한 것이다. 형제가 느끼는 감정과 생각에 대하여 당신에게 책임이 없다.

둘째, 당신이 자기 권리를 옹호하지 못하고 재산을 담보로 내준다면 장기적으로 어떤 효과가 있을 것인가를 곰곰이 판단해 보아야 한다. 당신이 융자금 담보를 거절하면 당장은 형제가 매우 섭섭하게 느낄 것이다. 그러나 먼 장래까지 형제간의 우애가 돈독하게 유지되기 위해서 위험한 금전거래는 사전에 차단하는 것이 더 현명하다고 판단하였을 것이다. 그래서 거절한 것이다. 그렇다면 당신은 결코 이기적인 사람이 아니다. 오히려 형제간의 의리를 더 중시하는 사람이다. 그러니까 당신은 근거 없는 죄의식에 시달리기보다는 사태의 전후 맥락을 객관적인 입장에서 평가해 보는 습관을 가져야 한다. 그러므로 우리는 비합리적인 사고(인지과정)를 객관적으로 성찰하고 분석하여 합리적인 것으로 대체할 필요가 있다.

③ 내가 가지고 있는 권리에 대하여 잘 인식하지 못한다

사람들은 성인이 되면 법적으로 투표권이 있고 실제로 투표권을 행사한다. 그리고 성인이 되면 부모의 동의 없이도 결혼할 수 있다. 그런데 실제 생활에서는 이것을 망각하고 사는 사람들이 있다. 나이가 30이 다 되었는데 부모가 자기와 사귀는 사람을 몹시 배척할 때 사랑하는 사람과 어쩔 수 없이 헤어지고 마음에도 없는 사람과 결혼한다거나 자살을 기도하는 경우를 볼 수 있다. 그 사람은 부모님의 마음을 기쁘게 해 드리기 위하여 자기의 권리를 깨끗이 포기한 것이다. 물론 우리는 경우에 따라서 내게 주어진 권리를 자의적으로 포기할 수 있다. 그리고 후회를 하지 않으면 족한 것이다. 그러나 위의 사례에서 부모님에게 효도하기 위해서 마음에도 없는 배우자와 결혼하였고 불행한 부부 생활을 하게 되었다고 가정하자. 자신이 불행하게 사는 것이 부모에게 참된 효도가 될까?

이 시점에서 우리는 자신에게 주어진 권리를 행사하지 못하고 부모나 외부의 강압에 굴복하고 사는 것이 과연 잘한 일인지를 재음미해 보아야 할 것이다. 자기의 행복은 자신이 창출하는 것이다. 이 사람은 자기가 불행하면 부모를 탓할 것이다. 그것은 미성숙하며 무책임한 처사다. 어느 면에서 우리는 짜증, 불평, 스트레스, 원망, 증오, 갈등과 우리의 인간적 권리를 교환하며 살고 있다.

④ 자기표현을 하지 않는 것의 이점을 이용하고 있다

때로는 윗사람이나 동료에게 강력한 반대 의견을 표시하는 것이 분명히 자기 회사의 장래에 유익할 것이라고 느껴지는 경우가 있다. 그러나 그 뒤에 겪게 될 말다툼과 어색한 당혹감이 두려워서 당신은 처음부터 입을 다문 적은 없는가? 당신은 '모난 정이 돌 맞는다.' 라거나 '공연히 긁어 부스럼을 만들 필요가 없다.' 라고 생각할 수 있다. 수업 시간에도 궁금한 것을 질문하면 나의 무식함이 탄로나게 될까 봐 질문을 하지 않는다. 그러면 남들에게는 실력자인 것처럼 보일 테니까 내 자존심을 지켜 줄 수 있다. 사람들은 이러한 이점(利點)을 잘 알고 있기 때문에 소극적인 태도를 유지하게 된다. 그러나 한번 따져 보자. 자기의 의사나 감정을 감춘 채 조용하게 입을 다물고 있는 것이 당신에게 정말로 유익한 것일까? 당신이 자기표현을 자제하게 되면 오히려 피상적이고 기회주의자인 것처럼 보일 수도 있다. 그리하여 진실한 사람들은 당신에게 별로 매력을 느끼지 않으며 깊이 신뢰하려 하지 않을 가능성이 많다. 또 당면한 문제를 방치해 두면 당장 풀어 나가야 할 갈등이나 문제는 그대로 남아 있기 마련이다.

그러므로 우리는 가능한 한 솔직하게 자신을 표현하고 사는 것이 자기와 상대방에게 더욱 진실하고 유익하다는 것을 알 수 있다. 누군가가 당신을 몹시 짜증나게 하고 화나게 할 때 그 감정을 직접적으로 말하는 편이 은폐하는 것보다 훨씬 더 용기 있고 진실한 것이다.

⑤ 소극적인 표현보다 더 고차원적인 방법, 즉 주장적 자기표현의 방법을 터득하지 못하였다

우리 사회에서 윗사람과의 관계에서 대등한 인간으로서 자연스럽게 호감과 애정을 표시하고 자기의 견해나 요구 사항을 말하며 친구처럼 사귈 수 있는 능력의 청소년들이 많지 않은 것은 매우 안타까운 현실이다.

우리는 유교적 관습에 따라서 아랫사람은 윗사람을 존경하고 복종해야 하며 겸손해야 한다고 교육받아 왔다. 가정과 학교에서도 '공부하라' 는 말은 수천 번 들었지만 나

이를 막론하고 서로가 인간적으로 대하며 친교할 수 있는 기술에 대하여 학습할 기회는 거의 없었다. 그러기에 수업 시간에 잘 알아듣지 못하는 내용이나 궁금한 것에 대해서 탐색적으로 집요하게 질문하는 학생들이 많지 않다. 안타깝게도 유교적 관습을 무비판적으로 수용한 우리의 청소년들에게는 미성숙하고 소극적인 면이 아직도 많이 눈에 띈다. 그러나 21세기의 사회에서는 세계 어느 곳에서나 우리의 젊은이들이 자기를 적극적으로 표현하고, 지위의 고하를 막론하고 곧바로 사람을 사귀며, 멋있게 협상할 수 있는 기술을 구사할 때 지구촌의 지도자가 될 수 있다.

공격적인 대처방식의 원인을 분석하기

어떤 사람들은 습관적으로 그리고 일부러 거칠고 공격적인 태도를 견지한다. 그들은 자기의 성격상 부드럽게 말하는 것은 똑똑하지(남성답지) 못하다고 생각한다. 험한 세상에서 살아남으려면 할 말을 씩씩하게 해서 자기 것을 먼저 쟁취해야 한다고 믿는다. 공격적으로 자기표현을 하는 사람들의 마음 바탕에 깔려 있는 생각들을 살펴보면 다음과 같다.

① 다른 사람들이 나를 무시할까 봐 두려워한다

누군가가 당신에게 이견(異見)을 표명하거나 당신의 업무에 대하여 지적하고 비평하게 되면 혹시 당신은 잽싸게 공격적인 언사를 취하여 자신을 방어하는 경향이 있지 않은가? 상대방이 당신과 다른 견해를 표명하는 행동을 보고 그가 당신을 무시한다고 해석한다. 그래서 당신은 자존심을 지키기 위하여 과잉반응을 하는 것이다. 아마도 이것은 당신이 아동기에 부모나 중요한 사람에게서 지나치게 질책을 받으며 엄격한 양육방식으로 성장했기 때문일지도 모른다. 직장의 상사가 당신에게 어떤 시정 조치를 촉구하는 것은 당신을 증오하거나 배척한 행위가 아니다. 그런데 당신은 그를 당신 부모와 똑같은 사람으로 간주하는 것이다. 이런 연상 작용은 무의식적으로 일어나고 시간적으로 일초의 간격도 없이 작동된다. 그러므로 당신이 보이는 분노와 공격성의 배후에는 당신 자신의 자아개념, 즉 '나는 상처받기 쉽고 무력한 존재'라는 고정관념이 도사리고 있다. 그러한 생각은 당신이 현재에 처한 상황에 대하여 객관적으로 판단할

359

기회를 차단시켜 버리는 것이다. 다른 말로 표현하자면, 당신은 피해의식에 사로잡혀 있기 때문에 공격적으로 반응하는 것이다. 그리하여 직장생활과 대인관계에 커다란 손해를 자초한다.

② 남보다 우월해야 하고 반드시 이겨야 한다고 생각한다

'세상은 비정하고, 험악한 사람들로 가득 차 있다. 그들보다 내가 더 우월하다는 것과 내가 반드시 옳다(의롭다)는 것을 증명하기 위해서 나는 강력하게 나의 것을 지키고 쟁취해야 한다. 나는 결코 손해 보는 인생을 살지 않을 것이다.' 이러한 신념을 가진 사람들은 이해 상관이 있는 상황에 처하게 되면 곧바로 공격적인 표현으로 일관할 가능성이 높다. 이들은 타인을 명령, 지시, 훈계하면서 자기의 의사는 항상 관철되고 존중되어야 한다고 믿는다. 자기의 뜻이 수용되지 않을 경우 그들은 맹렬하게 화를 내고 실패의 책임을 타인에게 전가하는 성향이 있다. 사람들은 그를 두려워하여 쉽게 양보한다. 그래서 대부분의 경우에 그는 승자가 된다.

그러나 그 대가를 따져 보자. 어느 누가 공격적으로 자기 것을 먼저 챙기는 사람과 친밀해지고 싶어 하겠는가? 진심으로 그를 존경하는 사람은 많지 않을 가능성이 많다. 게다가 공격적인 표현을 통해서 그가 원하는 것을 매번 쟁취할 수는 없다. 그의 공격성 때문에 그는 배척당할 소지가 있기 때문이다.

사람을 대할 때 무의식적으로 피해의식과 자기방어의 심리로 대하는 것도 무언가 그릇된 사고의 과정이 개입되었다고 볼 수 있다. 대부분의 사람들은 당신에게 적의가 없고 당신에게 손해를 끼치려고 하지 않는다. 우리는 부드러운 자기표현을 방해하는 이런 인지적 오류를 발견하고 수정해야 한다. 오히려 많은 사람들이 당신에게 호감을 가지고 있고 당신에게 유익을 줄 수 있다. 그리고 당신이 양보하고 협력한다는 것이 당신이 진다는 것을 의미하지는 않는다. 오히려 당신이 아량이 있으며 더불어 일하기 좋은 사람이라는 것을 의미한다.

③ 타인의 권리에 대하여 잘 인식하지 못한다

강력하게 자기의 소신을 피력하여 이득을 쟁취하는 사람들은 습관적으로 자기 본위로 사는 데 익숙한 사람들이다. 여기에서 우리가 이해해야 할 것은 강력하게 자기의

소신을 피력하여 자기의 것을 쟁취하고 자기 본위로 사는 것이 결코 나쁜 것이 아니라는 것이다. 문제는 자기 본위로 사는 습관에 젖은 사람이 자칫하다가는 상대방의 권익과 인격에 대하여는 배려하지 않는다는 점이다. 그들은 자신의 권익에 손해를 초래하는 상황이 발생하면 불같이 화를 내고 큰소리를 치지만 상대방의 권익에는 전혀 아랑곳하지 않는다. 오히려 상대방은 자기를 위해서 희생해야 마땅하다고 생각한다. 모든 사람의 인격과 권리가 존중되는 민주사회에서는 자신의 권익이 중요한 것처럼 그와 똑같은 비중으로 타인의 권익도 존중되어야 한다. 나에게 의견 개진의 권리가 있다면 다른 사람에게도 의견을 발표할 기회가 공정하게 주어져야 한다. 나에게 휴식을 취할 권리와 친구들과 재미있게 놀 권리가 있다면 나의 자녀, 배우자, 하급자에게도 그런 권리가 허용되어야 할 것이다. 이 점을 인식하고 실천할 때 당신은 존경받을 수 있다.

④ 공격적 태도의 이점을 십분 즐기고 있다

당신이 (시)부모나 교사, 사장 또는 남편(배우자)의 위치에 있는데 손아랫사람이 당신의 지시를 따르지 않는다고 하자. 손아랫사람이 괘씸하게 여겨질 때 당신은 큰소리로 호통을 칠 수 있다. 험악한 얼굴 표정과 위협적인 말로 하급자를 제압하면 일순간에 상대방은 고분고분하게 당신의 지시를 따른다. 그리하여 당신이 원하는 바를 손쉽게 얻어 낼 수 있다. 이때 당신의 기분은 매우 고양될 것이다. 그것은 당신에게 만족감과 교만심을 가져다준다. 교만과 공격성은 친구다. 이처럼 공격적 표현은 당신의 권위를 지켜 주고 사람들이 당신을 왕처럼 받들게 해 주는데 이 좋은 무기를 왜 포기해야 한단 말인가?

공격적 자기표현에 익숙한 사람들은 이러한 이득을 잘 알고 있다. 그러나 공격적인 태도가 항상 이득만 가져다주지는 않는다. 공격성은 날카로운 파장으로 전달되어 상대방이 본능적으로 자기방어하게 만드는 효과를 창출한다. 다시 말해서 당신 안에 화살이 숨겨져 있다면 그 화살은 상대방을 쏜 다음에 당신에게 되돌아오게 되어 있다. 그리하여 당신 스스로가 당신의 주변을 적대감과 살기(殺氣)로 에워싸는 꼴이 된다. 처음엔 이기지만 결국은 지게 되는 셈이다. 이 세상은 언뜻 보면 약육강식(弱肉强食)의 전쟁터 같다. 그러나 자세히 보라. 그 속에서 양보, 희생, 타협, 생사의 교환을 통하여 만

361

물은 상생(相生)하고 있고 평화와 기쁨을 함께 나누고 있지 않은가? 당신도 그렇게 살 수 있다. 멋지게 지는 방법을 알게 되면 참으로 이길 수 있다. 그리고 무엇보다도 공격적이고 이기적인 삶의 방식은 자신의 인격적 성장과 성숙을 방해한다. 그리하여 궁극적으로 자기에게 손해가 된다.

⑤ 공격적 자기표현보다 더 고차원적인 방법, 즉 주장적 자기표현의 방법을 배우지 못하였다

강력한 왕권제도와 군사문화가 비교적 늦게까지 유지된 사회에서는 공격적인 표현이 자기의 힘과 세력을 나타내 주며 사람들을 통치하는 강력한 수단으로 사용되어 왔음을 알 수 있다. 그러기에 가부장적인 풍토가 강하게 남아 있는 지방과 가문에서 할아버지와 아버지는 많은 경우에 호통치고 처벌하는 방식으로 가정에서 리더십을 발휘해 왔다. 부드럽게 자기를 표현하며 서로가 대화와 토론을 통하여 합의를 도출해 내는 방법을 배울 기회를 갖지 못한 것이다. 우리 사회에서 아직도 공격적인 자기표현 방식이 통용되고 있다면 그것은 다분히 문화적, 사회적 유산의 한 단면이라고 볼 수 있다. 많은 한국인들이 주장적이고 상호 배려적인 대화의 기술에 능숙하지 못한 면이 있는데 그 이유는 이러한 전통에서 찾아볼 수 있다고 하겠다. 그러나 앞으로 다가오는 세상에서 풍요한 인간관계를 누리며 리더십을 발휘하기 위해서는 공감적 주장의 기술을 배워야 한다.

2. 의연한 태도와 배짱을 가지기

내가 사람들과 관계를 맺고 대하는 태도는 내 자신에 대한 생각과 상대방에 대하여 지각하는 바에 따라서 좌우된다는 사실을 제3장에서 살펴보았다. 우리는 자아개념과 대인지각이라는 것은 정확한 것이 아니라 다분히 주관적이고 인지적인 왜곡이 많이 개입되어 있다는 것을 알게 되었다. 우리가 가지고 있는 인지적 왜곡과 오류가 우리의 대인관계 상황에서 손해를 끼치는 것이다. 그러므로 내 안에 있는 잘못된 관념을 떨쳐

버릴 때 나에 대한 인상을 호의적으로 심어 줄 수 있다.

또한 우리는 상대방의 언행에 좌우되지 않고 내가 하고자 하는 말을 똑부러지게 할 수 있는 용기와 배짱을 가질 필요가 있다. 따라서 이 장에서는 대인관계에서 경험하는 불안을 극복할 수 있는 방법을 소개하기로 한다. 불안 수준이 높은 사람은 불안을 감소시키는 훈련을 미리 여러 번 연습한 다음에 사람들과 만나고 대화하도록 한다. 그리고 사람들을 직접 대면했을 때 상대방 앞에서 위축되는 것을 방지하기 위해서는 의젓하게 대처하는 자기의 모습을 떠올리는 상상 또는 연상 작업이 필요하다. 그것이 시각화 작업이다.

단계적 탈감법

단계적 탈감법(systematic desensitization)은 '단계적 둔화'라고도 하는데 월페(Wople)가 고안하였다. 이것은 주로 불안과 공포증을 치료하는 데 효과적이다. 상담에서 단계적 탈감법은 다음과 같은 순서로 실행된다.

어떤 내담자가 강렬한 공포나 불안을 느낄 때 먼저 그런 정서적 반응을 야기하는 장면이나 상황을 찾아낸다. 그리고 내담자에게 가장 약한 불안이나 공포심을 느끼게 되는 장면부터 극심한 불안을 느끼는 상황까지 순서를 매기라고 지시한다. 이렇게 하여 불안위계 목록표를 작성한다. 이어서 각 장면에 대하여 0점에서 100점에 이르기까지 내담자가 느끼는 주관적 불안점수를 매기도록 한다. 여기서 100점은 전쟁터, 홍수, 지진 중에 가까스로 살아남은 경우에, 0점은 아무런 긴장이 없는 경우에 해당된다. 보통 사람들이 업무상 느끼는 불안은 50점 이하다.

그 다음에 내담자의 신체를 편안하게 이완시킨다. 머리부터 시작하여 발끝까지 카운슬러의 지시에 따라 이완하는 것이다. 신체의 긴장-이완훈련은 제9장에서 소개된 내용을 참고하기 바란다.

신체적으로 이완하고 나서 내담자는 자신이 가장 편안하게 느낄 수 있는 장면을 상상한다. 신체적으로 이완되고 또 상상을 통하여 심리적으로 평온감을 느낀 상태에 있는 내담자에게 상담자는 불안위계 목록 중 가장 약한 불안을 느끼는 장면을 상상해 보라고 지시한다.

363

이런 과정을 반복하여 주관적 불안점수가 10~15점까지 하향되면 그 다음의 불안위계에 해당하는 장면을 상상하게 한다. 드디어 가장 심한 불안장면에서 주관적으로 느끼는 불안점수가 10~15점이 되면 이 훈련을 마치도록 한다.

이것은 뜨거운 물에 찬물을 섞으면 뜨거움이 중화되는 것과 같은 원리다. 신체적, 심리적 이완상태는 불안과 공포의 유발을 제지하는 효과가 있다. 이것은 상호제지의 원리 또는 역제지(reciprocal inhibition)의 원리에 따른다.

예를 들어 보자. 배광수 과장은 사장 앞에서 브리핑을 할 때는 불안이 심하여 숨도 제대로 쉬지 못하고 횡설수설하게 된다. 그리하여 배 과장은 불안감소 훈련차 단계적 탈감법을 연습하였다.

불안이 심한 순서	불안장면	주관적 불안점수
(1)	사장 앞에서 브리핑을 한다.	80점
(4)	사장실(회의장소) 문을 열고 들어간다.	50점
(3)	회의장소에 앉아 있다.	60점
(5)	브리핑 내용을 준비한다.	40점
(2)	브리핑하려고 청중 앞으로 나간다.	70점

배광수 과장은 먼저 신체를 이완시키는 훈련을 받는다. 신체의 모든 부분이 이완된 가운데 자기가 평화스럽게 느끼는 장면, 즉 철썩거리는 파도 소리와 아이들의 웃음소리를 들으며 해수욕장에서 뜨거운 모래 속에 몸을 파묻고 누워 있는 장면을 연상한다. 몸과 마음이 완전히 편안한 상태에 있을 때 그는 갑자기 불안장면을 상상해 보도록 지시받는다. 처음에는 가장 불안이 약한 (5)번을 상상한다. 이런 훈련을 여러 번 반복하여 (5)번 상황에서 느끼는 불안점수가 10~15점이 되면 (5)번 상황에서의 불안감은 극복한 것으로 된다. 이어서 (4)번의 장면을 가지고 단계적 탈감법을 실시한다. 그리하여 (1)번까지 마치는 것이다.

그런데 단계적 탈감법을 연습할 때 평화스러운 장면을 상상하는 일이 힘든 사람도 있다. 그리고 잡념 때문에 정신을 집중하는 것이 어려운 사람도 있다. 이런 사람들은 평화스러운 장면에 대하여 크게 소리 내서 말하도록 한다. 그리고 수동적으로 상상하

[그림 17-1] 평화스런 장면을 상상하기

기보다는 이완된 상태에서 적극적으로 자신이 느끼고 움직이고 말하는 모습을 상상해 보도록 노력하는 것이 좋다.

시각화

사람들은 실제 세계를 볼 때 있는 그대로 보지 않는다. 실제 세계는 마음속에서 채색되고 변형되기 때문에 사람들은 그들의 머릿속에 있는 TV 화면을 보는 것처럼 보고 경험한다. 예컨대, 당신이 사교적 모임에 나가 자연스럽게 어울리는 모습을 상상한다면 당신은 그렇게 행동하는 데 자신감을 얻게 된다. 그리하여 실제로 모임 장소에 나가서 멋지게 행동하게 된다. 그것은 상상 작업의 덕택에 자신을 완전히 통제하게 되고 불안을 덜 느끼기 때문이다.

시각화 기술을 배운다는 것은 잠재의식 속에서 의식적으로 행동화하는 방식을 배운다는 뜻이다. 그러므로 이제부터 당신은 자신을 성공한 사람으로 여기고 지금까지 잠재의식 속에 들어 있는 부정적인 언어를 긍정적인 언어로 대치해 보도록 하는 것이다. 자신감으로 둘러싸인 자신을 형상화하는 것은 새로운 마음의 사진첩을 만드는 작업이다. 그것이 시각화다. 시각화는 당신의 생각과 행동을 새로이 구성해 주는 것이다.

지금까지 거의 자동적이고 무의식적으로 부정적인 방향으로 행동했던 것을 시각화를 통하여 당신은 의식적이고 긍정적인 방향으로 바꿀 수 있다. 당신은 희망과 자신감을 가지고 생활하고, 인정받으며, 원하는 대로 되고, 긍정적이고 편안해지도록 자신의 의사 결정 장치를 재구성할 수 있다.

시각화는 첫째, 자신의 자아개념을 바꾸기 위해서 사용하는 것이다. 당신은 강하고 활기찬 모습으로 자신을 시각화해야 한다. 만약 당신이 자신을 쓸모없는 사람이라고 생각한다면 자신은 이 세상에서 중요한 일을 하고 있는 가치 있는 사람이라고 상상해야 한다. 만약 자신을 병약하고 준비성이 부족하고 우울한 사람이라고 생각한다면 자신은 건강하고, 신중하고, 명랑한 사람이라고 생각하고 그 신념을 받아들여야 한다.

둘째, 다른 사람과 상호작용하는 방식을 바꾸기 위해 활용하는 것이다. 자신이 외향적이고, 주장적이고, 우호적인 모습으로 행동하는 장면을 연상하는 것이다. 당신은 새로운 관계를 맺는 것을 상상한다.

셋째, 당신이 어떤 목표를 달성하기 위해서 사용하는 것이다. 직장에서 승진하고, 명성을 얻고, 학군이 좋은 지역으로 이사 가고, 좋아하는 스포츠에서 뛰어난 기량을 보이고, 그리고 인생에서 얻고자 하는 대로 생활하고, 존재하고, 행동하는 모습을 상상하는 것이다.

① 오감을 개발시키기

시각화의 첫 번째 단계는 신체를 충분히 이완하는 것이다. 가장 효과적인 시각화는 완전히 이완된 상태에서 이루어진다. 시각화는 하루에 두 번씩 연습하라. 가장 좋은 때는 밤에 잠들기 직전과 아침에 눈뜬 직후다. 이때 당신의 몸이 잘 이완되기 때문이다.

시각화가 잘되지 않는 사람은 처음에 시각, 청각, 미각, 후각, 촉각을 개발시킬 필요가 있다. 가령 상상 속에서 당신은 노란 레몬을 바라보고 오돌토돌한 껍질을 만지며 벗겨 낸다. 그리고 새콤한 향기를 맡으며 레몬 조각을 입속에 넣고 씹을 때 신맛을 느껴 본다. 이런 방식으로 오감(五感)을 총동원하여 느껴 보는 연습을 일주일 동안 하게 되면 당신의 시각화 능력이 놀라울 정도로 개발될 것이다.

② 주장적 자기 표현을 위한 시각화

시각화는 목표를 분명히 하고 성공에 대한 기대를 갖게 하는 가장 효과적인 방법 중의 하나다. 처음에는 작고 단순한 단기목표부터 시작하라.

배광수 과장의 단기목표는 사장에게 브리핑하기 이전에 먼저 S부장에게 브리핑하는 것이다. 그리고 S부장에게 자기 신변에 대한 짤막한 대화를 나누는 것으로 잡았다.

- 분명한 행동을 시각화하라. 배 과장은 목표 설정을 위하여 조용한 장소에 앉아서 이완훈련을 시작한다. 이완된 상태에서 마음이 한 곳으로 집중되면 다음 장면을 상상하는 것이다. 브리핑 자료를 들고 부장실에 들어서는 자신의 미소 띤 얼굴을 상상한다. '나는 편안하게 인사하고 기분 좋은 대화를 나눌 수 있다. 그리고 나서 명료하게 브리핑을 할 수 있다.'라고 자기 독백한다. 마침 S부장실에 동석한 P부장이 당신에게 일을 잘했다고 칭찬하는 소리를 상상 속에서 듣도록 한다. 그리고 그 칭찬에 조용히 동의하는 자신의 모습을 보도록 한다.
- 긍정적인 결과를 상상한다. 이어서 S부장에게 브리핑을 훌륭하게 마치고 그와 한층 더 만족스러운 관계를 형성하는 자신의 모습을 보도록 한다.
- 자기주장적이고 높은 자존감을 나타내는 신체 언어를 포함시켜라. 팔짱을 끼거나 다리를 꼬지 않은 반듯한 자세와 웃는 모습, 사람들을 멀리하기보다는 가까이하기, 누군가가 이야기할 때 고개를 끄덕이기, 필요할 때 다른 사람에게 악수를 청하는 자세 등을 포함시켜라.
- 처음에는 힘들어 했지만 결국은 성공한 자신의 모습을 보라. 이것은 당신이 아무런 어려움 없이 단 한 번의 시도로 성공하는 것보다 더 효과적이다.
- 다른 사람이 당신을 더 좋아하는 것이 아니라 당신이 자신을 더 좋아하는 모습을 떠올려 보라. 당신이 먼저 자신을 좋아할 때만이 다른 사람도 당신을 좋아한다. '난 내가 맘에 들어. 나는 나를 소중하게 여기지. 난 나를 사랑해.'라고 독백하는 자기의 목소리를 듣도록 한다.
- 시각화를 마치면서 확신적인 구호를 독백해 보도록 하라. 그 구호는 당신의 성격, 환경, 목표와 부합되는 것이 좋다. 그리고 '현재형'으로 표현하도록 한다. 잠재

367

이완훈련한다

시각화한다

"음…, 처음엔 힘들더라도 끝내는 잘해 낼 거야…"

"난 내 모습이 맘에 들어!"

자기 독백한다

행동으로 옮긴다

[그림 17-2] 자기주장하기 위한 심리적 준비단계

    의식 속에서는 과거, 현재, 미래의 구분이 없고 오직 현재만이 중시되기 때문이다. 다음은 몇 가지의 효과적인 구호다.

"나는 내 자신을 사랑한다."

"나는 자신감이 있다."

"나는 성공한다."

"나는 최선을 다한다."

"나는 사는 것이 재미있다."

"나는 현재의 내 모습이 좋다."

3. 사례

의리상 나쁜 친구들의 행동을 지적해 주지 못하는 고등학생

질문: 저는 고등학생입니다. 친구들과 어울려 놀다가 나쁜 짓에 가담한 적이 있어 몹시 양심의 가책을 받고 있습니다. 친구들이 여학생을 희롱하고 금품을 갈취하는 것이 싫어서 빠져나오고 싶은데 의리상 빠져나오지 못하고 있습니다. 어떻게 하면 제가 배짱 있게 친구들을 설득할 수 있을까요?

답변: 학생은 친구 때문에 어쩔 수 없이 자기가 죄를 짓게 된다고 생각하고서 몹시 괴로워하고 있습니다. 엘리스(Ellis)의 이론을 이용하여 ABCDE로 풀어 보면, 친구의 강압적 유혹이 '사건'(A)이라면 학생의 죄의식과 비주장적인 행동은 그 사건(A)에 따른 '결과'(C)입니다. 학생은 A가 C를 유발했다고 믿고 있지요. 그렇게 굳게 믿고 있는 한 학생이 확실한 자기주장을 하여 편안한 마음을 갖기는 거의 불가능합니다. 모든 문제의 원인은 외부 환경에 놓여 있기 때문이지요. 엘리스(Ellis)는 사건(A)과 결과(C) 사이에 학생의 '인지체제'(B) 내지 '사고방식'이 들어 있다고 봅니다. 그리고 학생의 사고(B)가 학생을 불안과 죄의식으로 몰아가고 있다는 것이지요. 학생의 '사고'(B) 내용을 검토해 봅시다.

첫째, '의리상 친구의 청을 거절하면 안 된다.'는 당위적 생각이 있습니다. 둘째, '친구를 배반하면 나는 나쁜 놈이다.'라는 가치평가를 하고 있지 않을까요? 셋째, '친구들에게 따돌림당하면 세상은 끝장이다.'라는 과장된 생각을 하고 있지요. 넷째, '나는 그것을 견딜 수 없다.'라는 낮은 인내심으로 뭉쳐 있을 것입니다. 그런 여러 가지 생각(B) 때문에 학생은 친구들의 강청을 뿌리치지 못하는 것인데 위와 같은 생각은 다분히 비합리적인 생각이지요. 그러므로 학생은 위의 생각을 합리적인 것으로 바꾸도록 해야 합니다. 제8장에서 소개한 내용을 익히기 바랍니다.

'친구의 의리란 친구가 부정한 일을 하도록 묵인하는 것이 아니고 옳은 방향으로 행동하도록 선도하는 것이다.'라고 생각하십시오. 그리고 '내가 직언(直言)을 해서 친구

369

가 나를 따돌림하게 된다면 그것은 세상의 끝장이 아니다. 친구들에게 소외되는 것은 대단히 섭섭한 일이지만 나는 그것을 견딜 수 있다. 그들이 나를 배척한다면 그들보다 좀 더 진실한 친구들을 얼마든지 사귈 수 있다. 나는 진실한 친구를 원한다.' 라고 독백하십시오. 이런 말을 독백하면서 친구들에게 부드럽게 설득적으로 이야기하는 자기의 모습을 상상하도록 시각화를 연습하십시오. 불안이 엄습하면 긴장-이완훈련과 심호흡을 하면서 연습하십시오. 마지막으로 친구들을 한 명씩 조용하게 불러서 설득하되 친구들의 자존심을 손상시키지 않도록 호의적인 말로 자기주장하기 바랍니다. 처음에는 친구들이 학생의 말을 듣기 싫어할지 모르나 후일에는 옳게 살자고 충고해 준 학생의 말을 귀하게 여기고 학생을 존경하게 될 것입니다.

Chapter

이 장에서는 당신이 원하는 바를 다른 사람에게 품위 있게 부탁하거나, 거절하고, 칭찬을 하고 받으며, 충고나 비평을 해 주고, 비평을 받아들이는 요령에 대해서 살펴보기로 한다.

1. 품위 있게 요청(부탁)하기

누군가에게 당신이 원하는 것을 부탁하려면 즉흥적으로 말하기 전에 부탁의 말을 준비해야 한다. 미리 분명하고 세련된 말로 적어 보고 거울 앞에서 연습해 본다. 그러고 나서 상대방과 대화하는 시간을 정하고 실제로 주장적 표현을 하는 것이다.

부탁하기의 문장을 미리 적어 보기
- 누구에게 — 사람 이름을 적는다. 여러 사람이 있다면 개인별로 따로 기록한다.
- 내가 원하는 것 — 구체적인 것을 정확하게 요구해야 한다. '나를 존중해 달라' 거나 '정직하라' 와 같은 추상적 단어는 피한다. 흥미나 태도의 변화를 요구하지 말고 행동적 언어로 요구해야 한다.
- 언제 — 당신이 원하는 것을 기대하는 최종 시간이나 발생 빈도를 나타낸다. 예컨

세련된 방식으로 부탁하기, 거절하기, 칭찬하기, 비평하기

대, 남편에게 집안 청소를 부탁한다면 "매주 토요일 아침 식사 직후에 청소해 주세요."라고 말한다.

• 어디서─당신이 원하는 장소를 기록한다. 가령 당신이 집안에 혼자 있기를 원한다면, 혼자 있고 싶은 특별한 장소를 기술한다.

• 관련된 사람─가령 부모님에게 형제 앞에서 당신에게 무안을 주지 말라고 부탁하려고 할 때는 형제의 이름을 기록한다.

다음은 박영준(직장인, 28세) 씨가 형에게 부탁하고 싶은 내용을 적은 글이다.

내가 원하는 것	내 옷차림, 친구관계에 대하여 형이 나를 비판하는 것은 이제 더 이상 듣기 싫다. 형하고는 일상생활에서 일어난 실제적인 대화만 나누고 싶다.
언제	저녁 식사 시간
어디서	온 식구가 모이는 부모님 댁에서
관련된 사람	특히 아버지와

"형, 내 옷차림이나 나의 친구관계에 대해서 형이 지적하지 않았으면 정말 고맙겠어. 아버지를 비롯해서 온 식구들이 함께 식사할 때 나를 비평하면 정말 견디기 힘들어. 내 생각에는 최근에 우리 식구들에게 일어난 일이라든지, 어떻게 보냈는지와 같은 이야기를 한다면 기분이 더 좋겠어."

부탁(요청)하기의 요령

부탁하기는 '사-감-구-상'의 기법이나 '나-전달법'의 형태로 전달하도록 한다. 그리고 맨 끝의 어구를 아래와 같이 질문 형태로 요청하는 것이 세련된 기술이다.

"…하고 싶은데, 우리 함께 …해 보실까요?"(How about….?)

"…해 주시겠습니까?"(Could you….? Would you please….?)

"…해도 좋을까요?"(May I….?)

부탁(요청)할 때의 유의사항

요청은 가능한 한 분명하고 직접적이고 무비판적인 형태로 말할 수 있을 때까지 연습한다. 그런 후에 시도해 보라. 다음은 요청하기를 사용할 때 준수해야 할 사항이다.

- 가능하면 상대방과 대화하기에 편리한 시간과 장소를 택하라.
- 큰 저항을 피하기 위해 사소한 요청으로 나눠서 하라. 상대방이 할 수 있는 한두 가지의 구체적인 행동을 요청하라.
- 요청할 때 비난하거나 공격하는 방식을 지양하라.
- 당신이 원하는 것은 태도의 변화가 아니며 행동적인 변화라고 표현하라.
- 주장적인 신체언어를 사용하라. 시선을 부드럽게 접촉하고, 앉거나 설 때는 반듯하게 하고, 팔다리를 꼬지 말고 정돈된 자세를 유지하라. 불만스럽거나 변명적인 어투가 아닌, 분명하고 확실한 어조로 말하라.
- 때로는 당신이 원하는 것을 말함으로써 얻을 수 있는 긍정적인 결과를 자신에게 독백해 보는 것이 도움이 될 수 있다. 또한 자신이 원하는 바를 말하지 않음으로

써 뒤따르는 부정적인 결과도 자신에게 말해 보라. 꿀이 있어야 나비가 날아오듯이, 이득이 있는 결과를 상기하는 것이 더 효과적이다.

• 만일 당신의 요청이 거절되면 그에 대한 대안을 가지고 있어야 한다. 상대방이 당신의 부탁을 거절할 때는 그 거절을 받아들일 준비가 되어 있어야 한다. 그리고 상대방의 대답을 그의 성실성으로 간주하고 존중해 준다.

• 상대방의 대답에 대해 당신의 태도(감사, 실망, 수용)를 표현한다.

• 상대방이 당신의 요청을 거절한다고 해서 당신을 전체로 거부하는 것은 아니라는 점을 인식한다.

• '미안하다'는 말은 꼭 그렇게 느낄 때만 한다.

• 상대가 당신 말을 받아들이지 않을 때는 당신 역시 대화를 끝마칠 권리가 있다. 침묵이 필요할 땐 침묵하라. 결국 당신이 필요한 것은 말했으니까.

• 상대방이 당신의 부탁을 거절했음에도 불구하고 당신은 완강하게 자기주장을 고수하고 싶을 때는 '네 그러나'의 기법을 사용한다. 먼저 상대방이 한 말을 '앵무새 노릇하기'로 따라하면서 당신은 동의를 표명한다. 이어서 당신의 요구사항을 말하고 그 이유를 간단하게 덧붙이는 것이다.

　　예를 들면, 당신은 직장의 상사에게 다른 부서로 옮겨 달라고 부탁했는데 상사는 지금은 바쁘니까 나중에 고려해 보자는 이유를 대면서 거절하였다. 그런데 당신은 가까운 시일 내에 기어코 다른 부서로 이동하고 싶다. 이때는 마음속으로 기합을 넣도록 한다. 자존감을 가지고 의연하게 임하기 위해서다. 그리고 다음과 같이 말한다.

"사장님, 너무 바쁘신 시기에 제가 부서 이동을 부탁드려서 귀찮으실지 모르겠습니다. 그러나 저로서는 지금이 신년의 시작이라(또는 '새로운 직무를 배우는 시기이기 때문에') 이 시기에 기어코 인사배치를 받고 싶습니다. 그렇게 해야 제가 XX부서의 일을 충분히 숙달할 시간이 있게 되고 일도 더 잘할 수 있기 때문입니다."

2. 정중하게 거절하기

누군가가 당신에게 어떤 부탁을 했을 때 당신은 그의 요청을 거절해야 할 경우가 종종 발생할 것이다. 정중하게 거절하는 요령은 세련된 예절에 속하는 기술이다. 거절하는 요령은 부탁(요청)하는 기술과 동일한 방법을 사용하면 된다.

거절하기의 문장을 미리 적어 보기

제17장에서 제시한 사례를 다시 인용해 보자.

당신 동생이 사업자금을 은행에서 융자받는 일을 도와달라고 한다. 동생의 사업 전망이 불투명한 시점에서 당신의 아파트가 은행의 담보물로 넘어갈 가능성을 배제할 수 없다는 판단이 들어 당신은 몹시 불안하다. 그래서 별 수 없이 거절을 해야 하겠다고 마음먹었다. 이때는 마음을 가라앉히고 자기가 할 말을 먼저 문장으로 써서 표현해 보는 것이 좋다. 문장을 적어 나가다 보면 공격적인 표현도 자제하고, 소극적인 표현도 자제하고, 다만 공감적인 주장 반응을 하기가 쉬워진다. 동생과 대면했더라면 이런 말이 나올 수 있었을 것이다.

"○○야. 나까지 망하게 되는 경우를 생각해 봤니? 네가 어떻게 내 가족과 내 인생을 책임진다는 말이냐? 그건 안 되겠다." 이것은 공격적이다.

"에…, 에…, 정말 미안해. 미안하구나. 네가 살겠다고 발버둥을 치는데 형이 되어 가지고 모른 체할 수는 없는데…, 나도 널 도와주고는 싶은데…, 혹시 우리 집이 망하게 된다면 어쩌지? 정말 미안하다. 형이 무능해서 면목이 없구나."

이 말을 듣고 동생은 애원한다. "형님, 제 목에 칼이 들어가도 형님 집은 살릴 것입니다. 저를 믿으세요. 이번 한 번만 제 목숨을 살려 주세요. 형님."

"글쎄…, 정말 난처하군…. 아무튼 내 운명이 너한테 달려 있으니 기어이 성공하여라. 별 수 있냐? 우리 집을 담보로 해 주마!" 동생의 간청에 못 이겨 이렇게 담보 허용으로 일단락을 내리고 나서 안절부절못하게 지내는 형의 처사는 비주장적이다.

376

그러나 형은 다음과 같은 문장을 써 보고 이어서 소리 내어 읽어 보는 시간을 가졌다. 그런 다음에는 비교적 담담하게 거절할 수가 있다.

"네가 오죽이나 다급했으면 내가 가지고 있는 유일한 재산을 은행 담보로 해 달라고 부탁을 하겠니? 네 마음은 충분히 알만 하구나. 나도 네가 가장 어려울 때 너를 도와주고 싶은 마음이란다. 네가 너무도 안타까워 내 가슴이 메어지는 것 같구나. 그런데 너도 알다시피 내가 여유자금이 없구나. 그리고 아파트를 저당해 준다면 그날부터 나는 뜬눈으로 잠을 잘 것 같다. 만약에 네 사업이 풀리지 않게 되면 우리 둘이 다 망하는 것은 그만두고라도 네 형수하고 너희 가족이 평생을 원수처럼 지낼 것이 두렵구나. 그러니 처음에 섭섭하고 원망스럽더라도 이번에는 내가 별수 없이 거절하기로 한다. 그것은 형제간에 죽을 때까지 원수가 되거나 남남이 되지는 않는 편을 선택하는 것이 더 현명한 처사라고 판단했기 때문이다. 형이 경제적으로 무능해서 뭐라고 할 말이 없구나. 형을 이해해 주기 바란다. 아파트 담보 이외의 방법으로 너를 다소나마 도울 수 있는 길이 어떤 것인가를 연구해 보겠다. 그리고 너를 위하여 밤낮으로 엎드려 기도해 주는 형의 진심을 알아 주기 바란다. 사랑하는 동생아. 부디 이 어려운 시기를 인내심을 가지고 잘 견디기 바란다. 차후에 다시 만나자."

형이 거절하기를 말로 표현했더라면 '미안하다.' '죽을 죄를 졌다.' 라는 표현을 수없이 반복했을지도 모르고 서로 간에 솔직한 마음을 제대로 이야기할 수 없었을지도 모른다. 그러므로 미리 글로 써 본다든지 또는 편지로 자기 의사를 주장하는 것이 유익할 때가 많다.

거절하는 요령

상대방의 자존심을 상하게 하지 않는 방법으로 거절하기란 쉬운 일이 아니다. 완곡하고 배려적이되 간결한 말로 거절하는 것이 세련된 주장적 표현이다.

- 가부를 확실히 밝힌다. 만일 가부를 밝히기 어려운 때는 생각할 시간을 가지도록 한다. 그리고 나서 솔직하려고 노력한다.
- 일단 가부를 밝혔어도 당신의 마음을 바꿀 수 있다. (권리)

377

- 대답은 간단히 한다. 그리고 변명하지 않는다.
- '미안하다'는 말은 꼭 그렇게 느낄 때만 사용하며 지나치게 사과하지 않도록 한다.
- 대안을 제시할 수도 있다. "다른 기회에 만나도록 할까?" "차라리 내가 ~하지 않는 편이 낫겠다." "그게 좀 불가능한데요. 안 된다고 말해야겠군요."
- 상대방 쪽에서 계속해서 당신을 괴롭힐 때는 '고장 난 CD'의 역할놀이를 할 수 있다. 가령 외판원이 수차례 방문하여 어떤 물건을 사 달라고 강권한다. 당신이 정중하게 거절을 했는데도 막무가내다. 이런 경우는 그가 당신의 인격과 권리를 침해한 것이다. 그는 당신의 존경을 받을 만한 행동을 하고 있지 않다. 당신은 당신의 권리와 욕구를 보호해야 할 입장에 있는 것이다. 그와 같은 상황에서는 당신이 똑같은 말을 반복하면서 담담하나 간결하게 거절하면 된다. "제가 안 된다고 말씀드렸죠? 됐습니다. 가 보세요."

3. 칭찬하기와 인정받는 처세술

칭찬하기는 주장적 자기표현의 기술에서 가장 많이 익히고 사용하도록 한다. 칭찬은 기본적으로 '나는 너를 좋아한다.'의 표현이다.

왜 칭찬이 중요한가? 그것은 칭찬이 상대방의 존재를 인정해 준다는 메시지를 담고 있기 때문이다. 모든 사람에게는 인정받고 싶은 욕구가 있다. 누군가가 나를 인정해 주면 의욕이 생기기 때문에 일을 더 잘할 수 있게 된다. 특히 어린이들은 칭찬과 격려를 먹고 자란다. "아유, 착해라." "참 예쁘기도 하지." "참 영리하구나." "그러면 그렇지!" "넌 대단한 아이야." "아빠는 널 믿는다."라고 칭찬해 주자.

배우자에게도 칭찬해야 한다. 배우자들의 불만을 따지고 보면 그 핵심은 거의 '나를 인정해 달라'는 호소다. "여보 고생했어요." "당신은 든든해요." "당신을 믿어요." "고마워요." "당신은 아름답군요." "당신은 알뜰해." "당신은 센스가 있어." "사랑해." "당신의 ~이 참 좋아요!" 이런 말을 자주 하게 되면 배우자의 불만이 눈 녹듯이 사라질 수 있을 것이다.

직장에서도 상사는 부하직원들을 인정해 주고 호의적으로 대해 주며 그 직원이 직장에서 매우 소중한 사람이라는 인식을 심어 주게 되면 그것이 곧 칭찬과 같은 메시지로 전달된다.

칭찬하는 요령과 칭찬받는 요령

- 진심으로 칭찬하라. 사실에 근거하여 과장되지 않은 표현으로 칭찬하자. 너무 과분한 칭찬을 받게 되면 상대방은 부담감과 당혹감을 느낄 수 있다. 그리고 당신의 진심을 의심하여 오히려 당신을 신뢰하지 않게 될 가능성도 있다.
- 듣고 싶어 하는 말이 무엇일까를 헤아려 보고 그의 장점과 개성을 발견하여 칭찬해 주도록 하라.
- 상대방이 당신에게 미친 영향력을 언급하고 또 그에게 자문을 구하는 것도 일종의 칭찬이 된다.

"자네와 같이 일하면 마음이 편하고 기분이 좋네."
"김 대리에게 일을 맡기면 내가 안심이 되어요."
"민 계장, 우리 회사의 ○○정책에 대해서 어떻게 생각을 하지요? 민 계장의 아이디어를 듣고 싶어요. 내가 자문을 구하는 거예요."

- 즉시, 구체적으로 하라. "당신은 아름답군요."보다는 "당신 머리 스타일이 아름답군요."가 더 구체적이다. "선생님의 넥타이가 멋있네요."보다는 "선생님의 넥타이 색깔이 윗저고리와 잘 어울리네요. 미적 감각이 대단하네요."가 더 좋다.
- 간결하게 하라. 너무 장황하게 여러 가지 사항을 언급하며 칭찬하면 칭찬을 받는 사람이 무슨 내용으로 칭찬받았는지 기억하지 못하게 된다.
- 기분 좋은 신체언어로 칭찬하라. 마치 다정한 사람을 대하듯이 미소를 보내고 시선을 맞추면서 칭찬하라.
- 결과보다는 과정에 대하여 칭찬하라. "아이고, 이번에도 내 아들이 100점을 맞았구나. 내 아들이 이 세상에서 제일 영리하고 공부를 잘한단 말이야." 아이는 이런

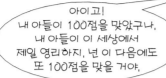

[그림 18-1] 부담감을 안겨주는 칭찬 – 결과에 초점 맞추기

[그림 18-2] 효과적인 칭찬의 기술 (1) – 과정에 초점 맞추기

[그림 18-3] 유쾌하지 않은 칭찬 – 평가적인 말

380

[그림 18-4] 효과적인 칭찬의 기술 (2) – 느낌을 표현하기

칭찬을 듣고 부모에게 "아니에요. 엄마! 난 미련해요. 난 공부를 잘하지 못한단 말이에요."라고 반응할 수 있다. 그것은 부모의 칭찬 속에 담겨진 기대를 간파하고 부담감을 느끼기 때문이다. 그러므로 100점이라는 결과보다는 100점 맞기까지 자녀가 노력한 과정을 인정해 주는 것이 더 좋다. "아이고, 이번에도 내 아들이 100점을 맞았구나. 엄마는 네가 열심히 노력하는 것이 너무 좋구나."

- 평가적인 표현의 칭찬은 상대방을 당혹스럽게 한다. 그보다는 감성적인 표현으로 칭찬하는 것이 좋다.

  당신은 아주 값비싼 귀고리를 했군요."
  → "당신 귀고리가 아주 맘에 드네요. 매우 우아하고 격조 있게 보여요."
  "와, 이렇게 넓은 집은 수십 억 원을 호가하겠네요."
  → "와, 이 집은 너무 좋네요. 시야가 탁 트여서 좋고요. 운치가 있어요."

- 가끔씩 여러 사람 앞에서 공개적으로 칭찬하라. 그것이 인정받는 첩경이다.
- 대상의 나이, 지위, 성격에 따라 칭찬하는 방식을 달리한다. 예를 들면, 지적 수준이 매우 낮은 사람(특수아)이나 어린이들에게는 무조건 칭찬하는 것이 좋다. "참 예쁘구나." "참 착하지." 그러나 논리적 사유의 능력이 발달하기 시작하는 청소년들에게는 칭찬을 하되 반드시 그 이유를 설명해 주도록 한다. "넌 참으로 부지런하구나. 너는 사회에 나가서 반드시 성공할 것이다. 아침에 제일 먼저 교실에 들어온 학생이 바로 너야. 선생님은 네가 지각한 것을 본 적이 없거든."
- 칭찬을 받을 때는 감사로 수용한다. "감사합니다." "그렇게 말씀해 주시니 저도 기분이 참 좋군요."
- 상호 간에 칭찬을 주고받는 관계가 중요하다. 그러므로 칭찬을 받고 나서 그것을 즐기는 것과 수용하는 것이 좋다. 내가 칭찬을 받아들이는 것은 상대방이 나에게 보여 준 호의에 대한 감사의 표시가 된다. 상대방의 칭찬을 묵살하는 것은 상대방의 견해를 무시하는 행위가 된다는 점도 유념하자. 품위 있게 칭찬을 받아들임으로써 상대방이 다음에도 칭찬을 하기 쉽게 만들자.

윗사람을 칭찬하고 인정받기

한국 문화에서 어른을 칭찬하는 데는 특별한 매너(예절)가 필요하다. 젊은 사람이 윗사람을 존경하는 의미로 칭찬을 보냈는데 정작 칭찬을 받는 쪽은 마치 자기가 연소자에게서 평가받는 듯한 느낌으로 받아들일 수 있다. 이때는 차라리 칭찬을 존경하는 표현으로 대치하는 편이 더 현명하다.

"교수님, 대단하시네요. 능력이 뛰어나세요."
→ "교수님, 정말 존경스럽습니다. 저도 교수님 나이쯤 되면 교수님처럼 두루 지식과 경험에 달관하고 싶어요."
"Y팀장님, 팀장님은 참 명석하세요. 어쩌면 그렇게 창의성이 뛰어나세요? 이번에도 역시 팀장님의 집단이 상을 받으셨군요."
→ "Y팀장님, 팀장님과 같이 일하는 직원들은 참 행복하겠어요. 이번에도 팀장님의 창의력 덕분에 상을 받으셨군요. 참 부러워요."

윗사람을 칭찬함으로써 상사에게 존경과 호의를 표현하는 것은 성공적인 직장생활의 조건이 될 수 있다. 그런데 상사에 대한 칭찬이 동료의 눈에는 아첨으로 보일 수도 있다. 실제로는 아첨을 잘하는 사람이 직장에서 성공하는 비율이 높은 것으로 나와 있다. 사실을 말하자면 상사는 칭찬받을 기회가 없는 지위에 놓여 있다. 그러므로 어떤 의미에서는 칭찬에 굶주려 있는 셈이다. 진심 어린 아첨은 곧 칭찬도 되고 인정도 된다. 그러므로 당신은 상사를 마음껏 칭찬하고 아첨을 할 수만 있다면 아첨도 하는 것이 좋다. 다만 상사를 칭찬할 때는 동석한 동료에게 당신이 아첨하는 사람으로 보이지 않도록 조심하는 것이 현명하다.

"저는 사장님 생각에 선견지명이 있다고 느껴요. 사장님 의견에는 무조건 동의합니다. 아주 좋습니다."
→ "저는 사장님 생각에 선견지명이 있다고 느껴요. 이건 저만의 생각이 아니고 아마도 저희 직원들이 거의 동감할 겁니다. 한번 사장님께서 직접 확인해 보세요. 그렇지 않아요, 여러분?"

[그림 18-5] 혼란스런 칭찬 – 상대방의 수준에 맞지 않은 칭찬

[그림 18-6] 효과적인 칭찬의 기술 (3) – 상대방의 수준에 맞추어 칭찬하기

이렇게 표현하면 동료들도 당신과 더불어 사장을 칭찬하고 인정하는 일에 동조하게 하는 효과를 가져온다. 그리하여 당신 동료가 당신과 함께 사장을 존경하는 일에 동참함으로써 모두가 인정받게 되고 유쾌한 교류를 나눌 수 있을 것이다.

상사에게 보고를 잘하고 수시로 연락을 취하며 개인적인 문제에 대하여 가끔씩 자문과 상담을 구하는 행위도 간접적인 칭찬이다. 그런 행동을 통하여 상사에게 '나는 당신을 존경합니다.' 또는 '당신을 신뢰하고 따릅니다.' 라는 메시지가 전달되기 때문이다.

383

상대방의 성격에 따라 칭찬하는 방법

스즈키 요시유키는 직장인을 기질에 따라 대략 네 가지 유형으로 나누고 개인의 성격과 기질에 맞추어 칭찬하는 법을 달리하라고 제안하였다(최현숙 역, 2003).

- 독립성이 강한 사람—다른 사람에게서 간섭받기를 싫어하고 자기 할 일을 알아서 하는 유형. 이런 사람들은 대개 지배성이 높고 달변가이며 카리스마적 리더십을 보인다. 이런 사람을 칭찬할 때는 그 기질에 맞추도록 한다. 그의 리더십을 인정해 주면서 '당신에게 맡긴다.' 또는 'XX을 부탁한다.'는 방식으로 말하는 것이 곧 칭찬이 된다.
- 분위기 메이커—정서적이고 독창적인 성품의 인간으로서 여러 사람들과 화합하여 일을 잘 처리하는 유형. 이런 사람들은 그의 풍부한 감성과 기분에 부응해 줄수록 기분이 상승되고 일을 더욱 잘하게 된다. 그러므로 전체 집단 속에서 그의 노력을 공포하여 진한 감동을 안겨 주는 이벤트를 만들어 주거나 '감탄사'로 칭찬하는 것이 효과적이다.
- 조용한 성실형—묵묵히 자기의 할 일을 책임감 있게 수행하며 결코 독선적이지 않고 주변 사람들에게 사이좋게 부응하는 유형. 이런 사람들에게는 거창한 업적에 대하여 칭찬해 주기보다는 성실하게 노력하는 과정 자체를 인정하고 칭찬해 주도록 한다. '고맙다.' '수고한다.'는 말이 적합하다.
- 이성적인 유형—냉철하고 초연하다는 인상을 풍기며 논리적이고 분석 능력이 뛰어난 유형. 이런 사람들에게는 칭찬을 자제하는 것이 현명하다. 어쩌다 한 번씩 칭찬을 해 줄 때는 그의 전문성을 인정해 주는 방식으로 하되 그의 지적 수준에 부합되는 단어를 선택하는 것이 좋다.

"K계장은 정말 머리가 좋으시군요. 어쩌면 그런 기발한 아이디어를 생각해 내셨어요?"
→ "K계장은 우리 회사 직원들이 아무도 생각해 내지 못한 발상을 말씀하셨어요. 인간을 '생체시계'라고 보는 것은 고정관념을 탈피한 아이디어로군요."

4. 충고와 비평을 하는 요령

우리는 상대방이 좀 더 좋아지기를 바라는 마음에서 상대방에게 충고하거나 비평해 주는 경우가 가끔씩 있다. 그런데 상대방은 나의 충고와 비평을 자신에 대한 비난으로 받아들이고 오해하는 수가 많다. 충고한다는 것은 그만큼 어려운 일이다. 충고와 비평을 할 때는 다음과 같은 점을 유의하기 바란다.

- 당신이 누군가에게 충고나 비평을 하고자 할 때는 미리 그 장면을 머릿속에 그려 보고 비평할 사항에 대하여 글로 써 보는 것이 좋다.
- 그리고 나서 상대방에게 예고를 한다. "얘. 우리가 자취하면서 지키기로 한 규칙이 요즈음 잘 이행되고 있지 않구나. 나 혼자 주로 청소하고 밥하고 너는 많이 빠졌거든. 내일 저녁에 그 문제에 대해서 잠깐 이야기 좀 해 보자."
- 상대방을 야단치거나 질책하지 말고 건설적으로 비평하도록 한다. 감정이 고조된 상태에서 극단적인 단어를 사용하는 것은 상대방에 대한 인신공격으로 지각될 수 있다. 그러므로 빠른 속도의 화가 난 목소리로 호통치기보다는 비교적 느리고 낮은 목소리로 또박또박 말하도록 한다. '항상' '언제나' 와 같은 단정적인 어구보다는 '여러 번' '자주' 와 같은 어구로 표현한다. 또 "빵점이야." "형편 없어." 와 같은 부정적 표현보다는 "조금 더 노력해야 되겠구나." 와 같은 긍정적인 표현을 사용한다.
- 인간의 됨됨이를 평가하지 않도록 한다. 이것을 Be-Message라 한다. 그 대신에 그의 행동을 평가하는 말로써 비평하도록 한다. 이것을 Do-Message라 한다.

Be-Message	Do-Message
"야. 넌 돼지 새끼냐? 넌 게으르고 틀려먹었다니까. 집안을 돼지우리로 만들어 놓았구나."	"네가 집안을 너무 어질러 놓았구나. 방 안을 말끔히 치워라."

Do-Message와 비슷한 개념으로서 직면화(confrontation)의 기법이 있다. 직면화(또는 맞닥뜨림)는 상대방의 특성이나 모순점에 대하여 당신이 관찰한 것을 객관적으로 피드백해 주는 것이다. 위의 사례를 직면화시켜 보면 다음과 같다.

"얘야. 지난 열흘 동안에 너는 단 하루도 네 방을 청소한 날이 없더구나. 그리고 네가 입었던 옷이나 양말을 네 방에 그대로 쌓아 두니까 악취가 심하다. 이런 행동에 대해서 너는 어떻게 생각하니?"

당신이 직면화를 사용하면 상대방이 저항과 자기방어를 하지 않고 당신의 말을 순순히 경청하게 되는 효과가 있다.

[그림 18-7] Be-Message와 그 효과

[그림 18-8] Do-Message와 그 효과

- 가능하다면 여러 사람 앞에서 비평하기보다는 개인적으로 불러서 비평하는 것이 좋다.
- '나-전달법'이나 '사-감-구-상'의 표현으로 비평하도록 한다. 그것은 당신의 감정도 표현하고 상대방이 취할 수 있는 어떤 대안도 제시하면서 비평하는 것이다. "나는 말끔한 것을 좋아한단다. 네가 네 방 청소에 조금만 신경을 써 준다면 내가 얼마나 기분이 좋을지 모르겠다." "네가 네 방 청소도 하지 않고 입던 옷을 쌓아 두면 나로서는 몹시 짜증이 난다. 앞으로는 일주일에 한두 번은 네 방 청소를 하고 네가 입었던 옷을 매일 저녁 빨래통에 넣어 주니? 바쁘다면 토요일 오후에 30분만 청소하도록 하여라. 그러면 토요일 저녁엔 너에게 특별 간식을 마련해 줄게!"

5. 비평을 받아들이는 요령

다른 사람이 당신을 비평할 때 그것은 충고, 비난, 지적(직면화), 위협 등의 형태로 나올 수 있다. 상대방이 배려적인 태도와 말로 당신의 행동을 지적해 주는 기술은 직면화(confrontation)다.

앞에서도 언급한 바와 같이 직면화는 당신을 돕기 위하여 건설적으로 보내는 피드백이요, 건설적인 비평이다. 그러한 비평은 우리가 기꺼이 수용할 줄 알아야 한다. 그러나 상대방이 당신을 비난하고, 애매모호한 방식으로 당신에게 충고하고, 객관성이 없는 준거로 당신의 행동을 평가하고 인신공격할 때는 당신은 주장적인 반응으로 대처할 필요가 있다. 따라서 당신이 누구에게서 비평을 받을 때는 먼저 그 비평이 공정한가의 여부를 판단해 보아야 한다.

비난적인 논평에 대하여 주장적으로 반응하는 방식은 비난을 듣고 당신이 항복하지도 않고 공격하거나 그 관계를 파괴하지도 않는 것이다. 그 대신에 비난을 누그러뜨리는 것이다. 당신이 비난에 대해 주장적으로 반응하게 되면 비평자의 옳은 관점을 인정하고 그릇된 부분은 무시하거나 정정해 주는 것이다. 그리하여 당신의 자존감을 희생

387

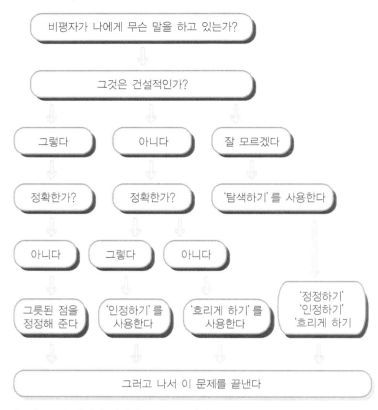

[그림 18-9] 비평에 대처하는 방식(홍경자, 유정수 공역, 2003, p. 259)

하지 않으면서 부질없는 비난과 공격적 발언을 종식시킬 수 있다.

비난에 주장적으로 반응하는 데는 세 가지 기법이 있다. 즉, 인정하기, 흐리게 하기, 탐색하기가 그것이다. 의연하게 자기를 지키면서 당신을 비평하는 사람과의 관계를 건설적으로 유지하기 위해서는 [그림 18-9]와 같은 절차를 따라 판단해 보고 대처하는 것이 효과적이다.

인정하기

'인정하기(acknowledgement)'는 비평자의 말에 간단히 동의하는 것을 의미하며 그 목적은 비난을 즉시 멈추게 하는 데 있다. '인정하기'는 누군가가 당신을 정확하게 비평할 때 그리고 당신이 그의 의견에 완전히 동의할 수 있을 때만 사용하도록 하라.

- "당신 말이 맞습니다."라고 말하라.
- 비평이 타당하다면 그 사람에게 감사하라.
- 필요한 경우에는 상대방에게 설명하라. 설명은 사과가 아니다. 당신이 그에게 비평해 달라고 요청한 것이 아니라는 점을 명심하라. 비평을 해 준 사람 쪽에서 볼 때 그의 견해가 옳다는 말을 들으면 만족하게 된다. 그러므로 당신이 굳이 사과할 필요가 없다.

  비난: "물건을 좀 더 잘 간수하세요. 당신이 쓰고 난 망치가 방바닥에 떨어져 있는데 아이들이 다치면 큰일나요."
  반응: "그래요. 망치를 사용하고 나서 제자리에 갖다 두어야 했는데 알려 줘서 고마워요."

- 세련된 방식으로 비난을 인정하게 되면 비난을 오히려 구체적인 대안(아이디어)을 구하는 수단으로 이용할 수 있다. 상대방의 대안에 대하여 경청하고 당신이 그의 아이디어를 반드시 채택해야 할 필요는 없다. 당신은 그의 비평을 다만 고려사항으로서 경청하는 것이다. 그리고 나서 건설적인 비평을 해 준 데 대해서 감사의 뜻을 표시하면 된다.

  비난: "네 사무실은 항상 엉망이야. 넌 이런 데서 어떻게 서류를 찾지?"
  반응: "맞아. 내 사무실은 엉망이야. 나도 내가 원하는 것을 찾을 수 없어. 내 서류철을 다시 정리하려면 어떻게 해야 할까?"

- 비평을 인정하되, 당신의 감정을 표현하는 것이 좋다. "그 말에는 일리가 있습니다. 그런데 여러 사람 앞에서 평을 듣는다는 것이 나로서는 당황스럽습니다. 기왕이면 내게 가만히 이야기해 준다면 기분이 더 좋겠습니다."

'인정하기'에는 여러 가지 이점이 있다. 비평자의 입을 다물게 하는 데는 최상의 전략이다. 비평자가 당신의 실수를 꼬투리 삼아 무수한 예를 들어가면서 괴롭히려고 할 때 당신이 비판자의 말에 동의하게 되면, 당신은 마치 '유도' 시합의 원리와 같은 힘을 얻게 된다. 비평자의 말을 당신이 인정해 주면 그는 더 이상 할 말이 없게 되기 때문이다. 극히 소수의 사람만이 끈질긴 비난을 계속하는데 그런 사람은 자신이 옳다는 것을 입증하여 만족감을 얻으며 당신을 야단침으로써 기쁨을 얻고 싶어 하는 것이다.

그러나 '인정하기'에는 취약점이 있다. 당신이 사실과 어긋난 비평자의 말을 인정하게 되면 당신은 자존감을 보호하지 못하게 된다.

흐리게 하기

비평자의 말에 당신이 완전히 동의할 수 없을 때는 '흐리게 하기(clouding)'의 기법을 사용할 수 있다. '흐리게 하기'는 비평자의 말에 형식적으로 동의하는 것을 의미한다. '흐리게 하기'는 비건설적이고 부정확한 비평을 들을 때 사용한다.

① 부분적으로 동의하기

부분적으로 동의한다는 것은 상대방의 비난 중 어느 한 부분만을 인정하는 것이다.

> 비난: "당신은 도무지 믿을 수 없다니까. 아이를 집으로 데려오는 것도 잊어버리고 빨래 더미는 집채만큼 쌓여 있고… 당신을 찾으면 어디에 가 있는지 도무지 알 수가 없어요."
> 반응: "지난 주 수영 강습 후에 내가 아이를 깜빡 잊고 데려오지 않았다는 말은 맞아요."

② 가능성에 동의하기

이것은 당신이 "네 말이 옳을 수 있어."라고 말함으로써 그 가능성에 동의하는 것이다. 비판자가 말한 부분 중에서 만분의 일이라도 일어날 가능성이 있으면 "그럴 수 있어."라고 정직하게 말한다.

> 비난: "네가 치과 진료를 받지 않으면, 치아가 다 썩어 버릴 것이고 그러면 일생 내내 불편

390

할 거야."

반응: "그럴 수 있어. 치아가 몽땅 썩을 수 있겠지."

③ 원리에 동의하기

이 기법은 비록 비난자의 가설이 입증되지는 않았어도 그의 논리는 인정해 주는 것이다. 이것은 '만약 ~라면' 이라는 조건부 형식을 취한다.

비난: "야. 지금이 저녁 7시잖아. 네가 '세월아 가거라.' 하고 밥을 짓다가는 한밤중에나 저녁밥을 먹겠구나."

반응: "밥을 짓는 데 다섯 시간의 세월이 걸린다면 어머님 말씀이 맞습니다."

'흐리게 하기'의 기법을 사용하면 외양적으로는 당신이 비판자의 의견에 동의하는 것처럼 보이므로 비난자는 그것으로 만족할 수 있다. 그러나 겉으로 표현되지 않은 메시지는 다음과 같다. "네 의견이 옳을 수는 있겠지만 나는 네 생각과 달라. 부질없이 너하고 언쟁하지 않겠어. 나는 내 의견을 말하고 나서 내가 원하는 대로 할 거야."

탐색하기

비평자가 당신을 도우려고 하는지, 해치려고 하는지를 정확하게 알 수 없다면 당신은 그 의도가 분명해질 때까지 '탐색하기'의 기법을 사용할 필요가 있다.

그것은 당신이 불평을 터트리는 사람에게 구체적으로 그가 무엇을 원하는지에 대하여 계속 질문하는 것이다. 가령 '게으르다' '부주의하다' 와 같은 추상적이고 경멸적인 말투는 구체적으로 무엇을 의미하는지를 질문함으로써 그가 그런 말투로 당신을 비난하지 못하도록 영향력을 행사할 수 있다. 예를 들어 보자.

남: "당신은 게을러요."

여: "정확히 어떻게 게으르죠?"

남: "당신은 멍하니 앉아만 있어요."

여: "내게 원하는 것이 뭐죠?"

남: "그렇게 꾸물거리는 것 좀 그만둬요."

여: "그렇게 말하지 말고 당신이 나에게 바라는 것을 정확히 말해 보세요."

남: "글쎄. 먼저 지하실 좀 깨끗이 치워요."

여: "그 외 또 있어요?"

남: "하루 종일 TV 앞에 있는 것 좀 그만둬요."

여: "그래요. TV를 그만 보고 그 대신에 실제로 내가 어떤 것을 하기를 원합니까?"

탐색할 목적으로 당신이 비평자에게 질문을 하고 나서 비평자의 의도를 알게 되면 그 의도의 내용이 정확한가를 자문해 보도록 한다. 당신은 그것에 동의하는가? 만약 건설적인 비평이긴 하지만 약간 부정확하다면 당신은 비평자의 과오만 지적하는 것으로 끝마치도록 한다.

만약 건설적인 비평일 때는 당신이 그것을 인정하고 더 이상 언급하지 않으면 된다. 만약에 건설적이지 못한 비평을 받았는데 그것이 정확한 경우는 당신은 그것에 동의하고 이어서 비난의 공격을 막아야 한다.

마지막으로 상대방이 당신에게 건설적이지도 않으며 정확하지도 않은 비판을 하는 경우가 있다. 이런 경우는 그 비평이 당신을 해칠 뿐만 아니라 그가 사실을 잘못 알고 있는 것이다. 이때는 '흐리게 하기'의 기법을 사용할 필요가 있다.

'탐색하기'의 이점은 탐색을 하는 과정에서 당신은 필요한 정보를 얻을 수 있다는 점이다. 처음에 비난처럼 들렸던 것이 실제로는 당신을 위한 합리적인 제안이거나, 관심의 표현이거나, 애원의 소리라는 것을 알아낸다. 당신에 대한 비난자의 의도를 분명하게 알면 상대방의 불평과 험담의 말문을 막고 그 대신에 변화가 가능한 대화로 바꿀 수 있는 장점이 있다.

[그림 18-10] 상대방의 비평을 듣고 인정해 주기

[그림 18-11] 상대방의 비평에 대하여 흐리게 하기

[그림 18-12] 상대방의 비평에 대해 탐색해 보기

6. 사례

사례 1 의사와 환자의 요구가 달라서 난처한 간호사

질문: 저는 병원에 근무하는 간호사인데요. 제가 환자들에게 치료를 정성껏 해 주어도 환자는 의사만 불러 달라고 요청하는 경우가 많습니다. 주치의 선생님은 바쁘다고 저더러 처치하라고 말씀하시는데 제가 중간에서 입장이 난처할 때가 많습니다. 얼마 전에도 어느 환자가 의사가 와서 상처 부위를 치료해 달라고 청했는데 주치의 선생님은 바쁘니까 오후에 치료해 주겠다고 환자에게 전달해 달라고 말씀하셨습니다. 이런 경우는 제가 어떻게 해야 할까요?

답변: 환자에게는 의사에게 문의하고 치료받을 권리가 있기 때문에 당신은 환자의 요청에 응해 주어야 하겠지요. 주치의 선생님이 바쁘신데 당신은 환자의 요청 때문에 그분을 괴롭히는 입장에 놓이게 되었군요. 당신은 의사선생님에게 자기의 소신을 말하지 못하는 소극성을 보이고 있습니다. 이때는 당신의 직무에 충실하기 위해서도 주치의에게 주장적인 표현을 해야 합니다. '네-그러나'의 방식으로 의사 선생님께 부탁하십시오. "선생님께서 지금은 매우 바쁘시고 중요한 일이 있는 것으로 알고 있는데요. 그렇지만 환자도 매우 중요합니다. 환자는 선생님을 뵙고 싶어 해요. 선생님께서 환자를 직접 만나서 말씀해 주세요."

사례 2 무례한 택시 손님 다루기

질문: 저는 택시 기사입니다. 제 직업상 별의별 손님을 다 태워드리며 세상의 인심을 알아가는 형편이지만 개를 데리고 택시를 타는 손님이 저는 가장 싫습니다.

저로서는 강아지가 실수할 경우가 걱정이고 기어코 강아지털이 떨어져서 재채기 반응이 나타나고 뒤에 탄 손님에게도 지장을 주거든요.

택시바닥에 개를 내려놓는 경우에는 저는 손님이 안고 타달라고 부탁을 합니다. 그

러면 손님은 제가 '이상한 기사' 라는 듯이 노려보고 비꼬며 몹시 불쾌하게 나옵니다. 이런 경우에는 어떻게 화를 참고 대해야 할까요?

답변: 기사님께서는 방금 저에게 말씀해 주신 내용을 그대로 손님에게 말씀하면 됩니다. 손님 중에는 택시나 버스, 비행기 승차와 관련된 에티켓과 법규를 잘 알지 못하는 분이 의외로 많습니다. 그러므로 손님에게 친절한 어투로 승차규칙을 먼저 설명해 주고 나서 강아지를 바닥에 내려놓지 말라고 부탁 하십시오.

대강 이렇게 말씀하세요.

"손님. 강아지가 아주 귀엽군요. 그런데 택시나 기차, 버스를 탈 때 애완동물은 반드시 상자 안에 넣어서 동승해야하고 그것이 불가능할 때는 손님이 꼭 안고 있어야 하는 것이 규칙입니다. 강아지털이 하나라도 떨어지게 되면 알레르기환자에게는 곧바로 질병을 일으키게 하니까요. 죄송하지만 손님, 강아지를 바닥에 내려놓으면 안 되니까 안고 계시겠습니까?"

Chapter

이 장에서는 사람들과 어울리게 되는 다양한 장면에서 요구되는 의사소통의 기술에 대하여 살펴보기로 한다.

구체적으로는 생소한 상황에서 낯선 사람들에게 말을 걸고 대화를 하는 요령, 데이트 신청하기와 거절하기, 성적인 유혹과 희롱에 대처하는 기술, 외국인에 대한 예절과 해외 이민생활 중 취업과 관련하여 자기주장하는 요령을 다루기로 한다.

I. 사교적 대화

여기에서는 특별히 소극적이고 수줍음을 타는 사람들이 사교성을 개발시키는 기술에 대하여 소개하기로 한다.

새로운 사람을 사귀기

새로운 사람을 사귀기 위하여 낯선 사람에게 다가가서 말을 걸기보다는 당신이 아는 사람들에게 먼저 연락을 취하는 것이 좋다. 그리고 그 사람을 초대할 때 그의 친구들도 함께 오라고 하면 된다. 예를 들면, 외식을 하러 간다든지 영화를 보거나 운동경기를 관전하러 갈 때 친구에게 전화하여 한두 사람과 같이 오도록 부탁하는 것이다. 또

사교적
장면에서의 대화

하나의 방법은 교회나 사찰 등의 집회나 학교 수업이나 동아리 활동에 참가하여 그곳에 모인 사람들과 대화를 나누는 것이다. 당신이 흥미를 느끼는 분야의 동호회에 가입하는 것도 한 가지 방법이다. 동호회에 모인 사람들은 취미와 관심이 비슷하기 때문에 화제를 나누기가 쉽다.

가령 교회나 동아리 모임의 장소에 가서 당신이 호감을 느끼는 사람이나 비교적 부담을 느끼지 않는 사람에게 다가가서 말을 걸도록 한다. 그 사람이 무슨 일에 열중해 있을 때는 방해하지 않고 기다린 다음에 적당한 때를 맞추어 말을 거는 것이 좋다. 이때 당신의 첫인상에 신경을 쓰도록 한다. 굳이 정장으로 차려 입을 필요는 없으나 깔끔하고 산뜻한 인상을 풍기도록 신경을 쓰는 것이 좋다. 당신의 표정도 부드럽고, 말씨는 친절하고, 자세도 편안하며, 상대방에게 관심을 보이는 태도가 좋다. 상대방과 이야기하면서 가끔씩 눈을 지그시 쳐다보고 미소를 짓게 되면 '나는 당신을 좋아합니다.' 또는 '당신과 이야기하는 것이 즐겁습니다.' 라는 의미로 상대방에게 전달된다. 긍정적인 신체언어가 중요하다. 그러므로 자신감 있고 의젓하게 보이도록 한다. 고개를 수그리지 말고 똑바로 들고, 두 손은 안정감 있게 처리하며, 이야기할 때는 또렷하게 하도록 한다. 불안감이 엄습하거나 갑자기 계면쩍은 느낌이 들 때는 이완감을 느끼기 위해서 가끔씩 심호흡을 하는 것도 좋다.

말문을 열기

어떤 사람에게 말을 걸려고 할 때는 잠시 멈추어 선 다음에 그 사람에게 주목하고 나서 말문을 연다. 처음에 말문을 열 때 굳이 해박한 지식이나 유머가 담긴 말로 시작할 필요는 없다. 다만 이야기를 시작하는 데 적절한 단서만 제공하면 된다.

• 초면에 적절한 인사말을 건네도록 한다. 당신이 객지의 낯선 장소에서 열리는 세미나(학회, ○○대회)에 참석하게 되었다고 하자. 이때 생면부지의 옆사람과 몇 시간은 동석해야 할 경우가 있다. 한국 사람은 자기를 스스로 소개하는 일에 익숙하지 못하다. 그러나 이런 경우는 내가 먼저 자신을 소개하는 것이 피차간에 어색한 긴장감을 줄여 준다.

"저를 소개하겠습니다. 저는 ○○에서 온 아무개라고 하는데요. 이 세미나에는 처음으로 참석했습니다." 그리고는 상대방에게 자기 소개할 기회를 준다.

이어서 "혹시 이 세미나에 여러 번 오셨습니까?" "이 도시는 제가 처음 와 보거든요. 이곳을 잘 아시나요?" 동료들과 같이 오셨습니까?"라고 질문할 수 있다. 초면에 나누는 인사말은 대략 다음과 같다.

"실례합니다. 혹시 그 전에 한번 뵌 적이 있었던가요?"

"이곳에 처음으로 오셨습니까?"

"초면이시죠? 저는 ○○라고 합니다."

"오늘은 비가 오네요. 혹시 비 오는 날을 좋아하시나요?"

가령 당신은 부산행 고속버스를 탔는데 옆 좌석에 앉은 사람에게 말을 걸어 보려고 한다. 이때는 두 사람이 부산에 가고 있는 것은 기정사실임에도 불구하고 "부산에 가십니까?"라고 질문할 수 있다. 그리고 "부산에는 자주 가시나요?" "저는 부산에 몇 번 가본 적이 있지만 부산의 지리는 잘 모르거든요. 맛 좋은 해물요리를 먹으려면 어느 곳이 좋을까요?"라고 덧붙일 수 있다.

[그림 19-1] 말문을 열기

- 상대방을 관찰한 다음에 관찰한 것과 관련하여 질문한다. 가령 상대방이 책을 읽고 있다면 "무슨 책을 읽고 계십니까?"라고 질문할 수 있다. 악기를 들고 있다면 "악기를 연주하세요?"라고 물어본다.

- 무엇인가를 제공함으로써 말문을 열도록 한다.

   "커피 한 잔 드시겠어요?"

   "제가 좀 도와드릴까요?"

- 상대방의 외양이나 행동을 칭찬하는 것으로 대화를 시작한다.

   "네 티셔츠가 참 맘에 드는구나."

   "당신은 참 친절하시군요."

   "당신의 반지가 아름답습니다. 결혼반지인가요?"

- 특별히 말주변이 없는 사람은 독특한 물건을 들고 다니는 것도 사람들의 관심을 끌 수 있는 요령에 속한다. 예를 들면, 히틀러의 『나의 투쟁』이나 『사랑은 바람을 타고』『인간의 성행위에 대한 모든 것』과 같은 책을 들고 있는 것이다. 그리고 그에 대해서 한두 마디 정도로 대답할 내용을 준비해 두도록 한다. 또 스케치북, 기타와 같은 악기, 강아지, 색다른 복장의 착용을 이용할 수도 있다.

- 상대방이 하는 업무와 관련해서 당신과 그가 공통으로 경험할 수 있는 소재를 언

399

급하도록 한다. 가령 어쩌다 한 번씩 마주치는 사람에게 "참, 우리가 (생물학)수업을 같이 받고 있지요? 지난번에 교수님께서 내 주신 과제에 대해서 이야기 좀 해주실래요?"라고 말을 걸 수 있다. "선생님은 회계사이시지요? 세금을 자진납부하는 기간이 있다고 들었는데 혹시 그 방법을 잠깐 가르쳐 주실 수 있나요? 언제 짬을 내 주실 수 있을까요?"

- 어떤 활동에 참여하기를 제의한다. "얘, 우리하고 같이 … 하지 않겠니?" "나는 도서관에서 공부하다가 30분씩 바람을 쏘이러 나가는 것을 일과로 삼고 있습니다. 쉬고 싶으면 나하고 같이 산책가지 않을래요?"

- 말문을 열고 난 다음에는 자연스럽게 이야기를 이어 나갈 수 있도록 두세 마디를 더 준비한다. 일단 말문을 열기 위하여 상대방에게 한 가지 질문을 던졌는데 상대방이 간단하게 대답하고 나서 두 사람 사이에 대화가 끊겼다. 그리고 어색한 침묵이 뒤따른다. 당신은 이런 경우에 어떻게 대화를 이어 나가야 할지 알 수 없어서 전전긍긍할 수 있다. 이런 때를 대비하여 미리 두세 마디의 이야기를 더 준비하는 것이 좋다.

  가령 "오늘은 비가 오네요. 혹시 비 오는 날을 좋아하시나요?"라고 당신이 질문하자 상대방이 "아니요."라고 대답하고 화제가 끊겼다고 하자. 그럴 때는 "비 오는 날에는 채소장사가 돈을 벌 수 없을 거예요."라든지 "혹시 집이 먼가요? 우산은 가지고 오셨나요?"라고 덧붙이도록 한다.

  만약에 아파트의 엘리베이터 안에서 같은 동에 사는 주민과 함께 동승한 경우는 "저는 6층에 삽니다. 몇 층에 사시죠?"라고 말문을 열고, 이어서 "선생님 사시는 곳에서 바라보는 전망은 어때요?"라든지 "엘리베이터가 상당히 낡았죠? 속도가 느리지 않나요?"라고 덧붙일 수 있다.

대화를 계속하기

어떤 사람과 만나서 이야기를 주고받는 가운데 공통 화제를 발견하거나 서로 대화가 통한다고 느끼게 되면 이제는 좀 더 발전된 관계로 대화를 이끌어 나갈 수 있다. 상대방과 대화를 유지시키는 기술은 제4장의 내용을 참고하기 바란다.

- 상대방에게 질문하고(개방형 질문) 관심을 보여 준다.

  "어떻게 그 일을 시작했어요?" "참 재미있네요."

  "선생님은 그런 발상을 어디에서 구하셨어요?"

  "저라면 상상도 못할 일을 하셨군요."

- 당신 자신에 대해서 여러 가지로 이야기를 들려준다. 당신이 무엇을 좋아하는지
  또 고향이 어딘지, 무슨 일을 하고 있는지에 대하여 개인적인 정보를 제공해 준다.

  예를 들면, 당신은 어느 교회의 성가대 대원인데 대원 중 어떤 사람에게 호감을
  갖게 되었다고 하자. 그럴 때는 다음과 같이 자기표출함으로써 상대방에게 대화
  거리를 제공해 줄 수 있다. "선생님은 노래를 좋아하시죠? 혹시 성악을 전공하셨
  나요? 저는 성악 전공은 아니지만 중·고등학교 시절에 합창 단원이었어요. 그리
  고 클래식뿐만 아니라 팝송이나 재즈도 좋아해요. 우리 집안은 모두 음악을 좋아
  하거든요. 내 남동생은 아메리칸 컨트리송을 좋아해요."

- 대화의 흐름이 차단되면 다른 대화의 주제를 암시한다. 날씨나 스포츠, 연예계소
  식, 뉴스와 같은 상투적인 화제를 가지고 이야기를 하다 보면 2～3분 후에 대화가
  중단될 수 있다. 그러고 나서 적당한 대화의 소재를 찾지 못하여 어색한 긴장감을
  느끼는 수가 있다. 이때 어색함을 처리할 수 있는 방법에는 두 가지가 있다. 첫째,
  얼마 전에 나눈 대화의 주제로 돌아가는 것이다. "그래요. 조금 전에 우리가 남북
  교류의 문제에 대해서 이야기했는데 제 생각에는…" 둘째, 자연스럽게 새로운
  주제로 대화를 이끌어 간다. "저어, 머리 무거운 정치 이야기, 대통령 이야기는
  그만하기로 해요. 제 친구가 의사인데요. 요즈음 남자들도 성형 붐이 일고 있다고
  하는데(다른 주제) 그것에 대해서는 어떻게 생각하세요?"

대화를 종결하기

사교적인 자리에서 대화를 끝내야겠다고 생각될 때는 다음과 같이 말한다.

- 작별인사를 한다. "제가 지금 일이 있어 가 봐야 되겠습니다. 만나 뵙게 되어 반가
  웠습니다. 기회 있는 대로 종종 만날 수 있었으면 좋겠습니다. (우리, 또 만나자)"

401

- 만나서 나눈 대화의 내용을 요약한다. 이것은 대개 업무적인 성격을 띠기도 한다. "에, 우리가 … 에 대한 이야기를 했었지요? 그리고 다음 토요일에 만나는 거 맞죠?"
- 신체언어로 작별을 암시한다. 당신이 상대방과 대화를 끝내고 싶을 때는 일어서서 당신의 시계를 보고 (눈을 마주치지 않고) 악수를 나눌 자세를 한다.
- 사교적 장소에서는 당신이 들고 있던 술잔을 치우러 가거나 상대방을 다른 사람에게 소개시켜 줌으로써 두 사람이 대화하도록 조처하고 난 다음에 그 자리를 뜨도록 한다.

2. 데이트 신청하기

내향적이고 수줍음이 많은 사람들에게 데이트를 신청하는 일은 매우 불안을 느끼게 하는 상황일 수 있다. 맨 처음에 데이트를 신청할 때는 자기가 할 말을 글로 써 보고 거울 앞에서 자신 있는 목소리로 연습을 해 보도록 한다. 상대방이 '네'라고 대답할 때는 어떻게 반응할지 그리고 상대방이 '아니요'라고 대답할 때는 어떻게 대답할지를 준비하도록 한다.

관습적으로는 남자가 여자에게 데이트를 신청하는 것으로 알고 있지만 요즘은 여성이 남성에게 데이트를 먼저 신청하는 것도 정상적으로 받아들여지는 추세다. 누군가와 데이트하러 나간다는 것이 경우에 따라서는 일종의 모험이 될 수도 있다. 아주 드문 일이지만 운이 나쁘면 한적한 곳에 두 사람이 데이트를 하는 것을 불량배가 방해할 수도 있고 또 사고를 당할 수도 있다. 최악의 경우를 미리 헤아려 보고 그런 일이 발생한다면 어떻게 대처할까를 생각해 보는 것도 필요하다. 그러니까 첫 데이트는 비교적 안전한 곳에서 시간을 보내도록 계획하는 것이 좋다.

- 맨 처음에 호감을 느끼는 상대에게 데이트를 신청할 때는 부담감을 주지 않는 방법으로 신청하는 것이 좋다.

"우리 함께 커피 한 잔 할까요?"

"도서관에서 오후에 함께 공부할까요?"

"한 시간 정도 같이 산책할까요?"

- 어떤 행사(영화 관람, 콘서트 관람)의 일정을 알아 두고 나서 전화로 행사에 같이 가자고 제의한다. 단 둘이서만 만나기보다는 행사나 이벤트에 참석하게 되면 더 많은 대화의 소재를 나눌 수 있다. 상대방이 '예' 하면 만날 날짜와 장소를 약속한다. 당신의 데이트 신청에 상대방이 '아니요'라고 대답하면 그쪽에서 당신에게 관심이 없기 때문인지, 아니면 너무 바쁘기 때문인지를 확인해 본다. 그것은 상대방에게 또 다른 활동(예: 운동시합의 관전)을 다른 시간에 함께 할 수 있는지를 물어봄으로써 확인할 수 있다. 이때 상대방이 '아니요'라고 대답하면 당신이 상대방에게서 거절당한 것에 대한 수치심과 당혹스러움을 느낄 수 있는데 당신이 거부당했다고 성급하게 단정하지 말고 서너 번 상대방의 의사를 더 확인해 보는 것이 좋다. 상대가 거절의 말을 할 때 여운을 남기지 않으면 가능성이 없는 것으로 간주하도록 한다. 그리고 상대방이 당신에게 관심이 없는 것이 확실하게 나타나면 이렇게 말하는 것이 좋다. "○○씨가 나하고 같이 시간을 보내고 싶지 않다는 느낌이 드는군요. 저로서는 몹시 실망스럽지만 그러나 억지로 강요하지는 않겠습니다. 내가 ○○씨의 마음을 정확하게 읽었나요?" 이런 식으로 말하도록 한다. 그리

[그림 19-2] 분명하게 알아보기와 솔직하게 대답하기

고 데이트 관계가 아니라 부담 없는 우정관계를 통하여 자연스럽게 다음에 만날 수 있도록 조처할 수 있다. 이때 상대방에게 자기와 만나 주지 않는 이유를 기어코 밝혀 달라고 강요하지 않는다.

소극적인 사람들은 데이트 신청을 받고 나서 그것을 거절하는 데 어려움을 경험하는 수가 많다. 그리하여 쓸데없는 거짓말을 하기도 한다. 데이트 전화를 동생이 받게 되면 "얘, 언니 지금 없다고 해라."라고 지시한다든지 "제가 무슨 일이 있는데요."라고 말하는 경우가 있다. 이런 말을 상대방이 곧이들을 경우에 상대방은 다음번에 데이트를 또 신청하려고 할 것이다. 그리하여 부질없는 기대로 상대방을 기다리게 하는 결과를 초래한다. 비록 선의의 거짓말이기는 하지만 엄격한 의미에서 상대방을 속이는 것이다. 그리고 그에 대해 인격적인 대우를 해 주는 처사가 아니다. 자기에게 사귀고 있는 사람이 있거나 또는 다른 이유가 있으면 그것을 확실히 말해 주는 것이 좋다. 그러나 데이트를 거절하는 이유에 대해서 반드시 설명해 줄 필요는 없다. 다만 "저는 그럴 마음이 내키지 않아요."라고 말할 수 있다.

3. 성적 유혹과 성폭력에 대처하기

최근 들어 우리나라의 초 · 중 · 고등학교와 공중매체는 성폭력과 성희롱에 대한 교육을 비교적 활발하게 실시하고 있다. 이와 관련하여 여성의 전화, 성의 전화, 성폭력예방센터, 아동학대예방센터 등에서도 체계적인 성교육 활동과 성 상담의 기회를 제공하고 있다.

여기에서는 직장에서 성희롱과 성적 유혹에 대처하기, 데이트나 성폭력 상황에서 주장적으로 맞서기, 청소년들에게 성폭력에 대응하는 기술을 가르쳐 주기에 관하여 개략적으로 다루기로 한다(노진선 역, 2001; 청소년대화의광장, 1998; 한국성폭력상담소, 1991; 홍경자, 1994; Powell, 1991).

직장에서의 성희롱과 성적 유혹에 대처하기

먼저 성폭력과 대비하여 성희롱이란 무엇인가를 살펴보자. 성폭력은 가해자가 상대방의 동의 없이 피해자에게 강제적으로 성적인 접촉을 하여 신체적, 심리적인 손상을 심각하게 끼치는 행위다. 이에 비하여 성희롱이란 상대방의 동의 없이 저속한 말과 신체언어로 피해자에게 모멸감을 느끼게 하거나 상대방의 신체 부위를 만짐으로써 인격적으로도 피해를 주는 행위라고 할 수 있다.

회사에서 차를 마시는 시간에 H라는 남자직원이 여직원의 엉덩이를 토닥거리면서 "야, Miss 최, 엉덩이가 너무 야들야들하다."라고 한다든지, 눈으로 윙크하고 입술로 뽀뽀하는 흉내를 하며 "미스 최, 나를 봐요. 미스 최 입술이 참 도톰하군요."라고 말한다고 하자. 미스 최는 당황하며 언짢은 표정으로 그 자리를 떠났다. 그런데 미스 최가 불쾌한 표정으로 자기의 모멸감을 표시한 것을 H직원은 제대로 감지했을까? 아마도 그렇지 않을 것이다. H직원은 미스 최나 다른 여사원에게도 그와 비슷한 행위를 계속할 가능성이 높다. 그러므로 H직원의 성희롱에 맞서서 그가 저속한 언동을 중단하도록 미스 최는 단호하게 말해야 한다. 필요한 경우는 다음과 같은 말을 순차적으로 하도록 한다.

"H씨, 자기 마음대로 내 몸에 손을 대면 안 됩니다. H씨는 그저 호의적으로 손대셨을지 모르는데 저는 몹시 불쾌해요. 저에게 사과하세요."

"H씨, 다음번에는 절대로 그런 행동하지 마세요. 제가 H씨를 평소에 인격자로 보고 있는데 그런 행동은 성희롱이에요. 알고 계시죠?"

"H씨, 장난이 너무 심하세요. 지난번에도 제가 H씨의 제스처는 분명히 성희롱에 해당된다고 말씀드렸잖아요. 잊어버리셨어요? 앞으로 또 그렇게 사람을 당황하게 하면 인사부장님께 그 사실을 말씀드릴 거예요. 경고조처를 받지 않아야 되겠지요?"

자기 인생에서 많은 시간을 함께 지내며 대화하게 되는 사람들이 같은 회사의 동료들이다. 업무적인 관계로 만났지만 자주 접촉하다 보면 동료의 개인적 세계를 알게 되고 친밀감은 우정을 넘어 연애 감정으로 발전한다. 이때 문제가 되는 것은 기혼자 동료와의 연애와 성관계다. 상사(기혼자)가 부하직원(대개는 여성)에게 친밀해지기를 원할 때 부하직원은 그의 요청을 거절하지 못하는 경우가 있다. 이성으로서 감정적으로 이끌리는 상태에 있지만 거기에 더하여 상사의 요구를 거절함으로써 받게 될지도 모르는 직업상의 불이익이 두려워서 응하는 수가 있다. 그러나 여성 직장인들은 기혼자와의 사내 연애가 자신의 직업(진로)에 미칠 영향력을 먼저 심사숙고해야 한다. 연애관계는 일시적이지만 직장은 오래도록 다녀야 할 곳이다. 남자들에게 외도는 일시적일 뿐이고 고통받는 쪽은 여성이다. 상사와의 비밀스런 관계는 업무에 지장을 줄 수 있다. 그리고 연애관계가 끝난 다음에 상사와의 접촉에서 미묘한 갈등을 겪게 될 가능성이 높다. 그렇게 되면 제아무리 유능한 여직원이라 할지라도 그 직장을 떠나지 않을 수 없는 처지로 전락할 가능성이 매우 높다. 결국 심리적으로, 직업적으로 피해를 보는 쪽은 여자다. 상사에게서 성적인 유혹을 받을 때 비껴가는 방법은 다음과 같다.

- 맨 처음에 유혹을 받으면 사무적인 태도로 응하도록 한다. 상사가 로맨틱한 이야기를 하면 화제를 사업적인 내용으로 돌리도록 하라.
- 두 번째 유혹을 받게 되면 유머로 대처하도록 한다. "절 그렇게 좋아하신다니 제가 우쭐해지는데요. 사장(팀장)님은 모든 여자들에게 다 그러시죠?" "팀장님은 로맨틱한 표현을 참 잘하시네요. 사모님께서 행복하시겠어요. 오늘 저녁에 사모님께 들려드릴 말씀을 저에게 한번 연습해 본 것으로 알게요."
- 서너 번 유혹을 받게 되면 부드러운 자기주장을 한다. "팀장님, 우리가 업무 이외의 관계에서는 그냥 좋은 친구 사이로 지내기를 바랍니다. 저는 그렇게 생각해요. 사적인 감정은 더 이상 이야기하지 않는 게 좋겠습니다." "저는 사장님을 다만 존경할 뿐이에요. 저는 사모님도 몹시 존경하거든요. 사모님과 저 사이의 우정을 생각해서 그런 말씀은 절대로 하지 마세요."
- 여전히 유혹을 받게 되면 강하게 자기주장한다. "이 직장은 제 목숨과 같은 곳이라 저에게 아주 중요해요. 사내 연애로 제 직업에 피해를 받고 싶은 마음이 추호도 없습니다. 요즈음 팀장님이 계속 저를 괴롭히시는데 그 이상은 안 될 것 같습니다. 상부에 보고할까 고려하고 있습니다. 인사부에 알려야 할까요? 어떻게 하시

겠어요? 저를 다만 직원으로 대해 주시기를 마지막으로 부탁드립니다. 이건 경고
입니다."

성폭력과 데이트 강간

예기치 않은 상황에서 일어날지도 모르는 성폭력의 위험에 지혜롭게 대응하는 전략
을 간단하게 소개하면 다음과 같다.

첫째, 성폭력의 가능성이 보이는 상황에 처하게 될 때는 그 위험성을 알아차리는 것
이 중요하다.

둘째, 자기가 만난 가해자가 어떤 유형의 인물인지를 파악하도록 한다.

셋째, 가해자의 공격에 대항하여 자기가 조처할 수 있는 일이 무엇인지를 결정하고
곧바로 실행하도록 한다.

학자들은 여성을 강간하는 범법자들을 네 가지의 유형으로 분류하고 있다.

① 착취형

이들은 성적 대상자를 찾아다니는 '배회자'로서 성적 충동을 약탈적 행위로 만족시
키는 유형이다. 강간범 중에 가장 많은 숫자가 착취형이다. 이들은 파티나 술집에서
술을 마신 후에 새로 알게 된 여자에게 '바람이나 쐬자.'고 유인하는 경우가 많고 어
둡고 한적한 밤거리에서 여자를 발견할 때 강간 동기가 발동하기도 한다. '데이트 강
간'도 이 범주에 속한다. 이들은 성폭력이 범죄행위라는 인식이 없으며 피해자의 고통
에 대하여 신경 쓰지 않는다.

② 보상형

이들은 음란전화, 성기노출, 관음증 등으로 변태적인 환상을 하다가 성적 흥분을 통
제할 수 없을 때 피해자를 강간하는 경우가 많다.

③ 분노형

이들은 여성혐오자로서 강간을 통하여 자기가 가지고 있는 여성에 대한 분노를 표

407

출한다.

④ 사디스트(성적 공격)형

이들은 성적 흥분이 증가하면서 공격적 감정도 증가하며 피해자의 신체(특히 젖가슴, 항문, 엉덩이, 입, 성기)에 잔인하게 폭력을 휘두르기도 한다.

이들 네 가지 가해자의 유형에 따라 대응전략이 다를 수 있지만 위급한 상황에서 네 가지 유형을 식별할 수 있는 안목과 심리적 여유가 있는 피해자는 많지 않을 것이다. 어떠한 상황에서든 피해자가 맨 먼저 조처할 것은 그 상황에서 소리 지르며 도망치고 안전한 장소와 사람들의 협조를 구하는 것이다. 또 불가피하게 신체적으로 저항해야 할 때는 가능한 모든 수단(눈, 사타구니 공격 등)을 다 동원해야 한다.

피해자가 쉽게 도망갈 수 없는 형편에 놓여 있을 때는 가해자의 범행을 관찰한 다음에 대응한다. 가해자가 흉기를 소지하지 않았고 기괴한(변태적인) 언행을 보이지 않을 경우는 대개가 착취형 강간범이므로 말로 대결해야 한다. 피해자가 겁내지 않고 큰소리로 "뭐라고? 여기서? 지금?" "그러지 말고 잠시 앉아서 이야기나 합시다."라고 말하도록 한다. 이것은 순간적으로 강간범을 방심하게 하는 효과가 있어서 도망갈 방도를 궁리할 시간을 벌게 해 준다.

가해자가 공격이나 폭력을 점점 강하게 보이는 경우는 분노형이나 사디스트일 경우가 많다. 이때 피해자가 저항하게 되면 가해자의 폭력적 환상을 상승시킬 위험이 있다. 이들에게는 욕설이나 고함 또는 도발적인 단어를 사용하지 않도록 신경을 써야 한다. 그러므로 최선의 전략은 가해자와 이야기를 하여 그가 증오하는 대상은 자기가 아님을 확신시켜 주는 것이다.

"아저씨. 우리는 한 번도 만난 적이 없거든요. 아저씨는 어떤 여자에게 몹시 화가 나 있는 것 같군요. 그 여자를 미워하시는데 내가 그 여자는 아니지요."

"아저씨. 당신은 나를 만난 적도 없고 나를 모르고 계시지요. 내가 아주 나쁜 여자인지 아저씨가 어떻게 아세요? 나는 아주 좋은 사람이에요. 지금 곧 집에 돌아가야 돼요. 젖 먹는 아기가(유치원 아들이) 나를 기다리고 있거든요. 나는 착한 엄마(딸)예요."

연구결과에 따르면 애원하는 것과 큰 소리로 우는 것은 오히려 강간을 더 부추기게 하는 효과가 있다고 한다.

데이트 강간은 왜 일어나는가? 많은 나라에서 데이트 신청과 구혼은 남성이 먼저 하고 여성은 수동적으로 받아들이는 것이라는 고정관념이 있다. 남녀 간에 서로 다른 성 역할을 배우는 과정에서 남자와 여자는 데이트와 성관계에 대하여 서로 다른 기대와 해석을 하기 때문에 데이트 강간이 일어날 수 있다. 예를 들어 보자.

E양과 P군이 두어 번 만나 식사하고 영화 관람을 한 적이 있다. P군이 주말에 등산 가자고 한다. 두 사람은 김밥과 음료수를 챙겨 산에 올랐다. 한적한 바위 그늘에 앉아 이런저런 이야기를 하다가 P군이 E양에게 "우리 뽀뽀하자."고 하였다. E양은 어색하게 미소 지으며 "싫어요."라고 말했다. P군은 E양의 "싫어요."를 "좋아요."로 받아들이고 E양의 미소를 "나는 그걸 기다리고 있어요."로 해석하였다. 그리고는 성폭행을 하였다. E양은 별 수 없이 당한 것이다. 여자들은 "등산 가자." "노래방 가서 놀자." "오늘밤에 한잔 하자."를 말 그대로의 뜻으로, 다시 말해서 비(非)성적인 활동을 제의하는 것으로 해석한다. 그런데 여자들이 그런 제의에 응하는 것을 남자들은 그 활동 다음에는 성적인 관계까지 수용할 자세가 되어 있다고 해석한다. 그리고 남성이 주도적으로 성적인 접촉까지 몰고 가는 것이 남자로서의 능력을 보여 주는 것이라고 믿는다. 남학생을 위한 성교육에서 이 문제는 분명히 짚고 넘어가야 한다. 여자들은 남자들에게서 등산, 노래방, 드라이브, 영화 관람의 제의를 받게 될 때는 돌아오는 스케줄과 둘이서 할 일에 대하여 확실하게 사전 합의를 해야 한다. 그리고 예기치 않게 남자가 성폭력 내지 데이트 강간을 시도하려 할 때는 단호한 어조로 분명하게 자기주장을 해야 한다.

"P씨. 왜 이러세요? 내가 분명히 안 된다고 말했잖아요. 난 먼저 산을 내려갈 테니까 그리 아세요."
"이건 성폭력이고 범죄행위예요. 내가 당신을 고발하면 어떻게 되는 줄 아시죠? 오늘 우리는 등산만 하는 거예요."

청소년들에게 성폭력의 대응기술 가르치기

부모나 교사는 평소에 청소년들에게 성폭력의 위험에 대처하는 방안을 가르쳐 주어야 한다.

① 예방적인 성교육

어린이의 성폭행을 예방하기 위해 다음과 같은 교육이 필요하다.

[그림 19-3] 유아에게 성교육 시키기

> 옷 안의 네 몸은 중요한 부분이니까 다른 사람이 만지면 안 된단다, 알았지?

- 아이들과 성폭행에 대한 이야기를 해야 한다. 어머니는 유아에게 속옷을 입은 인형을 보여 주면서 또는 실제로 아이가 내의를 입을 때 엄마의 말을 따라해 보라고 지시한다.
- 누군가가 갑자기 자기 몸에 손대며 불쾌하게 느껴지는 접촉을 할 때 단호하게 "안 돼요! 싫어요!"라고 말할 수 있도록 가르친다.
- 가해자가 "우리끼리만 아는 비밀이다. 아무에게도 얘기하지 말아라." 또는 "말하면 죽여 버리겠다."고 협박하면 "싫어요, 비밀로 하지 않을 거예요." 하고 말하라고 주의를 준다.
- 아이에게 "엄마는 너에게 어떤 어려움이 생겨도 끝까지 보호해 줄 거야. 무슨 일이 생기면 부끄러워하거나 무서워하지 말고 곧장 엄마에게 얘기해라."라고 일러 준다.

② 위기 상황에서의 방어적 기술을 가르쳐 준다

가해자의 얼굴을 노려보며 "안 돼요."라고 큰 소리로 외친다. 그리고 "불이야!" "사람 살려!"라고 외치고 재빨리 도망가도록 한다. 어쩔 수 없이 성폭력의 위험이 있을 때는 가능하면 가해자의 급소(고환, 눈)를 치도록 한다.

③ 성폭력 가해자가 더 이상 성폭력 행위를 할 마음이 없어지도록 할 수 있는 말이나 행동을 하도록 가르친다

• "당신이 지금 하는 행위는 성폭력입니다."
• "당신이 지금 하는 행위는 어린 나의 인생을 송두리째 파괴하는 행위입니다."
• "당신이 나를 괴롭힌다면 나는 죽어서도 당신에게 원한을 품을 것입니다."
• "당신은 당신의 동생(또는 아내나 딸 등)이 내가 당하는 것과 똑같이 성폭행을 당한다면 어떻게 하겠습니까?"
• "당신이 나에게 계속 이러면 천벌을 받을 겁니다."
• "당신은 지금 짐승보다 더 나쁜 짓을 하고 있습니다."

그리고 청소년 자신의 집안에서 성폭력의 위험이 가해자에게서 나타나면 집안 어른이나 손님이 곧 오실 시간임을 믿도록 한다. 또 대소변 등의 긴급한 용무를 끊임없이 호소한다. 임질이나 매독 등의 성병이나 에이즈 감염자인 것처럼 위장한다.

④ 청소년이 성폭력 피해를 당한 것 같은 느낌이 들 때는 부모나 교사에게 안심하고 피해사실을 말할 수 있도록 지도한다

"얘야. 요즈음 네가 말이 없고 고민이 많아 보인다. 엄마가 도와줄 게 없니? 부모는 항상 네가 가장 힘들고 어려울 때 네 편이란다. 안심하고 이야기해 봐라."

[그림 19-4] 안심하고 고백하게 유도하기

"만약에 무슨 큰일이 생겼다면 그건 네 책임이 아니란다. 엄마와 같이 논의하면 좋은 해결책이 나올 수 있단다."

"지금 당장 얘기하고 싶지 않으면 나중에 얘기해도 좋아."

"우리가 아무 병이 없어도 병에 걸리지 않도록 예방주사를 맞지 않니? 그런 것처럼 네가 지금은 별일이 없는 것 같지만 의사 선생님한테 한번 가서 보이는 것이 좋단다. 우리 함께 병원에 가 보도록 하자."

4. 국제사회에서의 자기표현

점점 많은 사람들이 해외여행을 즐기고 있다. 그런데 국제예절에 대한 상식은 어느 정도는 알고 있어도 정작 외국에 나가서는 그 습관에 익숙하지 않아 본의 아니게 실수하는 경우가 종종 있다. 외국에 나가면 그 나라의 법규와 관습과 문화를 이해하고 따라야 한다.

예를 들면, 이슬람 문화권에서는 음주, 도박, 가무 등이 허용되지 않는다. 이것을 철저히 지켜야 한다. 문화적인 차이를 이해하기 위해서는 여행하기 전에 미리 여행국에 대한 책자를 구입하여 기본 상식을 숙지하는 것이 좋다. 그 나라에 가서는 그 나라 언어로 간단한 인사말('안녕하십니까?' '감사합니다.' '안녕히 계십시오.' '참 좋습니다.' '예쁩니다.')을 익혀 사용하면 호의적인 교류가 쉽게 이루어진다.

외국인과 교류할 때 유의사항

국내외에서 외국인들과 관계를 가질 때 유념할 사항을 대강 소개하면 아래와 같다.

• 서양인들은 대화할 때 눈을 응시하고 자신의 소견을 솔직하게 말하는 것이 예의다. 그러나 아프리카인, 아시아인, 아메리칸 인디언들은 눈을 정면으로 응시하는 것에 익숙하지 못하며 자기 의사를 간접적으로 표현하는 경우가 있다. 예를 들면, 당신이 "식사를 좀 더 하시겠습니까?"라고 권유했다고 하자. 이때 "아니요(No.

[그림 19-5] 외국인과 인사 나누기

[그림 19-6] 국제적 모임에서 자기소개하기

Thank you)."라는 대답을 한 서양인에게는 그 뜻을 그대로 존중하여 더 이상 음식을 주지 않아야 한다. 그러나 필리핀인이라면 다시 한 번 더 권유해서 그 사람의 진의를 확인하는 것이 좋다.

- 평소에 "감사합니다(Thank you)."와 "실례합니다(Excuse me)."가 곧바로 튀어나오도록 일상화되어야 한다. 그러나 "미안합니다(I am sorry)."는 그렇게 느낄 때, 즉 자기의 과오가 인정될 때만 사용해야 한다.

  다른 나라에 도착하여 입국수속을 할 때 유념할 점은 비록 그 나라의 언어가 서투르더라도 우리는 표정과 동작으로 상대방에게 세련된 인사를 보낼 수 있다. 입국절차에 필요한 사항을 미리 영어로 기재하여 여권과 함께 제시하는 것도 한 가지 요령이다. 그리고 입국절차를 마치면서 "Thank you." 또는 "Bye."라고 인사할 수 있다. 서양인들은 대개 업무를 처리할 때도 사무적인 태도보다는 명랑한 기분과 가벼운 유머로 대하기를 선호한다. 그러므로 당신이 날씨 이야기라든가 가벼운 유머를 나누는 것이 일을 기분 좋게 처리하게 해 준다.

- 외국인과 대화하고 토론, 식사하는 경우는 특별히 그 사람의 이름을 부르면서 이야기를 하도록 한다. 그리고 다음 기회에 그를 만나게 될 때 그의 이름을 반드시 기억해서 불러 주는 것이 예의다. 특히 서양인은 자기 이름이 불리는 것을 중요하게 여긴다. 자기 이름은 자신의 고유성을 대표하기 때문이다.

- 한국인은 친근한 사이가 된 다음에도 일반적인 시사에 대한 이야기는 많이 나누지만 정작 자기 가족에 대한 이야기는 하지 않는 경향이 있다. 특별히 한국 남성들은 아내나 자식에 대한 자랑을 삼가한다. 그러나 서양인들은 지갑에 어김없이 가족 사진을 휴대하고 기혼자는 결혼반지를 착용한다(결혼반지를 끼지 않으면 독신으로 오해할 수 있다). 당신은 외국인과 어느 정도 친밀해진 후에는 가족 이야기를 하도록 하라. 가족 사진은 자기를 알리는 좋은 자료이므로 이제부터 가족 사진을 휴대하여 외국인들에게 가족을 알리는 습관을 들이도록 하라.

- 국제 세미나, 학회, 토론, 모임 등에 참석할 경우는 자신을 적극적으로 알리도록 노력하라. 강의시간, 회의, 세미나 등에서 우리는 조용히 앉아 경청하는 것을 자연스럽게 여긴다. 그런데 서양인들 속에 당신이 소수민족으로 참석한 모임에서

조용하게 앉아 있으면 그들은 당신 존재에 대하여 심리적으로 불편함을 느낄 수 있다. 그러므로 당신이 주도적으로 자기를 공개하게 되면 그들은 편안감을 느끼게 되고 당신을 자기 집단의 일원으로 곧바로 수용하게 된다. 자기소개를 하는 요령은 다음과 같다.

> "저는 한국에서 온 아무개입니다. 여러분이 저의 한국 이름을 기억하기가 어려우실 테니까 저를 영어 이름으로 ○○라고 불러 주세요. 제 직업은 XX이고 제가 하는 일은 ~~입니다. 이 모임에서 유독 저 혼자만이 동양인(한국인)이군요. 저에게 무엇이든지 질문해 주시면 기쁘게 대답해 드리겠습니다. 이렇게 이야기하고 나니까 제 마음도 편해지네요(여러분이 친구같이 느껴져 기분이 좋습니다)."

자기를 소개할 때 "저는 Mr. Kim(Mrs. Lee, Lawyer Park. Professor Hong. Dr. Park)입니다."라고 하는 사람들을 보게 된다. 그런데 서구 쪽에서 보면 이런 식의 자기소개는 자기 자신을 스스로 높이는 것이므로 매우 우스꽝스러운 것이다. 단순히 성명만 말하라. 그리고 영희 씨, 영철 군을 Miss 영희나 Mr. 영철로 부르는 것도 잘못된 표현이다.

외국인과 어느 정도 대화가 통한다고 느껴질 때는 자기 성함(Mr. Choi) 대신에 자기의 이름(예: Yoojin)을 불러 달라고 부탁하는 것이 좋다. 나이나 지위의 고하에 관계없이 서로 이름을 부르면 막역한 친구처럼 친밀감이 느껴지기 때문이다.

• 외국인과 당신이 아는 사이인데 마침 당신 곁에 친구가 함께 있다고 하자. 이때 당신이 외국인에게 친구를 소개하지 않고 자기 혼자만 이야기를 주고받게 되면 외국인은 당신의 행동을 이상하게 생각하기 쉽다. 비록 당신 친구가 외국어에 서투르고 또 그 외국인과 다시 만날 기회가 전혀 없는 상황이라 할지라도 당신은 두 사람을 서로 소개시켜 주어야 한다. 이것이 외국인이나 당신 친구에 대한 예우다.

• 외국인과 친밀한 관계가 이루어져서 집으로 초대를 받게 되는 경우가 있다. 이때 많은 한국인들은 한국 정서가 배어 있는 도자기, 탈, 동양화, 인형 등을 선물로 들고 간다. 저자 역시 그중의 한 사람이었다. 그런데 그렇게 배려한 선물에 대하여

415

상대방은 매우 부담스러워하거나 자기 기호에 맞지 않아 몹시 혐오하는 수가 있다. 그리고 어떤 문화권에서는 처음 초대받을 때 빵을 사 가지고 가는 것이 예의로 간주되는 나라도 있다. 그러므로 외국 친구가 당신을 자기 집으로 초대할 경우는 무엇을 가지고 가야 되는가를 초대한 사람에게 직접 문의하는 것이 좋다. 그것이 곤란하면 친지나 당사자에게 당신네 나라에서는 처음 방문할 때 어떤 선물을 가지고 가는 것이 예의인지 알고 싶다고 말하면서 문의하도록 하라. 그리고 "내가 한국에서 가져온 도자기(또는 인형)가 있는데 당신이 좋아하느냐?"고 문의한 다음에 선물하도록 하라. 서양에서 일반적으로 가장 무난한 선물은 꽃(또는 화분), 쿠키, 포도주 등이다.

• 외국인들과 사교적인 대화 끝에 당신은 인사말로 "언제 한번 우리 집에 놀러 오라."거나 "내가 한번 초대하겠다."라고 말하는 경우가 있을 것이다. 당신은 가볍게 지나가는 말로 했을지 모르나 외국 사람은 당신이 말한 것을 액면 그대로 수용한다. 그래서 당신이 자기를 불러 주기를 기다리게 된다. 그러므로 당신은 무심코 지나가는 말을 하지 말아야 하며 일단 당신이 말한 것은 반드시 지켜야 한다. 이것은 신뢰와 관계된 문제다. 이와 같은 맥락에서 당신이 외국인의 대화내용을 이해하지 못한 경우에는 고개를 끄덕이는 행동을 하지 않아야 한다.

인터넷을 통하여 외국인과 채팅을 할 때는 처음 인사말을 나누는 것처럼 채팅을 마치는 순간에는 반드시 작별인사를 해야 한다. 한국인들은 작별인사도 없이 일방적으로 채팅을 끊어 버리는 수가 비일비재하여, 특히 서양인들이 불쾌하게 여기는 것으로 정평이 나 있다. 그리고 인터넷 채팅은 익명성이 보장되는 특징을 가지고 있어서 자기 신분에 대하여 거짓말을 하는 사람이 있는데 이것은 국제 간의 신인도와 관련될 뿐만 아니라 비윤리적이므로 삼가야 한다.

문화의 차이로 인한 오해와 갈등

외국인들과 교제하고, 일하고, 동거(roommate)하거나 또는 결혼생활을 하게 될 때 특별히 유념할 사항은 문화적인 차이점의 이해와 조절이다. 유교적 문화와 다른 문화 간의 갈등을 몇 가지만 지적해 보기로 한다.

첫째, 우리 한국인은 상대방에 대한 배려와 존경심이 매우 높다. 그래서 웬만한 손해나 피해는 감수하고 참아버린다. 그리고는 그 뒤에 격렬하게 화를 낸다.

예를 들어 보자.

같은 방을 세 들어 서양인과 함께 사용하는데, 나는 룸메이트(roommate)를 배려하여 그가 나와 함께 있는 시간에는 내 친구를 데려와 떠들고 놀지 않는다. 그런데 드문 상황이지만 어떤 서양인 룸메이트는 자기 애인을 데리고 와서 내 앞에서 거리낌 없이 애정행위를 할 수 있다. 또 두 사람이 격주로 방청소를 하기로 미리서 약속했건만 룸메이트가 청소를 하지 않고 몇 달을 지내는 수도 있다. 당신 쪽에서 청소해달라고 요구하지 않으면 외국인은 당신이 불만감을 느끼고 화가 나 있다는 것을 전혀 이해하지 못한다. 그리고 당신이 참고 지낸 다음에 분노를 폭발하면서 요구적으로 말하게 되면 당신이 자기의 인격을 모독한다고 간주한다. 그리고 당신이 왜 그때그때 말하지 않았느냐고 그는 반문할 것이다.

이런 경우에는 그쪽에서 변화될 때까지 참고 기다려서는 절대로 안 되며, 화를 폭발해서도 안 된다. 당신은 조용하나 낮은 목소리로 그를 정면으로 응시하고서 간결하게 요구사항을 말해야 한다. 다시 말해서 주장적인 자기표현을 해야 한다.

"이봐요, 존. 내가 있는 시간에 애인을 데려오면 안 된다고 했지요? 지금부터 당장 약속을 지키세요. 나가 주세요."

"당신이 벌써 세 번이나 방청소를 하지 않아서 내가 몹시 불편해요. 지금 약속하세요. 그리고 청소하는 날을 잊지 마세요. 내가 당신이 청소하는 날이 되면 환기(remind)시켜 줄까요?"

둘째, 한국인은 상대방을 존경하고 배려한 나머지, 상대방에게 해야 할 이야기가 있지만 사소한 사항은 생략하고 자기쪽에서 알아서 임의적으로 행동하는 수가 있다.

가령 외국인과 같이 배낭여행 중이라고 하자.

417

그날따라 아침에 일찍 일어난 당신은 동료들이 아직 잠을 자고 있는 사이 미리 제과점에 가서 토스트를 사가지고 왔다. 그런데 그동안에 동료들은 실종된 당신을 찾느라고 법석을 떨었다. 당신 돈으로 토스트를 사가지고 온 당신을 고맙게 생각하기 보다는 그들은 당신을 예측불허의 행동을 하는 사람이고, 함께 생활하기가 몹시 불편하고, 믿을 수 없는 사람이라고 간주할 수 있다. 그러므로 외국인과 함께 어떤 일을 하거나 결혼생활을 하게 될 경우에는 미리서 당신의 일정과 계획을 그때그때 상대방에게 반드시 알려 주어야 한다. 이것은 신뢰에 관계되는 문제다.

가령 당신이 국제결혼을 했다고 하자.

당신은 수요일 오후에 갑자기 두부요리가 하고 싶어서 얼른 동네 가게에 들렀다가 20분 만에 돌아왔다. 이처럼 한국인은 대게 생각나는 대로 행동하고, 별것 아니면 굳이 상대방에게 알리지 않는 행동을 하는 특성이 있다. 그러나 외국인 배우자는 그러한 당신의 행동을 이해하지 못한다. "식료품을 사려면 미리서 1~2주 전에 필요한 목록을 작성하고 배우자와 함께 쇼핑할 시간을 정해야 하는데, 왜 혼자서 식료품을 굳이 수요일 오후에 갑자기 사러 나갔는가? 왜 자기(배우자)에게 말을 하지 않고 나갔는가? 도대체 무슨 말 못할 사정이 있단 말인가?"

그래서 외국인 배우자(남편)는 당신에게 자꾸만 "왜?"라고 질문할 것이다. 당신은 기껏 두부 한 모를 사가지고 온 걸 가지고 왜 배우자(남편)가 시시콜콜 의심하고 크게 문제를 삼아야 하는가를 이해하지 못할 것이다. 이런 것들이 문화의 차이다.

여러 인종과 더불어 생활 할 때에는, 아무리 사소한 일이라 할지라도 피차간에 자기의 하는 일과 느낌을 그때그때 솔직하게 밝혀야 한다. 그리하여 서로 신뢰를 잃지 않도록 끊임없이 대화해야 한다. 그것이 유교적 문화의 장벽을 초월한 인류보편적인 배려와 존경의 생활방식이다.

셋째, 한국사회는 아직도 장유유서(長幼有序)와 남녀유별(男女有別)을 강조하는 풍토가 강하게 남아있다. 그리하여 어떤 모임에 부부가 함께 나가더라도 남자는 남자끼리, 여자는 여자끼리 갈라져서 대화하려고 하며 남녀 간에 우정 어린 대화를 심도 있게 나누는 일에 서투르다.

또 어린이를 동석하지 않고 성인들끼리만 모이거나, 어린이를 대동한 모임이라 하더라도 어린이는 어린이들끼리만 교류하게 하고 어린이들은 어른들의 대화세계에서 소외시킨다.

서양에서는 누구를 초대하거나 모임을 갖는다든지 할 때는 그 개인만 초대를 하는 게 아니라 그 사람의 모든 가족을 함께 초대하는 게 일상적이다. 서양은 가족중심이고 사생활을 중시하는 사회다.

이것은 나이와 성별의 고하(高下)를 막론하고 모든 인간은 인격적으로 평등하며, 인간적으로 즐거운 시간을 공유할 권리가 있다는 사실을 인정하는 행위다. 지금부터 한국인들도 남녀노소가 참석한 국제적 모임에서는 동석한 모든 이가 함께 즐거움에 동참하도록 한사람 한사람에게 관심을 가지고 질문하고 대화하는 자세로 임하도록 유념해야 하겠다. 가령 동석한 어린이가 제 아무리 어린아이일지라도 어른들끼리 이야기를 나누는 중간 중간에 아이를 대화에 참여시키도록 배려해 주어야 한다. 동석한 아이들에게 이렇게 말할 수 있다.

"얘야. 방금 우리는 남한과 북한의 정치에 대해서 이야기를 나누었단다. 너 북한이 어디에 있는지 아니? 집에 가서 지구본을 가지고 북한의 위치를 보여 줄게⋯."

"얘야. 요즈음 이 아저씨가 하시는 일이 잘 되어서 돈을 많이 버셨단다. 얼마 있으면 이 아저씨가 큰 집을 사서 이사 갈지도 몰라. 그러면 우리도 이 아저씨 집에 초대받아 넓은 마당에서 불고기를 구워 먹을 수 있겠지? 넌 그렇게 되면 어떨 것 같니?"

넷째, 한국인은 겸양지덕을 강조한 나머지 감사와 칭찬과 애정의 표현을 자제한다. 그런데 서양에서는 긍정적인 표현을 통하여 상호간에 감사, 칭찬, 애정을 확인받고 기분 좋은 시간을 가지려고 노력한다. 그래서 서양인들은 자기 아내의 사진을 꺼내 보이며 "나의 부인은 미인이다."라고 자랑한다. 그런데 만약에 서양인이 한국친구의 아내를 보고 "당신 부인은 미인이십니다."라고 칭찬하게 되면 한국인은 "아닙니다. 별로 미인이 아닙니다."라고 대답하는 수가 많다. 동양의 겸양지덕을 알지 못하는 서양인은

419

[그림 19-7] 외국인의 칭찬과 잘못된 겸양지덕 및 그 효과

[그림 19-8] 외국인의 칭찬을 수용하기 및 그 효과

당신이 '자기 아내를 별로 예쁘다고 생각하지 않으면서 어쩔 수 없이 함께 부부생활을 하나 보다.' 라고 간주하고, 측은하고 의아하게 당신을 바라볼 수 있다.

이때에 당신은 한국인으로서 "네. 내 아내는 미인입니다."라고 수긍하는 것이 부자연스럽다면, 동양과 서양의 의식구조를 적절하게 변용하면 좋을 것이다.

"네, 감사합니다. 제 눈에도 제 아내는 참 예뻐 보입니다. 그래서 전 행복하지요."

서양인에게서 매우 감동적인 보살핌을 받았을 경우에 당신은 너무도 감사한 나머지 '감사할' 말을 잃고 말았다고 하자. 이 경우에 당신은 마음속으로 수년간 두고두고 그분의 은혜를 잊지 못하건만 그 서양인은 당신을 아주 무례한 사람으로 생각하게 될 것이다. 당신이 그때 감사의 말을 표현하지 않았기 때문이다.

겸손과 감사는 같은 뜻이 아니다. 그 자리에서 "대단히 감사합니다." "정말 감사하여 무슨 말을 해야 할지 모르겠습니다."라고 표현하라. 그리고 후일에 큰 선물로써 보답하려 하지 말라. 감사를 표현할 기회는 영원히 돌아오지 않을 수도 있다.

구직과 승진에 관련된 자기주장

취업과정에서 가장 중요한 단계는 면접시간이다. 면접시간에 당신의 모든 것이 돋보이게 하려면 어떻게 해야 할까? 요즈음은 자기 PR시대다. 외국의 기업체에 취직되려면 긍정적인 자기 PR이 필수적이다. 가령 "당신은 이 분야의 직종에서 어떤 경험이 있습니까?"라는 질문을 받았다고 하자. 당신은 겸손하게 "저는 1년 정도 이 분야에서 일했고 ○○업무를 담당했습니다. 앞으로 최선을 다하려고 노력하겠습니다(I will try to do my best)."라고 말했다고 하자. 이때 '노력하겠다.' 는 말은 '자신감의 결여' 로 지각되어 당신은 불합격될 확률이 매우 높다. 당신은 '자신감이 있다' 는 말로써 자기 PR해야 한다. "저는 1년 동안 △△업무와 ★★업무를 담당하면서 고객의 문제(예: A/S) 해결에 만족할 만한 성과를 거두어 회사와 고객에게서 크게 인정을 받았습니다. △△업무와 ★★업무라면 저는 자신이 있습니다(I have confidence)."

외국에서 직장을 구할 때는 당신이 그 나라의 국민이 아니라고 하여 취업이 거부되거나 취업 면접의 결과에 대하여 설명해 주지 않는 사례가 발생할 수도 있다. 이런 경우에 많은 한국인들은 자기에게 결격 사유가 있어서 취업이 되지 않았다고 간주하거나 고용주들이 외국인을 차별대우하는 장벽을 뛰어넘을 수 없을 것이라고 생각한다. 그리하여 자기가 취업 신청을 한 것에 대하여 고용주가 정당한 평가를 했는지, 부당한 대우를 했는지에 대하여 알아보려고 노력하지 않은 채 불합격된 사실을 그대로 받아들이는 경우가 많다. 당신은 반드시 그 사유를 알아보아야 한다.

미국의 경우는 이민자고 외국인이라고 해서 정당한 이유 없이 구직 신청이 거부될 수 없다는 점을 법률적으로 보장하고 있다. 결격 사유가 없는데 어느 회사에서 당신의 취업을 거부한 경우에는 해당 주(洲)의 민권위원회(Office of Special Counsel for Immigration-Related Unfair Employment Practices)에 연락을 취해야 한다. 그러면 고용주는 국가기관의 통보를 받고 나서 당신을 다시 부르고 자기 직장에 취업자리를 주게 되어 있다. 이와 같이 국가가 보장한 권리를 획득하기 위해서 의젓하고 당당하게 자기 주장하는 습관을 익혀야 한다.

예를 들면, 고용주는 국적, 외모, 억양 때문에 취업을 거절하거나 해고할 권리가 없다. 또 영주권이 없다고 하여 고용을 거절하거나 해고할 수 없다. 당신은 합법적으로 노동하는 데 필요하다고 명시한 서류만 제시하면 된다. 그 이외의 서류를 보여 달라고 고용주가 요청하는 것도 불법이다.

이와 관련하여 자세한 지침은 [부록 3]을 참고하기 바란다.

외국에서 직장생활을 하는 동안에 일정 기간이 경과하면 당연히 승진되어야 한다. 그런데 고용주 측에서 승진과 승급에 대한 언질이 없을 때는 속으로만 차별대우에 대하여 불평할 것이 아니라 고용주와 일대일로 만나서 승진을 요구해야 한다. 객관적인 업무 자료를 고용주에게 제시하면서 그동안 당신이 얼마나 성실하게 일하였는가를 설명한 뒤에 승진의 약속을 받아내야 한다. 만약 승진 신청이 기각되면 다음번에 어떤 약속을 해 줄 수 있는가에 대하여 문의해야 한다. 그리고 다음 시기에 다시 승진 신청을 해야 한다. 이때 유념할 점은 동료 직원의 약점을 들추어내거나 비난하지 말고 다만 당신의 유능성과 우월성에 대해서만 이야기하도록 한다.

주장훈련 프로그램 절차(김성회, 1983)

제1부 자기 자신의 소개

1. 활동 (1): 친밀감 형성놀이

2. 토의 및 평가 (1)

제2부 주장행동의 이해

1. 주장행동의 이해: 주장행동의 의미에 대한 강의

2. 연습 (1): 소극적 · 주장적 · 공격적 행동을 변별하기

3. 활동 (2): 주장행동이 어려운 장면을 쓰고 발표하기

4. 비주장행동의 분석: 비주장행동을 하게 되는 이유 세 가지

5. 연습 (2): 자신의 비주장행동 이유 분석표에 체크하기

6. 활동 (3): 비주장행동을 하게 되는 이유 및 이를 극복하기 위한 방법

7. 토의 및 평가 (2)

제3부 주장적 사고

1. 합리적 사고에 대한 강의 및 비합리적 사고를 합리적 사고로 바꾸기

2. 연습 (3): 비합리적 사고를 합리적 사고로 바꾸기

3. 활동 (4): 주장행동이 어렵다고 제시한 각 장면들에 대한 비합리적인 생각을 쓴 후 합리적인 생각으로 바꾸기

4. 주장행동을 해야 할 시기와 주장행동에 따른 모험

5. 연습 (4): 주장행동을 해야 할 경우와 하지 않아야 할 경우 구별하기

6. 활동 (5): 비주장행동 장면 다섯 가지에 대해 주장행동의 시기, 보상 및 모험의 분

석을 작성하기

7. 토의 및 평가 (3)

제4부 불안극복

1. 자기진술을 통해 불안을 극복하는 방법에 대한 강의 및 자기진술의 예 열 가지

2. 연습 (5): 질문지에 자기진술의 예에 해당되는 번호 쓰기

3. 활동 (6): 주장행동이 어렵다고 한 장면에 대해 적절한 자기진술 작성하기

4. 이완훈련에 대한 강의

5. 연습 (6): 이완연습

6. 활동 (7): 주장행동이 어렵다고 본 장면들을 상상하면서 이완훈련 및 이완 피드백 기록표를 작성하기

7. 토의 및 평가 (4)

제5부 주장행동 Ⅰ: 시범실습

1. 주장행동의 요소

2. 주장행동의 보기(세 가지 장면)

3. 활동 (8): 각자 자신의 경우 주장행동이 어렵다고 한 다섯 가지에 대해 주장행동 평가표에 표시하기

4. 토의 및 평가 (5)

제6부 주장행동 Ⅱ: 역할연기

1. 활동 (9): 주장행동 역할연기 및 주장행동평가표 작성(과제-주장행동 해 보고 주장 행동평가표 작성해 오기)

2. 토의 및 평가 (6)

제7부 주장행동 Ⅲ: 실행연습

1. 활동 (10): 과제 점검 및 역할연기(과제-주장행동을 하고 주장행동평가표를 작성해

　오기)

2. 토의 및 평가 (7)

제8부 주장훈련의 마무리

1. 활동 (11): 과제 점검 및 마무리

2. 토의 및 평가 (8)

주장적 자기표현훈련의 절차(홍경자, 1988)

훈련 내용

〈제1주〉

1) 구성원들의 자기 소개

2) 집단의 원칙 소개

3) 자기표현행동(주장성)의 개념 설명

4) 주장성, 소극성, 공격성의 변별 연습

5) 동성의 친구에게 요청한다, 거절하기, 칭찬하기를 조로 나누어 역할연기 및 행동 재연, 리더와 구성원의 본보기, 코치 및 피드백 주기

6) '요청하고 거절하기'(유인물) 읽고 토론하기

7) 과제물 주기: 동성의 친구에게 요청, 거절, 칭찬을 각각 세 번씩 해 보기

〈제2주〉

1) 과제 보고

2) 한국적 문화에서 강조되는 갈등적 가치를 검토해 보고 민주이념에 부합되면서 한국사회에서도 납득되는 절충적 가치 모색(유인물)

3) 개인이 가질 수 있는 인간적 권리를 생각해 보고 논의한 뒤에 집단환상 실시

4) 동성의 친구에게 요청하기, 거절하기, 칭찬하기를 조로 나누어 역할연기 및 행동 재연하고 리더와 구성원은 본보기, 코치 및 피드백 주기

5) 과제물 주기: 친구에게 요청, 거절, 칭찬을 각각 세 번씩 해 오기

6) 칭찬을 주고받는 요령 논의(유인물)

7) 요청하고 거절하는 요령(유인물)

〈제3주〉

1) 과제 보고

2) 자기표현행동을 저해해 온 원인분석으로서 Ellis의 이성적 방법을 소개(유인물)

3) 권위적 인물과 관련하여 각자의 비합리적 사고체제 반박하기

4) 권위적 인물에게 요청, 거절, 칭찬하기를 조로 나누어 역할 연습하고 피드백 받기

5) 과제물 주기: 권위적 인물에게 칭찬, 거절, 요청을 각각 세 번씩 해 보기, 권위적
   인물에 대한 비합리적 사고체제 반박해 오기

〈제4주〉

1) 과제 보고

2) 이성에게 데이트 요청하기, 거절하기와 관련된 사고체제의 검토

3) 이성에게 데이트 신청하기 및 거절하기, 이성을 칭찬하기를 조로 나누어 역할 연
   습하고 피드백 받기

4) '사교적 대화 나누기'(유인물) 읽고 토론하기

5) 과제물 주기: 이성에게 데이트 신청, 거절, 칭찬을 각각 세 번씩 연습하기

〈제5주〉

1) 과제 보고

2) 사교적 대화하기 연습

3) 기타의 사회적 인물(상점이나 식당의 점원, 외판원)에게 요청 및 거절하기를 행동
   재연

4) '비평 주고받기'(유인물) 읽고 토론하기

5) 집단경험 평가: 참가한 소감과 평가 질문지 작성

427

미국에서의 이민자 고용권리

U.S. Department of Justice
Civil Rights Division
Office of Special Counsel
for Immigration-Related
Unfair Employment Practices

당신은 일할 권리가 가지고 있습니다.
누구도 그 권리를 빼앗지 못하도록 지키십시오.
I-9 양식을 작성하기 위해 알아 두어야 할 사항은?

• 당신은 미국에서 일할 수 있는 권리를 입증하는 증거로 제시할 문서를 아래의 목록에 있는 문서 가운데서 선택할 수 있습니다. 고용주는 '그린 카드'(영주권)와 같은 특정 문서를 보여 달라고 요구할 수 없으며 또한 당신이 제시한 문서의 인정을 거부할 수 없습니다.

• 당신이 제시한 문서는 당신의 신분과 미국에서 일할 권리를 모두 입증해야 합니다. A에 열거된 문서 중에 하나만 있으면 신분과 노동 허가를 모두 입증할 수 있습니다. 이와 같은 문서를 제시할 수 없을 경우에는 당신의 신분을 입증하기 위해 B 가운데서 한 가지 문서를 제시하고, 노동 허가를 입증하기 위해 C 가운데서 한 가지 문서를 제시해야 합니다.

• 고용주는 노동허가서에 만료일자가 있다고 해서 당신의 취업을 거부할 수 없습니다. 고용주는 만료일이나 그 전에 유효한 노동 문서를 보여 달라고 요구함으로써 당신의 노동 허가를 재확인해야 합니다. 이와 같은 노동 허가 재확인을 위해서도 당신은 고용주에게 제시할 문서를 선택할 수 있습니다.

Ⓐ

아래의 서류는 신분과 노동 허가를 모두 입증합니다.

• 미국 여권(만료 또는 유효)

• 미국 시민증(N-560 또는 N-561)

• 귀화증(N-550 또는 N-570)

• 유효한 고용 허가를 나타내는 I-551 스탬프를 받거나 I-94 이민국 양식이 첨부된 유효한 외국 여권

• 사진이 첨부된 외국인 등록 영수 카드(I-151 또는 I-551)

• 유효한 임시 거주자 카드(I-688)

• 유효한 고용 허가 카드(I-688A)

• 유효한 재입국 허가 카드(I-327)

• 유효한 난민 여행 서류(I-571)

• 이민국에서 발급한 사진이 첨부된 유효한 고용허가서(I-688B)

Ⓑ

(신분을 입증하는 문서)

• 운전면허나 주에서 발급한 신분증

• 연방 · 주 또는 지방 정부 기관에서 발급한 신분증

• 사진이 첨부된 학생증

• 유권자 등록 카드

• 미군 신분증 또는 징병 기록

• 군인 부양자 신분증

- 미국 해안 경비대 상선대 신분증
- 미 원주민 부족 문서
- 캐나다 정부에서 발급한 운전면허(상기 문서 가운데 하나를 제시할 수 없는 18세 미만의 사람의 경우)
- 학교 기록이나 성적표
- 보건소 · 의사 또는 병원 기록
- 육아원 또는 보육 학교 기록

Ⓒ

(취업 자격을 입증하는 문서)

- 사회보장청에서 발급한 미국 사회보장 카드
- 국무부에서 발급한 외국 출생 증명(FS-545 또는 양식 DS-1350)
- 주 · 카운티 또는 지방 정부나 미국령에서 발급한 출생증명의 원본이나 인증 사본
- 미 원주민 부족 문서
- 미국 시민 ID 카드(I-197)
- 미국 거주 시민용 ID 카드(I-179)
- 이민국이 발급한 유효한 고용 허가 서류(그룹 A에 열거된 서류 이외의 서류)

A에 속한 문서가 하나도 없을 경우에는 B와 C에 속한 문서가 각각 하나씩 필요합니다.

근로자로서 당신이 가진 권리는 무엇일까요?

I-9 양식을 작성할 때에 고용주는 다음과 같은 행위를 취할 수 없습니다.

- 당신에게 특정 문서를 보여 달라고 요구하거나 유효한 문서의 인정을 거부하는 것
- 단지 외국인처럼 보이거나 말하는 사람 또는 이민자에게만 I-9 양식을 작성하라고 요구하는 것

- 미래에 만료되는 문서의 인정을 거부하는 것
- 유효한 문서의 영수증을 인정하기를 거부하는 것

또한 당신은 피고용인으로서 고용주가 다음과 같은 행위를 할 때에 이의를 제기할 권리가 있습니다.

- 당신이 외국인처럼 보이고 말하기 때문에 또는 당신의 이민자 신분 때문에 당신을 고용하기를 거부하거나 해고하는 행위
- 고용주가 당신이 지원하는 직업을 수행하는 데 필요치 않은 영어지식을 요구함으로써 당신을 고용하기를 거부하거나 해고하는 행위

이와 같은 고용주의 행위는 모두 불법입니다. 이들은 차별행위입니다. 이와 같은 이유로 인해 당신이 일자리를 거절당하거나 상실하였을 경우에는 미 법무부의 특별 법무관실(OSC)로 전화하시기 바랍니다.

허위 서류를 사용하였을 경우에 어떤 처벌을 받을까요?

- 이민국 직원이 당신의 직장에서 당신이 취업을 하기 위해 허위 서류를 사용하였다는 것을 발견할 경우에는 당신은 미국에서 합법적으로 거주하고 일할 권리를 상실할 위험에 처하게 됩니다. 이것은 현재 당신이 합법적인 이민 서류를 가지고 있을 경우에도 적용됩니다. 허위 서류를 사용한 것으로 발견될 경우에는 합법적인 이민 서류를 박탈당할 수 있습니다.
- 또한 신법에 포함된 보다 엄한 벌칙을 받을 수도 있습니다. 최고 2,500달러의 벌금을 받을 수도 있으며 추방될 수도 있습니다.
- 현재 당신이 합법적인 이민 서류를 가지고 있을 경우에는 즉시 허위 서류의 사용을 중단하십시오. 고용주에게 가서 당신의 파일에 있는 정보가 정확한지를 확인하십시오. 당신과 당신의 고용주는 이민국으로부터 부과될 수 있는 책임을 져야

431

하는 위험을 갖지 않게 될 것입니다.

구비 서류 항목의 변경이 예상됩니다. 최근의 개정 법규에 대한 문의는 1-800-255-7688번으로 전화하십시오. 워싱턴 수도권 지역 내에서는 (202) 616-5594번으로 전화하십시오.

차별행위에 대해 고발하고자 할 경우에는 아래를 접촉하십시오.

이민 관련 불공정 고용 관행 담당 특별 법무관실
1-(800)255-7688: 청각 장애인을 위한 TDD: 1-800-237-2515
워싱턴 지역 사용 전화번호: (202) 616-5594

I-9 양식의 작성이나 법에 의한 노동자 보호에 대해 질문이 있으실 경우에는 워싱턴 거주자의 경우에 다음 기관에 연락하십시오.

U.S. Immigration and Naturalization Service 425 Eye Street, NW Washington, DC 20536

다음은 이민자 종업원에 종종 영향을 미치는 차별의 종류에 관한 예를 보여 주고 있습니다.

- 고용주가 남자만 채용한다고 말하여 여성취업을 거부(성별에 의한 차별) → 위법
- 나이가 너무 많다(65세, 나이 차별행위) → 위법
- 임신하여 3개월 유급휴가 신청함(거부됨) → 위법
- 사장의 데이트에 응해야 취업시켜 주겠다(성희롱) → 위법
- 황인종을 노랑이라고 불렀다 → 위법
- 직원 간에 비슷한 업무에 임금이 다른 것(불공평한 급료 지불) → 위법

- 모국 방문 후 질병감염을 우려하여 직장 복귀를 거부(차별대우) → 위법
- 흑인이라 하여 직장에서 건강보험료를 지불하지 않음(피부색깔 차별) → 위법
- 백인 동료와 싸운 뒤 유색인종만 해고됨 → 위법
- 자기 회사의 이익을 위하여 고용주가 세무서 직원에게 거짓말을 하라고 강요함 → 위법
- 항공회사의 조종사로 취업하려고 하는데 미국 시민권자가 아니라고 거부당함 → 위법
- 영주권 연장 신청 중이기 때문에 영주권을 보여 줄 수가 없어서 취업이 거부당함 → 위법
- 방위산업체의 컴퓨터 프로그래머로 취업하려고 하는데 보안상 외국인은 안 된다고 하여 거절당함 → 위법
- 고용주가 영주권을 보여 달라고 하는데 신분증으로 운전면허증과 사회보장카드를 보여 주었더니 취업을 거절당함 → 위법

위와 같은 사례가 발생하면 정부기관에 연락을 취하고 변호사와 상의함으로써 당신의 취업이 다시 보장받을 수 있습니다. 당당하게 당신의 권리를 주장하여 찾으십시오.
위의 사례는 실제로 있었던 이야기들입니다.

참고문헌

고려옥(2005). 청소년의 부모-자녀 의사소통 유형, 자아존중감 및 대인관계 성향과의 관계 연구. 서울여자대학교 대학원 석사학위논문.

권석만(1997). 인간관계 심리학. 학지사.

권석만(2005). 젊은이를 위한 인간관계의 심리학. 학지사.

김경숙 역, John Gray 저(1998). 화성에서 온 남자, 금성에서 온 여자. 친구미디어.

김등성, 김정옥, 김영희, 박충선, 송장아, 권용아 공역, Markman et al., (2004). 행복한 결혼생활 만들기. 시그마프레스.

김선남(1996). 개인성장, 관계발달, 가족기능화. 중앙적성출판사.

김성회 외(1983). 공격적, 소극적인 대학생을 위한 자기주장훈련 프로그램. 학생지도연구, 16(1), 1-50, 경북대학교 학생활연구소.

김성회(1984). 주장행동의 요소. 학생지도연구, 17(1), 11-26. 경북대학교 학생생활연구소.

김성회(1990). 비주장행동 원인별 주장훈련 방법이 주장행동에 미치는 효과. 학생지도연구, 19(1), 1-37. 경북대학교 학생생활연구소.

김성회(1993). 주장훈련과 개인성장훈련이 일반인의 주장행동에 미치는 효과 비교. 학생지도연구, 26(1), 23-36. 경북대학교 학생생활연구소.

김용태(2000). 가족치료 이론. 학지사.

김유숙(2003). 가족치료: 이론과 실제. 학지사.

김인자 역, Adler 저(2001). 인간관계와 자기표현. 한국심리상담연구소.

김창은(1990). 자기표현훈련 프로그램이 대인불안 및 자아존중감에 미치는 효과. 한국교원

대학교 대학원 석사학위논문.

김형태(1998). 상담의 이론과 실제. 동문사.

김혜숙(2003). 가족치료 이론과 기법. 학지사.

노진선 역, Ellig & Morin 공저(2001). 자꾸만 똑똑해지는 여자. 명진출판.

박희량(2004). 놀이 중심의 주장훈련이 초등학생의 부끄러움 감소와 주장성 증가에 미치는 영향. 한서대학교 교육대학원 석사학위논문.

배경희(2005). 자기주장훈련 프로그램이 정신분열병환자의 불안, 자기효능감 및 주장행동에 미치는 효과. 동신대학교 대학원 석사학위논문.

변창진, 김성회(1980). 주장훈련 프로그램. 학생지도연구, 13(1), 51-85. 경북대학교 학생생활연구소.

서은미 역, Borbara Borcklen 저(2001). 노라고 당당하게 말하는 사람. 청림출판.

석난자(2002). 자기표현훈련이 아동의 자아존중감 및 사회성에 미치는 효과. 부산교육대학교 석사학위논문.

설기문(1997). 인간관계와 정신건강. 학지사.

손영재(2001). 자기주장훈련이 실업계 여고생의 자기존중감 향상에 미치는 효과. 울산대학교 교육대학원 석사학위논문.

손영주(1992). 정신질환자를 위한 주장훈련 프로그램의 효과 연구. 이화여자대학교 대학원 석사학위논문.

신태상(2001). 주장훈련이 중학생의 불안감소에 미치는 효과. 국민대학교 교육대학원 석사학위논문.

신현규(2001). 주장 프로그램 훈련이 초등학교 남학생의 자기표출에 미치는 효과. 울산대학교 교육대학원 석사학위논문.

안영숙(2004). 성적 자기주장훈련 집단상담이 아동의 성의식과 성역할에 미치는 효과. 동아대학교 교육대학원 석사학위논문.

원호택, 박현순(1999). 인간관계와 적응: 삶을 위한 심리학. 서울대학교 출판부.

이경선(2003) 자기주장훈련이 대학생의 분노억제와 분노표출의 감소에 미치는 영향. 전북대학교 대학원 석사학위논문.

이소현(2004). 놀이중심의 주장훈련 프로그램이 초등학교 3학년의 교우관계에 미치는 영향. 신라대학교 교육대학원 석사학위논문.

이형득(1982). 인간관계훈련의 실제. 중앙적성출판부.

전지현(1995). 놀이 중심의 주장 훈련이 국민학생의 부끄러움 수준과 주장성 및 사회성에 미치는 효과. 부산대학교 교육대학원 석사학위논문.

435

정성욱 역, Ken Shelton 저(2001). 최고의 고객 만들기. 시아출판사.

조증렬, 조영희 공역, Fensterheim & Baer 공저(1997). 자기주장. 학지사.

청소년대화의 광장(1999). 성폭력피해의 예방과 지도. 청소년대화의 광장.

채규만, 채규련, 송정아, 홍숙자 공역, Miller et al., (1996). 부부가 함께 말하기와 듣기. 한국가족 상담교육연구소.

최웅, 유재만, 홍경자(1980). 자기 표현력 향상을 위한 집단상담. 학생생활연구, 12, 9-26. 전 남대학교 학생생활연구소.

최현숙 역, 스즈키 요사유키 저(2003). 칭찬의 기술. 거름.

하영석, 김성회 외(1983) 공격적, 소극적인 대학생을 위한 자기주장훈련 프로그램. 학생지도 연구, 16(1), 1-50. 경북대학교 학생생활연구소.

한국성폭력상담소(1991). 자라나는 아이들을 위하여. 한국성폭력상담소.

한기연(2001). 분노 스스로 해결하기. 학지사.

홍경자 역, Popkin 저(1995). 현대의 적극적 부모역할 훈련-부모용 지침서. 중앙적성출판부.

홍경자 역, Popkin 저(1995). 현대의 적극적 부모역할 훈련-비디오. 중앙적성출판부.

홍경자 역, Popkin 저(1995). 현대의 적극적 부모역할 훈련-지도자용 지침서. 중앙적성출판부.

홍경자 역, Popkin 저(1996). 십대의 적극적 부모역할 훈련-부모용 지침서. 중앙적성출판부.

홍경자 역, Popkin 저(1996). 십대의 적극적 부모역할 훈련-비디오. 중앙적성출판부.

홍경자 역, Popkin 저(1996). 십대의 적극적 부모역할 훈련-지도자용 지침서. 중앙적성출판부.

홍경자(1981). 한국대학생에 있어서 주장훈련의 타당성에 관한 연구. 학생생활연구, 13, 97-116. 전남대학교 학생생활연구소.

홍경자(1983). 교도교사 연수에 있어서 Carkhuff 의사소통 기술의 훈련효과. 전남대학교 미 국문화연구소. 미국학연구, 8, 23-46.

홍경자(1983) 의사소통 기술훈련의 효과에 관한 연구. 학생생활연구, 15, 97-125.

홍경자(1987). 사회적 기술훈련이 사회성과 적응력 향상에 미치는 효과. 학생생활연구, 19, 55-72. 전남대학교 학생생활연구소.

홍경자(1988). 자기표현 및 주장력 향상을 위한 집단상담 프로그램. 학생생활연구, 6, 147-169. 한양여자대학교 학생생활연구소.

홍경자(1990). 사회적 기술훈련의 프로그램. 김영환 총장 회갑논문집, 439-461. 효성가톨릭대 학교 출판부.

홍경자(1994). 가정에서의 태도와 성적 피해방지를 위한 성교육. 성교육자료, 182-208. 광주 직할시 교육청.

홍경자(2001). 상담의 과정. 학지사.

홍경자(2004). 청소년의 인성교육. 학지사.

홍경자, 김선남 공역, Ellis 저(1995). 화가 날 때 읽는 책. 학지사.

홍경자, 노안영(1983). 불안관리를 위한 집단훈련의 효과. 학생생활연구, 15, 79-95. 전남대 학교 학생생활연구소.

홍경자, 노안영(1984). 지각형성, 자기발표력 및 자아개념에 미치는 자기표현훈련의 효과. 학생생활연구, 16, 75-89. 전남대학교 학생생활연구소.

홍경자, 유정수 공역, Mekay & Fanning 공저(2003). 나를 사랑하기. 교육과학사.

홍창희 역, Barenhorst 저(2001). 당신이 원하는 친구가 되는 법. 학지사.

Alberti, R. E., & Emmons, M. L. (1978). *Your Perfect Right*. San Luis Obispo, CA: Impact Publishers.

Back, G. R., & Goldberg, H. (1974). *Creative Assertion: The Arty Assertive Living*. N.Y. NY: Avon Books.

Bloom, L. Z., Coburn, K., & Pearlman, J. (1975). *The New Assertive Woman*. N.Y. NY: A Dell B Publishing Co.

Bower, S. A., & Bower, G. (1996). *Asserting Yourself*. NY: Addison/Wesley Publishing Co.

Crowder, C. (2002). *Eating, Sleeping, and Getting up*. NY: Ransdom.

Ellis, A., & Lange, A. (1994). *How to Keep People From Pushing Your Buttons*. N.Y. NY: Citadel Press.

Essa, E. L. (2002). *A Practical Guide to Solving Preschool Behavior Problems*. Clifton Park, NY: Delmar Learning.

Fensterheim, H. (1972). *Behavior therapy: Assertive training in groups*, In C. J. Sager & H. S. Kaplen (Eds.), *Progress in Group and Family Therapy*. N.Y: Bruner Mazel.

Galassi, J. P. et al. (1974). Assertive training in group using video feedback. *Journal of Counseling Psychology, 21,* 390-394.

Goldenberg, I., & Goldenberg, H., & White, M. (2003). *Family Therapy*. Wads worth Publishing Co.

Green, J. B. (2003). *Introduction to Family Theory & Therapy*. Pacific Grove, CA: Brooks/Cole.

Harley, W., Jr., & Wilard, F. (2001). *His Needs, Her Needs: Building An Affair-proof*

437

Marriage. Grand Rapids, ML: Fleming H. Revell.

Hong, K. J. (1982). *The Effectiveness of Group Assertion Training with Korean College Students*. Doctoral Dissertation. The University of Mississippi.

Hong, K. J., & Cooker, P. (1984). *Assertion training with Korean college students: Effects on self-expression and anxiety Personnel & Guidance Journal, 162*, 353-358. American Association for Counseling.

Jakubowski, P., & Lange, A. J. (1980). *Responsible Assertive Behavior*. Champaign, Il: Research Press.

Komives, S. R., Cucas, N., & McMahon, T. R. (1998). *Exploring Leadership*. San Frsnsisco: Jossey Bass Publishers.

Miller, S., Miller, P., Nunnally, E., & Wackman, D. (2003). *Couple Communication 1: Tallking & Listening Together*. Littleton, Co: Interpersonal Communication Press.

Powell, E. (1991). *To Sexual Pressure*. Minneapolis, MN: Camp Care Publications.

Shure, M. B. (1997). *Raising a Thinking Child*. NY: Henry Holt & Compeny.

Smith, M. J. (1975). *When I Say No, I Feel Guilty*. NY: Bantam Books.

찾아보기

439

내 용

❖ 저자 소개 ❖

홍경자(洪京子)

이화여자대학교 심리학과, 대학원 교육심리학과 졸업(학사, 석사)
미국 University of Mississippi 교육심리 및 상담학과 졸업(철학박사)
미국 University of Missouri 교환교수(1991~1992)
前 한국상담학회 회장(1995~1997), 전남대학교 사범대학 교육학과 교수(1976~2006)
現 전남대학교 명예교수
　　홍경자심리상담센터 소장(Active Parenting 한국본부장)
　　한국상담학회 및 한국상담심리학회 이사
　　한국심리학회 공인 상담심리전문가
　　한국상담학회 공인 수련감독전문상담사

저서 및 역서
- 부모코칭 프로그램: 적극적인 부모역할, Now!-부모용 지침서(공역, 학지사, 2007)
- 부모코칭 프로그램: 적극적인 부모역할, Now!-지도자용 지침서(공역, 학지사, 2007)
- 부모코칭 프로그램: 적극적인 부모역할, Now!-DVD 지침서(공역, 학지사, 2007)
- 청소년의 인성교육(학지사, 2004)
- 나를 사랑하기(공역, 교육과학사, 2003)
- 청소년집단상담의 운영(공저, 한국청소년상담원, 2002)
- 상담의 과정(학지사, 2001)
- 만남과 성장: 상담사례연구(공저, 학지사, 2001)
- 적극적 부모의 하이웨이-Mind Map과 녹음테이프(중앙적성출판사, 2001)
- 청소년 · 부모 · 가족상담(공저, 한국청소년상담원, 2000)
- 인성교육(공저, 문음사, 1998)
- 청소년 인지상담(공저, 청소년 대화의 광장, 1998)
- 자녀와의 대화, 이렇게 해 보세요-비디오(서울특별시 교육청, 1997)
- 청소년 집단상담(공저, 청소년 대화의 광장, 1996)
- 십대의 적극적 부모역할 훈련-부모용 지침서(중앙적성출판부, 1996)
- 십대의 적극적 부모역할 훈련-비디오(중앙적성출판부, 1996)
- 십대의 적극적 부모역할 훈련-지도자용 지침서(중앙적성출판부, 1996)
- 현대의 적극적 부모역할 훈련-부모용 지침서(중앙적성출판부, 1995)
- 현대의 적극적 부모역할 훈련-비디오(중앙적성출판부, 1995)
- 현대의 적극적 부모역할 훈련-지도자용 지침서(중앙적성출판부, 1995)
- 화가 날 때 읽는 책(공역, 학지사, 1995)
- 현대 상담, 심리치료의 이론과 실제(공저, 중앙적성출판부, 1995)
- 마음따라 몸따라(광주카운슬링센터 출판부, 1994)
- 현실요법 카운슬링 사례집(형설출판사, 1994)
- 정신건강적 사고(이문출판사, 1987)
- 성장을 위한 생활지도(탐구당, 1986)
- 깨어 있는 자의 숲이여 명상이여(문학세계사, 1986)
- 이성을 통한 자기성장(탐구당, 1984)
- 현실요법(중앙적성출판사, 1984)

자기주장과 멋진대화

2006년 6월 10일 1판 1쇄 발행
2024년 9월 25일 1판 8쇄 발행

지은이 • 홍 경 자
펴낸이 • 김 진 환
펴낸곳 • (주) **학지사**

　　　　04031 서울특별시 마포구 양화로 15길 20 마인드월드빌딩 5층

대표전화 • 02) 330-5114　　　팩스 • 02) 324-2345

등록번호 • 제313-2006-000265호

홈페이지 • http://www.hakjisa.co.kr
인스타그램 • https://www.instagram.com/hakjisabook

ISBN 978-89-5891-306-1 03180

정가 **17,000**원

출판미디어기업 **학지사**

간호보건의학출판 **학지사메디컬** www.hakjisamd.co.kr
심리검사연구소 **인싸이트** www.inpsyt.co.kr
학술논문서비스 **뉴논문** www.newnonmun.com
원격교육연수원 **카운피아** www.counpia.com
대학교재전자책플랫폼 **캠퍼스북** www.campusbook.co.kr